Württemberg und seine Herren

Otto Borst

Württemberg und seine Herren

Landesgeschichte in Lebensbildern

Mit einem Abriß der württembergischen Münzgeschichte von Ulrich Klein und Albert Raff

Bechtle

»Württemberg und seine Herren«
Ein Buch der Kreissparkasse Esslingen-Nürtlingen

Herausgeber: Dr. Karl O. Völter

Konzeption: Ulrich Kütter

Umschlaggestaltung: Christel Aumann, München,
unter Verwendung eines Fotos von Ulrich Kütter

Layout: Atelier Stankowski + Duschek, Stuttgart

Reproduktion: Karl Kühnle KG, Ostfildern

Satz: Senner-Druck, Nürtingen

Druck: Jos. C. Huber KG, Dießen

Buchbinder: Oldenbourg, München

Gedruckt auf Scheufelen-Papier BO 135 g/qm

Printed in Germany
ISBN 3-7628-0470-2

Inhaltsverzeichnis

Zum Geleit

Durch den Titel dieses Buches schimmert für einen Alt-Württemberger ohne Zweifel das berühmte Zitat von Justinus Kerner, welches zum Volksgut geworden ist: „Eberhard, der mit dem Barte, Württembergs geliebter Herr." Ein Kundiger wird nicht von allen württembergischen Herren als geliebte sprechen wollen, es sei denn mit einem Schuß Ironie: Zu verschieden sind die Charaktere der Gestalten. Man gehe bloß offenen Auges durch die Ahnengalerie im Ludwigsburger Schloß, der Bilderreihe entlang, oder besehe die monumentalen Porträts im Sitzungssaal des Kirchheimer Rathauses.

Auch Bücher haben bekanntlich ihre Geschichte. Dieses hier nahm einen langen Weg, und zwar über die Münzen. Vor acht Jahren begann die Kreissparkasse Esslingen-Nürtingen für Freunde der Numismatik und Heimatgeschichte württembergische Silbermünzen nachprägen zu lassen. Professor Dr. Otto Borst verfaßte zu jeder Auflage eine Biographie des Herrschers, welcher das Original der Münze prägen ließ. Diese Serie liegt nun abgeschlossen vor. Die so gewandt und lebendig geschriebene Reihe in einem Buch zusammenzufassen, drängt sich geradezu auf.

Der Blick für geschichtliche Zusammenhänge ist in unseren Tagen wieder wach. Lebensbeschreibungen württembergischer Landesherren sind eng mit unserer Landesgeschichte verwoben. Die Landesgeschichte erklärt manche Frage, die sich in unserem Lebensraum stellt. Die über 400 Jahre Herzogtum und Königreich Württemberg sind für viele in weiten Teilen unseres Landes ein Stück eigener Vergangenheit.

Daß den Lebensbeschreibungen württembergischer Herrscher eine Geschichte württembergischer Münzen beigegeben ist, erklärt sich aus der Entstehung. Mit diesem Anhang wollen wir uns an die Freunde der Numismatik wenden. Die Abbildungen der Münzen illustrieren nicht nur diesen zweiten Teil des Buches; sie können auch als eine Art Ahnengalerie der Württemberger gelesen werden. Die Stempelschneider waren wahrlich hervorragende Porträtisten!

Von Herzen danke ich den Autoren, welche hier gewirkt haben.
Der Leiter des Münzkabinetts des Württembergischen Landesmuseums Stuttgart, Herr Dr. Ulrich Klein, und Herr Albert Raff, welcher sich durch eine Reihe einschlägiger Publikationen einen Namen gemacht hat, sind die Verfasser der Münzgeschichte. Ich freue mich sehr, daß wir die beiden Herren haben gewinnen können.

Außerordentlich verbunden bin ich Herrn Professor Dr. Otto Borst, dem Ordinarius für Landesgeschichte an der Universität Stuttgart. Er hat für unser Haus schon manches vortreffliche Werk geschrieben, so auch die Widmung zur 1200-Jahr-Feier der Stadt Esslingen. Mit „Württemberg und seine Herren" hat Otto Borst keine Festschrift gezeichnet und keine Heldenverehrung betrieben. Er hat die Herrscherpersönlichkeiten so beschrieben, wie er sie sieht, und neben ihren Verdiensten auch ihre Grenzen spürbar werden lassen.

Im Herbst 1986

Dr. Karl O. Völter

Es freut mich sehr, daß dieses für die Landesgeschichte wichtige Buch nun seinen Weg über den Buchhandel nimmt und sich damit über den Kundenkreis der Kreissparkasse hinaus an die Öffentlichkeit wendet. Daß der renommierte Esslinger Bechtle-Verlag die Verbreitung übernimmt, ist mir eine besondere Genugtuung.

Weihnachten 1987

Dr. Karl O. Völter

Württemberg und seine Herren

Ob Männer Geschichte machen, wollte jüngst zur Frage werden. Für eine bloße Bejahung schienen zu viel andere, anonyme Kräfte im Spiel, Automatismen gewissermaßen, Apparaturen, „Strukturen“, wie man das seit Jahren nennt. In Wirklichkeit hat sich natürlich nichts an der Binsenwahrheit ändern können, daß Menschen durch ihre Taten oder durch ihre Ideen den Verlauf von Geschichte bestimmen können. Nicht „internationaler Sozialismus“ heißt eine der wirkungsvollsten Ideologien der Neuzeit, auch nicht irgendwie „historischer“ oder „dialektischer Materialismus mit politischen Absichten“ oder ähnlich, sondern einfach „Marxismus“. Ein Mann namens Marx hat Geschichte gemacht. Er hat die halbe Welt verändert.

Männer, Menschen machen immer noch Geschichte, wie die Bedingungen und „Strukturen“ sie auch beeindrucken mögen, täglich, stündlich, im großen wie im kleinen. Das Spannungsfeld zwischen dem einzelnen und dem Kollektiv scheint sich freilich vergrößert, differenziert und verkompliziert zu haben: die Fäden im einzelnen bloßzulegen, ist eine der reizvollsten Aufgaben der Geschichtsschreibung. Auch im württembergischen Falle. Es geht uns nicht mehr um die Heldenverehrung einer Dynastie, um eine gründerzeitliche Hagiographie. Max Keunerich hat 1910 ein Büchlein erscheinen lassen, „Die deutschen Kaiser und Könige im Bilde“: so meinen wir's mit unserem Blick auf Württembergs Herren nicht. Es soll kein „Ergänzungsbuch zum deutschen Geschichts-Unterricht“ sein, es soll überhaupt keine vordergründig-politischen Absichten haben. Es soll „nur“ der – sehr viel schwierigeren – Frage nachgehen, wie es wirklich war, was für Menschen die württembergischen Regenten gewesen sind und in welcher Weise sie Geschichte gemacht haben oder nicht.

Die Schwierigkeit, hier mit gerechtem Urteil aufzuwarten, liegt auf der Hand. Man wird sich hüten müssen, ins Gegenteil zu verfallen und allemal im

Blick auf die „Herren“ das Allzumenschliche wittern zu wollen, im genüßlichen Gefühl, daß überall auf der Welt mit Wasser gekocht wird. Es gibt eine Art Voyeurismus des kleinen Mannes, der immer nur dann gestillt ist, wenn er bei den Menschen der politischen und der öffentlichen Verantwortung „auch“ das kleine und „auch“ das Unzulängliche entdeckt hat, wenn er endlich auch die Tür zum Privaten und Intimen hat aufstoßen können. Wir sind uns dessen bewußt, daß geschichtliche Begegnungen und Entscheidungen ihre eigenen Maßstäbe haben, daß Verstehenwollen eine der wichtigsten Voraussetzungen für geschichtliches Urteil ist.

Urteilen ist freilich dann unerläßlich, wenn man sich mit Geschichte (und Vergangenheit) auseinandersetzen und sie nicht als Fluchtpunkt einer bedrängten und deshalb nostalgisch gestimmten Gegenwart benützen will. Dazu gehört in erster Linie die sorgfältige Auswertung des geschichtlichen Quellenmaterials. Und da ist bisher erstaunlich wenig getan worden in Sachen württembergische Regenten. Dreiundzwanzig Männer waren's, die seit Eberhard im Bart das Land zu führen und zu repräsentieren hatten, bis zum letzten württembergischen König Wilhelm II. Geht man von einer Biographie im Gewand eines selbständigen Buches aus, so haben nur sechs aus dieser illustren Reihe eigene und selbständige Darstellungen erhalten, drei Regenten des ausgehenden Mittelalters und Reformationsjahrhunderts (Eberhard im Bart, Ulrich und Christoph) und drei des späten 18. und früheren 19. Jahrhunderts (Carl Eugen, Friedrich und Wilhelm I.). Dazuhin gehören die Biographien Ulrichs und Christophs, wiewohl nach Auskunft eines unserer besten Kenners in vielen einzelnen Partien bis heute immer noch unentbehrlich, noch ganz dem vergangenen Jahrhundert an.

Die Ausbeute des sehr populären – oder zumindest populär gewesenen – Themas ist also nicht erhebend in wissenschaftlichem Betracht. Man hat seine Herzöge und Könige hierzulande immer wieder mit verehrenden Zueignungen und „Grüßen“ bedacht und hat die eingeführten Formeln von Mal zu Mal weitergegeben. Aber man hat ganz selten die wissenschaftliche Sonde angelegt, den ganzen Komplex gesehen (Menschen stehen ja immer in den größeren Zusammenhängen ihrer Zeit) und sich eines unabhängigen, kritischen Blicks bedient. Als Fritz Ernst 1933 seine Biographie Eberhards im Bart erscheinen ließ, eine Darstellung des Politikers und Diplomaten Eberhard, die des „Scholaren“ und Kulturförderers in einer umfassenden Monographie steht immer noch aus, da meinte er, das einzige Buch, das die Verwaltungsmaßnahmen Eberhards im Zusammenhang darstelle, leide „stark an seiner panegyrischen Grundhaltung und dem Mangel an Kritik". Der Hinweis ließe sich, was die übrigen württembergischen Regenten anlangt, dutzendfach wiederholen oder erweitern. Jüngst hat Wilhelm Hoffmann, der Wilhelm II. über seinen Vater, den Oberhofprediger, mehrfach noch persönlich begegnete, auf die Schwierigkeiten allein dieser Biographie des letzten württembergischen Königs aufmerksam gemacht. Man könne da noch kein abschließendes Urteil abgeben. Dafür müsse man persönliche Zeugnisse wie Briefwechsel systematisch auswerten und vor allem auch die Urteile von Freunden und Zeitgenossen in größerem Maße heranziehen, kurz, wir fügen hinzu, eine Biographie nach modernen Gesichtspunkten und Anforderungen schreiben.

Wie wenig die Maßstäbe moderner Forschung gerade in diesem gewissermaßen „persönlichen" Kapitel der württembergischen Landesgeschichte Einlaß gefunden haben, zeigt der Blick auf einen Aufsatz von Gustav Rümelin, der unter dem freilich wenig werbewirksamen Titel „Altwürttemberg im Spiegel fremder Betrachtung" 1866, als der württembergische König de jure noch ein souveräner Herr war, erschienen ist. Rümelin, von Haus aus Theologe, viele Jahre lang in Ministerialdiensten, bevor er als Kanzler der Universität Tübingen einer der unangefochten ersten Männer Württembergs wurde, nimmt in diesem Traktat auch zu grundsätzlichen Fragen der württembergischen Geschichte Stellung, aus einer ungewohnt weitsichtigen Perspektive heraus, wie es bei ihm, dem Rechtsphilosophen, volkswirtschaftlichen Statistiker und Psychologen kaum anders erwartet werden darf. Die württembergische Geschichte, „wie wir sie bis jetzt haben", erscheine wie ein aus der Reichsgeschichte „herausgeschnittenes Stück ohne Zusammenhang und Übersicht". Spittler habe mit seiner kleinen Landesgeschichte als erster einen höheren Standpunkt eingenommen, aber auch als letzter, und Spittlers Büchlein erschien 1783.

Spittler, kein herzoglich württembergischer „Geheimde Archivarius" wie sein bienenfleißiger, aber in den Aktenmassen allmählich erstickender Vorgänger und Gewährsmann Christian Friedrich Sattler, hat in der Tat in seiner immer noch taufrischen „Geschichte Wirtembergs unter der Regierung der Grafen und Herzoge" seine Ahnenreihe auf eine einigermaßen unkonventionelle Weise vorgestellt. Daß man sich daran stoßen könnte (und leidenschaftlich gestoßen hat), kümmerte ihn wenig. Er habe sich, meint er im programmatischen Vorwort, schon immer darüber gewundert, „daß man es nie für Satire hält, wenn bei Darstellung der Geschichte eines manchen deutschen Staates alle seit dem ersten Anfang regierenden Herren als glorwürdigst regierende beschrieben worden sind".

Und so ist denn auch seine Ahnengalerie mit merkwürdig unterschiedlichen Porträts behängt. Da ist Eberhard im Bart, der „bieder und gut" bleibt „selbst auch gegen heillose Vettern"; es gibt, meint Spittler, „in der Geschichte der deutschen Staaten wenig so treffliche Regentencharaktere als der seinige war". Da ist Ulrich, der als „wilder roher Jüngling" beginnt, anfangs demonstriert, „was man gewöhnlich eine glänzende Regierung" heißt, dann in die „traurigste Lage" gerät, ein Mann ohne Seelenkräfte, ohne Entwicklung und Reifung, ohne politisch-administrative Fortune. Noch im Alter ist der „dicke podagrische Ulrich" ein Problem für sich und gewiß nicht, wie man jüngst wollte, „zu den bedeutendsten deutschen Landesfürsten der ersten Hälfte des 16. Jahrhunderts zu zählen". Da ist Christoph, das Kontrastporträt dazu, ein Mann der Ruhe und der ausgereiften Erfahrung, „nie hat Wirtemberg eine glänzendere Epoche gehabt". Da ist der mißratene Sohn, der beständig betrunkene Ludwig, mit dem „alles Regentenansehen" verschwand, der quirlige Friedrich, der bald Flüsse schiffbar machen, bald Bergwerke entdecken, bald Manufakturen und Handelscompagnien anlegen will: „die Revolution, die er angefangen hatte, verschwand wie ein Irrwisch." Sein Sohn Johann Friedrich ist das Gegenteil zum Temperament des Vaters, ein Phlegma, das beteuern kann: „Wenn wir mein gnädiger Herr Vater auch einen bloßen Stock als Hofmeister vorsetzen sollte, würde ich ihm gehorchen." Da ist Eberhard III., der „für seine Zeiten kein Fürst" war, dem es an „Stärke der Seele" fehlt, am „hohen Gefühl seiner selbst", der dafür das Waidwerk liebt und mit seinen beiden Frauen eine Unmasse von Söhnen und Töchtern zeugt, da ist Wilhelm Ludwig, der Spittler die bedenkenswerte Frage vorlegt: „Ich weiß nicht, ob es ein Glück für das Land war, daß Wilhelm Ludwig, völlig frei von allen ehrgeizigen Projekten, dem Betragen seines Vaters getreu, immer nur für Neutralität einzutreten suchte, mit keiner Partei es verderben wollte und so keine Partei ganz für sein Interesse gewann." Und da ist schließlich Erberhard Ludwig, der, von einer „gewissen natürlichen Güte, welche den Grundzug seines Charakters ausmachte", eine neue Residenz in Ludwigsburg bauen muß, weil seine ihm angetraute Gemahlin sich nicht entschließen kann, vor der Mätresse das Schloß zu Stuttgart zu räumen. So sehr sich Spittler mit Eberhard Ludwigs Curriculum beschäftigt, am Ende bleibt von dieser Regierung nichts als ein Schuldenberg: „Vierzig Jahre lang regierte Eberhard Ludwig, aber in dieser vierzigjährigen Regierung war so wenig neues erworben worden, und Schulden hatten sich so sehr auf Schulden gehäuft, daß der Nachfolger Herzog Karl Alexander zweifelte, ob er die ihm in des verstorbenen Herzogs Testament bestimmte Erbschaft antreten sollte."

Das einzig Konventionelle an Spittlers geistvollem Essay ist das Einteilungsprinzip. Auch er behandelt, nach einem generellen Überblick über die Zeit der Grafen, die Geschichte des Herzogtums Württemberg nach den Regierungszeiten der einzelnen Regenten. Man hat das auch im Biedermeier und im Vormärz so getan. Erst Karl Pfaff hat die Lebensbilder der einzelnen Regenten gewissermaßen ausgeklammert und 1821 eine knappe, aber üppig bebilderte „Biographie der Regenten von Württemberg von Herzog Eberhard im Bart bis zum König Friedrich" erscheinen lassen. Gegenüber Spittler und überhaupt gegenüber einem kritischen und interpretatorisch wacheren Blick war Pfaff ein gewaltiger Rückschritt. Seine Herzöge sind wie die von der Ebnerschen Kunstanstalt gelieferten Farblithographien dazu: alle aus dem gleichen heroisch-biderben Holz geschnitzt. Pfaff ist nie durch eine wissenschaftlich-kritische Darstellung ersetzt worden. Vielmehr hat man ihn nach 1945 wieder neu aufgelegt, einmal unter dem Titel „Die Herzöge von Württemberg – wie sie lebten und regierten", einmal unter dem Motto „Württembergs geliebte Herren". Erst 1984 brachte eine Festschrift zum 900jährigen Jubiläum des Hauses Württemberg neben Sachthemen auch eine Reihe von Lebensbildern der Regenten, mit der Absicht, „die historische Entwicklung des Landes unter der Regierung des Hauses Württemberg objektiv, jedoch in gewissem Sinn auch engagiert zu schildern, um ein lebensnahes wahrheitsgetreues Bild zu zeichnen, das den Tatsachen gerecht wird und einen weiten Leserkreis anspricht".

Indessen verbietet es schon die Monumentalität eines solchen Sammelbandes, einer einzigen, wenn auch elementaren Frage nachzugehen, wie es Gustav Rümelin tat. Er hat genau den Untertitel dieses Sammelbandes –

„Leben und Leistung für Land und Volk" – kritisch hinterfragt, von allem Festschriften-Ton abgesehen, dafür unabhängig zu wägen und zu beurteilen gesucht. Was seinem Urteil Farbe und Originalität gibt, ist die – bei Spittler gleichermaßen wirksame – Fähigkeit, von größeren und „landesfremden" Zusammenhängen her zu sehen. Der im württembergischen Falle durch die Landschaft (den Landtag) in mancherlei grundsätzlichen Dingen teilweise entmündigte Landesfürst habe eine ganze besondere – und andere – Auffassung von der Regierung gehabt wie in manchen Nachbarterritorien, wo die Stände nicht jene Bedeutung wie in Württemberg gehabt haben. In Württemberg sei nicht der Fürst der Träger der Staatsidee gewesen. „Er fühlte sich nicht als Träger der Staatsidee, als eigentliches und wahres Staatsoberhaupt, sondern als Magnat und großer Grundherr, der nebenbei noch eine patrimoniale Polizei und Gerichtsbarkeit auszuüben hat, dessen Interessen aber mit denen des Volks keineswegs zusammenfallen. In der ganzen Reihe der Herzoge von Christoph bis zu Friedrich II. sehen wir keinen einzigen, der von einer politischen und wirklich monarchischen Auffassung seiner Stellung geleitet wäre, mit Ausnahme eben jener zwei, die an den Eisenstäben ihres Käfigs rüttelten, Friedrich I. und Karl Alexander. Die andern sind zwar unter sich verschieden nach ihrem Privatcharakter, Talent, nach ihren Liebhabereien, aber sie sind nur große Barone ohne staatsmännische Ziele. Sie ließen die Staatsmaschine im hergebrachten Geleise fortlaufen, besetzten die Ämter nach Gunst und Ungunst und vergnügten sich mit großen Jagden und Festlichkeiten. Nicht als ob es diese Klasse von Fürsten nicht auch in anderen Ländern gegeben hätte, aber in den Staaten des absoluten Fürstenrechts fanden sich dann doch wenigstens Staatsämter, die eine politische Auffassung zuließen oder erforderten. Wenn hierbei auch die größten Mißbräuche einreißen konnten, so war doch wenigstens ein Ort oder Punkt da, wo der Staat als solcher in Betracht zu kommen hatte. In Württemberg konnte es in diesen Zeiten nicht nur keinen bedeutenden Herrscher geben, sondern ebenso keine namhaften Minister oder Staatsmänner überhaupt, die auch nur den Versuch hätten machen können, den modernen Staatsgedanken ins Leben zu rufen."

Wie immer man auch diesem – gewiß nicht liebedienerischen – Urteil gegenüberstehen mag, auf einen Umstand hat Rümelin doch in bedenkenswerter Klarheit hingewiesen: daß in Württemberg wie sonst wohl kaum in einem

Territorium in der Spätzeit des Alten Reiches die Herzöge ihre Gewalt mit den Landständen zu teilen hatten. „Nirgends haben die Stände mehr Ansehen und Gewicht als in Wirtemberg", heißt es im zweiten, 1793 geschriebenen Band der Reisebeschreibungen von Christoph Meiners, die Auskunft hätte beliebig auch einem der früheren Bücher dieser Gattung entnommen werden können. Wenn immer einer unguten und naiven Personifizierung von Geschichte die notwendige Berücksichtigung von „Strukturen" entgegengehalten wird: im Blick auf die württembergische Geschichte braucht man sich gar nicht lange um die Konstruktion solcher Gitternetze zu bemühen. Das wichtigste war vorgegeben und augenfällig: die Landschaft, die Stände. Erst mit ihnen zusammen, sagt der Staatsrechtslehrer Johann Jacob Moser, stellt der Herzog die Obrigkeit und Staatsgewalt dar. Und erst vor dem Hintergrund der ständischen Macht kann ein württembergisches Herzogsporträt überhaupt erst gemalt werden. Man hat sich bei jedem einzelnen dieser Regenten zwischen 1600 und 1800 zu fragen, inwieweit hier nicht die Stände die Hand mit im Spiel hatten. Gerade darum ist ein Werk wie das von Walter Grube über den württembergischen Landtag für unsere Regentengalerie von so elementarer Bedeutung; das Buch hätte ohne Grubes „Landtag" kaum geschrieben werden können. Hatte dieser – von August Wintterlin zu Recht so gesehene – Dualismus zwischen Herzog und Landtag etwas mit der sprichwörtlichen Liebe der württembergischen Landsleute für ihre Herzöge und Könige zu tun? Hat man „seinen" Herzog deshalb so geliebt, weil mancherlei Irritationen und Gegenkräfte mit am Werke waren? Weil der Landesherr denn doch das Land und die Leute mehr und ehrlicher repräsentierte als alle die Stockmayer und Hochstetter, die Pfaff und Osiander, die im geheimnisumwitterten Engeren Ausschuß des Landtags saßen und für weiß wen arbeiteten, nur nicht für das Volk? Zumindest war die Direktheit zwischen Monarchen und Untertan – im guten wie im bösen Sinne – in diesem württembergischen Falle mehrfach gestört. Die Vaterlandsliebe gerade der kleineren Nationalstaaten in diesem moderneren Sinne hatte es da mit der „Identifikation" der Landeskinder um einiges leichter. „Für die Herzoge (Württembergs) trat das patrimoniale und landesherrliche Interesse auseinander, und die Versuchung, daß das erstere obsiegen werden, lag allzu nahe. Wir finden deshalb bei fast Allen die Tendenz zu einer möglichst starken Ausbeutung ihrer Patrimonialrechte. Hätten sie sich nach ihrer staatsrechtlichen Stellung mit dem Staat selbst identifizieren, als wirkliche und volle Monarchen betrachten dürfen, so würden wir schwerlich einen Jud Süß, Montmartin, Wittleder in den Annalen unserer Landesgeschichte finden."

Daß dieser spezifisch württembergische Verfassungsdualismus hemmende Wirkungen hatte, ist offenbar. Nicht nur die Wirtschaft war davon getroffen, wiewohl die lange Zeit fehlende Lebendigkeit in merkantilistischen Dingen ganz eindeutig zu Lasten der landständischen Opposition geht und noch die Industrialisierung des Landes unter dieser Verzögerung zu leiden hatte. Am allermeisten war davon aber die Landeskultur im eigentlichen Wortsinne getroffen, „die Stagnation und Verkümmerung des geistigen Lebens. Es war in der That vom Tode Christophs bis in die letzten Zeiten Carl Eugens, wie wenn eine Mauer das ganze württembergische Land eingegrenzt hätte, nicht um, wie die chinesische, fremde Barbaren fernzuhalten, sondern um wie eine Klostermauer alle Elemente freier weltlicher Bestrebungen auszuschließen. Es ist kein Zufall, daß von Kepler, Frischlin, Georg Rudolf Weckherlin an bis zu Schiller, Hegel und Schelling alle höher begabten Geister der Heimat den Rücken kehren mussten. Es fehlte den selbständigen Denkern, den freiaufatmenden Geistern nicht nur an einer Arena, sondern selbst an einem Asyl."

Der Hof konnte dafür nicht in Frage kommen, offenbar wollte er es auch gar nicht: die Bürgerlichen, das waren die Leute der Ehrbarkeit, und die war die Landschaft, der württembergische Antistaat. In kultureller Hinsicht, meinte Karl Siegfried Bader, sei das 17. Jahrhundert für Württemberg eine Zeit des Stillstandes gewesen. „Die Verhältnisse waren bei aller politischen Bewegtheit eng. Der Hof strahlte keine starke geistige Kraft aus." Erst im 18. Jahrhundert sei dem Land „aus seinen bürgerlichen Kreisen eine außerordentliche Vielzahl schöpferischer Persönlichkeiten" erwachsen.

War die sprichwörtliche Liebe der Württemberger zu ihren „Herren" nichts als eine Kompensation für ausgefallene andere Indentifikations-Möglichkeiten? Tatsächlich gibt es wenig Reisebeschreibungen von „Ausländern" des 17. und 18. Jahrhunderts, die nicht, manche schreiben da natürlich auch vom Vorgänger ab, festhielten, daß die Württemberger ihre Herzöge liebten.

Die Wurzel für die Selbstverständlichkeit, von dem – oder den – „Württembergs geliebten Herrn" zu reden, geht also weit in die Zeit vor 1800 zurück. Unter Carl Eugen, davon später, beginnt sich so etwas wie ein württembergisches Nationalgefühl zu konstituieren. Das ist die Zeit, in dem sich in einzelnen historischen Landschaften überhaupt frühnationalistische Regungen zu zeigen beginnen. Als sich in der napoleonischen und frühromantischen Ära die „völkische“ Leidenschaft überhaupt anmeldet, verschmelzt sich diese Haltung im Württembergisch-Schwäbischen mit der Sorge um den Erhalt des Landes Württemberg und das „alte, gute Recht“. Die Gefahr, daß Württemberg einmal alten Verträgen zufolge an Österreich-Habsburg heimfallen könnte, schlummert immer noch.

Der große „neuwürttembergische“ Zuwachs hat diese Gefahr nicht einfacher, nicht beiläufiger gemacht. Man muß zusammenhalten, ob auf der Rauhen Alb, im Remstal oder im Unterland. Wie immer das auch im einzelnen politischen oder gar parteipolitischen Blickwinkel aussehen mag: die Regenten, der Herzog, der König sind des Landes Unterpfand, sie sind, ganz wörtlich zu nehmen, die Gewährsmänner für Württemberg und für die eigene Existenz. Gerade im Vormärz muß man in Württemberg, wo sich für den Einsichtigen die größten Entzweiungen in Politik und Wissenschaft, in Naturwissenschaft und Theologie offenbarten, so gedacht haben. Geschichte hat in solchen Fällen von Identitätssuche immer herzuhalten: Eberhard, der das Land zum Herzogtum macht, Ulrich, dem „die da oben“ es schnöderweise entreißen, Christoph, der es seelenruhig, und ohne sich von jemanden dreinreden zu lassen, ausbaut und zurechtzimmert.

Daß Justinus Kerner dieser Stimmung und diesem besonderen württembergischen „Nationalbewußtsein“ in seinem „Preisend mit viel schönen Reden“ hinlänglichen Ausdruck gegeben hat, weiß man. Und die fünfte Strophe hat es den Württembergern immer angetan, da stehen sie auf, halten die Gläser hoch und singen:

„Eberhard, der mit dem Barte,
Württembergs geliebter Herr,
Sprach: Mein Land hat kleine Städte,
Trägt nicht Berge silberschwer;
Doch ein Kleinod hält's verborgen: –
Daß in Wäldern noch so groß
Ich mein Haupt kann kühnlich legen
Jedem Untertan' in Schoß.“

Das Gedicht ist 1818 erschienen, anzunehmen, daß es auch in diesem Jahr entstanden ist. Die Melodie dazu gab eine Volksweise des Jahres 1800 her. 1825 bringt Wilhelm Hauff die Geschichte in seinem „Lichtenstein". Herzog „Ulerich" erzählt sie dort selber: „Als mein Anherr Eberhard einst hinabritt gen Worms, und mit den Kurfürsten, Grafen und Herren zu Tische saß, da sprachen und rühmten sie viel vom Vorzug ihrer Länder. Der eine rühmte seinen Wein, der andere sprach von seiner Frucht, der dritte gar von seinem Wild, der vierte grub Eisen in seinen Bergen. Da kam es auch an Eberhard im Bart. ‚Von euren Schätzen weiß ich nichts aufzuweisen', sagte er, ‚doch gehe ich abends durch den dunkelsten Wald, und komm ich nachts durch die Berge und bin müd und matt, so ist ein treuer Württemberger bald zur Hand, ich grüße ihn und leg mich in seinen Schoß und schlafe ruhig ein.' Des wunderten sich alle und staunten und riefen: ‚Graf Eberhard hat recht!' und ließen treue Württemberger leben."

Daß die Quellen für diese Rede vom „reichsten Fürsten" nicht allein in die Humanistenzeit eines Melanchthon oder Konrad Summenhart zurückreichen, sondern noch viel weiter zurück bis zum französischen Hof des 12. Jahrhunderts, wo an der königlichen Tafel das Spiel vom reichsten Fürsten gespielt wurde, das wissen wir längst. An der Originalität des „Preisend mit viel schönen Reden", der heimlichen württembergischen Nationalhymne, hat das nichts ändern können. Im letzten Jahrhundert haben die württembergischen Schulkinder das wackere Lied vom alten Eberhard auswendig gelernt. Wir schätzen das Lied heute noch. Wohl wissend darum, daß Freundestreue den Blick für die Wirklichkeit – auch die historische – nicht ausschließt, vielmehr voraussetzt.

Graf Eberhard V. im Bart (regierte von 1457 bis 1496)
Schilling 1494
Vs. EBERH+COM+Z+WIRT+SENIOR·
Quadrierter Schild mit den Wappen von Württemberg und Mömpelgard
Ebner III, Nr. 8: ∅ 21/22 mm, 1,48 g
Münzstätte: Tübingen
Münzmeister und Stempelschneider: Hans Wydenbein

Rs. +ATTE-MPTO+ Palmbaum zwischen 1X-9X

Herzog Eberhard im Bart

Geboren 11. Dezember 1445 in Urach, regierte seit 14. Dezember 1459, gestorben 25. Februar 1496 Tübingen, begraben im Stift St. Peter zu Einsiedel, seit 1537 Stiftskirche St. Georg Tübingen

„Deutschland stand fest, solange er lebte, und sank hin mit seinem Tode." Das ist ein stolzes und ein starkes Wort, gegolten hat es Eberhard im Bart. Der es niederschrieb, Johannes Vergenhans, gehörte zu Eberhards ersten und ältesten Freunden, war dessen Erzieher und, nachdem das Gräflein mündig geworden, Propst zu Stuttgart, Diplomat an der Seite seines Landesherrn, Lehrer des kanonischen Rechts an der Universität Basel, Mitbegründer der Universität Tübingen, ihr erster Rektor und ihr langjähriger Kanzler. Vergenhans hätte es wissen müssen. Hat er seine lapidare Feststellung nur einfach so in Erz gegossen, weil humanistische Rhetorik das so haben wollte?

Oder steckt hinter der Handvoll marmorner Worte nichts als die Wirklichkeit, die historisch gesicherte Wirklichkeit? Eberhard hat das neuzeitliche Württemberg geschaffen. Daß diese staatsmännische Großleistung mit einem unverkennbar geistigen Profil dieses ersten württembergischen Herzogs gepaart ist, macht Eberhard auch aus der Perspektive von Kultur und Bildung zu einer Persönlichkeit besonderen Formats. Aber Eberhard ist auch streitbarer Mehrer der Besitzungen, einer, der die österreichisch-habsburgische Standarte, die der Abt von Zwiefalten zum Zeichen seiner Sympathie für den anderen Klostervogt aufgezogen, herunterholen und mit Füßen treten lassen kann. *Er* ist der eigentliche Klostervogt, und er wird in ein paar Jahren zu Zwiefalten der wahre und einzige sein.

Das Gebiet, das Eberhard zusammengebracht und – in der Gestalt dieses seines Herzogtums – geeint hat, wird es in erster Linie gewesen sein, das die Gedanken an ihn mit Ausdrucksformen und Wohlhabenheit und Solidität zusammengebracht hat. Aber „der reichste Fürst", als den ihn Justinus Kerner und spätere Generationen gepriesen haben, ist er gerade nicht aus materiellen Gründen. Eberhard ist mehr als Landesherr. Er ist zugleich der

Vater des Vaterlands, verstanden und geliebt von seinen Leuten, vom Universitätsprofessor zu Tübingen ebenso wie vom Bauern der Uracher Alb. Kaiser Maximilian, der Eberhard herzlich und freundschaftlich zugetan war, besuchte ein paar Jahre nach Eberhards Tod dessen Grab auf dem Einsiedel und soll da ausgerufen haben: „Hier ruht der Fürst, dem an Weisheit und fürstlichen Tugenden keiner im Römischen Reich gleichkommt!" Den Dreikranz, den man Eberhard aus der Virtus, der Sapientia und der Humanitas geflochten hat, hebt ihn aus der Menge der saufenden und raufenden „Landesherren" weit hinaus. „Von den württembergischen Grafen vor Eberhard sind irgendwelche besonderen geistigen Interessen nicht bekannt. Sie waren vollauf damit beschäftigt, in einer Unzahl von Fehden ihre Stellung zu behaupten und die Landesgrenzen zu sichern und zu erweitern" (H. Meyer). Die dem Hause Württemberg wenig zugetane Chronik derer von Zimmern meint einmal, die ersten Württemberger Grafen seien „anfangs in kei'm sonderlich hohen Thon gewesen". Indessen räumt sie ein, keiner der Herren Grafen habe „nie rein wasser weggeschütt", will heißen, immer klüglich seinen Vorteil genützt.

Eberhard ist der erste, der den „hohen Ton" nicht nur für sich in Anspruch nehmen darf, sondern am Ende mit sich trägt. Er *ist* der Gebildete, im Sinne des Verständigen, Bedächtigen und Weisen. Es sei Volksrede, bezeugt einer der zeitgenössischen Chronisten, in Eberhard den Allerhöchsten zu sehen. „Wenn Gott nicht wäre", sagten die Leute am Neckar, die Handwerksmeister, die Bauernweiber, die Troßknechte, „so müßte unser Herzog Eberhard Gott sein!" Er ist, wie Kerner gesungen hat, „Württembergs geliebter Herr". Seine Popularität war so groß und von so starker Wirkungsbreite, daß sie wechseln konnte wie Eberhards bronzenes, von Ludwig Hofer 1857—59 geschaffenes Reiterstandbild, das hier und dort stand und heute wieder im Hof des Alten Schlosses zwischen Wendeltreppen und Laubengängen bewundert wird.

Damals, in den späten fünfziger Jahren des letzten Jahrhunderts, als man die Ansprüche und Hoffnungen der 48er-Demokratie endgültig begraben und sich auf eine geschmälerte, geteilte königlich-württembergische Souveränität einzurichten weiß, beginnt Eberhards Stern heller und heller zu strahlen. Er wird zum Sinnbild des heimischen Landesvaters, der, so ein professioneller Landeshistoriker des Jahres 1884, alles in sich verkörpert, „was

Eberhard im Bart 1492, kniend, mit Palmzweigen und seiner Losung „Attempto“ in Händen. Zeitgenössische Aquarellskizze.

das Heimatland in seiner Geschichte, seiner Verfassung und seiner natürlichen Beschaffenheit den Bürgern gewährt“. Von ferne her grüßt, man spürt es, „Die Wacht am Rhein“, der kleindeutsche Nationalismus Bismarckscher Prägung. Eberhard gilt jetzt als einer der Regenten Württembergs, die sich „im Friede gut und stark im Feld“ erwiesen haben. Aber er ist auch in innenpolitischem Betracht ein Vorbild, jedenfalls in den Augen dieser Gründerzeithistoriker. „Eberhard gehört nicht zu jenen reichbegabten und hochstrebenden Herrschern, die im Kampf mit einer fast unbändigen Natur erst allmählich oder nach ihrem Tode sich eine Würdigung der Wohlthaten ihrer Regierung gewannen und das Volk auch die Schattenseiten derselben vergessen machten, wie Herzog Ulrich, Karl Eugen und König Friedrich. Teilt Eberhard mit den besten Fürsten Württembergs den Ruhm treuer Sorge für das Volk, für die Hebung seiner Bildung, seiner Frömmigkeit, seiner gesetzlichen Ordnung, seines Wohlstandes, sowie den weiten Blick für das große Ganze, das Herz fürs ganze deutsche Vaterland und den aufopferungsvollen Eifer für dessen Wohl und Frieden, so treten diese Vorzüge bei Eberhard um so schärfer im Gegensatz zu seiner Zeit hervor." Hier wird also relativiert und die zeitgenössische Situation zu Ausgang des Mittelalters in Betracht gezogen. Und doch steckt in dieser Charakterisierung Eberhards und seiner geschichtlichen Leistungen etwas vom württembergischen Reichspatriotismus der kaiserlich-wilhelminischen Ära. Eberhards Herz hat „fürs ganze deutsche Vaterland" geschlagen.

Noch im Dritten Reich hat man die Popularität Eberhards im Bart als eine deutliche Größe empfunden. Als sich 1938 zum Stuttgarter Bibliophilentag etliche Bibliothekare der Württembergischen Landesbibliothek zu einer Beisteuer in Gestalt eines hübschen Büchleins zur Stellung Eberhards „im geistigen und kulturellen Geschehen seiner Zeit" zusammentaten, empfanden sie eine gewisse Beziehung zwischen Eberhard und Hitler. „Und wenn der geniale, politische Führer des deutschen Volkes von heute im Vollgefühl der erfüllten, tausendjährigen Sehnsucht aller Deutschen mit Stolz aussprechen konnte, er sei der reichste Mann der Welt, er besitze das Höchste, das einem Manne auf dieser Erde geschenkt werden könne: Ein ganzes Volk!, so durfte sich Eberhard im Bart zu seiner Zeit mit gleichem Stolz und in seinem bescheidenen Rahmen rühmen, der ‚reichste Fürst' zu sein." Einer der Bücherleute, Thomas Miller, hat es dann ganz genau gewußt: „Die Volkstümlichkeit, der sich Graf Eberhard bis auf den heutigen Tag erfreut, verdankt er nicht zuletzt seiner Judenpolitik." Durch „klare und einschneidende Maßnahmen" habe Eberhard bis dahin das in Württemberg geduldete „Judentum" auf lange Zeit „von Land und Volk ferngehalten". Immer, wenn die Juden wieder nach Württemberg hätten zurückkehren wollen, hätten sich Volk und

Landstände auf Eberhard berufen. Man zählt denn auch im bibliophilen Büchlein zu Ehren Eberhards auf, was sich zum Antisemitismus Eberhards beibringen lasse, „eine bisher unbekannte Handschrift judenfeindlichen Inhalts, die vor 450 Jahren für Eberhard im Bart von Württemberg geschrieben worden war", in New York ausgerechnet von einem Antiquariat Dr. Rosenbach ersteigert, das frühe Eintreten Eberhards für das Volk und seine „aus der ganzen Tiefe seiner instinktsicheren Auffassung über das Wesen des Judentums" herausgewachsene Haltung, sein Vorgehen gegen die Tübinger Juden, seine Pilgerfahrt ins Heilige Land, die ihm „genügende Gelegenheit" gab, „die Juden in ihrer morgenländischen Heimat kennenzulernen". Fast in allen größeren Städten Deutschlands seien damals die Juden verfolgt und verbrannt worden, nach Heinrich von Diessenhofens Auskunft auch alle Juden in Stuttgart. „Aber", setzt der Berichterstatter des Jahres 1938 dazu, „die Aktion traf nur einen Teil der Judenniederlassungen und war nicht nachhaltig genug." Eberhard ist selbst vor nationalsozialistischer „Popularität" nicht geschützt gewesen.

Er ist am 11. Dezember im Schloß zu Urach (nicht auf Hohenurach) geboren. Schon seine Geburt und Taufe, schon sie, geraten zu Umstand und Feierlichkeit, die fortan Eberhards Leben nie mehr verlassen sollten. „Mein gnädige Fürstin und Fraw", schreibt der Herrenberger Propst Hans Spänlin, der nämliche, der den neuen Württemberger Sproß in Urach zu taufen hatte, „Frau Gräfin zu Würtemberg, geborne Pfalzgräfin, ist eines Sohns genesen, genannt Graf Eberhard, auf Samstag, den 11ten Tag December in A. 1445. Als nun Fraw Mechthild diesen Sohn geboren, da war mein gnädiger Herr, Graf Ludwig zu Würtemberg, nit inheims, sondern zu Herrenberg. Und ward zu ihrer Gnaden geschickt meiner gnädigen Frawen Knecht, Hans Schneider, das Botten-Brod zu bringen. Schenkt ihm mein gnädiger Herr zu Bottenlohn 15 fl.". Der Herr Propst vergißt niemanden unter denen, die über diese Geburt benachrichtigt worden sind, auch nicht die, die dafür „Bottenlohn" empfangen haben.

Und er schildert genau die Taufe, die er selbst als Propst zu vollziehen hat. „Ward nun Graf Eberhard getauft über 8 Tage, nachdem er geboren ward. Das war auf Samstag, den 18. December. Magister aber Hans Spenlin taufet den Herrn; und ward genannt Eberhard, das war darnach der ältere Eberhard. Der Taufstein aber war überzogen mit einem schneeweißen leinen

Tuch, und das Kind mit großen Ehren und ganz löblich zu Urach herab aus meiner gnädigen Frawen Gemach getragen, von der Frawen von Rechberg in einem Küssen, welches überzogen war mit einem köstlichen gemußirten schwarzen Sammet, mit vier gülden Knöpfen. Und war das Küssen zusammengeknüpft mit einem gülden Gürtel, und über das Küssen gedeckt rein weiß seiden Tuch. Und es führten die Fraw, die das Kind trug, beide Hofmeister, Albrecht Spät, Landhofmeister, und Gottfried von Zimmern, Freyherr. Burkard Bondorf von Würtingen trug ihr die Häß nach."

Schon fünf Jahre darnach, am 20. September 1450, starb der Vater Graf Ludwig von Württemberg. Seine Witwe, Mechthild von der Pfalz, als Tochter des Pfalzgrafen Ludwig III. bei Rhein dem kunst- und wissenschaftsliebenden Pfalzgrafenhaus zu Heidelberg entstammend, versucht rasch, die Vormundschaft an sich zu bringen. Aber der klugen und energischen Mutter gelang das ebensowenig wie dem Pfälzer Hof und insbesondere ihrem Bruder, Kurfürst Friedrich von der Pfalz, dem die pfälzische Historiographie den Beinamen „Der Siegreiche" gab, während die Württemberger ihn unter der unmißverständlichen Bezeichnung „Der böse Pfälzer Fritz" geführt haben. Die Vormundschaft blieb im Lande. Graf Ulrich, der Bruder Ludwigs, erhielt sie. Die Mutter, die Mechthild, blieb nicht lange auf dem ihr zugewiesenen Witwensitz in Böblingen. Schon ein Jahr darauf heiratete sie den Bruder Kaiser Friedrichs III., den Erzherzog Albrecht von Österreich. Der war dem Papier nach ein mächtiger Mann, die österreichischen Vorlande gehörten ihm. In Wirklichkeit war viel verpfändet von seinem „Vorderösterreich". Albrecht war ein Verschwender, und nur die Mitgift der reichen Mechthild dürfte ihn vor dem Ruin gerettet haben. 1463 schon ist er gestorben.

Mechthild war damals eine vierundvierzigjährige Frau. Als „Fräulein von Österreich" hielt sie jetzt Hof in Rottenburg, umgeben und wohl auch umschwärmt von Dichtern und Literaten, vom alten Hermann von Sachsenheim, von dem sich Mechthild seine späte Minnedichtung schenken ließ, von Jakob Püterich von Reichertshausen, der für Mechthild einen farbenreichen „Ehrenbrief" zustande brachte, von Niklas von Wyle und Heinrich Stainhövel, mit denen Lessing die deutsche Literatur beginnen lassen wollte. In Rottenburg und am geistvollen Hof der Mechthild hat sich zum ersten Mal das konstituiert, was man viel später neckarschwäbische Wortkultur genannt hat.

Indessen war Eberhard nicht das einzige Kind seiner Eltern. Und Urach war nicht die einzige württembergische Residenz. Eberhards Lebensgeschichte ist eingebettet in die verwirrenden Wechselspiele spätmittelalterlicher „Teilungen“, verwandtschaftlich-familiärer Rankünen, territorialpolitischer Kleinstkriege, außenpolitischer Bündnisse, immer wieder neuer diplomatischer Konstellationen. Daß Eberhard sich, jedenfalls im Alter, in dieser großen und kleinen (und kleinkarierten) „Politik“ als ein echter und würdiger Herr gehalten hat, hat ihm noch zu Lebzeiten den Nimbus des treulich-weisen Gubernators eingetragen. Er hat die Teilereien und vetterlichen Machenschaften allemal überspielt. Er hat Größeres, die Einheit des württembergischen Territoriums, die Festigung seiner außenpolitischen Positionen und so etwas wie kulturell-religiöse Sinngebung im Auge gehabt: schon deshalb keiner von denen, die man im ewigen Zwist der „Linien“ bald vergessen hat.

Es waren Krankheit und Ohnmacht in seiner eigenen Familie. Er hatte noch eine Schwester Mechthild, später kam eine Elisabeth hinzu; beide waren keine unmittelbaren Konkurrentinnen für ihn als zukünftigen Grafen. Aber sein älterer, sechs Jahre vor ihm geborener Bruder Ludwig war's, der sollte einmal an die Regierung kommen. Ludwig indes war schwächlich, schlimmer noch, er litt an der „fallenden Sucht“, an Epilepsie, weshalb er lebenslang ein Brieflein mit der Inschrift am Halse trug: „O Valentin, du mächtiger Schützer im Fall, du linderst und verscheuchst die fallende Sucht.“ Man hat sich sehr bemüht um den armen Buben. Seinen mutmaßlich frühen Tod hat schon die Regimentsordnung von 1453 in Aussicht genommen. Er solle, sagten die Vertrauten des Uracher Hofs, alle Jahre an St. Valentin eine Wallfahrt nach Ruffach im Elsaß machen und dort ein Bild im Wert von zehn Gulden zum Opfer bringen. Wäre der junge Graf zu schwach, die genannten Verpflichtungen einzugehen, so sollten andere es für ihn tun. Sein Leben lang sollte er keine Kalbsköpfe, keine Salatköpfe und so weiter essen. Und vor allem: Man solle ihn fröhlich und bei gutem Mute halten. Zorn und Unmut riefen am meisten seine Anfälle hervor.

Aber Ludwig starb am 3. November 1457. Zwölf Jahre alt war Eberhard damals. Vom Vater war er ursprünglich zum Priester (und Kirchenfürsten) bestimmt. Das lag bei einem zweiten Sohne nahe, damit konnte eine weitere Teilung des Territoriums verhindert werden. Als dann die Untauglichkeit

Ludwigs immer deutlicher wurde, muß der Plan fallengelassen worden sein. „So ist dann der Wunsch des Vaters, des großen Gelehrtenfreundes zu verstehen, Eberhard solle kein Lateiner werden“ (F. Ernst). Frühere Bemühungen um Eberhards Biographie haben darin, daß Eberhard nicht lateinisch reden und nicht einmal lesen konnte, einen argen Bildungsmangel gesehen.

Die humanistische Tradition im Lande konnte sich, zumal nach deren nahtlosem Bündnis mit der lutherischen Orthodoxie, einen Landesherrn ohne die selige Latinitas nicht gut vorstellen. Dabei muß es mit dem württembergischen Latein gar nicht so weit her gewesen sein. Man meinte, die Schwaben redeten „Hechinger Latein“, das sei so grob wie die Leinwand, die man in Hechingen webe. In seiner Grammatik setzt Brassicanus für „dies“ ein schwäbisches „deies“, für „qui“ ein „quei“, für „nos“ das breitschwäbische „naos“. Als einst päpstliche Gesandte zu Eberhard kamen, empfing sie der gräfliche Kanzler Johann Waibel, sonst ein munterer Mann und großer Arbeiter, mit den Worten „Ceilsissimus et eilluschtrissimus prainceps noaschter eintellexit“, mit Lauten, die den Italienern wie eine Eingeborenensprache vorkommen mußten. Daß Eberhard übrigens auch auf diesem Gebiet gelernt hat, für sich gelernt hat, verrät die Szene, in der ihm ein junger Geistlicher die schriftliche Bitte um ein geistliches Amt überreicht. Der junge Mann machte seine tiefe Verbeugung, dabei wehte ihm ein Windstoß den Mantel auseinander. Eberhard sah, daß er nach Art der Kriegsleute „zerhackte“ Hosen anhatte. Da fuhr er ihn an: „Vade, vade, ira, ira“ (fort, fort, Zorn, Zorn) und schickte ihn fort.

Der Tod des achtzehnjährigen kranken Ludwig hat die Vormundschaft für Eberhard vollends zu einem Politikum gemacht. Jetzt wollte Ulrich, der Bruder von Eberhards verstorbenem Vater, Inhaber des Stuttgarter Teils der württembergischen Herrschaft, nicht nur die endgültig überschriebene Vormundschaft Eberhards, sondern auch den Uracher Teil. Als er jedoch nach Urach geritten kam, blieben die Stadttore verschlossen und schickten den Stuttgarter Grafen unverrichteter Dinge zurück. Unterdessen hatten Mechthild und ihre Räte auf den 16. November 1457 einen Landtag nach Leonberg einberufen, ob in den „Schwarzen Adler“ oder ins dortige Schloß, läßt sich heute nicht mehr sicher sagen. Noch einmal war es nahe daran, daß die Pfalzgrafen — über Mechthild — sich des Uracher Teils versicherten und „Württemberg“ damit in eine ganz andere politische Richtung zogen. Aber der Leonberger Landtag endigte mit der Entscheidung für den Grafen Ulrich als Vormund.

Die wechselnden Einflüsse der Vormundschaft scheinen dem jungen Eberhard nicht gut getan zu haben. Sicherlich ist viel an der Rede von Eberhards schlimmer Jünglingszeit altüberlieferter (und zeitgenössisch üblicher) Topos. Wo Sauhatzen und „ritterliche" Stechereien die Regel sind, kann ein aufgeweckter junger Mann wie Eberhard, reimten sich die Literaten zusammen, nicht gut ein frommes Lämmlein geblieben sein. Tatsächlich muß Eberhard junge Leute an sich gezogen haben, die ihn in seinen Leidenschaften nur unterstützten. Die Generation der alten Räte wurde immer dünner und verschwand schließlich ganz. Vater Ludwig soll eine ebenso wilde Jugend gehabt haben, von der ihn erst seine Frau bekehrte.

Einer der beiden ernsthaftesten Chronisten, der genannte Vergenhans, spricht von einer plötzlichen Bekehrung Eberhards. „Mores mutavit" heißt es bei ihm, Eberhard habe mit einem Schlag Sitten und Lebenswandel geändert. Wie immer auch: der Onkel und Vormund Ulrich in Stuttgart war ein politisch engagierter Mann, hatte sich in den verheerenden, bis 1450 andauernden Städtekrieg hineinziehen lassen, und drang jetzt mit dem Markgrafen Karl von Baden und dem Bischof von Metz in die Kurpfalz ein. Da brach plötzlich am 30. Juni bei Seckenheim unterhalb Heidelberg mittags nach zwölf Uhr aus dem Schwetzinger Wald mit ungeahnter Übermacht der Pfalzgraf hervor. Ein blutiger Kampf entspann sich. Ritterlich wehrten sich die Herren wie ihre Leute. Aber mit den langen Spießen des pfälzischen Fußvolks wurden sie nicht fertig. Und die drei Führer, der Markgraf und der Bischof von Metz, davon schwer verwundet und überzeugt von der Unmöglichkeit weiteren Widerstands, wurden gefangen genommen. „Da schlug und fing ein junger Pfälzer / Einen Bader, Jäger, Sälzer." Der „Bader" war Karl von Baden, mit dem „Jäger" war der Württemberger gemeint, der ein Jagdhorn als Helmzier trug, mit dem „Sälzer" das Hochstift Metz, das reiche Salzgefälle hatte. Ulrich, Karl und der Bischof wurden nach Heidelberg geführt. Ermutigt durch diese Nachricht, machte sich jetzt der Bayernherzog aufs neue auf und eroberte am 7. Juli Heidenheim und die Feste Hellenstein wieder. Zusammen mit dem Markgrafen Albrecht rückte auch Eberhard aus; er hatte diesmal dem kaiserlichen Aufgebot folgen und Partei nehmen müssen. Am 17. Juli wurden sie vor Heidenheim in die Flucht geschlagen, sammelten sich aber wieder auf der Anhöhe westlich von Brenz bei der Reichsstadt Giengen. Unter dem Ruf „Römisch Reich oder Bayernland“ gingen die Gegner am 19. Juli aufeinander los, die einen mit Birkenlaub, die anderen mit Eichenlaub als Abzeichen. Bald sollte auch hier der Sieg völlig den Bayern zufallen. Die ganze Wagenburg, alle Büchsen, mehrere Paniere, darunter das des Grafen Eberhard und der Stadt Ulm, fielen in Feindeshand.

Die Kunde von diesen beiden Schlachten ist in deutschen Landen lange nicht verstummt. Drei Fürsten und über hundert Adlige in einem einzigen Treffen gefangen genommen, das hatte man nicht alle Tage. Die Ehrenzeichen mußten auf der Walstatt zurückgelassen werden, eine schmähliche Niederlage. Graf Ulrich aus Stuttgart konnte erst ein halbes Jahr später in Heidelberg wieder losgekauft werden, mit einem Lösegeld von angeblich hunderttausend Gulden, das war der vierfache Betrag des Stuttgarter Jahreshaushalts. Auf eine halbe Million Gulden hatte man den Schaden angegeben, den allein der Pfälzer Krieg verursacht habe. War mit der Summe auch vielleicht ein bißchen hoch gegriffen: die Lasten aus der Niederlage haben noch lange auf Württemberg gedrückt. Vom Stuttgarter Teil gingen sie 1482 auf das ganze Land über, das noch ein halbes Jahrzehnt später, heute würde man sagen, „Reparationskosten“ zahlen mußte.

Eberhard, der gräfliche junge Mann in Urach, war glimpflicher davongekommen. Immerhin waren am bayerischen Feldzug nur seine Leute, aber nicht er persönlich, dabei; er hatte sich zuletzt noch durch Krankheit entschuldigen lassen. Aber er hat später oft über den Schaden geklagt, den ihm der bayerische Krieg gebracht habe. Der Plan, sich mit der Tochter des Herzogs Ludwig von Bayern-Landshut zu vermählen, sei dadurch zunichte geworden. Und auch der Heiratsplan, eine Tochter des badischen Markgrafen betreffend, der ihn in die verwandtschaftliche Nähe des Hauses Habsburg gebracht hätte, sei durch die Ereignisse des Jahres 1462 zunichte geworden.

Was wichtiger und doch von positiver Natur war: daß diese Ereignisse eine Schule für den jungen Grafen gewesen waren und ihn doch zum selbständigen Regenten machten. Dazu kam, daß sich die familienpolitischen Wolken allmählich lichteten und die familiäre Ohnmacht sich zu lösen und zu schwinden begann. 1480 starb der Stuttgarter Graf Ulrich, ob seiner Leutseligkeit und seines Eifers um Frauengunst, der „Vielgeliebte“ genannt. Seine schwache und politisch wenig kluge Regierung hatte dem Land nur Schaden zugefügt, der Residenzstadt Stuttgart aber zwei Vorstädte, die Esslinger und die reiche Vorstadt und drei Kirchen, die Stiftskirche, die Leonhardskirche und die Hospitalkirche, gebracht. Seine beiden Söhne hatten Anlagen zur Geisteskrankheit und waren nicht regierungsfähig. Heinrich wurde mit linksrheinischen Besitzungen abgefunden und endete als Geisteskranker auf der Feste Hohenurach. Der aggressive und ganz unberechenbare Eberhard entsagte am 14. Dezember 1482 im Münsinger Vertrag gegen eine beachtliche Jahresrente der Herrschaft zugunsten seines Vetters Eberhard. Die beiden Landeshälften wurden in diesem Vertrag wieder vereinigt, indem Eberhard, zunächst vorläufig, die Regierung über beide Teile übertragen und Stuttgart zur Residenz und Hauptstadt des Landes erklärt wurde.

Man hätte Eberhard den Ehrennamen „der Gründer" geben können. Er hat im eigentlichen Sinne das Land Württemberg gegründet, seine Landesuniversität, den Orden der Brüder vom Gemeinsamen Leben in Württemberg, das Stift St. Peter auf dem Einsiedel, und schließlich das Herzogtum Württemberg. Er hat dieses respektable Lebenswerk nicht irgendwie zufällig sich so arrangieren lassen. Daß es ihm nicht in den Schoß gelegt wurde, zeigt allein ein Vergleich mit dem Stuttgarter Onkel und Vetter (und freilich mit vielen der kleineren Landesherren am Ausgang des 15. Jahrhunderts): sie hinterließen nichts als flüchtige, vergängliche Situationen. Eberhard hat sich das erarbeitet, einer, der zwar auch im Sattel gerecht war und merkwürdigerweise nie mehr recht das Lateinische erlernte, aber drei der siebzehn Translationen Niklas von Wyles persönlich gewidmet bekam und eine Bibliothek von zweihundert Bänden besaß, eine damals gerade unter Herrenkreisen ungewöhnlich hohe Ziffer, die auch die Bibliothek seiner Mutter übertraf.

Einen „leidenschaftlichen Autodidakt" hat ihn Fritz Ernst mit Recht genannt. Er hat wohl nie ein Hehl daraus gemacht, daß er sich ganz dem Adel verpflichtet fühle, daß man ihn als einen Edelmann erzogen habe. Aber er hat nicht nur — wenige, und dann meist fürs ganze Leben – Räte herangeholt, sondern dabei auch keine Schranken gezogen. Es waren da Bürgerliche und Adlige unmittelbar nebeneinander, Ludwig und Johannes Vergenhans, Graf Hugo von Werdenberg, Bernhard Schöferlin, Hermann von Sachsenheim, Reuchlin. Sinn für eine hochnäsige Trennung hat er Zeit seines Lebens nie aufgebracht. Dafür hat er sich in hohem Ernst um die intellektuelle und theoretische Seite seiner Landesherrschaft — und schließlich seiner eigenen Persönlichkeit — bemüht. Die Freundschaft mit Vergenhans, der sich zum „Nauclerus“ gräzisierte, ist ein leuchtendes Beispiel dafür. Melanchthon hat bewundernd einen Tag Eberhards im Hause Nauclers geschildert. Da berät der Graf mit dem erfahrenen Praktiker und Gelehrten, dem Deutschland das erste große humanistische Geschichtswerk verdankt. „In diesen Beratungen wurde das ganze Land regiert und Gerechtigkeit, Friede und Ordnung aufrechterhalten.“ Naucler hat kaum übertrieben. Auch Johannes Reuchlin war einer, der ihn beriet, auch er kein Büchermensch, sondern Jurist und erfahrener Verwaltungsmann (freilich auch großer Gräzist).

Erstaunlich, daß ein Mann dieser Sensibilität, die ihn tiefer und tiefer mit den Dingen der Sprache, des Wissens und der künstlerischen Schöpfung zusammenbringt, doch ein handfester und entschiedener Staatsmann geworden und geblieben ist. „Wir wissen von Naucler, daß Eberhard im Grund nur das gelten ließ, was ihm selbst eingefallen war. In gelehrten Dingen hat er diskutiert, in politischen selbständig gehandelt“ (F. Ernst). Er war nicht das, was man später einen „gekrönten Dichter“ oder einen „Philosophen auf dem Thron“ genannt hätte. Aber er konnte sich zur Romreise im Frühjahr des Jahres 1482 eine Handschrift anfertigen lassen, mit unterlegter hebräischer Transkription, weshalb der Schreiber der Handschrift den vorsorglichen Hinweis anbrachte, man habe die unbekannten Zeichen von rechts nach links zu lesen, er schrieb nur dazu: „Liss alle übergeschrifft ärsling.“ Das war unmißverständlich.

Derlei Rezepte scheint der Graf mit aller Wißbegier befolgt zu haben. Er wollte auch wissen, lernen, sehen. Die am 10. Mai 1468 von Urach aus angetretene Reise nach Jerusalem war der Akt eines Pilgers, der sich zusammen mit seinen Begleitern am 12. Juli in der Heiligen Grabeskirche zum Ritter schlagen läßt. Aber es war auch ein Stück Unternehmungslust und Bildungsabenteuer, genau in der Mitte zwischen alter Kreuzzugssehnsucht und belanglos gewordenem Mittelmeertourismus der Aufklärungs- und Romantikerzeit. Ein solches mit Schwierigkeiten und Abenteuern verbundenes Unternehmen pflegt die Entstehung von Sagen und Dichtungen allemal zu begünstigen. Von dem gräflichen Jerusalemfahrer hieß es bald, er habe einen Hagedorn auf seinem Hut mitgebracht und zu Einsiedel im Schönbuch in die Erde gesteckt. Dort sei er zu einem mächtigen Baum gediehen. Schon in

Fischarts „Gargantua“ wird dieser Dornstrauch erwähnt. Weitbekannt geworden ist die Sage erst, als Uhland ihr in „Graf Eberhards Weißdorn“ eine klassische Fassung gegeben hat.

Übrigens gab es einen auf Pergament geschriebenen Kalender dieser Reise, „Von der Pilgerfahrt Eberhards im Jahre 1468“, ein wunderschönes Ding, das sich heute im Besitz des herzoglichen Hauses in Altshausen befindet. Eberhards Beziehungen zur Kunst werden persönlich und sichtbar in seiner nie mehr erkalteten Lust, „Zeichen zu setzen“, im Palmbaum, den er — als Zeichen — von seiner Morgenlandfahrt mit nach Hause brachte, in der Devise „Attempto“ (ich wag's, ich will's riskieren), die er an allen möglichen Bauten und Gegenständen wie ein Markenzeichen angebracht hat, in Bildern, Büchern und Siegeln, und die noch heute im Goldenen Saal des Uracher Schlosses zu sehen ist: In diesem Sinne lebt Bad Urach heute von „seinem“ Grafen.

Wer sich dergestalt der persönlichen Sphäre dieses Mannes nähert und dem Schwert gegenübersteht, das Eberhard vom Kaiser Maximilian aus Anlaß seiner Herzogserhebung überreicht bekam, mit reich verzierter Scheide, Devise und Palmenbaum, das zu Urach ist die Kopie des in Altshausen sich befindlichen Originals, der hätte gerne gewußt, wie Eberhard ausgesehen hat. Trug er denn einen Bart? Sein Schwiegervater war der Markgraf Ludwig der Bärtige von Mantua, Mechthilds Vater war der Pfälzer Ludwig der Bärtige: war das überhaupt mehr als eine Formel der Zeit? Die Tochter des Mantuaners, die achtzehnjährige Prinzessin Barbara Gonzaga von Mantua, hatte es dem Württemberger damals angetan, sie wird als „gravissima“, also korpulent, geschildert, während Eberhard von dem zeitgenössischen Chronisten als klein und mager beschrieben wird, mit Adlernase und Bart, wie ihn sein Grabmal zeigt. Der Mantuaner Berichterstatter hatte „magro peloxo con naso“ geschrieben (mager, behaart, mit Adlernase). 1477, drei Jahre nach seiner Hochzeit, wird Eberhard auf einem Sindelfinger Relief bartlos (und behelmt) und auf dem Glasgemälde im mittleren Chorfenster der Tübinger Stiftskirche (von Peter Hemel von Andlau, zwischen 1476 und 1480) ebenfalls ohne Bart, aber mit prächtig herabfallendem Haupthaar dargestellt. Darf angenommen werden, daß jenes „peloxo“ nicht bärtig („barbuto“), sondern eher „mit wallendem Haupthaar“ bedeute?

Wie immer auch: daß mit der Tübinger Darstellung im Chorfenster ein Porträt gemeint ist, kann nicht bezweifelt werden. „Keine der Falten im Antlitz ist verschwiegen. Mit eingefallenen Wangen, hervortretenden Backenknochen, engem Mund, wulstiger Unterlippe, Runzeln hinter den Mundwinkeln, stark gebogener Nase, naturwahr gemalt, scheint Eberhard bedeutend älter, als er seinen Jahren nach aussehen müßte. Seine stürmisch genossene Jugend wird auch hier nicht verschwiegen. Der Blick ist auf den heiligen Georg, den Schutzpatron der Ritter, gerichtet, wodurch das Antlitz den Ausdruck einer gewissen Spannung erhält. Zwei bestechend klare, kluge Augen strahlen aus der Tiefe einer reinen, heiteren Seele. Die offenen Locken des über Stirn und Wangen fallenden Haares geben dem feingeschnittenen Profil ein repräsentatives Aussehen. Der Adel einer geistigen Kraft überglänzt Gesicht und Gebärde. Die gewählte Rüstung entspricht der gepflegten Erscheinung des Dargestellten" (J. Forderer).

Eberhard war also kein hünenhafter Recke, wie es nach dem — ganz in den Geschmack des 19. Jahrhunderts getauchten — Denkmal von Paul Müller aus dem Jahre 1881 in den Stuttgarter Unteren Anlagen scheinen möchte. Er war klein und schmächtig, auch die Holzbüste von Gregor Erhart am Hochaltar zu Blaubeuren deutet darauf hin, wenn sich auch in dieser Darstellung die Spuren des Alters, der Verantwortung, des Schicksals schon nach vorne gewagt haben. Man hätte sich ihn gerne als einen prunkliebenden, oder doch zumindest auf „Zeichensetzung" und staatsgemäße Repräsentation bedachten Regenten gedacht. Die Hochzeit mit Barbara Gonzaga in Urach, über deren Großartigkeit zeitgenössische Berichterstatter sich nicht lassen konnten, könnte Anlaß und Stoff dazu geben. Schon die Reise und die Ankunft der Braut war eine rauschende, immer breiter und immer ausladender werdende Ouvertüre. Pferdestechen, Tanz und Essen wechseln. Dann, am Montag, dem 4. Juli 1474, dem heiligen Ulrich geweiht, kommt der Höhepunkt. Der Hochzeitszug geht aus dem Schloß in die nahe Amanduskirche hinüber, die Frauen vor den Männern, die Braut und die Brautführer, die Grafen und Freiherrn und Ritter. Nach der kirchlichen Feier das Hochzeitsmahl, von der Dürnitz bis zum Goldenen Saal ist alles beim Essen. Den Platz „am Ort", am obersten Ende des ersten Tisches, erhält die neue Herrin, ihre Tischgenossen sind die ersten Damen ihrer Schwägerschaft, Edelleute übernehmen das Vorschneiden, Auftragen, Weinschenken. Und auch das

Volk hat seinen Anteil daran, 13 000 Menschen werden an diesem Tag gespeist, 4280 Pferde auf des Grafen Kosten gefüttert. 165 000 Stück Brot werden verbraucht, 4 Eimer Malasier, 12 Eimer Elsässer, 500 Eimer Neckarwein. Ein Weinbrunnen plätschert im Schloßhof. „Dadurch ist geloffen und auch getruncken worden bei 12 Eimer Wein und hat geloffen von Sonntag zu Nacht bis Mittwoch zu Nacht, zwei Rohr mit rotem Wein und zwei mit weißem Wein."

Aber Eberhard ist kein Aufschneider, kein Jongleur, kein Schausteller, wie das Maximilian zuzeiten sein mochte. Er hat die Staatsreputation — und hier vielleicht sogar im Windschatten Maximilians — für eine notwendige und unerläßliche Sache erachtet. In der Herzogserhebung steckt ein Stück dieser notwendigen staatlichen Repräsentation, und wenn ihm am Sonntag Lätare des Jahres 1482 gelegentlich seiner Romreise vom Papst die Goldene Rose überreicht wird, so rechnet er das weniger auf seinen Rang als den seines Landes. Und er hat denn auch das wertvolle Stück nach seiner Rückkehr dem Uracher Stift übergeben, wo der damit verbundene Ablaß dem Bau der Kirche zugute kommen sollte.

Er war nicht „aushäusig", und er war nicht verschwenderisch, wie man das bei den Pfälzern oder Österreichern so häufig finden konnte. Für die Kleidung liebte er dunkle Farben, die seine Gestalt mehr heraushoben. Seine Tafel war einfach. Aus dem goldenen Becher, den er sich hatte machen lassen, trank er seinen Landwein. In Stuttgart wohnte er in der krummen Stube des Alten Schlosses. Nirgends finden sich Spuren davon, daß er auf den Schmuck seiner eigenen Zimmer — der wiederum nicht üppige Goldene Saal war ja Empfangs- und Festraum — in Urach oder Stuttgart viel verwendet hätte. Wenn er den Vergenhans in Tübingen besuchte, schickte er das Gefolge aufs Schloß. Er selbst nahm Quartier in der kleinen, hart bei der Kirche gelegenen Propstei. Vor Tagesanbruch erhob er sich vom Lager und sprach sein Gebet. Dann widmete er sich drei Stunden der Arbeit. Die Schreiber mußten bereit stehen, um seine Bescheide ordentlich zu Papier zu bringen. Hernach ging's zur Messe in die nahe Kirche. Ganz nach der hergebrachten Ordnung im Propsthause kam jetzt das Frühmahl, zu dem zwei oder drei Adelige oder Gelehrte eingeladen waren. Der Tisch war einfach und gut bürgerlich. Nach dem Essen hatte jedermann Zutritt.

Rührend diese immer wieder neue Bemühung, Macht und Geist in Einklang zu bringen. Daß er, als erster unter den deutschen Grafen, eine Universität zu schaffen vermochte, war leere Demonstrationssucht am wenigsten. Er wollte auch hier eine Einheit bewirken, von Theorie und praktischer Wirklichkeit, von Forschung und Frömmigkeit". Er habe sein Geschäft verstanden, bescheinigt ihm der Chronist der Tübinger Universität, Walter Jens, was doch heißen will, daß ihm die Notwendigkeiten und Sonderheiten der allmählich etablierten Gelehrtenrepublik nie fremd gewesen oder geworden sind. Daß er im gleichen Jahr wie dem der Universitätsgründung — 1477 — die Brüder vom Gemeinsamen Leben in Württemberg einführte und damit eine devotio moderna, eine „neue Frömmigkeit", in sehr bewußter Weise anging, trennt ihn doppelt von der naiven und durchschnittlichen Figur des „Ritters". Bruderhaus und Stände-Stift wollen praktische, reale Frömmigkeit; Gabriel Biel, Tübinger Theologieprofessor und Propst des Uracher Stifts, hat Eberhard dabei die wichtigsten Dienste geleistet.

Die Erhebung Württembergs zum Herzogtum am 21. Juli 1495, auf jenem Wormser Reichstag, der Wege zu einer Reichsreform suchte, wurde zum Höhepunkt und gewissermaßen komponierten Abschluß seines Lebens. Eberhard hatte die Standeserhöhung nicht gesucht, das Projekt vielmehr im Gespräch mit seinen Räten zunächst als bedenklich empfunden. Eberhard hat dann doch die Gelegenheit nützen wollen. Es waren nicht nur mißgünstige Rittersleute, die hernach verbreitet haben, Eberhard habe eigentlich Herzog von Schwaben werden wollen. Was er auf alle Fälle wollte: einen geeinten Staat, ein ungeteiltes Württemberg. Und was Maximilian wollte, deutlicher und klarer als Eberhard, war ein Württemberg, dessen Gebiet ebenso geklärt war wie des Landes habsburgische Zuneigung. Es konnte Maximilian gerade nicht um ein Herzogtum Schwaben gehen, das gegebenenfalls wie seine Vorgängerin gegen das Reich aufstehen wollte, sondern einen ergebenen Territorialstaat (von dessen Heimfall ans Reich Maximilian immerhin träumen konnte, nachdem am Stammbaum der Württemberger nur noch ein Sproß zu sehen war, der junge Prinz Ulrich, das Söhnlein des kranken Grafen Heinrich).

Der Tag der Herzogserhebung, auch ein wenig von jenem Sinn für Szenerie und Theatralik geprägt, den Maximilian, der „letzte Ritter", allemal mit sich führte, hat denn auch keinen Zuwachs von bestimmten einzelnen Rech

Graf Eberhard im Bart (kniend) wird auf dem Reichstag zu Worms 1495 durch Kaiser Maximilian zum Herzog erhoben. Druck von 1901 nach einem Ölgemälde von Th. Lauxmann.

ten für Eberhard gebracht. Es ist ganz bezeichnend, daß der kaiserliche Brief, der dem neuen Herzog in die Hand gelegt wurde, zwar die Aufzählung aller Bestandteile und Rechte des Herzogtums festhält, die nun den Herren von Wirtemberg zur Verfügung stehen, aber höchst lakonisch die Worte beifügt, „wie sie (nämlich die Wirtemberger) das sonst bisher auch getan haben". Daß auf dem großen Gastmahl, das bei dieser feierlichen Gelegenheit stattfand, die Länder der anwesenden Fürsten gepriesen wurden, war ebenso sinnvoll wie modisch. Die tour d'horizon kam einer unterhaltenden „föderativen" Bestandsaufnahme gleich und kam Maximilians historisierend-romantisierender Wunschwelt entgegen. Justinus Kerner hat an die literarisch-launige — und tatsächlich stattgehabte — Fürstenrunde den lokalpatriotischen Schlenker angefügt, Eberhard im Bart sei damals als „der Reichste" deklariert worden, weil sein Land sich zwar bei weitem nicht als das größte erwiesen habe, er indessen jedem Untertan sein Haupt in den Schoß habe legen dürfen. Das war mehr Geschenk als hundert Meilen Land. Obschon schön und herzlich, und heute so etwas wie eine württembergische Nationalhymne: sehr originell war Kerners „Schlenker" nicht. Die Frage nach dem reichsten Fürsten hat schon im zwölften Jahrhundert die (gleichfalls literarisch bewegten) Geister am französischen Hof beschäftigt, und das Wort Eberhards, im Schoß jedes Untertanen schlafen zu können, wovon Melanchthon und andere Zeitgenossen erzählen, legte schon Andreas von Regensburg zu Anfang des 15. Jahrhunderts einem bayerischen Fürsten in den Mund.

Eberhards im Bart wichtigster Biograph meinte vor Jahrzehnten, der Spruch habe seine zwei Seiten. Er brauche nicht nur als Zeichen für die Liebe der Untertanen, er könne auch als Beweis für Ordnung und Sicherheit im Lande angesehen werden. Das bringt uns zur Frage, was Eberhard diesen Nimbus des idealen Fürsten überhaupt eingebracht hat. Es kann unmöglich nur die Standeserhöhung oder nur die Universitätsgründung gewesen sein.

Beide haben ihre zeitgenössischen (und vor allem späteren) Parallelen und genügen kaum, als bloße Geschehnisse einen Regenten zum warm geliebten und in allen Generationen hochgehaltenen Landesvater zu machen. Hat Eberhard deshalb einen so selbstverständlich respektierten Platz erhalten, weil die Mitbewerber um seinen Ruhm, die Männer der Stuttgarter Linie, einer wie der andere erblich belastet, psychisch mehr und minder krank und allenfalls durchschnittliche Haudegen waren, den Herzog Ulrich eingeschlossen? Ob das nun bewußte Lebensarbeit war oder nicht: Eberhard kennt den Typus des „alten" Landesfürsten, des rüden Raufbolds, sehr wohl, auch er kann sich in jüngeren Jahren der Turnierlust hingeben. Aber er beginnt dann das Gespräch mit den Gelehrten, er nimmt – was beim jüngeren Eberhard unvorstellbar wäre – Wissenschaft und Forschung und Künste ernst und läßt sie einwirken auf sich und sein Tun. Er wird, das Wort in seiner ganzen Bedeutung genommen, zum „gebildeten", das heißt erzogenen und innerlich geläuterten Menschen. Er ist nicht, wie das der jüngere Eberhard einmal tatsächlich sein wollte, Kondottiere und Abenteurer, der die Grenzen nicht sieht, weil er die Ziele noch gar nicht bedacht hat, sondern genau das, was man heute eine integrative Persönlichkeit nennt. Als der Schwäbische Bund nach seinem Tod wieder erneuert werden sollte, versagte sich der größte Teil des Adels, besonders in den württembergischen Gebieten: Eberhards vermittelnde und zusammenführende Autorität war nicht mehr da. Eberhard der Jüngere und noch Ulrich gaben allemal Anlaß zum Zwist und zum Gegensatz, Eberhard gab den Grund zur Sammlung. Er ist der erste und wichtigste in jenem Prozeß, aus dem heraus sich ein württembergisches Staatsgefühl entwickelt hat. Darin liegt seine geschichtliche Bedeutung: daß er Württemberg zu einem Staat gemacht hat; mit vielen nachweisbaren organisatorischen und gesetzgeberischen Entscheidungen, um darüber keine Mißverständisse aufkommen zu lassen. Neben Eberhard dem Scholar und „Gelehrten" steht der hart ringende Landesherr, der Württemberg einen Platz im südwestdeutschen territorialpolitischen Kräftespiel und im Reich verschafft, und daheim im Finanzwesen, im Heerwesen, in der Kirchenpolitik, in der Gerichtshoheit und in der Wirtschaftsförderung mit teilweise großartigen Reformen aufwartet. Hier tritt eine Herrscherpersönlichkeit vor uns, die mit der romantisch gefärbten Rede vom „geliebten Herrn" eher verdunkelt wird. „Der Kriegsheld und Haudegen mischt sich mit dem berechnenden Verwaltungsmann" (F. Ernst). Es scheint unerläßlich, im Blick auf den populären Eberhard im Bart, das Gezweig der Verklärung ein wenig zur Seite zu schieben und der Wirklichkeit ihr Recht zu geben. „Die Legende, die an seinen Namen geknüpft ist, darf uns nicht darüber täuschen, daß er im übrigen Territorialpolitiker war, wie seine Zeitgenossen. Er hat in der zu Frankfurt abgeschlossenen häuslichen Erbschaftssache mit den Räubern auf Kosten der Beraubten Frieden gemacht, er hat die Herren von Sulz vertrieben und gedemütigt, er hat ein kaiserliches Urteil mit List um seine Wirkung gebracht, er hat sich auf Pläne eingelassen, die den österreichischen Feldherrn durch heimtückischen Überfall erledigen sollten, er hat seine Ziele durch Bestechung erreicht. Manchmal konnte sich sein Gewissen mit einem höheren Recht trösten; oft hat er einfach seine Zwecke mit jedem Mittel verfolgt. In den späteren Jahren hat ihm seine kluge Politik territoriale Streitigkeiten im allgemeinen erspart.

Wo er zu kämpfen hatte, tat er es in dem größeren Rahmen des Schwäbischen Bundes. Reichstreue und Territorialinteressen in ihrer Bedeutung für seine Entschlüsse genau abzugrenzen, ist unmöglich. In dem einen Punkt, wo er in eigener Angelegenheit des Kaisers Gebote ernstlich mißachtete, in den Kämpfen mit Sigmund von Tirol, hatte er immer die Entschuldigung, daß das Reichsoberhaupt Habsburger, und deshalb befangen war" (F. Ernst).

Das Bild vom gütigen, väterlichen Weisen werden wir zu revidieren haben (was den Ruhm des überlegten, staatsmännischen Landesherrn nicht schmälert). Er sei ein Schulmeister gewesen, dessen Mißfallen man auch in kleinen Dingen nicht erregen durfte. „Aber er stand über den Gruppen seines Staates." Er hat sich der Stände, ganz im Gegensatz zu Christoph, nur zu dekorativen Zwecken bedient. Er hat allein regiert, mit dem Rat einzelner Ritter oder Prälaten, aber nicht mit Landständen oder Landtagen. Die Sicherung der Erbfolge des Landes *und* die Verwahrung vor einer österreichischen Politik, die ihr Hauptziel in der Vereinigung Württembergs mit den habsburgischen Kronländern sah, war eine fast unlösbare Aufgabe. Er hat sie meisterlich gelöst. Daß die Abfolge von Verträgen — Urach 1473, Münsingen 1482, Stuttgart 1485, Frankfurt 1489, Esslingen 1492 — die Landstände Schritt für Schritt ins politische Spiel des Landes brachte, war gar nicht zu vermeiden. Aber je weiter Eberhard in seinen ständefreundlichen Aktionen ausholte: die Nachfolge wie die Existenz des Landes hatten einen Rechtsboden, mit dem Eberhard nichts abgab von seiner alleinigen Herrschergewalt und Entscheidung. Daß die Folgezeit mit dem Eberhardinischen System nicht (ganz) zurechtkam, stand auf einem anderen Blatt.

In der Kirche St. Peter auf dem Einsiedel bei Tübingen, einem gewiß bescheidenen Ding, von dem heute gar nichts mehr zu sehen ist, hat man ihn beigesetzt. Das war sein Wunsch. Im Stift der „blauen Mönche" wollte er seine letzte Ruhe haben, jener neuen Schöpfung, die Menschen aller Stände — zwölf Geistliche, zwölf Edle, zwölf Bürger — zusammenband, in gleicher Gemeinschaft und gleicher geistig-geistlicher Zielrichtung. Nicht lange darnach reimte eine von den vielen Federn, die sich rührten im Reich auf den Tod des ersten württembergischen Herzogs hin, vom „abgang herzog Eberhardts von Wirtemberg". Es war ein rührendes Stück zu Ehren „des fürsten milt, / der des reichs sturmfan in sim schilt / mit grossen eren hat geführt, / durch des vernunft pillich regirt / wern alle land vnd königreich". Das war natürlich ein wenig übertrieben. Aber der fromme Wunsch war gewiß ehrlich gemeint: „Gott geb im die ebig rue!"

Herzog Eberhard II.

Geboren 1. Februar 1447 Waiblingen, regierte mit Einschränkungen seit 8. Januar 1480 im Stuttgarter Landesteil, seit 24. Februar 1496 im gesamten Land, abgesetzt 28. Mai 1498, gestorben 17. Februar 1504 Schloß Lindenfels/Odenwald, begraben Heilig-Geist-Kirche Heidelberg

In Harnisch und mit Fahnen kamen sie, um den Einzug des neuen Landesherren Eberhard in Stuttgart zu begleiten. Bis an den Neckar waren sie ihm entgegengegangen, über hundert Stuttgarter, auch mehrere fremde Herren, es müssen die führenden Männer des Landes gewesen sein, alle von denen, die in Württemberg an diesem 14. März 1496 einen Namen hatten. Das war vierzehn Tage nach dem Tode Eberhards im Bart. Unmittelbar darnach erfolgte in Tübingen und im ganze Lande die Huldigung.

„Landesherr", das Wort unseres heutigen Gebrauchs und Verständnisses, könnte freilich zu falschen Vorstellungen führen. Wenn auch die Stuttgarter am festlichen Einzugstag so getan haben mochten, als ob dieser Neuanfang die natürlichste Sache der Welt sei: dieser jüngere Eberhard, hinter vorgehaltener Hand wird der eine und andere zur Feststunde darauf hingewiesen haben, war kein unbeschriebenes Blatt mehr. Erzogen am hochgebildeten, aber verführerischen Hofe Philipps des Guten von Burgund, hatte er sich in Stuttgart neben seinem noch alleinregierenden Vater, dem Grafen Ulrich dem Vielgeliebten, einen Platz verschafft. Allmählich mußte von einem Mitregieren des Sohnes gesprochen werden, freilich auch von der großen und keinesfalls abgetragenen Schuld aus dem Pfälzer Krieg, von einer doppelten Hofhaltung, von ständigen Übergriffen des Sohnes, von einem sichtlichen Verfall der herrschaftlichen Gewalt.

Ulrich mußte schließlich seinen Uracher Neffen Eberhard im Bart um Beistand bitten. Dem gelang es, nach der von den beiden Stuttgarter Grafen und der Stuttgarter Landschaft abgegebenen Erklärung, einen Spruch Eberhards im Bart anzuerkennen, einen gemeinsamen Tag nach Tübingen einzuberufen. Hier kam am 8. November 1478 eine Übereinkuft zustande, mit der ein „regiment" für Stuttgart geschaffen war: eine Ordnung, mit der die Hofhaltung, die Finanzen, die Verwaltung ihren Weg gewiesen bekamen.

Daß diese Überwachungskommission, in ihrem Zustandekommen und ihrer Zusammensetzung ein Werk Eberhards im Bart, zugleich einen erheblichen Machtzuwachs der Stuttgarter Landschaft bedeutete, stand auf einem anderen Blatt. Er hätte ein Intermezzo bleiben können, wenn in Stuttgart Vater und Sohn damit zur Gemeinsamkeit gefunden hätten. Das Gegenteil war der Fall. Die Reibungen und Spannungen zwischen dem älteren und dem jüngeren Grafen (und ihrem Anhang und ihren Räten) in Stuttgart vermehrten sich derart, daß sich darüber auch ein Graben zwischen Ritterschaft und Landschaft auftat und Ulrich schließlich, das entstehende Politikum fürchtend und Eberhards im Bart Rat beherzigend, im Januar 1480 die Regierung an seinen Sohn Eberhard abtrat. Er wolle, sagte er, „prelaten, ritterschaft, land und lut von kunftiger irrung, die sust nach unserm tod under inen entsten mecht", bewahren.

Wer mit dieser Alleinregierung einzog, wußte man. Eberhard der Jüngere verfuhr nach dem — noch einigermaßen verständlichen — Rezept, lieber seines Uracher Vetters Gefangener als der seiner Räte zu sein. Er willigte in den Münsinger Vertrag vom 14. Dezember 1482 ein, den wichtigsten aller württembergischen Hausverträge. Jener vereinigte Württemberg nach vierzigjähriger Teilung wieder „zu ewigen zeiten ungetailt als ein wesen". Was den jüngeren Eberhard anlangt, so garantierte ihm der Vertrag ein Mitbestimmungsrecht bei Verkauf oder Verpfändung von Landesteilen sowie die Regierungsnachfolge. Wie später noch einmal im entscheidenden Horber Vertrag, reute Eberhard freilich bald die Münsinger Abmachung. Er sei nicht mehr einverstanden mit der Übereinkunft, er sei hintergangen worden. Als Eberhard im Bart, nun in Stuttgart residierend, auf den 17. Dezember 1483 einen Landtag nach Stuttgart einberufen will, erklärt Eberhard der Jüngere, er könne dazu nicht erscheinen, er müsse dringender Geschäfte wegen ins Ausland. Aber er wolle noch die Bürgerinnen und Bürger Stuttgarts zusammenrufen, er müsse sich ja auch verabschieden von denen. Dies Vorhaben wird wiederum Eberhard im Bart verdächtig. Er verweist ein für allemal darauf, daß es Eberhard dem Jüngeren nicht gestattet sei, einen Landtag einzuberufen. Dies Recht stehe nur ihm zu.

Tatsächlich erweist sich Eberhard im Bart in diesem nicht nur gräflichen, sondern auch landständischen Zwist als der Stärkere. Die Landstände werden allmählich „seine" Landstände. Auf einem im Frühjahr 1484 einberufenen Heilbronner Landtag kann Kanzler Ludwig Vergenhans unmißverständlich erklären, daß der Eid die Landschaft an den regierenden Herrn (also an Eberhard im Bart) stärker binde als den jüngeren Grafen. Auch die Ritterschaft, im Münsinger Vertrag lehenrechtlich noch nicht vereinigt, neigt sich zu Eberhard im Bart. Da Eberhard der Jüngere sich nicht entschließen konnte, unter Anerkennung des Münsinger Vertrags seine Reichslehen zu empfangen, verlieh Kaiser Friedrich III. diese Lehen am 25. Juli 1484 Eberhard im Bart. Ein Befehl an alle Lehensleute des jüngeren Grafen, dem älteren zu huldigen, folgte am 10. Dezember 1484.

Der „Federkrieg" (W. Grube) zwischen den ungleichen Grafen ging bis zum Tode Eberhards im Bart unvermindert weiter. Jeder der beiden warb auf seine Weise um die Unterstützung der Landschaft. Immer wieder sind es deshalb „Verträge", welche die einzelnen Stationen dieser traurigen — und erfolglosen — Geschichte dokumentieren. Im Stuttgarter Vertrag vom 22. April 1485 verzichtete Eberhard der Jüngere ganz auf die Mitregierung, wurde mit einigen Städten samt zugehörigen Ämtern abgefunden und in seiner Verfügungsgewalt über seine Deputatämter eingeschränkt. „Für Württemberg war es, soviel man sieht, das erste Mal, daß ein Graf in der Ausübung der Herrschaft über seine Untertanen vertraglich generell gebunden wurde" (W. Grube). Mehr und mehr wird aus dem Regierungskrieg zwischen den Grafen ein Erbfolgekrieg. Den Grund dazu gibt der Lebenswandel und die politische (oder unpolitische) Taktik des jüngeren Eberhard. Als er die Einkünfte aus seinen württembergischen Ämtern vertragswidrig am Landshuter Hof Herzog Georgs des Reichen verschwendet und schließlich noch das Dominikanerinnenkloster in Kirchheim unter Teck durch seinen Günstling Dr. Konrad Holzinger, einem wie er in allen Büchern apostrophiert wird, „entlaufenen Augustinermönch" plündert, als er schließlich seine Anwartschaft auf Württemberg in Verhandlungen mit Bayern zur Sprache bringt und damit käuflich macht, war das Maß voll.

Eberhard im Bart ließ im Februar 1488 in einem militärischen Gewaltstreich die Ämter Eberhards des Jüngeren besetzen und das Kirchheimer Kloster befreien. Es nützte nicht viel, daß der jüngere Eberhard seinem Vetter vorwarf, er verunglimpfe ihn beim gemeinen Mann und wolle „die landschaft widerwertig bewegen". Kaiser Friedrich III. und König Maximilian billigten das gewaltsame Vorgehen Eberhards im Bart ausdrücklich. Der dachte jetzt schon an eine Beschränkung des Regierungsrechts seines Vetters, weil 1487 ein – Heinrich getauftes – Gräflein geboren war, der spätere Ulrich, der den jüngeren Eberhard als künftigen Herzog in Frage stellen, wo nicht gar ersetzbar machen konnte. Daß Eberhard der Jüngere sich mit den neuerlichen „Verträgen“, allemal Beschneidungen seiner künftigen Regierungsnachfolge, nicht zufrieden gab, verstehen wir. Im Esslinger Vertrag vom 2. September 1492 erlangte er wieder das volle und unmittelbare Erbfolgerecht im gesamten Württemberg.

Und jetzt also, kein halbes Jahrzehnt darnach, war der Tod Eberhards im Bart wie ein Lauffeuer durch das Land – und weit darüber hinaus – gegangen. Die Regierung des neuen Herrn, Eberhards II., ließ sich gut an. Seines „unsteten und gewalttätigen Charakters“ wegen habe Eberhard im Bart, meinten spätere Biographen, sich vorsorgen müssen, in gleichem Atemzuge vermerkte man, Eberhard der Jüngere sei „von Hause aus gutmütig“ gewesen „und besseren Regungen nicht unzugänglich“. Wie immer auch: er geht ganz selbstverständlich den außenpolitischen Weg seines Vorgängers, indem er den – augenblicklich nicht sonderlich bewegten – Schwäbischen Bund als das äußere politische Gehäuse Württembergs anerkennt und ihm offiziell beitritt, indem er, Marbachs wegen zugleich Vasall der Kurpfalz, den Pfalzgrafen Philipp von Befehdungen ausnimmt und dabei den Beifall Maximilians und der übrigen Bundesmitglieder erhält.

Es sei nach dem Regierungswechsel „anfänglich keinerlei Irrung im Lande“, gewesen, vermerkt der Chronist in einiger Erleichterung. Sollten die Worte vom jüngeren als dem unmöglichen Eberhard Unkenrufe gewesen sein? Die eine Erblast ist die offensichtliche psychische Erkrankung, die andere jene staatsrechtliche Stellung, die man für ihn im Laufe der Jahre in juristischer Weisheit zurechtkonstruiert hatte. Gerade sie war keine klare Sache, und konnte es gar nicht sein, vielmehr ein kompliziertes Ballspiel, das man beherrschte oder nicht beherrschte. Von Landhofmeister und Räten war Eberhard abhängig, das sagten Brief und Siegel. Aber dieses Verhältnis setzte eine Art Entmündigung voraus, die es nicht gab und der man auch nirgends Rechnung getragen hatte. *War* er entmündigt und *war* die Ratsbehörde der eigentliche Souverän – was schon die Erbhuldigung unmöglich gemacht hätte –, so hätte der Landhofmeister (und nicht er, Eberhard II.) von König Maximilian das Herzogtum mit allen seinen Gerechtsamen zu Lehen empfangen müssen. Aber Eberhard nahm es an, ja, er wurde zum „Koadjutor, Kurator, Administrator und Pfleger“ seines Bruders Heinrich bestellt, der noch schlimmer daran war als Eberhard selber: Heinrich hatte man ohne Bedenken als geisteskrank erklärt und hielt ihn, dafür hatte noch Eberhard im Bart gesorgt, nach Art der Zeit auf Hohenurach gefangen.

Daß also doch bald in Schwaben „wieder Waffengklirr“ ertönte, lag in der Natur der Dinge. Keiner unter den Einsichtigen des Landes, der einer problemlosen und „normalen“ Regierungszeit hätte entgegensehen können. Tatsächlich sind ja auch die entscheidenden Schritte und „Ordnungen“ des Regiments von langer Hand vorbereitet und vorformuliert gewesen, nicht, da sollten keine Mißverständnisse aufkommen, um Eberhard kurzerhand zu beseitigen, ganz im Gegenteil: um das Land Württemberg zu halten und es nicht irgendeiner juristischen Sonder- und Ausnahmekonstruktion anheimzugeben, für welche die Landschaft noch am allerwenigsten vorbereitet war.

Aber es kam, wie es kommen mußte (und von Eberhard im Bart durch immer wieder neue Absprachen mit der Landschaft aufgefangen und verhindert werden wollte). Noch auf dem glänzend eröffneten Lindauer Reichstag vom 7. September 1496 bis 9. Februar 1497 hatten sich Eberhards Räte als reichstreue Männer gezeigt. Und Eberhard selbst konnte zumindest im Ausland keinen so schlechten Ruf haben, wenn sich die dompropstisch-konstanzische Herrschaft Conzenberg bei Tuttlingen im September 1496 unter Zusage eines jährlichen Schirmgelds unter Eberhards Schutz begab. Aber dann kamen die Störzüge Veit Wernhers von Zimmern, der am 6. Dezember 1496 mit bewaffneter Hand Oberndorf nahm, und dann kam die unerhörte Widerspenstigkeit des reichen Klosters Herrenalb, das unter württembergischem Schutz stand und jetzt unter den badischen wollte. Eberhard war entrüstet, zog mit fünfhundert Mann Fußvolk und einigen Reitern nach Herrenalb, stieß die ärgsten Drohungen aus, wenn man ihn nicht als Schirmherrn anerkenne, riß die Fahne der Badener im Klosterhof herunter und schritt nicht einmal ein, als seine Leute zu plündern anfingen.

Eberhard im Bart hatte das mit Zwiefalten nicht viel anders gemacht. Aber bei Eberhard dem Jüngeren sah man „Irrungen“ in diesem Tun. Jetzt zeigten sich die „üblen Neigungen“ des Fünzigjährigen, die „Verkehrtheit seines Sinnes“. Und jetzt konnte der Berner Geschichtsschreiber Valerius Anshelm genannt Rüd seinem Bericht über die – die Zimmern und Eberhard gleichermaßen belastenden — Vorgänge die Devise voransetzen: „Was Tugend und Weisheit bauen, zerstört Laster und Thorheit.“ Wobei es mit dem Laster, den sinnlich-erotischen Ausschweifungen Eberhards, nicht so weit her gewesen sein konnte. Im Zusammenhang mit jenem freilich dubiosen Holzinger sprach man später gerne vom „Genossen seiner Lüste“. Aber es ist nichts überliefert, was Eberhard als einen Weiberheld und gar als Verführer und Verbraucher im Stile Heinrichs VIII. dokumentieren würde. Sebastian Küng, der Stuttgarter Rat, hat 1554 vermerkt, Eberhard sei „ganz ein gaistlich Mann gewesen und deßhalb gern übernacht in den Frawenclostern gelegen, also daß man auch Liedlein davon uff der Gassen gesungen“. Damit ist nun etwas gesagt, und wieder nichts gesagt. Trithemius meint, Eberhard habe das Herzogtum in kurzem zugrundegerichtet. Es muß ihn besonders schockiert haben, daß er mehrmals Zeuge gewesen war, wie Eberhard stehend gegessen habe, selbst an der Tafel Maximilians habe er das getan.

Krankheiten des schizophrenen Formenkreises, um die es sich im Falle Eberhards zumindest in milderem Sinne handeln kann, tun einem den Gefallen einer Eindeutigkeit nie, das gehört zu ihrem Charakteristikum. Daß allen ihren Erscheinungsformen ein zutiefst gestörtes Ich-Verhältnis zugrunde liegt, scheint zweifellos. Eberhard war kein eigentlich böser Mensch, und ein Tyrann, wie der Mönch Veßra in seiner Hennebergischen Chronik meinte, schon gar nicht. Er war eher ein armer Mensch, getrieben freilich von mancherlei Agilität und Aggressionen, aber immer unfähiger, den an ihn gestellten Forderungen wie den Finessen der „Landhofmeister, Canzler, Räthe, Prälaten, Ritter und Landschaft“ auch im geringsten gerecht zu werden. Wie verzweifelt seine menschliche, seine innerliche Situation gewesen sein muß, zeigt die bald nach dem Esslinger Vertrag vom September 1492 aufgenommene Beziehung mit König Ferdinand I. von Neapel, der man erst vor hundert Jahren auf die Spur gekommen ist. Ausgerechnet ihm wollte der württembergische Graf seine Reiterdienste anbieten. Er schickte einen Abgesandten namens Vincenz Wolff an den König, der gerade Karl VIII. von Frankreich heranrücken und Neapel schon erstürmt sah. Und wirklich kam der Vertrag zwischen Neapel und Stuttgart zustande: Ferdinand versprach dem Württemberger 1500 Dukaten Jahresgehalt, wenn er ihm dafür dreißig „auf deutsche Weise“ gerüstete Reisige zur Verfügung stelle. Er, Eberhard, werde aufs freundlichste empfangen in Neapel.

Älteste Ansicht von Urach. Ausschnitt aus dem Brendlin-Epitaph (um 1569) in der Uracher Stiftskirche St. Amandus.

Wenn sich auch die Sache zerschlug: das Heimatlose und Unberechenbare in Eberhards Wesen könnte nicht besser beleuchtet werden als durch dieses abenteuerliche Projekt. Im Verhältnis zu seiner Frau, der trefflichen Tochter des Markgrafen Albrecht Achilles von Brandenburg, kommt diese „Verkehrtheit" Eberhards noch am deutlichsten zum Ausdruck. 1496, nach seinem Regierungsantritt, hatte er sich wieder mit ihr vereint; am 16. Juli dieses Jahres trat er mit ihr zusammen in die Bruderschaft des Klosters Maria Mai des Brigittenordens im Ries ein. Aber kurz darnach hatte auch diese Übereinkunft ihn wieder gereut; treuliche Konsistenz war immer eine unbekannte Größe für ihn. Jetzt erklärte er der Landschaft, man müsse seine Gemahlin mit einem Jahrgeld von tausend Gulden entlassen, damit spare man auch eine Menge Geld. Die Räte freilich meinten dazu, „was könne Ehegemahlen ehrlichers, seligers und nützlichers seyn, denn einander ziemlich (von geziemend), ehrlich und wohl, jeden seinem Stand nach zu halten".

Aber die Ehefrage löste sich — wie die Existenzfrage seiner Herrschaft überhaupt — rasch und von selbst. Als Eberhard auch noch vorschlug, die Kanzlei in Stuttgart, „für welche allda zu viel an Essen und Trinken aufgehe", nach Urach oder Tübingen zu verlegen, wurden die Räte vollends schokkiert, festsitzende Beamte bekommen von derlei Reformvorschlägen immer rote Köpfe. Die Stuttgarter Kanzlei sei seiner Voreltern rechter, fürstenmäßiger Stuhl" gewesen; die Räte-Regenten vertreten in diesem ungleichen Kampf den Part der Konservativen. Stuttgart sei „die reichste Stadt an Leuten, Gut und Vernunft". Punktum. Langsam beginnen sie sich, sie bewegen sich ja selbst auf gänzlich neuartigem und unerfahrenen Boden, zu formieren und zu profilieren. Daß Eberhard jetzt seinem lieben Konrad Holzinger endgültig den Laufpaß geben muß, ist nur ein Anfang. Reuchlin, nicht (mehr) im inneren Kreis der Regimentsräte, aber doch noch eine geistige Instanz für das Land, läßt an Holzinger seine Galle aus, unkt über die Verwaltung Württembergs durch Bettelmönche (Holzinger war Augustiner) und erreicht mit einem kleinen Seitenhieb auch Eberhard dabei. Dem schiebt man allen Ernstes in die Schuhe, daß er mißliebigen Räten ans Leben wolle.

Das ist zuviel. Am 26. März 1497 tritt in Stuttgart ein Landtag zusammen, zu dessen Einberufung sich Eberhard schließlich hatte drängen lassen, dem er selbst aber fernblieb. Man habe die Absicht, ein „loblich regiment" einzusetzen. Und dies solle nicht gegen den Willen des Herzogs, sondern mit seiner Beihilfe geschehen. Zunächst geht alles friedlich seinen Weg. Bis dann der Schlag erfolgt: in offenbarer Übereinstimmung mit der Mehrheit der Regierungsvertreter, vor allem dem Landhofmeister, erfolgt die Verhaftung einiger der Landschaft verhaßter Personen, darunter des Hans von Stetten, der noch zu Beginn des Landtags unter den engsten Vertrauten des Herzogs war.

Ein kleiner Staatsstreich, nichts anderes. Deshalb doppelt bemerkenswert, weil die Landschaft sich dieses revolutionären Schritts gar nicht bewußt war, sondern lediglich die Vertragspolitik im Sinne Herzog Eberhards im Bart durchzusetzen und auszuführen beabsichtigte. Als Eberhard, mehrfach aufgefordert zu erscheinen, statt seiner nur ein heftig widersprechendes Schreiben ankommen läßt, ziehen die Räte die — wie gesagt länger vorbereitete — Regimentsordnung aus der Tasche. Die vormalige unordentliche Regierung sei durch ebenso untaugliche wie leichtfertige Personen unterstützt worden. Die hätten sich gerühmt, im Lande hin- und herreitend, es seien nicht genug Türme im Lande, um die große Zahl derer, welche sie verzeichnet hätten, darein zu legen. Tatsächlich seien „wirklich erhabene“ Leute in großer Zahl in den Turm gebracht worden. Bei Nacht und Nebel seien diese Leute und deren Kinder aus den Häusern geführt worden. Einige seien, gewarnt vor üblen Denunzianten, aus dem Land geflohen, sicheres Geleit zur Rückkehr sei ihnen verweigert worden. Einigen sei widerrechtlich Hab und Gut genommen worden, einigen seien die Kinder „wider der Eltern und Kinder Willen“ verheiratet worden. Jetzt sei Erzwingung von Ehe verboten, jetzt werde ein gerechtes und unbestechliches Landesgericht aufgestellt, die Kanzlei und der Hofhalt überprüft und drei Feldhauptleute für Kriegszeiten angestellt. Schließlich wird ein Eid vorgeschrieben, wobei der Landesherr völlig ignoriert wird: der Eid wird „dem fürstentumb Wirtemberg“ geschworen, „dem regiment und ordnung deshalb gemacht iezo verlesen“. Der Vertrag tritt an die höchste Stelle. Fürstentum, Regiment und die auf dem Vertrag basierende Ordnung sind die Autoritäten. Mit Eberhards Fall beginnt der Aufstieg der württembergischen Landschaft.

Eberhard hat freilich ausführlich geantwortet auf diesen Erlaß. Wenn auch wohl alles seine Richtigkeit habe: seine Untertanen dürften nicht gegen ihn vorgehen. Er bekenne seine Unschuld zwar vor König und Fürsten, wenn er auch dazu nicht verpflichtet sei: „des wir doch nach gestalt der sachen sunst nit schuldig wärn.“ Mag sein, daß er durch ein Gerücht aufgeschreckt wurde, wonach ihn seine Gegner zeitlebens einkerkern wollten, irgendwie muß man – berechtigterweise? – seinen Fall mit dem Heinrichs in Verbindung gebracht haben. Eberhard entweicht am 1. April 1498 von Kirchheim unter Teck aus mit seinem Silbergeschirr und seinen Kostbarkeiten in die Reichsstadt Ulm, die reiche, souveräne Mitgenossin im Schwäbischen Bund.

Das war der entscheidende Schritt für sein Unglück. Noch zwei Tage davor hatte er die Reichsstadt Esslingen gebeten, ihm fünfzig wohlgerüstete Handbüchsenschützen nach Kirchheim zu schicken, wahrscheinlich glaubte auch er an das berühmte Wort von der „Handvoll Leute“, mit der jede Revolution niedergeschlagen werden könne. Aber gebrannte Kinder fürchten das Feuer; die Esslinger wollten vorher wissen, gegen wen der Herzog diese Schützen brauche. Möglicherweise hatte das Eberhard selber nicht präzis beantworten können. Gegen die „anderen". Die rührten die Werbetrommel, schickten am 9. April ein gedrucktes Schreiben an alle Fürsten und Stände des Reiches, wobei sie ihre Schritte um Heilung des „wurmmäßigen, unwesentlichen und untaugenlichen Regiments" ihres, immer noch heißt es, „gnädigen Herrn" darlegten. Der Herzog wolle nur „nach seinem Gefallen und nicht anders ein Herr des Landes" sein. Schon einen Tag darnach kündigen sie dem Herzog förmlich auf, alle, die Räte, die Ritter, die Abgeordneten, „samt und sonderlich" diejenigen, welche in „Raths-, Dienst- oder Lehenspflicht" zum Hofe stehen, bis zum Trompeter herab. Sie berufen sich dabei auf die jüngst errichtete Ordnung. Unmittelbar darauf besetzt die neue Regierung mehrere Schlösser des Landes. Der Stuttgarter Propst Ludwig Vergenhans und der Ritter Hermann von Sachsenheim, die führenden Köpfe des „Regiments", schicken ein Schreiben an König Maximilian mit der Bitte, sich Ulrich „als den künftigen regierenden fürsten" anzusehen, „ob des gestalt iwer königl. majestät nit misfallen haben wirt".

Man hat schon den Nachfolger. Mit der Aufkündigung der Pflicht ist vom Widerstandsrecht Gebrauch gemacht worden. So revolutionär das nach außen wirkt, so wenig muß es den Räten in diesem Sinne erschienen sein. Ihre Aktionen waren nichts als die sinngemäße Ausführung der Eberhardinischen Verträge, wenn auch der Landtag von 1498 zweifellos der erste war, der eine eigene, landständische Initiative erkennen ließ, wenn es auch die Unfähigkeit Eberhards II. war, die Württemberg „mit einer gewissen Plötzlichkeit eine landständische Entwicklung" (W. Ohr) aufzwang. Eberhard, längst in die Rolle des übervorteilten Tölpels gedrängt, kann nur von Ulm aus eine bittere Beschwerde gegen die „ersonnene Conspiration" hinausgehen lassen.

Maximilian, der sich, wie wenn Methode dahinter steckte, zur gleichen Stunde in Ulm aufhält, soll den Herzog wiederholt in dessen Herrschaft zurückzukehren gebeten haben. Freilich erfolglos. Hätte das überhaupt noch einen Sinn gehabt? Als Maximilian kurz darnach mit seinem hochfürstlichen Gefolge nach Württemberg zieht und dort den kleinen Heinrich/Ulrich auch in Augenschein nimmt, dürfte er aus anderer Perspektive zum gleichen, nämlich verneinenden Schluß gekommen sein. Die Rede der Stuttgarter Räte über Eberhard, alles, was er im Lande über Eberhard zu hören bekam, muß ihn zum Absetzungsbeschluß geradezu gezwungen haben. Am 28. Mai 1498 nimmt er Eberhard „mit zeithigem Rath der Kurfürsten, Fürsten und anderer

Ältestes Schaubild der Stadt Stuttgart mit Nachbarstädten von 1495. Zeichnung vermutlich von Hans-Leonhard Schäuffelin, darnach Holzschnitt von Georg Lang, Nürnberg.

Räthe in merklicher Anzahl aus königlicher Machtvollkommenheit" das Fürstentum Württemberg ab. Weil Eberhard „mannigfaltig schwere, böse, unzimliche und unordentliche Händel geübt" habe und „ausgetreten" sei, das heißt flüchtig geworden sei.

Nicht genug damit. Unter Berufung auf den Esslinger Vertrag übergab Maximilian „das Regiment" des Herzogtums unter Umgehung des kranken Grafen Heinrich dessen vierzehnjährigem Sohn Graf Ulrich und setzt in Vertretung des minderjährigen Buben den Landhofmeister Graf Wolfgang von Fürstenberg als Vertreter ein. Und weil Eberhard der württembergischen und mömpelgardischen Herrschaft „sein Lebtag lang gänzlich entsetzt" ist, drängt Maximilian schließlich am 10. Juni 1498 in Horb mit einem Vertrag, durch welchen Eberhard wegen „Alters und Leibesblödigkeit" das Herzogtum an seinen Neffen Ulrich beziehungsweise an die vormundschaftliche Regierung abtritt. Er solle seine Schulden bezahlen, seine Kleinodien und sein Silbergeschirr an den König abliefern, da war Maximilian nicht heikel, und sein Leben lang das Land meiden.

Eberhard hat auch diesen — letzten — Vertrag bereut. Keine sechs Tage darnach schickt er dem König einen Brief, das Fürstentum habe sich doch merklich gebessert, man habe Ersparnisse gemacht, es sei eine Verschwörung gegen ihn zusammengetreten, man solle ihm sein Jahrgeld erhöhen und ihm erlauben, ins Land zurückzukehren, damit er „nicht wider das Sacrament der Ehe von seiner Gemahlin getrennt" sei. Und es lag noch ein kleines handschriftliches Zettelchen dabei: Die Sängerin Barbara Hafnerin, die Augsburgerin, die man in Baden-Baden eingesperrt habe, solle ihm doch wieder vergönnt werden. Er sei ja gerne bereit, Eberhard spielte damit auf Maximilians Jagdlust an, Falken und Falkner zuzurichten. Aber es kam keine Antwort von Maximilian. Dafür begannen jetzt auch die Schwäger, die Brandenburger Markgrafen, ihre Hand von Eberhard abzuziehen.

Eine Zeitlang trieb er sich in Straßburg herum. Dann suchte er Zuflucht beim Pfalzgrafen Philipp, der Maximilian bekämpfte, wo er nur konnte. Freilich wollte der auch an Eberhard ein bißchen verdienen: Eberhard sollte ihm feierlich (was er ohne Zögern tat) alle seine Ansprüche auf Württemberg abtreten. Dafür sei ihm Wohnung zu Heidelberg, das Jagen und eine Anzahl Pferde und Knechte gestattet. Dann und wann gab es noch königliche Befehle „an das Reich", mit denen Maximilian wohl nur warnen wollte. Im Februar 1499 schreibt Herzog Ulrich, er höre, der Pfalzgraf solle 1200 gerüstete Pferde beisammen haben „und mit Herzog Ott und den Bischöfen von Straßburg und Wirzburg den Herzog Eberhard wieder einsetzen wollen". Wenig später muß sich Herzog Georg von Baiern für einen festen Wohnsitz Eberhards zu Reichenweiher im Elsaß oder bei ihm im Bayerischen eingesetzt haben. Seine letzte Lebenszeit verbrachte Eberhard abgeschieden und wie ein Gefangener auf dem pfälzischen Schloß Lindenfels im Odenwald. Dort starb er am 17. Februar 1504. In der Heilig-Geist-Kirche in Heidelberg hat er seine Grabstätte gefunden.

Herzog Ulrich (regierte von 1498 bis 1550)
Taler (sogenannter Reitertaler) 1507
Vs. VLRICVS ⁝ DEI ⁝ GRA ⁝ DVX ⁝ WIRTEM ⁝ ET ⁝ TECK ⁝ §
Nach links galoppierender Herzog in Panzer mit Federhelm, unter dem Bauch des Pferdes die Jahreszahl 1507, reiche Lünettenverzierung
Ebner IV, Nr. 101: ⌀ 42 mm, 29,5 g
Münzstätte Stuttgart
Stempelschneider: Kaspar Scholl, von 1501 bis 1535 Münzwardein in Stuttgart, oder Albrecht Scholderer, von 1501 bis 1513 Leiter der Stuttgarter Münze
Prägeanlaß: Vielleicht als Festprägung zum 20. Geburtstag des Herzogs herausgegeben

Rs. DA ◦ GLORIAM ◦ DEO ◦ ET ◦ EIVS ◦ GENITRICI ◦ MARIE ◦
(= Gib Gott die Ehre und Maria, der Mutter Christi)
Quadriertes Herzogswappen mit Helmzierden und Helmdecken

Herzog Ulrich

Geboren 8. Februar 1487 Reichenweiher/Riquewihr, regierte – mit der Unterbrechung von 1519 bis 1534 – seit 16. Juni/4. Juli 1503, gestorben 6. November 1550 auf Schloß Hohentübingen, begraben in der Stiftskirche St. Georg Tübingen

„In anno dominy 1550 den 8. tag Novembris", notiert der Esslinger Torschließer Dionysius Dreytwein mit steifen Fingern in sein Tagebuch, „starb hertzog Ulrich von Wyrttenberg, der groß tyrannisierer, der wilden säu vatter." Drastischer geht's nicht mehr. Gewiß mußte einem wachen Esslinger und Reichsstädter ein Herzog wie dieser Ulrich, der 1519 kurzerhand die Schwesterreichsstadt Reutlingen überfallen und eingenommen hatte und darnach, freilich ohne Erfolg, vor die Mauern Esslingens gezogen war: gewiß mußte einem derart behandelten Reichsstädter ein Landesherr wie Ulrich als böser Nachbar erscheinen. Aber warum deshalb „der groß tyrannisierer"? Und gar „der säu vatter"?

Ulrichs Vita ist ein einziges Drama. Keiner der württembergischen Regenten vor und nach ihm hat derlei geboten, große Landgewinne, wie sie keiner mehr vor 1800 zuwege brachte, eine Heirat, die längst vor der Hochzeit eine Farce war, die barbarisch-grausame Ahndung eines Bauernaufstandes, einen Herzog, der seinen Stallmeister ermordet, der für Jahre und Jahrzehnte aus seinem Land vertrieben wird, der es mit ausländischer Hilfe wieder gewinnt, um es bald darauf fast wieder zu verlieren, er starb gerade noch rechtzeitig, ehe es von Österreich abermals eingezogen wurde. Dem Papier nach eine fast fünfzigjährige Regierungszeit und damit eine der längsten unter allen württembergischen Fürsten. Aber was für ein Schauspiel! Ludwig Friedrich Heyd, der mit seinem Werk von über siebzehnhundert Seiten die umfassende und immer noch unentbehrliche Ulrich-Biographie geschrieben hat, meint in seiner bescheidenen und zurückhaltenden Art, es habe „in keiner Periode unserer Geschichte ein bewegteres Leben" gegeben.

Daß Eberhard im Bart sich in ganz besonderer Weise um den kleinen Thronprätendenten gekümmert hatte und kümmern mußte, wissen wir. Die Situation schien schon einer drohenden Katastrophe gleichzukommen. Ließ sich der Fortbestand des gerade gekürten Herzogtums überhaupt noch sichern? 1487, als das Haus Württemberg vor dem Aussterben steht, wird dem Grafen Heinrich (1448–1519), dem geisteskranken und von der Erbfolge in Württemberg ausgeschlossenen Vetter Eberhards im Bart, am Donnerstag nach Lichtmeß, am 8. Februar, auf seinem Schloß zu Reichenweiher ein Söhnlein geboren. Der benachbarte Edelmann Heinrich von Ratsamhausen vertritt Patenstelle bei der Taufe. Der Sprößling erhält die Namen Eitel Heinrich. Zwischen dem Vater Heinrich und Eberhard scheint ein Vertrag zustande gekommen zu sein, mit dem Eberhard das Söhnlein „als für seinen rechten und natürlichen Sohn gleich" übergeben wurde. Der „wunderliche" Heinrich verschwindet fortan aus dem Gesichtskreis des Kindes, Ulrich wächst als Vollwaise auf. Eberhard hat in einer gewissen Folgerichtigkeit dem Kind auch einen anderen Namen gegeben, was Ulrich noch in späteren Jahren veranlaßt haben soll, lauthals darauf zu pochen, daß er „dennoch Heinz" heiße.

Kein guter Stern, der da über diesem jungen Leben aufgegangen ist. Zwei Namen wie zwei Möglichkeiten. Die eine gilt, die andere soll nicht mehr gelten. Wer entscheidet da eigentlich? Und wo bleibt das unerläßliche Identifikationsangebot? Mit Eberhard II., im Grunde ohne ihn, schlittert das junge Herzogtum in eine Lage, die seine Existenz bedroht. Es geht schon gar nicht mehr um Teilungen, um Verträge, die diese Teilungen gegenstandslos machen sollen, um eine provisorische Ersatzregierung, das „Regiment". Es geht um das Land an sich, um den Einzug des Lehens durch Habsburg-Österreich. Dem jungen Ulrich kann nicht verborgen geblieben sein, daß man sich seinetwegen – und des Herzogtums wegen – die größten Anstrengungen auferlegt, mit Verwaltungsräten, Kuratorien, Administrationen, nur um „Württemberg" zu retten.

Was entscheidend ist dabei: daß Ulrich in eine Atmosphäre der tiefsten Unsicherheit hineingeboren wird. Was Eberhard im Bart schaffen wollte und im Ansatz auch geschaffen hat, einen herzoglichen Staat mit festem Ziel, ist nach seinem zu frühen, fast mit seiner Erhebung zum Herzog zusammenfallenden Tod in wenigen Monaten vom Fundament her in Frage gestellt. Der jüngere Eberhard flüchtet wie ein Dieb in der Nacht, die Chronisten erzählen von einem abgerissenen Mann mit flackernden Augen, von Burg zu Burg. Vom Vater Heinrich hörte man, daß er in Reichenweiher auf offener Straße habe mit der Armbrust auf einen elsässischen Ritter schießen lassen, nur weil der nicht sagen wollte, woher er komme. Den Pfarrherrn in Reichenweiher, der Heinrich wegen einer unanständigen Tat in der Kirche verwies, ließ er prügeln. Von Dienern und von Bürgern entlehnte er Geld. Und wenn sie's verweigerten oder wieder forderten, jagte er sie fort. Die kaiserlichen Kuratorien sprechen von einem Geisteszustand wie dem „eines Mondsüchtigen". Im Sommer 1490, Ulrich ist gerade drei Jahre, ist Heinrichs Krankheit so weit fortgeschritten, daß Eberhard ihn in Reichenweiher gefangen nehmen und nach Hohenurach bringen lassen muß. Dort lebt Heinrich noch volle 29 Jahre. Wie weit er den Genuß von Luft, Licht und Freiheit gehabt, ob um ihn herum der Wald umsonst grünte, die Wasserfälle rauschten und die Vögel sangen, wissen wir nicht. Seine Gattin pflegte ihn treu. Und einmal hat die Landschaft auch ernstlich erwogen, ihn wieder an den Hof zu bringen, das könne man jetzt ohne Sorge tun. Aber man hat die Bitte dann doch nicht an Ulrich herangetragen. Als er am Morgen des 21. Juli 1519 vor Reutlingen steht, „in geringem Mantel, mit einem Hut, wie ihn die Landleute tragen", dringt die bestürzende Kunde vom Überfall auch nach Hohenurach. Und der Vater, in einem lichten, sehr deutlich sehenden Augenblick: „Oh, er wird aus dem Lande ziehen."

Maximilian, der Kaiser, der an dem jungen rotblonden Prinzen sein Gefallen hatte, belehnte Ulrich, damals sechzehn Jahre und vier Monate alt, auf einem Reichstag zu Freiburg im Breisgau „mit seinen Landen und den Regalien". Ob er dem jungen Ulrich damit nicht einen Bärendienst erwies, bleibt als Frage immerhin. In einem Schreiben vom 16. Juni 1503 an die „Regenten und Räte" Württembergs teilte Maximilian diesen Schritt mit, mit dem erklärenden Zusatz, der Herzog habe für lange Zeit am Hofe treulich gedient und sich als gehorsamer Fürst wohl gehalten. Er, Majestät, erachte ihn zur Regierung seiner „Land und Leut" für geschickt. Sie sollten ihm darum, auch wenn die Zeit noch nicht abgelaufen sei – Ulrich sollte erst mit achtzehn Jahren, mit seiner Volljährigkeit, das Heft in die Hand bekommen –, wenn er nach Hause komme, die Regierung und Verwaltung seines Fürstentums übergeben. An seinem Namenstag, am 4. Juli 1503, kam Ulrich nach Hause. „Um sich", wie einer später sagte, „als Regenten von seinen Untertanen begrüßen zu lassen." Sechstausend Gulden schenkte ihm die Landschaft. „Und die Herzen der meisten Württemberger gaben sich guten Hoffnungen hin."

Sie hatten Anlaß dazu. Ulrich galt als „stattlicher Jüngling“. Wenn auch nicht gerade planmäßig und schon gar nicht kontinuierlich erzogen und unterrichtet – immer wieder kamen neue Männer und immer wieder neue Erziehungspläne –, so durfte er doch unter die aufgeweckten jungen Prinzen gezählt werden. Er konnte ein wenig Latein, er liebte die Instrumentalmusik, sang selber und hat sogar ein Liedlein gedichtet und komponiert; davon später. Die eine Gruppe unter denen, die Vaterstelle bei dem Jungen einzunehmen hatte, war der Meinung, des Lateins bedürfe der Fürst auf keinen Fall. Viel Lernen mache weibisch und dem Reiten, Jagen und Kriegführen abgeneigt. Zum Regieren sei die Kenntnis von Landesgesetzen genug. Es scheint, als ob die „Falken“ auf die Länge gesiegt hätten. Ulrich konnte sich rühmen, schon als Dreizehnjähriger ein Wildschwein mit eigener Hand gefangen zu haben. Das war die Zeit, in der von festem Unterricht immer weniger die Rede war, freilich auch vom fettleibigen Prinzlein. Man hatte es der „sitzenden Lebensart“ zugeschrieben, daß Ulrich „bis zur Unform an Kopf und Leib fleischig wurde und vor der Zeit reifte“. Ob das nicht der Kummerspeck des Waisen war? Offenbar hat der Junge diese Periode rasch hinter sich gebracht. Maximilian gefiel, das war nicht lange vor der Belehnung, sein „ritterliches und beherztes“ Wesen. „Er verstand schon, einen Hof zu machen. Körperlich und geistig schien er den Jahren vorauszueilen.“

Wir halten uns deshalb bei Ulrichs Kindheit und Jugend auf, weil die Gestalt des Mannes Ulrich seiner Zeit (und den nachfolgenden Generationen) von problematischster Natur wurde. Läßt sich manches auf die besondere Artung der Kindheit zurückführen? Wäre gar von einer bestimmten Erblast die Rede? Oder waren es „nur“ Umwelt und Milieu, die prägend gewirkt haben? Man wird sich auf alle Fälle zu fragen haben, ob dieses Lebensdrama, das wir schon angedeutet haben, von außen her wie ein Netz über diesen Menschen gezogen wurde – so ist das bis heute im wesentlichen dargestellt worden –, oder ob er es nicht wesentlich selbst provozierte und verschuldete. Die sich anbietende und seit L. F. Heyd sakrosankte „Einteilung“ seines Lebens in die erste Epoche bis zur Verjagung aus dem Lande (1519), in die zweite des Exils und der Wiederkehr (1534) und die dritte bis zum Tod (1550) hemmt eher als sie fördern könnte. Ulrichs Leben zeigt am Ende so wenig Entwicklung und Reifung, daß mit biologistischen Analogien (tolle Frühzeit, Sommerzeit, Ernte) gar nicht hantiert werden kann.

In den bayerisch-landshutischen Erbfolgekrieg ist der siebzehnjährige Herzog allerdings hineingezogen worden. 1504 nahm er auf Seiten Herzog Albrechts IV. von München an diesem Unternehmen teil und zog gegen den Kurfürsten Pfalzgraf Philipp, der die Sache seiner Nichte Elisabeth von Bayern-Landshut unterstützte. Im Gefecht bei Rein, an der Spitze eines Heeres, wie man es seit Menschengedenken nicht mehr gesehen im Lande, besiegte Ulrich den Pfalzgrafen und holte reichen Lohn mit nach Hause: die Städte und Ämter Heidenheim, Neuenstadt am Kocher und Weinsberg, die Schutzherrschaft über die Klöster Anhausen, Herbrechtingen und Maulbronn, die Stadt Besigheim, die Grafschaft Löwenstein, Schloß Stettenfels mit Gruppenbach, die Lehensherrschaft über Gochsheim und die Lösung des Amtes Marbach von der pfälzischen Oberlehensherrschaft.

Das war ein großartiger Erfolg für den jungen Mann. Daß er dadurch sicherer geworden wäre, kann man freilich nicht sagen. Seine Heirat, ein paar Jahre später, wirkt wie eine Illustration in diesem Zusammenhang. Sie war vom Kaiser angezettelt worden. Der übertrug die Heiratsabrede mit „den Württembergischen" 1498 dem Erzbischof von Mainz und dem Kurfürsten von Sachsen. Am 25. September dieses Jahres schickten die „Regenten" Württembergs „auf Sankt Galli Tag" eine Gesandtschaft nach München, um „das Fräulein besichtigen zu lassen und die Abrede zu schließen". Sabine von Bayern, die Auserwählte, muß eine wahre Wuchtbrumme gewesen sein, „körperlich größer als mancher Mann, unweiblich, stolz und zu eigensinnig, um nachgeben zu können, aufbrausend und scharf mit der Rede, auch gegen Männer".

Ulrich hatte seit Jahren eine andere im Sinn, die Elisabeth, die Tochter des Markgrafen Friedrich von Brandenburg, „ein Fräulein voll Anmut", die bei ihrer Tante, der Witwe Eberhards II., zu Nürtingen lebte. „Dahero er zum öftern Sommerzeits nach dem Nachtessen mit einem Trompeter, der ein sehr guter Zinkenbläser gewesen, dorthin geritten und ihr ein Hofrecht (gemeint die Teilhabe am Herrschaftsrecht, d. Vf.) hat machen lassen." Um 1510 hat Ulrich seiner Elisabeth auch ein Lied gedichtet, „Ich schell mein horn ins jamertal", ein hübsches Jagd- und Liebeslied, nicht ohne Sentimentalität, das viele Leute, und namentlich junge Leute, späterhin ins gleiche Horn hat stoßen lassen, aber auch ein ehrlich-herzliches Bekenntnis: er, der Liebende, muß von der Markgräfin Elisabeth von Brandenburg lassen und die ihm aufgezwungene Braut heimführen. Als leidenschaftlicher Jäger wählt Ulrich das Bild der Jagd und vergleicht die Jugendfreundin mit einem „hochgewild“, das er nicht mehr erjagen kann. Sabine ist für ihn kein edles Wild. Entsagend klingt Ulrichs Lied, das er auch vertont und gesungen hat, mit den Versen aus: „So laß ich mich beniegen / an hasenfleisch, nit mehr ich heisch, / das mag mich nit betriegen“ (So laß ich mich genügen / an Hasenfleisch, nicht mehr will ich verlangen, da kann ich nicht weiter betrogen werden).

Tatsächlich war er betrogen genug. Die Räte machten immer wieder die hohe Besteuerung des geschlossenen Ehevertrags geltend, da könne man nicht mehr zurück. Wenn Ulrich auch sein Äußerstes tat, um Sabine gegenüber abstoßend aufzutreten. Am Ende wurde dem Bräutigam von Herzog Wilhelm von Bayern eröffnet, es sei des Kaisers Wille, daß das Beilager noch vor „künftiger Fasten“, also vor dem 20. Dezember 1510, vollzogen werde. Ulrich schlug den 27. Dezember 1510 als Hochzeitstag vor. „So kam er in die Ehe.“ Die Hochzeit, in ihrem Prunk der Eberhards im Bart gewiß nicht nachstehend, hat zu diesem „Termin“ in Stuttgart stattgefunden. Vor dem Haupteingang der Stiftskirche fragte der Bischof von Konstanz, der mächtig lange und „alle deutschen Fürsten“ überragende Hugo von Landenberg, nach einer kurzen Rede den Herzog, ob er Sabine zur Ehe nehme, und Sabine, ob sie dem Herzog die Hand gebe. „Auf ein Ja erbittet er sich von dem Herzog den Brautring, steckt ihn der Braut an die Hand mit den Worten: Wie dieser Ring von reinem Golde, so soll bündig und rein die Liebe bleiben.“

Der glänzende Hochzeitszug konnte Ulrichs Abneigung gegen diese Ehe – der 1515 der Sohn Christoph entsprang – nie ändern. Aber als Christoph geboren wurde, war die Staatsklugheit, die das Ehebündnis gestiftet haben mochte, eine Fiktion, und Ulrich, dem man damals in den Hochzeitsmonaten die Wiederherstellung des Herzogtums Schwaben zutraute, ein politisch und menschlich angeschlagener Mann. Es begann zu kochen und zu gären im Land. Unerhörte Steuern weckten allgemeine Unzufriedenheit, eine gewalttätige Herabsetzung des Gewichts zugunsten der herzoglichen Kasse führte 1514 zu einem Aufstand der Bauern im Remstal, die sich unter dem Namen des „Armen Konrad“ (armer Kunz im Gegensatz zu den reichen Kunzen) zusammenrotteten. Um ihrer Herr zu werden, mußte sich Ulrich an die Ehrbarkeit wenden. Aber auch hier bekam er bittere Vorwürfe zu hören. Nur mit Hilfe der kaiserlichen Gesandten und einiger Fürsten brachte er den Landtag dazu, ihm Hilfe zu gewähren. In Tübingen kam man zusammen, und im Tübinger Vertrag vom 8. Juli 1514 ist denn auch die Rede von der Bewilligung der geforderten Geldmittel. Aber sie tritt erst dann in Kraft, wenn auch die zahlreichen Landesbeschwerden abgeschafft sind, wenn keine außerordentlichen Steuern mehr erhoben werden, wenn das Einwilligungsrecht der Stände bei einer Kriegserklärung gewährleistet ist und die Freiheit der Auswanderung.

Den Tübinger Vertrag, Grundpfeiler der altwürttembergischen Verfassung, der Württemberg zu einem exklusiv ständischen Land im Alten Reich gemacht hat, hätte es ohne Ulrichs Not, ohne die Misere seines Vorgängers Eberhard und überhaupt ohne alle diese – zufälligen oder verschuldeten – „Familiensorgen“ der Ära Eberhards im Bart gar nicht gegeben. Die Teilungs- und Nachfolgesorgen der Dynastie bedurften der Hilfe durch die „Untertanen“. Daß sie im Gewande der „Stände“ sich mit dem Tübinger Vertrag das besondere Recht der Beratung des Landesherrn durch den Landtag erwirkten, daß jede Veräußerung von Land und Leuten künftig der Zustimmung der Stände bedurfte, daß das ordentliche Gerichtsverfahren in Strafsachen jetzt garantiert war und das Prinzip der Gewaltentrennung hier erstmals eine praktische Verwirklichung erfuhr, wurde für die Geschichte Württembergs bis ins 19. Jahrhundert von elementarer Bedeutung. Der ältere Pitt soll einmal gesagt haben, den Beleg dafür hat bis jetzt noch niemand gefunden, es gebe nur zwei Länder in Europa mit demokratischer Verfassung, Großbritannien und Württemberg.

Ulrich, der den „Trick“ des Vertrags – entweder Geld durch die Stände und damit deren permanentes Recht auf Mitsprache, oder kein Geld, und damit Verurteilung des Herzogs zur Ohnmacht – gewiß rasch erkannte, hat sich zu Vertrag und Nebenvertrag nur ungern bequemt. Wenn der Vertrag auch die Grundlage für die Macht der späteren Stände schuf: Ulrich hat ihn nie gehalten. Dem Armen Konrad hat er ein jähes, ein schreckliches Ende bereitet. In Schorndorf ließ er, den etliche Bauern bei einer Zusammenkunft im Remstal hatten vom Pferd reißen wollen, das Haupt des Jacob Dautel aus Schlechtbach auf den mittleren Turm der Stadt stecken, viele andere fielen durch das Schwert, wieder andere wurden in die Verbannung geschickt, sieben Häuser wurden ausgeplündert und verwüstet, eines auf den Grund niedergerissen und geschleift. „Kein Geschichtsschreiber", merkt Heyd an, „schildert uns die Gefühle der Weiber und Kinder und Geschwister der Zurückgebliebenen, keiner die Stimmung, welche nun der Bürger sich bemächtigte, aber unser Gefühl kann von selbst die Tiefe des Schmerzes ermessen. Größere Trauer ist nie über eine altwürttembergische Stadt (wie Schorndorf, d. Vf.) gekommen, nur etwas Ähnliches hat eine neuwürttembergische erfahren" (Heyd meint das Mergentheim des Sommers 1809, d. Vf.).

Ulrich hat in den Jahren darnach, der Prozeß gegen Breuning wird uns noch beschäftigen, die ständische Opposition mit gewaltsamer Faust niedergeschlagen, so gründlich, daß sie sich nicht wieder erholte zu seinen Lebzeiten. Während der österreichischen Zwischenregierung, von 1519 bis 1534, als Ulrich vertrieben war, versuchte die Landschaft vergeblich, zwischen den Nöten und Unruhen hindurch, zu eigenem Ansehen zu gelangen. Nach Ulrichs Rückkehr brach der Einfluß der Ehrbarkeit vollends zusammen. Ein wesentliches Moment dafür war der religiös-konfessionelle Gegensatz. Lange Zeit hindurch verteidigten die konservativ gerichteten ständischen Gegner des Herzogs ihren katholischen Glauben. Ulrich aber schlug mit dem religiösen Widerstand auch den ständischen zu Boden. Erst sein Tod machte die Bahn für eine in ruhigem Geleise sich vorwärts bewegende ständische Entwicklung frei, die dann auch zu namhaften Erfolgen führen sollte.

Vielleicht hätte sich eine, wenn man so sagen kann, Normalität des öffentlichen Lebens auch nach dem Schorndorfer Gerichtstag vom 9. August 1514 noch herstellen lassen, hätte sich Ulrich in den Rahmen des Möglichen und Notwendigen gefügt. Immerhin muß man ja der – die Bauernschaft „verratende" und sich als Hofpartei aufspielende – Ehrbarkeit zugute halten, daß die Forderungen des Armen Konrad an die Existenz und an die Lebensgrundlage des württembergischen Staates überhaupt rührten. Daß Ulrich von einem derartigen Prozeß auch nicht das Geringste spürte, war offenbar.

Es war kein Jahr vergangen, als die Kunde von einer Tat Ulrichs ins Land drang, die ein Verbrechen war. Am 7. Mai 1515 saß Ulrich abends noch zusammen mit seinem Stallmeister Hans von Hutten. Der hatte Tage zuvor ein Entlassungsgesuch eingereicht. Aber Ulrich wollte, ohne eine feste Antwort zu geben, seine Entscheidung verschieben. Auf den anderen Tag wollte er aus Stuttgart abreiten. Hans war noch mit dabei, er gehörte noch zum Hofe.

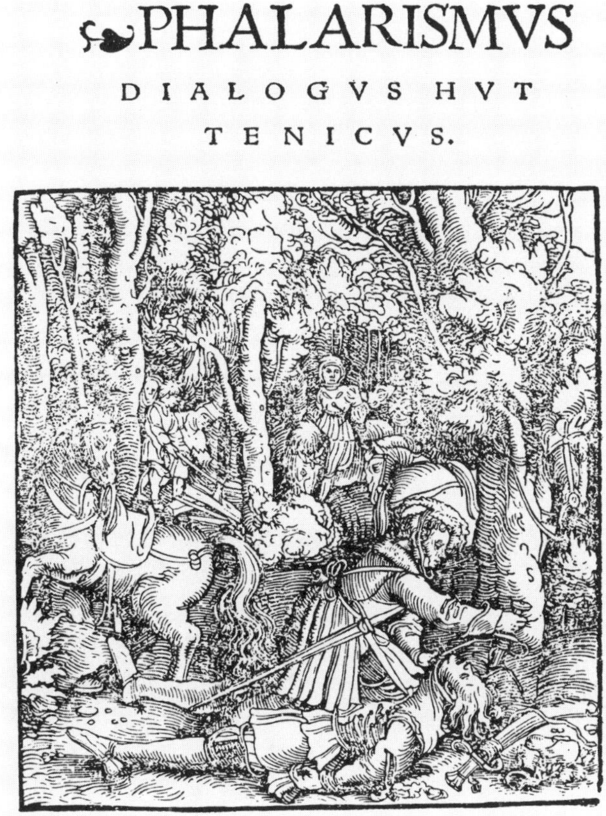

Die Ermordung des Hans von Hutten durch Herzog Ulrich 1515. Holzschnitt des Petrarca-Meisters aus Ulrich von Huttens Schmähschrift „Phalarismus" von 1517, gedruckt von J. Schöffer.

Später hat man sich darum gestritten, ob Hutten die förmliche Erlaubnis dazu hatte oder nicht. Er kam in gewöhnlichem Gewand und Degen, auf einem leichten Roß, ohne Harnisch, wie zur Jagd. Ulrich dagegen trug einen Harnisch und war schwer gerüstet. Er hatte offensichtlich den Vorsatz, mit Hans bei dieser Gelegenheit abzurechnen. Zu diesem Zweck schickte er in einem Waldstück auf dem Weg nach Böblingen, wohin der Ritt ging, alle Begleiter voraus, auch den Leibknecht, der immer um seine Person war. Als sich beide allein befanden, Hutten und er, kam es schnell vom Wort zur Tat. Hutten fiel unter sieben Wunden, deren einige schwerer, andere leichter, fünf aber von hinten verabreicht waren. Der Herzog kam unversehens und im Vorteil der Bewaffnung über den Ritter und schleifte ihn vom Tatort noch fort, sein Hut lag mit dem Leichnam ein gehöriges Stück vom Kampfplatz entfernt. Dem Entseelten legte der Herzog einen Gürtel um den Hals und knüpfte ihn damit an ein Schwert, das er in die Erde gestoßen hatte. Das flüchtig gewordene Pferd des Ritters zog die Begleitung herbei. Der Herzog von Braunschweig hob den Getöteten auf, ließ dessen Bruder an eilige Heimkehr mahnen und sorgte für die Bestattung des Toten in der Kirche zu Holzgerlingen.

Ulrich als Mörder Huttens, das war eine Kunde, die weit hinaus ins Reich drang. Man wußte früh genug, was dahinter steckte. Ulrich, mit Sabine entzweit wie von Anfang an, von Leidenschaft zur Frau seines Marschalls gepackt, gesteht in einem Augenblick heftigster Anwandlung dem Hutten diese Liebe, ja fällt ihm zu Füßen mit der Bitte, seine Frau doch lieb haben zu dürfen. Hutten seinerseits ist weder männlich noch reif genug, dieses — auch in der Form an die Grenze des Ritterlichen reichende — Geständnis für sich zu behalten. Dem allweil argwöhnischen und hellhörigen Ulrich kommt Huttens spöttische Rede aus dem Freundeskreis zu Ohren. Er wäre nicht aus seinem Holz geschnitzt, wenn er da nicht die Konsequenzen gezogen hätte. Heyd hat 1841 ganz recht gesagt: „Die Liebe zu Huttens Gattin war die Veranlassung, aber nicht der Grund dieser schrecklichen Tat. Sie ist vielmehr ein Werk der Rache aus beleidigter Ehre, nach des Herzogs Naturell und nach seinen Begriffen von Fürsten- und Menschenrechten ausgeführt."

Wir legen den Finger auf diese Auskunft, weil vor allem durch Hauffs „Lichtenstein" jene — von früheren württembergischen Historikern begünstigte — Version die Runde machte, als sei Hutten der Gemahlin des Herzogs zu nahe getreten. Noch Bernhard Kugler, der Tübinger Geschichtsordinarius, bemüht in seiner Ulrich-Biographie von 1865 allerlei Argumente, um Ulrich vollstes Verständnis für diese Tat — beleidigtes Ehrgefühl, Demütigung durch den unklugen und leichtfertigen Hutten — widerfahren zu lassen. Sollte Bernhard Kugler, der im Aufstand des Armen Konrad sage und schreibe „communistische und sozialistische" Unruhen sah, dafür aber einer der engeren Freunde König Karls war und von ihm den Auftrag zur Niederschrift einer Christoph-Biographie annahm: sollte Kugler stillschweigend so etwas wie ein ritterlich-feudales Sonderrecht reklamiert haben? „Zudem war der

Herzog (Ulrich, d. Vf.) schwer gereizt; um weit geringerer Beleidigung willen hat manch ein hochadliger Herr seinem Gegner nach dem Leben gestanden." Merkwürdigerweise hat gerade Kaiser Maximilian aus der Sache noch am wenigsten Aufhebens gemacht. Vier Jahre vor Ulrichs Tat war an seinem Hof ein Graf Andreas von Sonnenberg wegen einiger spöttischer Reden von einem kaiserlichen Rat, dem Grafen Felix von Werdenberg, erschlagen worden. Der Mörder hatte den Beleidiger, der mit wenigen Knechten arglos auf die Jagd geritten war, mit der vierfachen Anzahl überfallen und den auf der Flucht Stürzenden schmählich erstochen.

Spätmittelalterliche Zustände oder nicht: Ulrich war Landesherr. Jemandem, der verantwortlich sein wollte für einen Staat und für einen Verbund von Untertanen, nimmt man eine derart hinterrücks vollbrachte Tat nur ungern ab. Der Mord wurde unversehens zum Politikum. Daß intimsten, privatesten Regungen ohne Rücksicht nicht nur auf Menschenleben, sondern auch auf den Staat, in welchen der Täter in vornehmster Hinsicht gebettet war, freier Lauf gelassen wurde, das hat die Gemüter daheim und draußen aufs schwerste beunruhigt. Von jetzt an macht in Württemberg das Wort von der Absetzung des Herzogs die Runde. „Der Glaube an seine (Ulrichs, d. Vf.) Regierungsfähigkeit wurde tief erschüttert." Merkwürdig, aber mit Ulrichs Unberechenbarkeit doch wieder zusammenpassend, daß Ulrich zunächst im Austreten aus der Regierung „nichts Arges" fand, daß er vielmehr erneut Versuche machte, in auswärtige Dienste zu gehen.

Erst als er feststellte, daß die Landschaft allen Ernstes an seine Absetzung dachte, als er hörte, Konrad Vaut, der Vogt von Cannstatt, solle nach Bekanntwerden des Hutten-Mordes im Landtag gerufen haben, „da hat uns der Teufel mit dem Narren beschissen", als er erkannte, daß man planmäßig — und vielleicht aus habsburgischem oder ständischem Eigennutzen — auf seine Entfernung drang, da sieht er sich in den Anklagestand versetzt. Am 11. Oktober 1516 erklärt ihn der Kaiser in Acht. Da Ulrich nichts von einem Vergleich hatte wissen wollen und außer sich war über die angetane Schande — die Gattin Sabine war mit seinem Erzfeind, dem Erbtruchsessen Dietrich Spät, von Urach nach Bayern geflohen —, hatte er jetzt auch den Kaiser zum Feind. Die Parteien rüsteten, geharnischte Schriften gingen durch ganz Deutschland. Da die Ehrbarkeit im Lande sich Ulrich gegenüber immer distanzierter zeigte, sah er sich gezwungen, doch noch den Kaiser um Vermittlung anzugehen. Aber Majestät verlangte Verzicht auf die Regierung für sechs Jahre und Verlassen des Landes. Das konnte Ulrich nicht vertragen. Er griff zum letzten, verzweifelten Mittel und rief seine Bauern gegen solche schimpfliche Bedingungen auf. Aber die Achtserklärung nahm ihm jeden Ausweg. Schon am 19. Oktober 1516 fand er sich im Blaubeurer Vertrag bereit, die Regierung auf sechs Jahre einem von ihm und dem Kaiser eingesetzten Regimentsrat zu überlassen und die Landschaft zu einer Entschädigung an die große Partei der „Huttenschen" zu bestimmen.

Hat Ulrich gespürt, wie wenig man ihm ernstlich anhaben wollte? Über die Beiordnung eines „Regiments" hatte er sich sogleich und deutlich hinweggesetzt. Und die Acht war aufgehoben. In fröhlichster Stimmung zog er mit seiner Mannschaft das Filstal hinauf, ließ sich indessen durch einen Neckschuß aus der Helfensteinischen Feste Hiltenburg derart aufbringen, daß er Alarm schlagen und alle zu den Waffen rufen ließ. Ulrich sah in dem Schuß keinen Zufall, sondern eine Beleidigung. Er hätte die umherliegenden gräflichen Orte — und Gosbach, zu dem Hiltenburg gehörte, vorab — dafür gezüchtigt, wenn nicht das württembergische Landvolk eine Fürbitte für ihre Nachbarn eingelegt hätte. Man begnügte sich, gegen das Schloß anzurücken, das leicht zu besetzen war, weil die Wächter geflohen waren. Doch tönte das ganze Tal von Kriegslärm wider. Die Gemahlin des Grafen, in Wiesensteig wohnend, eilte auf die Nachricht herbei und tat, obwohl hochschwanger, vor dem Herzog einen Kniefall, bat, daß nichts zerstört werde, bis ihr Gemahl komme, und übergab die Schlüssel zur Burg.

Ulrich hat sich durch diese — stellvertretende und symbolhafte — Szene nicht drausbringen lassen. Als der Graf, in kaiserlichen Diensten und gegen Ulrich gebraucht, darauf nicht einwilligen wollte, daß das Schloß zur Strafe fortan für Württemberg ein offenes Haus sei, wurde es auf Ulrichs Befehl in Brand gesteckt und ausgebrannt. Diesem Bruch des Landfriedens folgte der des Blaubeurer Vertrags. „Noch eh' der Brief recht trocken ward", wie ein zeitgenössischer Dichter sich ausdrückt, ließ er Dietrich Späts Harnisch in der Nacht zusammenschlagen und öffentlich verbrennen. Noch ehe der kaiserliche Befehl an die Landschaft zur Installierung und nominellen Besetzung des „Regiments" erging, befahl Ulrich diejenigen zu ergreifen, „welche sich am meisten hatten angelegen sein lassen, das Ruder der Regierung in die Hand der Landschaft zu bringen". Jetzt rechnete Ulrich mit seinen Räten

Herzog Ulrich
Holzschnitt von 1529.

ab. Die jungen hatten am meisten zu fürchten, die am deutlichsten und verantwortungsvollsten geführt hatten, der alte Konrad Breuning, sein Bruder Sebastian, der Cannstatter Vogt Vaut und mehrere andere, die als Sprecher der Landschaft gelten durften. Der Prozeß gegen die Breuninge und andere ist der erste Prozeß auf Hochverrat in Württemberg, dessen Akten vollständig vorliegen. Sebastian Breuning und Konrad Vaut wurden sofort hingerichtet, der achtzigjährige Vaut gevierteilt, der greise Konrad Breuning, dem Ulrich besonders viel verdankte, nach entsetzlichen Folterungen 1517 hingerichtet: „Die ersten Blutzeugen des Landtages im Kampf gegen ein Gewaltregiment" (W. Grube).

Jetzt stürzte Ulrich von einer aufregenden Gewalttat zur anderen. Der Tod des Kaisers im Januar 1519, Maximilian gegenüber hatte Ulrich noch Dankbarkeits- und Sohnesgefühle, muß diesen jähen Prozeß beschleunigt haben. Ulrich saß noch mit seinen, man wird sagen müssen, Spießgesellen bei der Feier für den verstorbenen Maximilian, als die Meldung ankam, die Reutlinger hätten den württembergischen Vogt der Achalm auf ihrem Gebiet erschlagen. Sofort läßt Ulrich Sturm blasen, ein Heer rüsten und nach Reutlingen ziehen. Schon am anderen Tag fiel er von Tübingen herkommend im Gebiet von Reutlingen ein, besetzte die Dörfer Bronnweiler, Gomaringen, Ohmenhausen, Wannweil und Betzingen, und rückte am 21. Januar 1519 gegen die Stadt selbst vor.

Er hatte geglaubt, sie überrumpeln zu können. Aber es kam zur Belagerung. Den Reutlingern fehlten Leute, vor allem die, die irgendwo draußen in der Welt in Geschäften unterwegs waren. Sie schickten eine Gesandtschaft zum Herzog, falls er von der Stadt ablasse, böten sie ihm jene Dörfer an, die er schon eingenommen habe. Ulrich war damit nicht zufrieden. „Die Stadt will ich haben!", rief er, „und nicht nachlassen, und wenn ich darüber mein Herzogtum verschießen müßte!" Da schieden die Reutlinger in großem Zorn von ihm und hießen ihn „am Freitag kommen und eine Gans mit ihnen essen!"

Er ist am Freitag gekommen, aber nur deshalb so termingemäß, weil die Reutlinger, vom Schwäbischen Bund ebenso allein gelassen wie von den Schwesterreichsstädten, keine Möglichkeiten zum Nachschub mehr sahen und keine zur weiteren Verteidigung. Sie öffneten ihm die Tore. Ulrich zog an der Spitze seines Heeres ein, ließ in der Marienkirche einen feierlichen Dankgottesdienst abhalten und sich dann die kaiserlich-reichsstädtischen Privilegien und das Siegel der Stadt aushändigen. Während er nach den beiden Papiermachern suchen ließ, die seinen Vogt getötet hatten – sie waren bereits durchs obere Tor geflüchtet –, hatten sich auf dem Marktplatz die Zünfte aufgestellt. Ihnen wurde mitgeteilt, daß sie von nun an den Herzog zu Württemberg als ihren Herrn anzuerkennen hätten. Die Stadt erhielt ein neues Wappen, und alle ihre Einwohner mußten mit aufgehobener rechter Hand dem Herzog Ulrich Treue schwören.

Jetzt riß die Geduld seiner Gegner endgültig. Der Schwäbische Bund, eben jener Landfriedens-Verbund, dem Ulrich glaubte den Rücken kehren zu müssen, sammelte ein Heer und schickte es durch die Herrschaft Heidenheim das Fils- und Neckartal hinauf. Am 7. April 1519 wurde Stuttgart besetzt, die Festungen ergaben sich, im Mai war der Krieg beendet. Ulrich war schon am Anfang von seinen schweizerischen Söldnern im Stich gelassen worden, er hatte sich nach auswärts geflüchtet, um Hilfe zu suchen. Es gelang ihm, eine Anzahl Landsknechte anzuwerben. In der Hoffnung, mit diesen „seine“ Bauern aufzuwiegeln, fiel er am 12. August von der Pfalz aus im Lande ein. Wohl konnte er Stuttgart besetzen, in Hauffs „Lichtenstein“ wird dieser Tag zur Krönung der Landesgeschichte und zum Wiedergewinn eines württembergischen Nationalbewußtseins erhoben, wohl konnte er sich auf dem flachen Lande huldigen lassen. Aber die Mehrzahl der Städte und Festungen blieb in der Hand des Schwäbischen Bundes. Daß der Herzog sofort den Tübinger Vertrag hatte aufkündigen lassen, trieb die Ehrbarkeit vollends ins Lager der „Österreichischen“. Dem herannahenden bündischen Heer stellte sich Ulrich im Neckartal am Fuße seiner Stammburg. Aber kaum sah er sich umgangen, so suchte er, dies war der 15. Oktober 1519, sein Heil in der Flucht. Gegen Ersatz der Kriegskosten überließ der Schwäbische Bund Württemberg an Österreich. Und Kaiser Karl wies es bei seiner Länderverteilung im Februar 1522 seinem Bruder Ferdinand zu.

Wohin sich Ulrich gewandt hatte, wußte niemand. Noch im Jahre 1524 wußte die württembergische Regierung nicht, wie ein Aktenstück der „Malefizsachen“ verrät, wo Ulrich seine drei ersten Nachtlager hatte. Eine andere Handschrift sagt: „Kommt zu dem Pfalzgrafen, da er aber nit gefälligen Beschaid und Unterschalauf fand, zog er gen Nansen (Nancy, d. Vf.) zum dem Herzog von Lothringen, macht es auch kurz genug mit ihm, dann zog er in die Schweiz.“ Ulrich ist eine geheimnisvolle Person geworden. Das Unerwartete, das Einmalige, jetzt steht natürlich die Frage, wer daran schuld sei, besonders eindringlich vor uns, ist passiert: man hat einen Herzog seines Landes verwiesen. Wie ein Dieb in der Nacht hat er fliehen müssen. Jetzt hockt er irgendwo und weint sich seine Seele aus, ein Geächteter, ein Heimatloser, ein Gefallener. Wo, weiß keiner. Kaum mehr als eine Generation später, noch im Reformationsjahrhundert, erzählt Martin Crusius, Ulrich habe auf das Losungswort „Der Mann ist da“ nachts in der Ritterburg Lichtenstein Einlaß gefunden. Wilhelm Hauff hat dann das Bild vom alten, um sein Land betrogenen Herzog, der in der Nebelhöhle der Treulosigkeit der Menschen und der Vergänglichkeit des Glücks nachsinnt, unsterblich gemacht.

Wird er wiederkommen? Oder war er nicht da, gestern Nacht, man hat einen durch die Gassen galoppieren hören. Der „Ulerich“ war's, wie Hauff ihn durchweg nennt, der ewige Ulerich. Hat man ihn nicht auf der Köngener Brücke gesehen, unlängst, als man den Sickingen erschlagen unter der Brücke fand und der Herzog mit einem Sprung auf Leben und Tod seinen Häschern entkam? „Wir legten uns“, erzählt Hauff diese Legende, „bei der Brücke in Hinterhalt. Es war beinahe noch dunkel, als wir den Hufschlag von vier Rossen hörten, die sich der Brücke näherten, zugleich vernahmen wir das Zeichen, das uns die Reiter über dem Fluß geben sollten, wenn die Herzoglichen aus dem Wald kämen. ‚Jetzt ist's Zeit', sagte der Kahlmäuser. Wir standen schnell auf und besetzten den Ausgang der Brücke. Es waren, soviel wir im Halbdunkel unterscheiden konnten, vier Reiter und ein Bauersmann; die zwei hintersten wandten sich um und fochten mit unseren Reitern, die zwei vorderen und der Bauer machten sich an uns. Doch wir streckten ihnen die Lanzen entgegen, und der Doktor rief ihnen zu, sich zu ergeben. Da drangen sie wütend auf uns ein. Der Doktor sagte uns, der im grünen Mantel sei der Rechte. Wir hätten ihn bald gehabt; aber der Bauer, wenn es nicht der Teufel selbst war, schlug den Doktor und noch zwei von uns nieder. Jetzt stach ihm einer die Hellebarde in den Leib, daß er fiel und dann ging es auf die Reiter. Wir packten allesamt den im grünen Mantel, wie uns der Kahlmäuser geheißen, der andere aber stürzte sich mit seinem Roß über die Brücke hinab in den Neckar und schwamm davon.“ Und das war Ulrich, der Herzog ohne Land.

Männer machen nicht nur Geschichte, verantworten auch, sofern sie tonangebend sein können, eine bestimmte Atmosphäre und eine bestimmte Erlebniswelt. Die von Ulrich geschaffene, das ist die zentrale Kritik an seiner „Regierung“, war allemal durchzogen von Haß und Angst. Bei aller Treue, die man ihm merkwürdigerweise entgegengebracht hat, auch und gerade während seiner Verbannung, ist auch immer Haß mit im Spiel gewesen, auf beiden Seiten. Die von der Ehrbarkeit und viele von den Bauern nannten ihn gelegentlich den „roten Bösewicht“ oder gar den „roten Teufel“. Und er selbst hatte kaum einen Freund mehr, schon des Argwohns wegen, man könnte ihm ans Leben gehen. Auch in Mömpelgard, wo er sich doch am sichersten fühlte und wo ihm die Mömpelgarder immer wieder neue Zeichen ihrer sprichwörtlichen Treue gaben, wurde er dieses eingeborene Mißtrauen nicht los. Als einer einmal von Urach zu ihm nach Mömpelgard kam, um bei ihm Dienste zu nehmen, stellte ihn Ulrich nur zögernd an. Und weil er fürchtete, er möchte von Dietrich Spät, seinem Erzfeind, heimlich geschickt sein, ließ er ihn den andern Tag erschießen. So jedenfalls hat ein Gefangener später ausgesagt.

Wie sehr diese Atmosphäre der Angst sich festgesetzt und in hundert Rinnsalen sich verbreitet hat, verrät der Brief einer der wenigen Hofbediensteten, die mit Ulrich über die Grenze gezogen waren. Der schreibt 1519 an seine „herzliebe haußfrau", er könne ihr „gar nichts köstlichs" sagen. Sie solle sich wenigstens mit Brot versehen. „Sag' auch dem alten muetlin (Mütterle, d. Vf.) also, daß sie sich verseh, ob man die statt belagert, daß ihr auf ein Tag oder acht oder vierzehn gespeist werdet. Aus der Schweiz weiß ich dir nichts endlichs zu schreiben, außer eben, daß wir der gleichen Hoffnung leben wie ihr. Entblöß das Hauß nit ganz, bhalt nit mehr darin, als du zum täglichen brauchst. Meiner Krankheit halben laß dich nichts anfechten, denn mir bricht von der Gnaden Gottes nit also viel. Bitt den hofrichter und den Endris, daß sie das best mit uns und den unseren tuen, des wöll ich immer verdienen. Dein Hans Scherer."

Wir haben heute eine — schmerzlich erfahrene — bestimmte Vorstellung vom Staat. Wir wissen, daß er um des Menschen willen da ist und nicht umgekehrt. Ulrichs Staat, wenn man ihm diesen modernen Namen überhaupt geben darf, ist immer um seinetwillen da gewesen, um seiner Ehre willen, seiner Reputation, seiner Vergeltung, seiner Selbstfindung. Es geht bei ihm nie um die Leute oder um die Sache. Es geht immer um ihn selbst, es ist immer nur von Ulrich die Rede. Da ändert sich auch nichts daran, als er mit französischem Geld und pfälzischer Hilfe und tätigem Vortritt des Landgrafen Philipp von Hessen 1534 wieder in sein Land zurückkommt. Mit der Schlacht bei Lauffen, wenn sie je eine war, kam er am 13. Mai 1534 wieder in den Besitz seines Herzogtums. Er hat es freilich am 29. Juni 1534 im Vergleich zu Kaaden als österreichisches Afterlehen anerkennen müssen. Erst Christoph, der Sohn, hat es, davon später, wieder zurückgekauft.

Nach dem Sieg bei Lauffen, als Sabine und Dietrich Spät zum zweiten Mal und diesmal für immer aus Württemberg flohen, soll das Volk in befreitem Jubel frohlockt haben. Und Luther soll bewegt ausgerufen haben: „In dieser Sache ist Gott." Jetzt hat Ulrich in Württemberg mit der Reformation zu beginnen, die andernorts schon abgeschlossen ist. Er muß aus dem — 1519 mit seiner Vertreibung millionenfach verschuldeten, vor dem Konkurs stehenden — katholischen Herzogtum, das durch die österreichische Verwaltung erstaunlich hochgebracht worden war, ein evangelisches Land machen. Man wird nicht behaupten wollen, daß wenigstens dies auf besonnene oder staatsmännische Art geschehen sei. Innerhalb einer Handvoll Tage werden die landsässigen Klöster, altrenommierte Zentren einer weitausgreifenden geistlichen Kultur, beschlagnahmt, geschleift, verboten. Alpirsbach wurde mit einhundertzwanzig Dornstettern wie im Krieg besetzt. Der Abt erbat sich zuerst Bedenkzeit, dann entschloß er sich zur Übergabe der Schlüssel. Des Klosters Heiligtümer und Kunstwerke, Silber und Gold, wurden in Fruchtsäkke geworfen und nach Stuttgart gebracht. Die Prämonstratenserinnen in Lauffen haben sich, als die „Reformatoren" aus Stuttgart eintrafen, in panischer Angst in ihre Kirche eingeschlossen. Überall hat man die Kirchenkleinodien hastig und roh auf den Karren geworfen und zur herzoglichen Rentkasse gefahren. Nicht die Kunst galt, um den Silberwert ging's. Derart ist Eberhards Goldene Rose, von ihr sprachen wir, für Württemberg ein einzigartiges Kulturdokument, vernichtet worden. „Kein protestantischer Fürst ließ gegen einzelne Widerspenstige so gewalttätig verfahren wie der Herzog von Württemberg und keiner ergriff mit solcher Hast das zeitliche Gut der Kirche als der Herzog (Ulrich, d. Vf.) zu Württemberg." Der dies schrieb, war kein Katholik, sondern Dr. Heyd, der evangelische Stadtpfarrer von Markgröningen. Wir können dieses Urteil des 19. Jahrhunderts schlecht revidieren.

Die Ruhe blieb auch jetzt, in diesen letzten Jahren Ulrichs, aus. Als Mitglied des Schmalkaldischen Bundes beteiligte er sich 1541/42 am Krieg gegen Herzog Heinrich von Braunschweig und stellte 1546 ein württembergisches Aufgebot. Aber der Feldzug mündete in einen für die Schmalkaldener zum Nachteil ausschlagenden Stellungskrieg. In Ulm, Lauingen und Donauwörth legte man „Proviant- oder Futterkästen" an. Die meiste Zufuhr dafür kam aus Württemberg. Ulrich selbst lieferte den Wein. Anfangs fand der gar keinen Beifall. Die fürstlichen Räte von Gültlingen und von Massenbach, alte Vertraute des Herzogs, ließen unverblümt wissen, wenn er nicht besseren Wein liefere, werde ihm das Lager verboten werden. Denn man habe, „mit Bescheidenheit zu melden, die Scheißend darob getrunken".

Belagerung des Hohen Asperg durch den Schwäbischen Bund im Mai 1519. Nach der Federzeichnung von Albrecht Dürer.

Als Württemberg nach der Niederlage und Auflösung des schmalkaldisch-protestantischen Heeres unmittelbar bedroht war, floh Ulrich nach dem Hohentwiel. Von hier aus wandte er sich am 20. Dezember 1546 an den Kaiser. Ihm unterwarf er sich am 31. Dezember dieses Jahres persönlich. Sein Tod am 6. November 1550, merkwürdigerweise begann die Todesstunde in Böblingen, nicht weit von der Stelle, wo er einst Hand an Hans von Hutten legte, enthob ihn der Gefahr einer erneuten Absetzung, womit ihn ein kaiserliches Gericht bedrohte. Man hielt seinen Tod geheim, bis der Sohn Christoph gekommen war. In Anwesenheit vieler Adliger des Landes, der Universität und der Bürgerschaft zu Tübingen wurde ihm ein feierliches Leichenbegängnis gehalten. Seinem schon 1537 geäußerten Wunsch gemäß wurde er im Chor der Stiftskirche neben Eberhard im Bart beigesetzt.

Was war Ulrich für ein Mensch? Ludwig Heyd hat in ihm einen Mann gesehen, der das Herrschen liebte, dem Willkür nicht fremd war und tyrannische Praktik auch nicht. Sein Argwohn gegen die Mitmenschen sei nie verflogen, der „Geist der Unruhe", der in ihm saß, auch nicht. Wieviel Ungereimtes in ihm zu Hause war, zeigt Heyds Beurteilung des „Reformators" Ulrich. Er sei „von ganzer Seele protestantisch" gewesen, vermerkt der Biograph einmal, und an anderer Stelle, seine Frömmigkeit sei doch „etwas bloß Äußerliches" gewesen. „Hitzig" nennt ihn Heyd, im Verein mit vielen und gewichtigen von Ulrichs Zeitgenossen immer wieder. Er, der Herzog, sei „selbst ein Mann der Gährung" gewesen. Er habe auch Würde zeigen können und fürstliche Haltung, Heyd gibt Beispiele dafür, aber immer wieder habe seine Launenhaftigkeit durchgeschlagen und seine Grenzenlosigkeit.

Eine Generation später hat Bernhard Kugler eine umfassende Ehrenrettung versucht: Ulrich als „einer der wackersten Fürsten", als ein immer mutiger Mann von „lebhaftem Ehrgefühl", „von Jugend auf ein Liebling des Volkes", der sich einer „inneren Erneuerung" öffnete und in der Verbannung, die er als „tapferer Dulder" hinnahm, „innerlicher und selbstloser" geworden war. Nach seiner Rückkehr hat denn Ulrich auch aus Württemberg einen im Reich geachteten Staat gemacht, mild und tolerant, wie er in dieser seiner dritten Periode sich allenthalben zeigte. Dieses, wie gesagt im Windschatten des königlich-württembergischen Hofes entstandene Bild dürfte sich bis weit in unser Jahrhundert hinein gehalten haben. Wilhelm II., der letzte württembergische König, hat sein am 28. Juli 1880 geborenes Söhnlein Ulrich getauft — er hätte es gewiß nicht getan, wenn allein hausgeschichtliche Makel an diesem Namen gehaftet hätten. Als das Kind nach sechs Monaten starb, schrieb er: „Mit meinem kleinen Ulrich habe ich ein Stück des eigenen Herzens zu Grabe getragen."

Es blieb der nationalsozialistischen Landesgeschichtsschreibung vorbehalten, die rassistischen Maßstäbe und Bedingtheiten des „Blutes" auch hier vorzuzeigen. Während Heyd zwar so etwas wie eine Erblast sieht, aber nirgendwo einen Anlaß zu Konsequenzen daraus, registriert Hermann Haering in seiner Ulrich-Biographie von 1941 die „Geisteskrankheit im Haus Württemberg" und die einzelnen „erblichen Belastungen" sehr genau. Der „Mann mit den krausen Haaren", wie ihn Zeitgenossen nannten, sei wohl von einer nicht zu leugnenden Geschicklichkeit im Umgang mit dem gemeinen Mann gewesen. Aber spätestens mit dem Tübinger Vertrag habe der Kleinstaat, der württembergische, „des wirklichen Führers“ entbehrt. Nicht zuletzt die empörende Rohheit der Breuning-Prozesse verrate den „pathologisch unbeherrschten und kranken Sinn des Herzogs.“ Sein Hochmut sei „wahnhaft“ gewesen. Haering spricht ganz offen vom nötigen Versuch, „den Herzog als erblich belastet zu begreifen“. Schon einer der zeitgenössischen Dichter habe Ulrich als „halb schellig“, als verrückt bezeichnet, und der Kanzler Eck habe vom „gescheckten“, vom verrückten Ulrich gesprochen. Wenn Karl V. Ulrich immer noch habe schonen wollen, so lebe darin die „Ehrfurcht des Germanen vor der Erhabenheit des Blutes edler Sippe“.

Im Dezember 1950 hat ein nachfolgender Landeshistoriker, Hansmartin Decker-Hauff, an diese aus „Blut und Boden“ genährte Version erinnert, er sprach von Ulrich als einem „schwer geistesgestörten Mann“. Belege für diese These sind gar nicht sichtbar geworden. Haering hat den pathologischen Habitus Ulrichs einfach konstatiert, Decker-Hauff hat es bei der zitierten Formel belassen und im übrigen selber abenteuerliche Behauptungen angefügt, etwa die, in Ulrich von Württemberg habe man, Folge der Politik Frankreichs gegen Habsburg, den „Initiator des Bauernkriegs“ zu sehen.

Natürlich hat Wilhelm Hauff ein plausibles Zitat geholt, wenn er dem ersten, gewissermaßen methodologischen Kapitel seines Romans das geläufige Schillerwort „Von der Parteien Gunst und Haß verwirrt / Schwankt sein Charakterbild in der Geschichte“ vorausschickt. Man müßte eine neue, nämlich psychoanalytische Sonde anlegen, wollte man, und darum wird es doch wohl gehen, in Ulrich den Menschen mit einer Krankheit aus dem schizophrenen Formenkreis erkennen. Dieser durchgehende Ich-Verlust, der sein Leben kennzeichnet von Kindheit an, die ständig bei ihm neu aufschießende Unmöglichkeit, seine Handlungen unter Kontrolle zu halten, die immer wieder neu aufflackernden Entladungen von Aggressionen, der fortwährende, wetterwendische Wechsel seiner Gemütslagen, die ausgebliebene psychisch-geistige Entwicklung, die sein Leben eben gar nicht als ein Rührstück der Reifung und gewonnenen Verantwortung präsentiert, die Dumpfheit seiner religiösen Haltung, nicht zuletzt die von der Landschaft ihm gegenüber mehr als einmal ausgesprochene Forderung, sich doch selbst einmal zu überwinden, die er nie verstehen, geschweige denn ihr je hätte nachkommen können, dies alles spräche wohl für einen pathologischen Befund.

Aber die Dinge sind schwierig. Was Schizophrenie ist, wissen wir heute weniger denn je. In Ulrich war Hast und Haß und immer wieder etwas von Bösem, das wissen wir. Von hier aus gesehen bleibt es merkwürdig immerhin, daß es zu Zeiten der „Regierung" Ulrichs in Stuttgart und im Lande Leute gab, die ihn anscheinend geliebt haben, die der Vierteilung des achtzigjährigen Vaut auf dem Stuttgarter Marktplatz tatenlos zusehen konnten, die hinnehmen konnten, wie Ulrich am 27. September 1517 nach zehnmonatiger, ungewöhnlich grausamer Folterung den greisen Konrad Breuning enthaupten ließ, „die markanteste Persönlichkeit der württembergischen Landtage seit zwanzig Jahren" (W. Grube).

Von hier aus gesehen ist Hauffs Schiller-Motto entweder eine biedermeierlich-naive oder eine ganz raffinierte Sache, so, als ob Ulrich eben den vielen zuzuzählen wäre, an denen sich Parteienurteil endlos entzündet hat. Es geht bei ihm gar nicht um rot oder schwarz und so fort, sondern schlicht um die Unmöglichkeit, einem Landesherrn, der es auch mit Gemeinheiten und Grausamkeiten hielt, die Hand zu reichen. Man komme nicht mit dem Argument, damals seien eben die Zeiten anders gewesen, im Sumpf des spätmittelalterlichen Fehdewesens habe Ulrich nicht gut ein humanes Regiment aufrichten können. Er hätte es sehr wohl können. Luther hat zwei Jahre vor Ulrichs Vertreibung vom „Amt" der Fürsten zu sprechen begonnen, was Herzog Christoph dann wörtlich nahm, und Eberhard im Bart, den Ulrich angeblich zum Vorbild hatte, holte für seine Führung sehr viel von seinen Räten, dem Reuchlin vorab, und Erasmus gab es längst, und Zwingli auch.

Augenzwinkernd meinte Wilhelm Hauff, offenbar in der Meinung, man müsse jetzt einmal in dieser Metternich-Misere etwas fürs württembergische Nationalgefühl tun und den Württembergern zum zweiten Mal ihr Land wieder geben, er habe bei gewissenhafter Prüfung der Zeugen Ulrichs keinen gefunden, „der ihn geradezu verdammt". Natürlich gibt es Dutzende zeitgenössischer Gegenstimmen, unser Esslinger Torschließer Dreytwein war nur eine davon. Als Ludwig Friedrich Heyd fünfzehn Jahre nach Hauffs „Lichtenstein" den ersten Band seiner monumentalen Ulrich-Biographie erscheinen ließ, meinte er, in neuerer Zeit habe sich Ulrich nun auch der Dichtkunst bemächtigt, „und zwar zum Teil so einflußreich, daß die Geschichte eilen muß, ihr Recht zu wahren". Über die Redlichkeit eines solchen Standpunktes sind wir heute noch nicht hinausgekommen.

Herzog Christoph (regierte von 1550 bis 1568)
Taler 1554 zu 72 Kreuzern nach der 2. Reichsmünzordnung von 1551
Vs. · D · G · CHRISTOPH · DVX · WIRTEMBERGE · ET · THECK ·
Quadriertes Wappen zwischen 15 – 54
Ebner IV, Nr. 25: ⌀ 42 mm, 31 g
Münzstätte: Stuttgart

Rs. CAROLI ◦ V ◦ IMP ◦ AVG ◦ P ◦ F ◦ DECRETO ◦ ✿
(= gemäß der Anordnung des erhabenen, frommen und glücklichen Kaisers Karl V.)
Nimbierter Doppeladler unter Krone, belegt mit dem Reichsapfel und der Wertzahl 7 · 2

Herzog Christoph

Geboren 12. Mai 1515 Urach, regierte seit 8. November 1550, gestorben 28. Dezember 1568 Stuttgart, begraben in der Stiftskirche St. Georg Tübingen

Christoph war ein Glücksfall für Württemberg. Er hat nicht zerstört und kein Willkürregiment geführt wie Ulrich. Er hat aufgebaut auf den Grundlagen einer Rechtsstaatlichkeit, „wenn auch nicht in dem für eine moderne Demokratie gültigen oder geforderten Sinn" (H.-M. Maurer). Wer seine Arbeitskraft berücksichtigt, seine Redlichkeit, seinen „Respekt vor dem gewachsenen Recht und den hergebrachten ‚Freiheiten' der Bürger", so hat er, gerade aus württembergisch-schwäbischer Sicht, einen Regenten nach dem Herzen der Schwaben vor sich. Christoph hat Organisationen geschaffen, die sich über das Ende der Herzogszeit hinaus über zweihundert Jahre gehalten haben. Er ist der Pater patriae, der Vater des Vaterlands. Als es nach 1800 zu leidenschaftlichen Auseinandersetzungen um eine neue und zeitgerechte württembergische Verfassung kam, wurde der „Vater" Christoph immer wieder als der Garant und Mentor Württembergs ins Feld geführt. Und König Karl hat in ihm erklärtermaßen sein persönliches Vorbild gesehen, den treulichen, hart arbeitenden, von seiner Verantwortung nie ablassenden Landesvater.

Christophs Geburt fällt in eine schwere Zeit. Sie wurde vier Tage nach der Bluttat des Vaters gemeldet und blieb mithin, wie einer seiner Biographen sagt, „dem Vater ein trauriges Erinnerungszeichen für das ganze Leben". „Von dem Gemahl, dem blondgelockten, konnte es scheinen, habe die Mutter das Absehen nicht genommen, denn der Knabe hatte schwarzes Haar." Wie das Familienleben sich anfangs gestaltete, kann kaum mehr rekonstruiert werden. Die Mutter Sabine war außer Landes geflohen. Ulrich suchte beide Kinder — auch eine Tochter Anna war den beiden geboren worden, die freilich am 29. Juni 1530 das Irdische wieder verließ — vor allem vor dem „verschwägerten" Baiern zu sichern, zumal, als der Schwäbische Bund

Ulrich zu vertreiben kam. Nach Tübingens Kapitulation — „Tübingen ist über“, heißt die schreckliche Nachricht in Hauffs „Lichtenstein“ — fielen die Kinder doch in bündische Hände. Der schmeichlerische Hofmeister der beiden Kleinen redete Herzog Wilhelm von Baiern in ihrem Namen als Vater an.

Nachdem Ulrich außer Landes war, hatte sich Österreich verpflichtet, wieder Ordnung in die württembergischen Familienangelegenheiten zu bringen, das hieß in erster Linie, der Herzogin Sabine ein standesgemäßes Unterkommen zu bieten und ihr ihre Kinder wiederzugeben. Sabine hat sich ihren Platz in Urach hart erkämpft. Als Anna gestorben war, von der sie sich, wie sie mehrmals strikt erklärt hatte, auf keinen Fall trennen lassen wollte, knüpften sich ihre Hoffnungen um so stärker an den Sohn, ihr einziges Kind. Aber daß man ihn zur Erziehung an einen größeren Hof geben müsse, war auch ihr klar. Also zog „der Junge von Württemberg“ Anfang März 1520, er war gerade fünf Jahre, „mitsamt den Truhen, so behaltnusweis gen Ulm geführt wurden und sein Gut enthielten, glücklich in diese Stadt. Von da sollten ihn die Ritter den besten und sichersten Weg nach Innsbruck führen mitsamt dem Silbergeschirr und anderem, so ihm zugehörte, und ihn der Königlichen Regierung daselbst überantworten und im Namen des Königs auffordern, ihm mitsamt den Personen, ‚so sein Person bewahren müssen‘, ein Gemach zu Hof zu geben“.

Die Reise, die erste große, die das Büblein machte, muß nicht ohne Reiz gewesen sein. Zu Weißenhorn, beim zweiten Nachtlager, hatte Christoph an einem Lämmlein seine Freude. Er hätte es gerne mitgenommen, aber man war in solchen Dingen gar nicht freigebig, auch wenn der Bittsteller ein Prinzlein war. Christoph bat indessen den Wirt eindringlich, er solle dem Lämmlein genug zu essen geben, wenn er wieder komme, wolle er es ihm bezahlen. Wilhelm von Reichenbach, Doktor beider Rechte, sollte ihn nicht nur nach Innsbruck bringen, sondern auch dort unterrichten und erziehen neben seinen eigenen Söhnen. Reichenbach muß ein gutdenkender und frommer Mann gewesen sein, Christoph hat später seiner immer in Dankbarkeit gedacht. Als Christoph vierzehn war, kam er nach Neuenstadt in Österreich, vor allem, um ihn vor möglichen Unruhen und Kriegsgefahren zu schützen. Dort wurde Michael von Tybein, der sich Tiffernus nannte, sein Lehrer, ein vortrefflicher Wissenschaftler und Erzieher. Er hat den — freilich eminent begabten — Christoph so weit gebracht, daß er sich zeitlebens mit jedem

Gebildeten in Lateinisch unterhalten konnte. Wenn Christoph späterhin alles, was „Wissenschaft“ ausmachte, verstehen und ermessen konnte, dann war das nicht zuletzt des Tiffernus' Verdienst. Er hat ihm beigebracht, was wissenschaftliches Denken und Arbeiten heißt.

Aber Neuenstadt war auch keine Bleibe für Christoph. Zwar rückten nicht mehr die Bauern an, dafür aber die Türken. Christoph entkam ihnen, indem er mit einigen Herren und einer Kutsche ein paar Stunden vorher aus der Stadt fuhr, bevor die Türken über Neuenstadt herfielen. Eine Zeitlang hält er sich in der Steiermark auf. Dann holt ihn Ferdinand, Christoph ist jetzt großjährig, wieder an den Hof nach Innsbruck. Aber unter den offiziellen Hofleuten erscheint Christoph dort nicht. Ferdinand wittert eine ernsthaftere Chance für den Vater Ulrich, wieder in sein Land zurückzukommen. Das macht den Aufenthalt des Thronerben jetzt recht gefährlich in Innsbruck. Ferdinand gibt Christoph in mächtigere Hände, nämlich unmittelbar an den kaiserlichen Hof nach Wien. Wenn Christoph je mit Karl V. sich länger unterhalten hat, dann konnte das nur in Lateinisch geschehen sein, aber wahrscheinlich kam es dazu gar nicht in ernsthafterem Maß. Später hat Christoph einmal gesagt, er sei am kaiserlichen Hof „gleich einer gefänglichen Verwahrung“ gehalten worden, wie in einem besseren Gefängnis also. Indessen muß er doch, aufgeschlossen für alles, was um ihn her geschah, mancherlei gelernt und gesehen haben: den großen gesellschaftlich-weltoffenen Verkehr, das Protokoll einer großen, aber minuziös gefaßten Hofhaltung, die Angewöhnung an einen geregelten Dienst. Dies, die Kenntnis der Sprachen und Kultur „anderer“, das Fassen und Hören verschiedenartigster kultureller und politischer Erscheinungen, muß Christoph ebenso angezogen wie bestimmt haben. Er ist hernach als Herzog von Württemberg der gewissenhaft-„pünktliche“ Arbeiter und der Mann, der die innen- wie außenpolitischen Fäden auseinanderzuhalten, aber auch, wo es nottat, zu knüpfen verstand.

Als der Vater 1534 sein Land wieder zurückerhielt, wäre daran zu denken gewesen, daß auch der Sohn wieder zurückkehrt. Aber schon im August 1534 meinte der baierische Kanzler Leonhard von Eck in einem Brief an den Herzog Wilhelm, „Herzog Christoph wird bei dem Alten nicht zugelassen werden noch mögen“. Tatsächlich war die Frage, ob Christoph am Hof zu Stuttgart bleiben solle, den Ulrich ja selbst erst wieder „auf einen herzoglichen Fuß“ zu bringen hatte, rasch entschieden. Der Vater, der den Argwohn nicht ablegen konnte, man habe den Sohn Christoph in wittelsbachischen und habsburgischen Händen zu seinem heimlichen und andersgläubigen Feind gemacht, entscheidet sich für den französischen Hof. Österreich mißfiel diese Wahl, das Frankreich vielfach ergebene Baiern konnte sie nicht mißbilligen.

Also zog der Zwanzigjährige mit dem getreuen Tiffernus nach Frankreich. Christoph hat nicht weniger als acht Jahre, von 1534 bis 1542, im Dienst des französischen Königs Franz I. gestanden. Er hat sich mit seinen physischen und intellektuellen Fähigkeiten hohe Achtung am Pariser Hof erworben. Für Christoph sprang auch in persönlichem Sinne Wertvolles dabei heraus. Er beherrschte die französische Sprache seit dieser Zeit. Aber Paris kam ihm auch in seiner, würden wir heute sagen, politischen Profilierung zustatten. In ihrem Widerstand gegen Kaiser Karl V. und König Ferdinand griffen die deutschen evangelischen Fürsten gerne auf Franz I. zurück, der ein erbitterter Gegner der Habsburger blieb. In diesem politischen Spiel war der württembergische Thronfolger an Franzens Hof eine nicht unbedeutende Figur.

Einmal, schon sehr bald nach der Ankunft, zog Christoph mit dreiundzwanzig Fähnlein, zusammen zehntausend Landsknechten, nach Italien. „Hier zeigte sich der kaum zwanzigjährige Jüngling gleich tüchtig als Kriegsmann wie als Feldherr“ (L. F. Heyd). Manchen Tag brachte er bei der drükkenden Hitze des italienischen Sommers die Rüstung sechzehn Stunden nicht vom Leibe. Man trachtete ihm sogar nach dem Leben. Er bekam Gift und verfiel dadurch in eine so schwere Krankheit, daß er sich nach Lyon zurückbringen lassen mußte. Dort überfiel ihn ein französischer Oberst im Bett. Nur weil sich ein anderer Offizier dazwischen warf, konnte verhindert werden, daß Christoph ermordet wurde. Er wurde erst nach vielen Jahren wieder ganz gesund, dies übrigens durch die Zufuhr einer durchaus heimatlichen Gabe: des Göppinger Sauerbronnens, den er besonders liebte und dessen Fassung „Christophsbad“ nach ihm ihren Namen erhielt.

Die Jahre zwischen 1542 und dem Tod des Vaters im Jahre 1550 sind durchzogen von mancherlei Aktionen, die Christoph bereits als selbständigen Politiker und Diplomaten ausweisen. Immer noch bleiben die Fragen offen, zumal aus der Sicht des nie anders als mißtrauisch sich verhaltenden Vaters, ob der Sohn nun eine Kreatur der „Katholischen“ blieb oder nicht, wann er eigentlich zum evangelischen Glauben übertrat, ob er hinter seinem

Rücken einflußreichere Persönlichkeiten der Landschaft zu gewinnen suchte oder nicht. Wie immer auch: Christoph war unvermerkt zum Konkurrenten für den Vater geworden, was noch viel schlimmer war, zum sehr viel ruhigeren und überlegteren Konkurrenten. Im Schmalkaldischen Krieg wollte der Vater ihn unter allen Umständen dabei haben. Aber Christoph zögerte. Konnte die Aussprache mit dem Vater überhaupt etwas ändern? „Über die Alb", schreibt Heyd, „hatte ihn sein treuer Ratgeber Volland begleitet, aber nicht weiter, weil der Herzog Ulrich diesem sein Wohlwollen noch nicht zugewendet hatte. Selbst Christoph durfte auf einen herzlich-freudigen Empfang nicht rechnen. Unglückliche Verhältnisse und eigennützige Menschen hatten ihn zum Nebenbuhler seines Vaters gemacht, und dieser fand zu leicht auch da eine Schuld, wo nicht einmal eine vorhanden war. Doch wie sollte er dem fünfzehn Jahre ihm entzogenen und in der Kraft des Leibes und Geistes blühenden Sohne das väterliche Herz haben ganz verschließen können!"

Schließlich endigt Christophs Prüfungszeit. Ulrich arrangiert sich mit ihm, wenn er auch seinen Unwillen gegen ihn nie ganz hat schwinden lassen und eine rechte Zuneigung zu ihm nie gefunden hat. Am 22. Juli 1542 tritt Christoph seine Statthalterschaft in Mömpelgard an. Man empfängt ihn feierlich mit Prozession, Gesang und Schießen und verehrt ihm zwei Wagen Wein, vier Ochsen und achtzehn Hammel. Und endlich geht es auch an die Heirat. Christoph hatte sich die Tochter des Markgrafen von Ansbach ausersehen. Ulrich schien zuerst willens, die Wahl seines Sohnes zumindest nicht zu beschränken. Als er aber erfuhr, daß die Markgrafentochter durchaus nicht, wie man ihm stecken wollte, „gebrechlich" sei, so entschied er sich völlig für sie. Weil Ulrich aber erkrankte und der Ansbacher Markgraf Georg unerwartet schnell starb, so wurde das Beilager — die Hochzeit — am 24. Februar 1544 in aller Stille zu Ansbach vollzogen. Am 17. April kam das junge Paar in Mömpelgard an. Dort wurde ihm am 7. Januar 1545 sein erster Sohn Eberhard geboren.

Diese Handvoll Jahre bis zur Übernahme der Regierung in Stuttgart im November 1550 muß die schönste Zeit in Christophs Leben gewesen sein. Jetzt konnte er sich, fern vom Gewühl der Höfe und dem Getümmel des Kriegslebens, worin er sich so lange hatte umtreiben müssen, seiner eigentlichen Liebe hingeben: der Lektüre. Jetzt liest er die Schriften und Werke von Luther, Melanchthon und Brenz, jetzt vergleicht er die Lehre Zwinglis mit der

Luthers, jetzt holt er sich in diesen Jahren des Nachdenkens das Rüstzeug für die künftige Arbeit in Stuttgart. Vergleicht man mit seinem Vater, wird die Eigenart Christophs schnell deutlich. Wo Ulrich nur immer reagiert hat, hitzig und „überheinisch", wie er nun einmal war, ohne daß es je so etwas wie eine gedankliche, „theoretische" Grundlegung gegeben hatte, geht Christoph nach dem — typisch schwäbischen? — Grundsatz vor, erst einmal zu denken und dann zu reden (und zu handeln). Christoph ist der Mann, der das Griechische, Lateinische und Französische in bewundernswertem Maß beherrscht, der auch in Debatten der Gelehrten einzugreifen vermag, der die Kunst des Regierens dadurch beherrscht, daß er von seinen Zielen nicht abzubringen ist, auch wenn ihn Sitzungen und Gespräche, Reichstagstermine und Inspektionen vor Ort von den eigentlichen und „langfristigen" Planungen hätten genug abziehen können.

Und was sind seine Ziele? Daß wir überhaupt diese Frage stellen können, trennt seine Regierungszeit — die nicht einmal die Hälfte der seines Vaters ausmachte — am klarsten von der Herzog Ulrichs. Bei ihm hätten wir vergeblich nach einem inneren Ziel, nach einem „Gesetz" gefragt. Hans-Martin Maurer hat sehr überzeugend die Regierungsgrundsätze Christophs vorgestellt. Christoph trägt seine Regierung als Amt. Für das schuldet er Gott schwere Rechenschaft. Der Fürst soll Frieden erhalten, Gerechtigkeit ausüben und die Schuldigen nach dem Gesetz zur Strafe ziehen. Und schließlich: der Fürst soll die Leitung der Regierungsgeschäfte in eigener Hand behalten.

Christoph hat dieses Prinzip gleich zu Anfang seiner Regierungszeit verwirklicht. Schon dadurch, daß er als einziger unter den evangelischen Fürsten Beamte und Theologen auf das Tridentiner Konzil von 1545 bis 1563 schickte, zog er die Augen halb Europas auf sich. Damit schon entfaltete er ein Programm, dem dann vollends sein ganzes politisches Leben galt: den Glaubensstreit auf friedliche und auf theologische Weise zu entscheiden. Glücklicherweise änderten sich auch bald die hemmenden politischen Verhältnisse. Der Zug des genialen, aber treulosen Moritz von Sachsen betraf auch Christoph. Der aber hielt sich strikt an die einmal versprochene Neutralität. Als das reichlich mit Geschütz und Proviant versehene Ulm es wagte, Moritz und seinen Verbündeten die Tore zu verschließen, hätte es schief ausgehen können. Aber Ulm hielt stand. Und wenn auch Moritz weiterzog

Herzog Christoph als Ritter, bedroht von seinen geistlichen Gegnern, die als Tiere erscheinen. Zeitgenössischer Holzschnitt.

und dafür den Helfenstein, das Kloster Anhausen und Königsbronn verwüstete: die Fürstenerhebung des Moritz von Sachsen machte es Christoph möglich, das leidige Interim aufzuheben. Und im Passauer Vertrag kam endlich, nach zähem Widerstand von seiten Ferdinands, auf Betreiben des Kaisers das Verhältnis zwischen Österreich und Württemberg zur definitiven Regelung. Christoph verpflichtete sich mit diesem Vertrag vom 2. August 1552 zur Zahlung von 300 000 Gulden, die zuletzt auf 250 000 Gulden ermäßigt wurden, und zur Anerkennung der Afterlehenschaft, so jedoch, daß diese allein „auf künftige Exspektanz und Anfall nach Absterben des männlichen Namens und Standes verstanden werde". Württemberg mußte also, um nicht irgendwann wieder einmal österreichisch zu werden, immer einen männlichen Thronfolger haben.

Den Vertrag hat die Landschaft als drückend empfunden und nur ungern genehmigt. Aber erst jetzt räumten die letzten spanischen Truppen das Herzogtum, nachdem sie genug Gewalttaten dort verübt hatten. Als Kaiser Karl am 3. September in Ulm einzog, ritt ihm Christoph mit einer Schar Reisiger entgegen. Der Kaiser reiste von hier aus durch das Württemberger Land mit einem Heer, das über 30 000 Gulden Unkosten verursachte. Am 15. November 1552 schrieb Karl V. an seinen Bruder Ferdinand: „Wenn du das Herzogtum Württemberg, dessen Besitz ich Dir keineswegs gewährleistet habe, verloren hast, kann ich nichts dafür. Ich will mich nicht mehr in die Sache mischen, komme überein, wie es Dir gut denken wird. Aber dies soll alsbald geschehen, denn ich kann nicht länger den Aufwand auf die Veste Asperg machen." Mit Urkunde vom 10. August 1553 aus Brüssel gab Kaiser Karl den Asperg an den Herzog zurück. Jetzt konnte Christoph auch im vollen territorialen Sinne seine Regierungsgeschäfte in eigener Hand übernehmen.

Keine Frage, daß Christoph gerade auf innenpolitischem Gebiet, dort lag seine Stärke, seine zunächst sehr theoretisch anmutenden drei Prinzipien verwirklicht hat. Er hat in seinem „Amt" allemal „eine bewundernswerte Einheit von Gesinnung und Handlung" (M.-H. Maurer) gezeigt. Sein Staat ist nicht nur Rechtsstaat, der nie einen jener politischen Prozesse erlebt hat, wie wir sie aus der Zeit vor und nach Christoph in Württemberg zur Genüge kennen, sein Staat ist auch ein klar gegliederter Körper, mit dem „Oberrat" für die Innenverwaltung, der Rentkammer für die Finanzverwaltung und dem Kirchenrat. Das blieb für mehr als zwei Jahrhunderte so. Namentlich den Kirchenrat hat man dann in anderen Territorien nachgebildet und übernommen. Christoph ging es dabei nicht um sich, wir erinnern uns da in fataler Weise an diesen egozentrischen „Staat“ Ulrichs, sondern um das „Allgemeine Beste“, um das Wohl der Leute.

Vielleicht hat Christoph mit seiner Erfindung der „Visitationen“, der aus der Kirchenvisitation herausgewachsenen Landvisitation, der dann von 1562 bis 1564 eine Generalvisitation folgte, mit umfassendem Auftrag und allergrößten, auch gerichtlichen Vollmachten: vielleicht hat er mit diesen nun ständig eingerichteten Visitationen das Hauptziel eines „guten und gerechten Staates“ ein wenig ins Gedränge gebracht. Aber mit den Kompetenzen im Staat ist das allemal so eine Sache. Letztlich ging es Christoph gerade hier, in dieser kaum mehr reformatorischen Verbindung von christlicher Botschaft und weltlicher Macht, um die Besserung des Menschen. Man mußte nachhelfen, sollten aus den Menschen Christen werden. Kaum mehr als ein Jahrhundert später hat ein anderer Schwabe, der Kirchenrat Johann Valentin Andreae, diesen Prozeß abgeschlossen mit der Etablierung eines württembergischen Kirchenkonvents nach dem Modell des Genfer Zuchtregiments. In allen Städten und Dörfern sollten die Pfarrer im Verein mit einer kleinen Gruppe von Helfern amtlich und gesetzlich dazu befugt sein, nach dem Rechten zu sehen und gegebenenfalls Verstöße gegen die Lehre Christi ahnden.

Christoph zerstört nicht, sondern baut auf. Die achtzehn Jahre von 1550 bis zu seinem Tode sind die weltlich-geistlichen Gründerjahre des Herzogtums Württemberg. Er arrangiert sich mit den Feinden seines Vaters, gewinnt sich durch gute Verträge die Freiheit des Handelns zurück und geht nach dem Augsburger Religionsfrieden von 1555 an die feste, dauernde Organisation der altwürttembergischen Landeskirche. Die Große Kirchenordnung vom Mai 1559, vom besonnenen, vermittelnden Johannes Brenz entworfen, wird zum Grundgesetz des Staates. Die Klosterschulen bis hin zur obersten, dem Tübinger Stift, besorgen die Pfarrerzufuhr, die Lateinschulen und Volksschulen richten den Nachwuchs und die „Aufsteiger“ her, das Kirchengut kommt in den „Gemeinen Kirchenkasten“, von dem die Pfarrer besoldet und die Kirchenbedürfnisse bestritten werden, der Kirchenrat als höchste Behörde kommt der Aufsicht und Visitation im Lande nach. Wie wenig Christoph hier als „Macher“ gearbeitet hat, bezeugt seine unverbrüchliche Freundschaft mit Brenz, dem großartigen Theologen und Kirchenmann. Mit ihm verbindet ihn tiefer religiöser Ernst und unbedingtes Vertrauen in die Überlegenheit des Glaubens.

Man wird überhaupt die eigentliche Bedeutung dieses Regenten in zweierlei Hinsicht sehen, erstens einmal darin, daß er die Verbindung zu den geistigen Fragen seiner Zeit überhaupt gehalten hat. Es gibt genug Beispiele für die Mitte des 16. Jahrhunderts, die den „Landesherrn" mehr als Sauf- und Raufbold präsentieren, denn als einen Landesvater. Und zweitens fällt Christophs Regierung dadurch auf, daß er diese Verbindung zur geistigen Frage seiner Zeit, und das war nun einmal die theologische, die reformatorische Frage, auf eine so unmittelbare und persönliche Weise gehalten hat. Wie ihm die politische Ordnung ein persönliches Anliegen ist, so ist es ihm der Glaube, genauer gesagt die politische, die öffentliche Etablierung des Glaubens. Seine Bibliotheken enthalten vorwiegend theologische Werke; die öffentlichen Bibliotheken Württembergs sind von ihm entweder gegründet oder doch wesentlich gefördert worden. Er hat seine Theologen mit der Abfassung ihrer Arbeiten persönlich beauftragt, er hat das, man muß sich das klar machen, tun können. Die Freundschaften mit Brenz, mit Valentin Vannius, dem pädagogischen Praktiker, mit Sebastian Hornmold, dem vielfach erprobten Kirchenratsdirektor, hätten nicht sein können, wenn in Christoph nicht auch hohe geistige und religiöse Kultur zu Hause gewesen wäre. Man hat ihm Bücher nicht nur dediziert, wie's eben so Brauch ist, vor den Thronen seine literarischen Produktionen zu Füßen zu legen, die Autoren haben sie ihm in die Hand gegeben, wie er sie seinerseits immer wieder ermuntert, den Druck ihrer Manuskripte veranlaßt und hernach sogar für ihre Verteilung gesorgt hat. Zwei Brenz-Schriften, den Jesaiakommentar von 1550 und die Homilien über das Erste Samuelbuch von 1554 mit Brenzens eigenhändiger Widmung an den Herzog, besitzen wir heute noch.

Das Ideal vom platonischen Staat, im Lande Württemberg verwirklicht damals, das freilich wäre zu hoch gegriffen. Aber daß unter ihm die Dinge gestimmt haben, daß man nicht bloß herumgeredet und auf die Trommel geschlagen hat und den Herrgott hat einen guten Mann sein lassen: das haben die Leute gespürt und das hat Christoph in so guter Erinnerung sein lassen. Als Andreae 1619, so viel später war das gar nicht, seine „Christianopolis" hat erscheinen lassen, eine Utopie, da hat er nur einmal den Vorhang zurück zur Wirklichkeit gelüftet: als er den guten Christoph als Licht und als Vorbild beim Namen genannt hat.

Entscheidend ist, daß Christoph die neukonstituierte Landeskirche auf nahtlose Weise mit dem Landesstaat verknüpft. Das Kirchengut hat zu den allgemeinen Landeskosten beizutragen, die — reichen — Klosterämter sind durch ihre Prälaten vertreten, die als zweiter Stand neben der „Landschaft", den Deputierten der Amtsstädte und Amtsdörfer, anerkannt werden. Zwei Prälaten und sechs Landschaftsabgeordnete machen den Landständischen Ausschuß aus. Er hat das Recht auf Selbstergänzung und vereinigt die Macht des gesamten Landtags auf sich. Der „Ständige Ausschuß" , wie er auch heißt, ist der Widerpart des Landesherrn, oder auch sein Kompagnon, wie sich's ergibt. Als Andreae seine kirchlichen Sittengerichte einführt, mit denen die Ortspfarrer auch die herzoglichen Beamten unter Kontrolle haben, als schließlich dieser ganze württembergische Staatskörper im Pietismus seinen charakteristischen Ausdruck findet und die württembergische Sonderform eines „Staatspietismus" praktiziert wird, da ist die Herrschaft der Konfession und das Bündnis mit dem bürgerlich-theologischen Habitus der Landstände vollkommen.

Christoph hat, übrigens unter ausdrücklicher und mehrfacher Garantieerklärung der Landstände, die Grundlage gelegt, nicht nur durch Organisationen und Institutionen, sondern gewiß auch durch die Lauterkeit seines Charakters. Und nicht zuletzt durch seinen, man möchte sagen, urschwäbischen Fleiß. Im Sommer begannen die Geschäfte oder die Vorträge der Räte um fünf Uhr morgens und dauerten, das ist keine Übertreibung, den ganzen Tag hindurch. „Denn selbst bei der Tafel", sagt Bernhard Kugler, „zog er oftmals wichtige Aktenstücke aus dem Busen und las dieselben, oder unterschrieb Decrete. Auf den Reisen conferierte er unablässig mit seinen Begleitern; sogar auf der Jagd arbeitete er in den Pausen, in denen ihm kein Wild zu Schuß kam. Er brachte es schließlich dahin, daß er, wie von Julius Cäsar erzählt wird, selber lesen oder schreiben, in der gleichen Zeit sich einen Vortrag halten lassen und auf den letzteren neben der Vollendung der eigenen Arbeit einen so treffenden Bescheid geben konnte, als ob er allein damit umgegangen wäre. Wenn er einmal im Laufe des Tages eine Weile ruhen wollte, so wurden die Kammerdiener bestellt, die ihn, falls er nicht von selber erwachte, gewöhnlich nach einer halben Stunde wieder wecken mußten.

Zuletzt verlor er den ordentlichen Nachtschlaf, so daß er häufig erst gegen Morgen einschlief. Wenn er sich daran erinnerte, daß die Räte auf die Frühstunde beschieden waren, so sagte er wohl: Nun wollte ich hundert Gulden um ein Stündlein Schlafs geben. Aber er stand sogleich auf, um die Konsultation zur festgesetzten Zeit anzufangen, so daß mit vollem Rechte von ihm die Rede ging, er habe jedermann Gutes getan, nur nicht seinem Leib. Nur durch diese rastlose Tätigkeit wird es begreiflich, daß er oftmals an einem und demselben Tage die wichtigsten Denkschriften abfassen, viele Briefe schreiben, noch mehr Briefkonzepte lesen und verbessern und daneben etwa gar noch mit fürstlichen Genossen ein fröhliches Fest feiern oder eine große Jagd abhalten konnte." Victor Ernst hat Christophs Briefwechsel nur für dieses knappe Jahrzehnt von 1550 bis 1559 um die letzte Jahrhundertwende in vier Bänden mit insgesamt 2676 Seiten herausgegeben: das Dokument eines rastlos tätigen Geistes und Menschen, das wir von keinem anderen württembergischen Regenten mehr haben und nie werden erhalten können.

Mit seinen Räten und Sekretären — Franz Kurtz war wohl der mächtigste unter ihnen — arbeitete er buchstäblich bis zu seinem Tode. Auf das Drängen der Seinen, damit er nicht, wie er sagte, „singularis und eigensinnig" erscheine, zog er noch berühmte auswärtige Ärzte zu Rate. Aber er gab nicht viel auf das „Flickwerk an einem alten Haus". Ein kühles Erdreich werde sein Doktor sein. In den Weihnachtstagen 1568 unterhielt er sich, obwohl die Krankheit immer drohender wurde, noch eingehend und liebevoll mit seiner Gemahlin und seinem Sohn, nachdem er von seinen vieren drei hatte dahinscheiden sehen, und mit den Geistlichen des Hofes. Am 27. Dezember vermochte er sich nicht mehr vom Bett zu erheben. Tags darauf, abends acht Uhr, entschlief er sanft, ohne irgendwelche Qual, so still, daß es kaum bemerkt wurde.

Herzog Ludwig (regierte von 1568 bis 1593)
Taler 1585
Vs. D · G · LVDO – VICVS · DVX · WIRTEMB : ET · TECC :
Gepanzertes Brustbild nach rechts mit Kommandostab und Degen, in Schulterhöhe die Jahreszahl 15 – 85
Ebner VI, Nr. 104: ⌀ 42 mm, 29,11 g
Münzstätte: Stuttgart
Stempelschneider: Kaspar Distler, Goldschmied in Stuttgart
Prägeanlaß: Festprägung anläßlich der Vermählung des Herzogs mit Ursula von Pfalz-Veldenz

Rs. CO : MONTIS • – • PELIGARDI • 𝕴 C :
Quadriertes Wappen mit Helmzierden und Helmdecken, unten • N • G • W (= Nach Gottes Willen)

Herzog Ludwig

Geboren 1. Januar 1554 Stuttgart, regierte seit 1. Januar 1579, gestorben 8. August 1593 Stuttgart, begraben in der Stiftskirche St. Georg Tübingen

Auch Fürsten sind Menschen. Christoph hat man, wie wir wissen, in den Verfassungskämpfen des frühen 19. Jahrhunderts als den Pater Patriae, als den eigentlichen Begründer Württembergs, gefeiert. Fast wäre die etwas wehmütige Retrospektive damals im Vormärz zur versteckten Anklage gegen die Gegenwart geworden, ausgewuchert zur Legende, auch im Hinblick auf den Vater des Sohnes Ludwig, seines Nachfolgers: auch in den Bemühungen, aus ihm einen guten und würdigen Regenten zu machen, war Christoph (natürlich) der „weiseste und beste" Vater.

Nun zweifeln wir nicht, daß es Christoph, dem Erziehen auf kirchlich-christlichem Boden ohnehin zugetan, an optimalen Zuwendungen hat nicht fehlen lassen. Kein Geringerer als der Hofprediger Balthasar Bidembach, ein promovierter Theologe, hat den kleinen Ludwig in Religion unterrichtet, und ein Rechtsgelehrter mit dem orakelhaften Namen Ahasverus Allinga, ein Friesländer, hat den künftigen Herzog in die Geheimnisse des Römischen Rechts eingeweiht. Schließlich hat der Prinz Latein-Vokabeln lernen müssen und die unregelmäßigen Verben des Französischen, Barrenlaufen gab's für ihn und Scheibenschießen und Musik, eine, wenn wir an den frommen Vater denken, sicherlich geistlich sehr gedämpfte Laute.

Aber ein Christoph ist aus dem Ludwig nicht geworden. Als sein Vater starb, war er ein vierzehnjähriger Bub, dem man die Regierung nicht anvertrauen wollte. Zu Vormündern waren die Markgrafen von Ansbach und von Baden und der Pfalzgraf von Zweibrücken bestellt, aber der Pfalzgraf starb kurz darnach, und die beiden anderen waren selten in Stuttgart. So wäre die Mutter Anna, eine Tochter des Markgrafen von Bayreuth, gefordert gewesen. Aber sie konnte dem wichtigen Amt, je länger desto weniger, nachkommen und endete, ganz beherrscht von der Gattin des Kammermeisters von Ostheim und ihrer Kammermagd Anna Stikelin, in psychischer Depression und Nacht. Wenn es sein mußte, hat die Ostheimerin den Ludwig mit anderen Bauernbuben zusammen zum Treiben bei der Hirschjagd ausgeschickt. Darin darf wohl der Anfang seiner Jagdleidenschaft gesehen werden, die den Herzog Ludwig, seit 1579 als Fünfundzwanzigjähriger alleiniger Herrscher, sprichwörtlich gemacht hat: „Herzog Ludwig liebt Treu vor Gold, / Darum ist er den Braken hold!"

In den Regentenbildern der frühen Neuzeit spiegeln sich die Gewohnheiten von Generationen wider. Die Porträts, auch im übertragenen Wortsinne, wechseln wie die Launen und Moden der Zeit. Zu Ausgang des 16. Jahrhunderts wird der fromme, lerneifrige, schul- und ordnungsbegeisterte Landesherr, der Reformationstyp, vom landesherrlichen Kraftmeier, vom Jäger, vom wein- und liederliebenden „Herkules" abgelöst. Ludwig ist ganz der württembergische Herkules, dem der „Beutelsbacher" und derbe Späße mehr bedeuteten, als christlich geläuterte Landesordnungen, Theologenexamina, Schulvisitationen. Wenn schon, dann nicht den Arme-Leute-Geruch der Klosterschulen, sondern weltlichen Schliff, die Politesse des honette homme, einer, der saufen, aber auch seinen Arm zum Tänzlein reichen konnte. So ist unter Ludwig in Tübingen das Collegium illustre gegründet worden, eine Fürstenschule, die der Universität angeschlossen war und eben diese galanten, aber auch das Leben genießenden Adelsleute erziehen sollte.

Der Geheimrat Melchior Jäger habe ihm schon bei seinen Lebzeiten „unverhohlen" vorgehalten, daß er gar nicht mehr wisse, „was eigentlich Nüchternheit sey, und leider eintraf, was ihm eben derselbe prophezeit hatte, daß er sich durch solche beständige Trunkenheit zum Kinderzeugen untüchtig machte". Spittler, der dies in seiner „Geschichte Wirtembergs" erzählt, wird nicht nur diesen einen Kronzeugen für den stets betrunkenen Ludwig gehabt haben, der zu lange „unter den Händen des Kindsmägde blieb" und von der Ostheimerin als Jägerpursch auf die Hirschbrunst geschickt wurde. Spittler vermag keine nachdrücklichen oder gar epochalen Nachwirkungen in Ludwigs, den Jahren nach doch respektabler Regierungszeit zu erkennen. Man habe den Herzog zwar den „frommen Ludwig" genannt, und „über Erhaltung der reinen Lehre und Ausbreitung derselben" habe Ludwig gewiß gewacht. Aber man begreife nicht, „wie es sich damit zusammen schickte, daß er an allen lustigen Schwänken und manchen die Religion oft höchst entehrenden

„Wahre Contrafactur des Saahls in dem Fürstlichen Württembergischen Lusthauß.“ Kupferstich von Friedrich Brentel 1619.

Possenspielen eine so herzliche Freude hatte, und so vergnügt seinen ganzen Hof in alle diese Fehler hineinzog. Ein vergnügter Tag für ihn, wenn er Fremde, die an seinen Hof gekommen waren, recht bezechen konnte, wenn es oft aus der Predigt in die Komödie ging, wo er etwas recht herzlich lustiges fand.“ Sollte Spittler zu schwarz gesehen haben? Sollte er übertrieben haben, wenn er konstatiert, daß mit Ludwig „alles Regentenansehen“ verschwunden sei, Adel und Geistlichkeit den Meister spielten, „alle glückliche Fortführung guter Anstalten des Herzog Christophs mißlang, und wenn auch der Herzog, etwa von einem seiner redlichern Räte aufgemuntert, wirksame Versuche machte, so widersetzte man sich ihm mit einer Kühnheit, die sich ganz auf Kenntniß seines Charakters gründete.“

Natürlich gehört zu diesem sinnlich-herzoglichen, ganz frühbarocken Herrscherbild auch die Kunst, und zwar die Baukunst als Dekor der Fürstenmacht. Ludwig hat zumindest in diesem Bereich Einmaliges geleistet durch den 1583 begonnenen Bau des Lusthauses (von dem man heute in den Stuttgarter Anlagen beim Hauptbahnhof wenigstens noch ein paar Bögen sieht). Das Haus, ein 64 Meter langer, 29 Meter breiter und 34 Meter hoher, zweigeschossiger Giebelbau, im Erdgeschoß mit einer feingliedrigen Arkadenreihe, die mit einem Umgang beschlossen war, in den Ecken von gedrungenen, freistehenden Türmchen flankiert, war eine mächtige Sache. Das Allermächtigste war der Saal: Er hatte „seinesgleichen in ganz Deutschland nicht".

Auch die künstlerische Ausgestaltung hat Ludwig besorgen lassen: Er war genau das, was man späterhin einen „kunstsinnigen Fürsten" genannt hat. Und wenn wir das Verslein von vorhin einmal genauer betrachten, so hat die „Treu" dort doch einen guten Platz. Tatsächlich hat sich Ludwig, sogar in seiner Zeit als Prinzregent, in den Jahren der Teuerung und Not von 1570 bis 1573 als fürsorgender, als treuer Landesvater erwiesen, hat freigebig Getreide aus seinen Fruchtkästen an die Bevölkerung austeilen und da und dort auch Wein nachreichen lassen. Er wollte das nicht als Verpflichtung aufgefaßt wissen, sondern als seine eigene, seine persönliche Leistung. Freilich hat dieses Reagieren nur in böser Zeit auch etwas von Passivität an sich; in Dingen des „Commerciums" hat Ludwig, auf die Länge gesehen, nichts wirklich in die Hand genommen und nichts aktiv verändert. Nur der Jäger und Reiter, also die persönliche und sozusagen private Veranlagung haben sich gemeldet, etwa, wenn er 1573 das Haupt- und Landesgestüt in Marbach an der Lauter ins Leben rief, das dann zum Mittelpunkt der württembergischen Pferdezucht werden sollte.

Schließlich: Unter seiner Regierungszeit sind sich die württembergischen Stände ihrer Macht bewußt geworden. Die nach dem Tode Christophs einsetzende „Weiberwirtschaft" am Hofe gab den wohl wichtigsten Ausschlag dafür. Der Umgangston zwischen Ständen und Herzog wurde ein anderer. Als Ludwig sich einmal bei seinen Ständen aus Anlaß einer Schuldenregelung für ihre Mithilfe bedankte und hinzusetzte, jetzt sollten sie aber in Zukunft auch „fein sparen und zu Rathe halten", antworteten sie ihm grob, was das Sparen anlange, so solle nur er einmal selber damit anfangen.

Herzog Ludwigs Hochzeit (links das Stuttgarter Alte Schloß, rechts die Stiftskirche). Nach einer Zeichnung von Carl v. Häberlin (um 1860).

Ludwig war wohl auch ein frommer Mann. Kurz vor seinem Ende hat er das Sterbelied „Dieweil mein Stund vorhanden ist" gedichtet; man hat es im früheren württembergischen Kirchengesangbuch gefunden. Und Ludwig durfte sich des glänzend begabten, aber tragisch endenden Nikodemus Frischlin als Hofdichter rühmen, der mit Früchten seines Talents die herzoglichen Familien- und Hoffeste für eine Reihe von Jahren verschönte. Frischlin besang Ludwigs beide Hochzeiten und ließ bei feierlichen Anlässen seine besten lateinischen Komödien im Stuttgarter Schloß vor dem ganzen Hof aufführen. Auch die eine Generation nach Ulrich entstandene Reimchronik über Ulrichs Lebensdrama handelt zum kleinsten Teil noch vom gutmütigen Ludwig. Eine hübsche Anekdote über ihn hat Gustav Schwab seinem Gedicht „Hans Koch von Ebingen" zugrundegelegt. Nach einer historisch unverdächtigen Nachricht setzte der reiche Ebinger Bürger, als im Jahre 1584 der damals verwitwete Herzog bei ihm einkehrte, sein Töchterlein im Brautschmuck neben diesen und bot sie ihm im Scherz mit tausend Gulden Mitgift zur Braut an.

Herzog Friedrich I. (regierte von 1593 bis 1608)
Taler 1607
Vs. · FRIDERICVS · D · G · DVX · WIRTEMBERG ·
Quadriertes Wappen mit den drei Helmen und Helmzierden
Ebner VII, Nr. 63: ∅ 40 mm, 29,3 g
Münzstätte: Christophstal oder Stuttgart. Die Existenz einer zwischen 1604/05 und 1611 in Christophstal tätigen Münzstätte läßt sich nicht eindeutig belegen.

Rs. · RVDOLPH · II · IMP · AVG · P · F · DECRETO ·
Der heilige Christophorus mit Doppeladlerschild in Barockkartusche, unten in einer Einfassung · 16 · 07 ·

Herzog Friedrich I.

Geboren 19. August 1557 Horburg/Elsaß, regierte seit 9. August 1593, gestorben 29. Januar 1608 Stuttgart, begraben in der Stiftskirche Stuttgart

Mit den Friedrichen in der württembergischen Regentenreihe ist das so eine Sache. Im nachhinein, dies schon im letzten Jahrhundert, stellt man fest, daß der Name ein Programm war. Und zwar ein bedenkliches, ein herrisches, ein diktatorisches. Mußten alle Friedriche so sein, vom absolutistischen Stauferkaiser Friedrich II. bis zum absolutistischen Preußenkönig Friedrich II.?

Der erste württembergische Friedrich stand dem zweiten württembergischen Friedrich, dem, der vom Herzog über den Kurfürsten zum König avancierte, nicht nach. Was dieser in schon nicht mehr zeitgemäßer spätabsolutistischer Rigorosität abschloß, begann jener in frühabsolutistischer Manier. Sie war von einer Härte, daß sich in Württemberg selbst die Gefaßtesten die Augen rieben.

Friedrich kam von „draußen". Er war nicht der „Normalfall", Nachfolger seines Vaters im Stuttgarter Alten Schloß, dort geboren und aufgewachsen und, als der Tod des Vaters kam, zum Nachfolger ausgerufen. Müssen alle „Führer", die von draußen kommen, vom Rande, von der Peripherie, von Napoleon bis Hitler und so weiter, die Hundertfünfzigprozentigen sein? Friedrich war einer. Sein Vater war der Statthalter in Mömpelgard, der außerdeutschen württembergischen Besitzung auf dem Wege nach Burgund. Als der starb und die Mutter, eine Tochter des Landgrafen von Hessen, sich wieder verheiratete, kam der Bub zu seinem Vormund, dem Herzog Christoph, nach Stuttgart. Als Vierzehnjährigen schickte man ihn auf die Universität nach Tübingen. Dort sollte er im Collegium illustre zum wahren Ritter und zum honnette homme werden. Bildungsreisen nach halb Europa folgten. Mit vierundzwanzig übernahm er 1581 die Regierung in Mömpelgard.

Als Herzog Ludwig am 8. August 1593 in Stuttgart die Augen schloß – in der Stiftskirche hat man ihn begraben –, fiel das Herzogtum an ihn. Man konnte wissen im Lande, was man da für einen Nachfolger bekam. Friedrich hatte sich in Mömpelgard, so jedenfalls sah es die Zeit, nach allen Seiten wehren müssen. 1588 hatte ihm sein Vetter Ludwig aus Stuttgart Truppen geschickt, damit er sich gegen die Guisen behaupten könne. Friedrich hat zeitlebens nach einem stehenden Heer, nach einem festen und jederzeit einsatzfähigen militärischen Instrumentarium, geschielt, das mag auf Mömpelgard zurückgehen. Auch daß ihm die Mömpelgarder Stände, sprich der Gemeinderat der Residenzstadt, die Zustimmung verweigerten und er sie daraufhin 1587 kurzerhand absetzte, „da sie sich ihm nicht fügen wollten", ist eine Erfahrung, die er aus dem späteren „Montbéliard" mitbringt. Friedrich wollte in dieser württembergischen Außenbastion bedingungloser Herrscher sein. Weil er es mußte?

Schwer vorzustellen, daß aus dem Wolf, einmal in Stuttgart auf den Thron gekommen, ein Lamm hätte werden sollen. Zwar hatte Ludwig schon am 6. März 1587 ein Testament aufsetzen lassen, in dem er dem jungen Grafen, falls er an die Regierung kommen sollte, die Beibehaltung der bisherigen fürstlichen Räte ebenso dringend ans Herz legte wie die Bestätigung sämtlicher Rechte und Freiheiten der württembergischen Landschaft, des Landtags, würden wir heute sagen. Insbesondere den Tübinger Vertrag, meinte der sorgenvolle Vorgänger, müsse man strikt einhalten.

Keine Stunde dauerte es, bis man in der Fürstlichen Haupt- und Residenzstadt Stuttgart und im ganzen Herzogtum wußte, woher der Wind wehte. Die alten Räte schickte Friedrich nach Hause und holte sich statt dessen eine völlig neue Garnitur, an ihrer Spitze der bisherige Tübinger Staatsrechtslehrer Matthäus Enzlin. Der sollte und konnte ihm die staatsrechtliche Begründung des fürstlichen Absolutismus auf dem Grunde des römischen Rechts nicht nur liefern, sondern konnte das auch praktizieren. Schon die äußeren Formen, freilich in diesem frühbarocken Jahrhundert ernsthafte Zeichen für die politischen Verhältnisse und Aufteilungen, mußten daran glauben. Den „tüwingischen vertrag" täten sie, die Abgeordneten, meinte der Herzog, so gut kennen wie das Vaterunser, dazu brauche es keiner langen Vorträge und Abstimmungen. Alsbald erging der Befehl, auf dem Landtag mündlich abzustimmen, statt, wie bisher üblich, schriftlich und auf Grund reiflicher Verhandlungen. Von großen Empfängen der Herren Landtagsmitglieder oder umständlich-feierlichen „Vorlesungen" hielt er nicht viel. Sagen sollten sie das Ihrige, kurz und klar, er wolle dann schon entscheiden, was richtig sei.

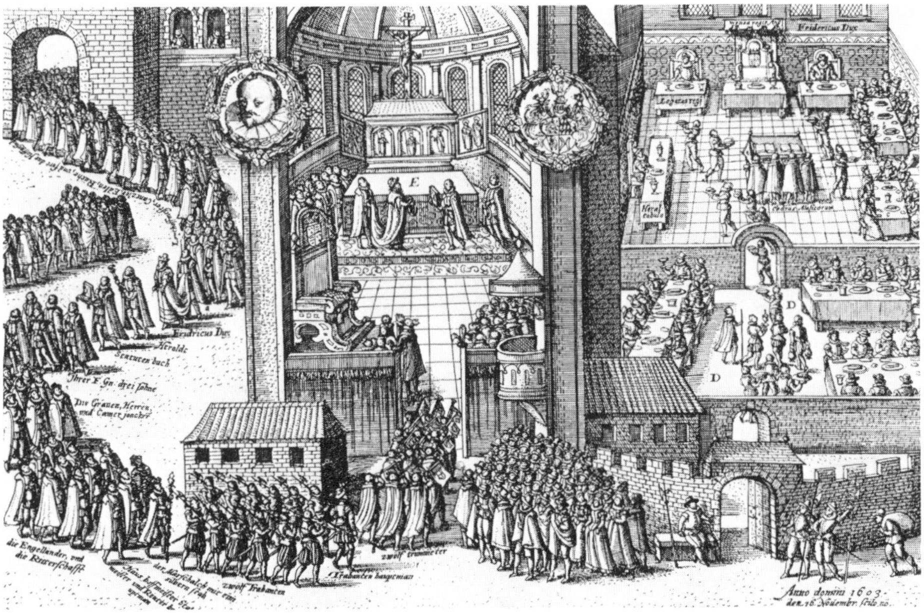

Verleihung des Hosenbandordens an Herzog Friedrich I. am 16. November 1603 in der Stiftskirche und der Dürnitz des Alten Schlosses zu Stuttgart. Zeitgenössischer Kupferstich.

Daß das auch Temperamentssache und Taktfrage war, ist ohne Zweifel. 1596 ist der Landschaftsadvokat, einer der hauptamtlichen Geschäftsführer des Landtags sozusagen, Dr. Johann Bidembach, wegen angeblicher beleidigender Äußerungen gegen den Herzog von einer Stunde auf die andere abgesetzt und verhaftet worden. Bidembachs Vater, der Bebenhäuser Prälat, starb über diesen Schock. Als die verwitwete Mutter, eine Tochter des Reformators Brenz, daraufhin ein Bittgesuch an den Herzog richtete, schrieb der daneben: „die alt vetel spart die wahrheit." Friedrich versicherte den Räten, eines Tages werde er den Tübinger Vertrag beseitigen oder nicht mehr Herzog bleiben, „und machen die doctor eine brie daruber wie sie wollen".

Beseitigt hat ihn Friedrich nie. Aber er hat durch die einseitige Aufhebung der in allen Landesgrundgesetzen seit 1554 verankerten Ausschüsse unstreitig einen schweren Verfassungsbruch begangen. Und als er im März

1607, fünf Wochen nach Ende des „zerschlagenen“, von Friedrich in die Wüste geschickten Landtags, einen (kleineren) neuerlich einberief, ging es nur darum, eine Handvoll Ergänzungsartikel zum Tübinger Vertrag an einem Tag durchzupeitschen: ein „Zwangstag“ und, unter dem Anschein verfassungsmäßigen Verfahrens, die schwerste Erschütterung der Landesverfassung seit den Tagen Herzog Ulrichs.

Wie immer in der Geschichte, hat die Sache nicht nur eine Seite. Friedrich war nicht nur der Störer der Ehrbarkeit und der Landstände, der Gegenkräfte in eigener Sache, er war nicht nur der selbstherrliche Fürst, der sich das Gesetz des Handelns nie mehr aus der Hand hat nehmen lassen, sondern er hat auch den — unumgänglichen — „Staat“ gegen Kräfte verteidigt, die nicht ganz ohne egozentrischen und bloßen Oppositionsgeist, und auf jeden Fall auf dem Weg zum frühmodernen Staat, ein Hemmschuh waren. Immerhin hat Friedrich als erster unter den Herzögen Württemberg wieder aus seiner österreichischen Lehensabhängigkeit gelöst. Immerhin hat er, so konsequent und weitblickend, vielleicht als einziger protestantischer Landesfürst damals, dem evangelischen Fürstenbündnis in Deutschland den entscheidenden Anstoß gegeben. Und immerhin war er der erste, der für einen merkantilistischen Auf- und Ausbau im Lande sorgte.

Auch hier, gerade hier, sollte das „No nex nuis, Durchlaucht“ der Landstände gelten. Man versagte sein Ja dazu, weil der herzogliche Staat, im Gegensatz zum landständischen, ja hätte reich und mächtig werden können. Friedrich hat es geschafft, für damalige Verhältnisse in imponierender Weise, nicht mit seinen „Goldmachern“ am Hof, die sind gescheitert wie anderswo auch, aber beispielsweise durch die Uracher Leinwandkompagnie. Er wollte sie als Konkurrentin gegen die Ulmer Weber haben, und trotz allen Gegenmaßnahmen und aller Fabrikspionage, setzte sich die Uracher Leinwand auch durch: in Mailand, in Genua, in Venedig war sie viel begehrt. Hier beginnt eine der Seiten der späterhin vielberufenen „schwäbischen Industrie“, am Fuße der Alb: heute ist uns das eine selbstverständliche Sache.

Wesentlich ist, daß Friedrich seine „Industrieförderung“ systematisch betrieb, auch nicht auf eine zufällig-punktuelle Weise, sondern im großangelegten Rahmen. Wie sehr ihm das ein persönliches Anliegen war, verrät die Tatsache, daß er sich bei Verleihung des Hosenbandordens durch König Jakob von England, das Ordensstatut wollte, daß man sich eine Zunft zum Beitritt auszuwählen hatte, in die Leineweberzunft einschreiben ließ. Sein Ratgeber in Sachen Leinwandweberei war ein gewisser Huldenreich. Lange Zeit galt er nur als „ein Projektenmacher", so hatte man ihn verächtlich genannt. Aber allmählich spürten die Herren Landschaftsvertreter doch, daß er nichts als ein kluger und weitsichtiger Kopf war. Huldenreich muß wohl in seinem Programm besonders auch der Jugend gedacht haben. Da gab es viele junge Leute im Herzogtum, die nichts zu arbeiten hatten und einem elend-trostlosen Leben entgegensahen. Zusammen mit Huldenreich ging also Friedrich daran, die Armenstiftungen Flachs aufkaufen und an die Armen ausborgen zu lassen. Ziel der Unternehmung war, daß die Armengruppen dann bald selbst in der Lage sein würden, mit dem Gewinn des Spinnlohns den Flachs bei den Bauern einzukaufen.

Mindestens hunderttausend Menschen, so Huldenreichs Berechnung, gingen im Herzogtum müßig oder auf Bettel. Würden nun jährlich 290 Arbeitstage angenommen, und auf jede Person täglich nur 6 Lot Gespinst gerechnet, so werfe dies für die Spinnenden einen Arbeitslohn von 2 870 633 Gulden ab, für die Weber 3 332 913 Gulden, für die Handelsleute 604 160 Gulden und für die Obrigkeit an Schaugeld und Zoll 80 550 Gulden. Mithin seien 57 Tonnen Goldes in Bewegung gebracht. Nicht zu berechnen sei der Vorteil für alle übrigen Hantierungen und der Segen, welcher Zucht und Ordnung bringe.

Natürlich fehlte es diesem Programm nicht an Hohn und Spott. Besonders die „Agrarier" unter den Ständischen dürften sich ihre karikierenden Bemerkungen kaum verkniffen haben. Aber Friedrich ließ sich die Freude an der Sache nicht verderben. Er mochte aus Mömpelgard und Frankreich auch die spezielle Erkenntnis mitgebracht haben, daß man ohne Rechnen, ohne Kalkulieren, zeitgemäßem Wirtschaften gar nicht auf die Spur kommen kann. Für die württembergischen Stände war solches Denken völlig neu, noch zu Ausgang des 18. Jahrhunderts waren die Prinzipien des Merkantilismus im herzoglichen Württemberg eine fast fremde Sache. Noch Nicolai meint, vom Preußischen und von Berlin anderes gewöhnt, es stünde den württembergischen Klosterschülern, also den künftigen Pfarrern in den Seminaren und im Tübinger Stift, wohl besser an, daß sie Kutten machten als daß sie in Kutten daherkämen.

Friedrich weiß, wie man die Produktion im Lande steigert, er hat seinen Huldenreich, Ludwig XIV. hatte nach ihm seinen Colbert. Friedrich errichtet Leineweberzünfte in Urach, Stuttgart und Schorndorf. Huldenreich macht denen 1598 je eine Zunftordnung und wird als herzoglicher Verwalter über die Landeszunft eingesetzt. In Urach läßt Friedrich 1599 auf eigene Kosten 29 Häuser für je zwei Familien erbauen und zugleich die berühmte Uracher Bleiche anlegen. Natürlich gibt es Schwierigkeiten aus dem Ausland. Der Merkantilismus hat nur einen Haken, den nämlich, daß die anderen Territorialherren jenseits der eigenen Grenze auch auf den Trichter gekommen sind und auch ausführen wollen. Aber Friedrich sucht dem zu begegnen, indem er Spezialitäten herstellen läßt und in Urach eine große Weberei von Leinendamast installiert.

Auch Freudenstadt, wovon nachher gleich die Rede sein wird, die wiedererbaute und heute in allen internationalen Stadthandbüchern auftauchende Renaissance-Kreatur, gehört in Friedrichs großes Württemberg-Programm, und zwar in allererster Linie. Mit der Erbauung der Stadt wurde der Berg- und Hüttenbetrieb in der ganzen Umgebung auf neue Beine gestellt. Durch ein Reskript vom Juli 1597 wurden erhebliche Vorrechte und Freiheiten der Gewerke, Berg- und Hüttenleute in den Silber-, Kupfer-, Blei- und Eisenbergwerken im Schwarzwald zu Bulach, Dornstetten, Hallwangen, in der Aach, im Vorbach, im St. Christophstal, am Kienberg und Schöllkopf und anderen Orten eingeführt. Über den Gewinnanteil des Herzogs wurde vereinbart: Erst wenn so viel Erz gehauen ist, daß man daraus vierhundert Mark Silber gewinnen kann, erhält der Herzog den Zehnten von jedem 19. Zentner Kupfer oder Kübel Erz, von der feinen Mark Silber 30 Kreuzer und vom Zentner Kupfer noch weitere 24 Kreuzer.

1597 wurde ein trockenes Pochwerk, 1598 ein Wasserwerk aufgeführt und der Gruben- und Hüttenbau im ganzen Umkreis aufs lebhafteste betrieben. Von den augenscheinlichen Erfolgen angetrieben, legte Friedrich im Christophstal auch ein Münz- und Streckwerk an, bildete eine Gesellschaft zur Fabrikation von Messing und zum Messinghandel, errichtete 1604 einen Eisenhammer und einen „Stahlkunstbau“, der aber wegen schlechter und offenbar nicht konkurrenzfähiger Produkte im Jahre 1607 wieder einging. Auch an anderen Orten war Friedrich unternehmerisch tätig. So kaufte er 1598 von den Erben der drei Gewerke Eisengrin, Moser und Daur sämtliche

Freudenstadt. Kupferstich aus der Topographia Sueviae des Matthäus Merian von 1643.

Gewerkschaftsanteile der Eisenschmieden zu Heidenheim, Mergelstetten und Ober- und Unterkochen um die Gesamtsumme von 47 414 Gulden und 37 Kreuzer. Damit waren sämtliche Eisenwerke im Brenztal in seiner Hand. Von da ab verblieben die Brenztalwerke im Besitz des jeweiligen Landesherren.

Friedrich war also nicht nur rigoroser Modernisierer, sondern auch Gründer. Am Anfang der von ihm angelegten Kniebisstraße zog er 1599 die Flüchtlinge aus Kärnten, Krain und der Steiermark zusammen, diese bewährten Protestanten sollten hier mitten im „Werkgebiet", und am Eingang zum Hochschwarzwald, als Bergknappen eine neue Heimat finden. Sein genialer Baumeister, dieser Heinrich Schickhardt, sollte eine moderne und „praktische" Stadt bauen. Schickhardt hat das, italienische und niederländische Vorgänge benützend, in souveräner Weise besorgt. Die „Friedrichsstadt", wie sie ursprünglich heißen sollte, wurde zur „Freudenstadt", eine gesunde und übersichtlich-logische Anlage, die im Gegensatz zu den mittelalterlichen Altstädten im Neckar- und Unterland eine neue Zeit ankündigte. Johann Valentin Andreae hat Schickhardts Plan genau studiert und hernach seine „Christianopolis" entworfen, die ihrerseits zum baulichen Vorbild für die württembergischen Herrnhuterstädte Korntal und Wilhelmsdorf wurde.

Wie oft in der Geschichte, man denkt an Ludwig XIV. ein Jahrhundert später, haben solche kraftvoll-eigenwilligen Herrscher ein Staatswesen hinterlassen, das ihrem eigenen Nachruhm diametral gegenübersteht. Sehen wir von den merkantilistischen Gründungen ab, so war das Land arg ausgesogen, als Friedrich am 29. Januar 1608 der Tod ereilte. Ob er, an der Spitze seiner Glaubensgenossen, zum Feldherrn und Staatsmann gereift, die Sache der Protestanten hätte erfolgreich vertreten können, ob es ihm gelungen wäre, sein Land vor den Greueln des Dreißigjährigen Kriegs zu bewahren: wer kann das sagen. Das Schicksal hat es dem Manne verwehrt, die Richtigkeit seiner Politik zu beweisen.

„Was ließ sich", überlegt sich Gustav Rümelin einmal im Hinblick auf diesen ersten Friedrich, „auf dem von ihm eingeschlagenen Weg nicht noch Weiteres erreichen, wenn der Herzog noch eine Reihe von Jahren am Leben blieb oder einen Nachfolger fand, der das gleiche Ziel im Auge behielt? Statt dessen starb der Herzog, kurz nach dem ersten entschiedenen Erfolg, im kräftigsten Mannesalter." Neben Karl Alexander und dem zweiten Friedrich rechnet ihn Rümelin zu den drei größten der Herzogszeit. Nur Christoph steht über allen, der Solon und Numa Pompilius des altwürttembergischen Landes, der zweite Gründer Württembergs, die bedeutendste und erfreulichste Erscheinung, „wie überhaupt die hervorragendste Persönlichkeit unseres Herrscherhauses". Der Herzog Friedrich kommt für Rümelin gleich darnach. Auch er kennt den neueren „Autokratismus" wie Christoph aus europäischem Zuschnitt. Friedrich gehört zu denen, welche „die in dem kleinen Lande vorgefundene Beengung der fürstlichen Vollgewalt wie des ganzen Gesichtskreises unleidlich" finden und „mit Unterschätzung des zu erwartenden Widerstands den Kampf gegen die alten Schranken und Ordnungen auf sich zu nehmen können" glauben. „Friedrich von Mömpelgard traf diese noch nicht so fest und eingelebt, daß ihm nicht einiger Abbruch daran gelungen wäre. In der Hauptsache mußte er jedoch auf seine Pläne verzichten und nach seinem Tode mußte sein Ratgeber für diese Beihülfe mit dem Kopfe büßen."

Herzog Johann Friedrich (regierte von 1608 bis 1628)
Taler 1621
Vs. ❧ IOHANN : FRID : D : G : DVX · WIRTEMB : ET · TEC
Gepanzertes Brustbild nach rechts mit Stehkragen und Feldherrnbinde
Ebner VIII, Nr. 105: ⌀ 42 mm, 29 g
Münzstätte: Stuttgart
Stempelschneider: Vermutlich François Guichard, württembergischer Hofmedailleur von 1610 bis 1635.

Rs. · COM : MONT : DOM : IN · HEIDENHEYM · I62I ·
Gekröntes quadriertes Wappen

Herzog Johann Friedrich

Geboren 5. Mai 1582 Mömpelgard/Montbéliard, regierte seit 30. Januar 1608, gestorben 18. Juli 1628 Stuttgart, begraben in der Stiftskirche Stuttgart

„Samstags den 9. Juni ist gegen Abend Herzog Hans Casimir auch ankommen, ebenso Landgraf Wilhelms von Hessen Räte Johann von Rolltzhausen und Antoni de Troas." So, einer der einleitenden Sätze des Berichts über Johann Friedrichs Taufe im württembergischen Mömpelgard. „Sonntags Trinitatis den 10. Juni ist man vom Schloß zu Kirche und Predigt gegangen, der Pfarrer M. Hans Vischer hielt eine teutsche Predigt, nach derselben ist man zum Altar getreten und ist das fürstliche Kind, welches zu Anfang der Predigt die Frau Hofmeisterin, der von Reischach und Herrn Ludwigs Hofrichter geführt, auch zur Kirchen getragen und Herzog Hans Casimirn auf die Arme gegeben worden. Nach der, der Württembergischen Kirchenordnung gemäß vollzogenen Taufe wurde das Kind den beiden Landgräfischen und schließlich auch den vier Ausschuß-Gesandten des württembergischen Landtags als den „Gevätterich" auf die Arme gegeben, darnach wieder ins Schloß in der fürstlichen Kindbetterin Gemach getragen."

Er sei der unglücklichste unter allen württembergischen Regenten gewesen. Uns scheint dies Diktum ein wenig zu familiär, ein wenig zu intim. Indessen, der glückloseste unter ihnen war er auf alle Fälle. Die Gegner seines autoritären Vaters standen in den letzten Januartagen des Jahres 1608 gleich auf dem Plan, eine geschlossene Front, gegen die der Sohn klar und kompromißlos hätte Stellung beziehen müssen. Daß er es nicht getan, hat seine zwanzig Regierungsjahre für immer bedingt und entschieden.

Die Räte, die der Vater entlassen hatte, stürzten sich rachedürstig auf ihre Opfer. Das erste war jener Geheime Rat Enzlin, dem man so viel Verbrechen und so viel Schändlichkeit vorwarf, daß wenigstens die Vernünftigen unter den führenden Kreisen des Landes hätten spüren müssen, wie sehr hier Recht und Unrecht durcheinanderliefen. Aber der Haß hatte die Oberhand, und Enzlins Richter, vor Geständnissen, die mit Folter erpreßt waren, nicht zurückscheuend, urteilten in eigener Sache. Fünf Jahre brauchten sie, diese unedlen Jäger, um ihrem Wild den Fangstoß zu geben. Als der zu lebenslänglicher Haft Verurteilte aus dem Gefängnis in Urach mit Hilfe seiner Frau und seiner Söhne beim Speyerer Reichskammergericht um die Wiederaufnahme seines Prozesses nachsuchte, verstieg sich die rechtliche württembergische „Ehrbarkeit“ zur Klage auf Hochverrat. Enzlin wird zum Tode verurteilt und 1613 in Urach enthauptet. Georg Esslinger, der Landprokurator des Vaters, verteidigte sich mehr als geschickt. Aber sicherlich hätte auch ihn die Säuberungswelle der „Räte“ erfaßt, ohne Rücksicht auf seine Zähigkeit, auf die aufopfernd kluge Hilfe seiner Frau wäre der furchtlose Gottesmann nicht 1612 gestorben.

Johann Friedrich macht inmitten dieses Auflaufs von Leidenschaft und Verfemung eine seltsam distanzierte, hilflose Figur. Er, der Sohn des Alleinherrschers, ist ein Spielball und kann sich so recht nirgends durchsetzen. War der Vater, der gewalttätige, daran schuld? Dafür spricht mancherlei. Die schroffe Art Herzog Friedrichs hat das schwache Selbstvertrauen des Sohnes vollends zerbrochen. Hundert Jahre später ist aus dem labilen, flötenspielenden Friedrich II., der einen Berserker von einem Vater hinzunehmen hatte, dieser stahlharte und im Dienst sich verzehrende Staatsführer geworden. Ob der württembergische Johann Friedrich aus einem Holz geschnitzt war, dessen Weichheit einen Härtungsprozeß erst gar nicht zuließ, ist hernach schwer zu entscheiden. Tatsache bleibt, daß man ihn allenthalben als „zu gut für diese Welt“ empfand, daß man ihm Hilfsbereitschaft und Umgänglichkeit und Güte bis zur Schwäche bescheinigte. Aber sein Vater hätte ihn, statt nur zu reglementieren, auch erziehen, wörtlich zu sagen, hinaufbilden sollen. Das unterblieb. Der rechte Mensch am falschen Ort, hätten wir gesagt.

Dabei verriet er immer wieder, daß er so seine Einblicke haben konnte in die Dinge, die nötig waren. Obschon alles andere als ein geborener Soldat, in einer Zeit, welche die verwegenste aller Landsknechtzeiten werden sollte, hatte er doch immerhin Augen für militärische Dinge. Den Grafen Kraft von Hohenlohe-Langenburg, als Heerführer und Diplomat gleichermaßen bewährt, setzte er zum Generalleutnant und Vorsitzenden des Herzoglichen Kriegsrats ein, mit dem mömpelgardischen Kanzler Jakob Löffler stand ihm eine staatsmännische Begabung ersten Ranges zur Seite.

Herzog Johann Friedrich. Kupferstich des Matthäus Merian vor 1628.

Aber wo der Herr nicht durchgreifen kann, bleiben auch die tatkräftigsten Bemühungen der Mitarbeiter vergebens. „Wie der Herr, / So's G'schärr." Hatte der Vater mit brutaler Hand in die Landesverwaltung gegriffen, versuchte es der Sohn mit Güte. Der Erfolg: die Mißstände wurden eklatant. Schwunghafter Ämterhandel stand auf der Tagesordnung, und wer ein Ämtlein hatte, wußte sich durch Mißbrauch seiner Dienstgewalt schadlos zu halten. Wie weiland die Phärisäer warfen ausgerechnet die Stände dem Herzog vor, er und niemand anders sei schuld „an den Schmieralien". Verfilzte schwäbische Vetterleswirtschaft zieht zu Felde gegen einen einzigen, der zu diesen Vorwürfen gekommen war wie die Jungfrau zum Kind. Und weil, wie wir sagten, auch Landesgeschichte ihre Hintertreppenwitze haben kann, schreiben die vorbildlich-sparsamen Männer des Landtags an unseren Herzog, Sparsamkeit werde man von ihm ja kaum erwarten können. Bekanntlich stelle er aus seiner großen Herzensgüte ja immer lieber zwei Diener ein, als daß er einen entlasse. (Als ob das beim Vater Staat je anders gewesen wäre.)

Freilich hatte die herzogliche Güte, allemal umschlagend in rührende Gutmütigkeit, nicht nur ihre humorig-ironischen Seiten. Warum ausgerechnet während seiner Regierungsjahre die Hexenprozesse im Land wie eine Seuche sich ausbreiteten, ließe sich durch die allgemeine Mentalität, durch sozialpsychologische Bedrängnisse und die Kollektivängste am Vorabend des Dreißigjährigen Krieges erklären. Aber eben doch nicht ganz. Eine starke und sichere Hand – in Württemberg war der Herzog ja zugleich Landesbischof – hätte den krassesten Ausbrüchen von Aberglaube und Gruppenpsychosen Einhalt geboten. Aber es kam dahin, daß ein Mann wie Johannes Kepler seine ganze Intelligenz und sein ganzes Vermögen dran setzen mußte, seine Mutter von der Anklage der Hexerei zu befreien. Kepler, das "Letzköpflin", wie man ihn an der natürlich frommen Landesuniversität zu Tübingen nannte, kann sich nur mit Schrecken von seiner Heimat wenden, einem Terrain, das Festigkeit und Vertrauen verlassen haben.

Unter Herzog Johann Friedrich wirkte eine Zeit lang einer der namhaftesten Dichter des 17. Jahrhunderts als Hofpoet, der in Stuttgart am 15. September 1584 geborene und in London am 13. Februar 1653 gestorbene Georg Rudolf Weckherlin. Ihm fiel die Aufgabe zu, den Herzog und andere Mitglieder der herzoglichen Familie zu „preisen“ und Kindtaufen, Hochzeiten und sonstige Hoffeierlichkeiten in Verse zu fassen. So unleugbar die Verdienste Weckherlins sind: seine Stuttgarter Lob- und Festgedichte machen für uns einen steifen und gedrechselten Eindruck. Wahrhaft erfrischend wirkt dagegen ein Volkslied, das bei der Vermählungsfeier Johann Friedrichs mit Barbara Sophia von Brandenburg 1609 gesungen wurde: „Frisch auf, du deutsche teutsche Nation, / laß dein gut lob nicht undergohn.“ Das war ein Nachzügler aus der guten Zeit des deutschen Volksliedes, das im siebzehnten Jahrhundert ebenso verwilderte wie die Soldaten und die Leute.

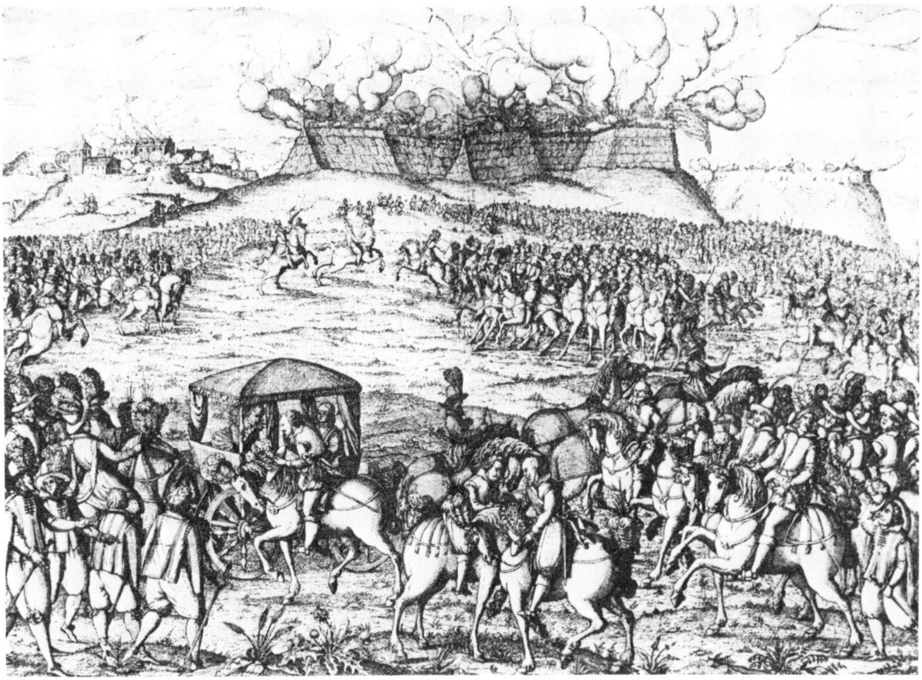

Empfang der Braut des Herzogs Johann Friedrich, Barbara Sophie von Brandenburg, im November 1609. Kupferstich der Zeit.

„Den Friedfertigen" wollten Johann Friedrich die Stände einmal nennen, als er ihnen so brav nach dem Willen ging. Damals, in den ersten Jahren des Dreißigjährigen Kriegs, begannen auch die Truppen des Grafen von Hohenlohe zu plündern. Der Sold war ausgeblieben. Sollte das der Nutzen der vom Herzog eingehaltenen und so arg geliebten Neutralität sein? Lieber wollten die Stände ihre Gulden sparen. Sie verlangten vom Herzog, er solle seine Söldner sofort abdanken lassen. Ein stehendes Heer, das war noch immer der größte Stein des Anstoßes für die Leute des Landtags. Der Herzog gehorchte. Die Söldner verliefen sich. Im Falle eines Falles sollte die „Landesauswahl" der Stände, das Aufgebot der Städte und Ämter ausreichen. Ob in diesem schönen Beinamen „Der Friedfertige" nicht ein bißchen viel Spott und Hohn lag?

War schon in der Innenpolitik die stetige, nachhaltig griffige Führung vermißt worden, so verriet sich das in der herzoglichen Außenpolitik noch deutlicher. 1608, noch im Jahre seines Regierungsantritts (die württembergischen Herzöge und Könige haben ja nie „den Thron bestiegen"), schloß sich Johann Friedrich der Evangelischen Union an. Aber er vertrat immer den Gedanken eines gütlichen Abkommens zwischen den beiden Religionsparteien und befürwortete ein möglichst nur verteidigendes Auftreten des Bundes. Die Zeit indessen begann dem gutartigen Vermittler davonzulaufen. Als die vereinigten Heere des Kaisers und der Liga, die Katholischen also, den protestantisch-pfälzischen Kurfürsten, den „Winterkönig", in der Schlacht auf dem Weißen Berge bei Prag am 8. November 1622 vernichtend schlugen, war es aus mit der Toleranz.

Der evangelische Markgraf von Baden-Durlach kämpfte, während sich Württemberg in Neutralität gefiel, unverdrossen weiter. So vollendete sich das Schicksal des süddeutschen Protestantismus. Am 6. Mai 1622 siegte Tilly bei Wimpfen am Neckar über den badischen Markgrafen. Unter den Opfern war der Herzog Magnus von Württemberg, der Bruder Johann Friedrichs. Noch am Vorabend der Schlacht war aus Stuttgart in das Feldlager des Markgrafen eine Depesche gekommen mit der Aufforderung, Magnus habe sofort zu einer dringenden Sitzung nach Stuttgart zu kommen. Glaubte Johann Friedrich immer noch an den Lohn der Angst? Herzog Magnus' Antwort: Seine Ehre verbiete ihm, in diesem Augenblick das Heer zu verlassen. Tags darauf fiel er an der Spitze seines Regiments, mehr als ein halbes Jahrzehnt, bevor sein Bruder, ein ganzes Leben lang ohne Fortune, die Augen schloß.

Knapp und einleuchtend hat Gustav Rümelin die verhältnismäßig lange Regierungszeit dieses Mannes zusammengefaßt, wenn er schreibt, Johann Friedrich sei so weit entfernt gewesen, „in die Fußstapfen des Vaters zu treten, daß er das bereits Errungene wieder preisgab. Ja es fehle ihm so sehr der dynastische Instinkt, daß er den Mann, dessen Talent und Hingebung sein Vater die Erfolge fast allein verdankte, seinen Feinden als Opfer überließ und durch diesen abschreckenden Vorgang es auch allen Nachfolgern schwer machte, die alten Pläne wieder aufzunehmen. Er tat das alles aber nicht aus Gewissenhaftigkeit und Rechtsgefühl, sondern aus Unfähigkeit und Schwäche".

Herzog Ludwig Friedrich (Administrator von 1628 bis 1631)
Taler 1629
Vs. ♣ LVDOVIC : FRID : D : G : DVX · WIRT : & · TEC : COM : MONTP :
Gepanzertes Brustbild nach rechts mit großer Halskrause und Feldherrnbinde
Ebner IX, Nr. 3: ⌀ 41 mm, 29 g
Münzstätte: Stuttgart
Stempelschneider: vermutlich Johann Pfister

Rs. DO : IN · HAIDEN : CVRAT : & · ADMINISTRATOR · 1629
Quadriertes Wappen mit den drei Helmen und Helmzierden

Herzog Ludwig Friedrich

Geboren 29. Januar 1586 Mömpelgard/Montbéliard, regierte vormundschaftlich seit 18. Juli 1628, gestorben 26. Januar 1631 Mömpelgard/Montbéliard, begraben Schloßkirche St. Mainboeuf/Mömpelgard

Manch einer gerät durch puren Zufall ins Rampenlicht der Geschichte. Ludwig Friedrich ist einer von denen. Er hat nach dem Tod seines älteren Bruders, des Herzogs Johann Friedrich, die Regierungsgeschäfte in Stuttgart übernehmen müssen – niemand hat ihm das gesungen an seiner (sicherlich stattlichen, handfest dekorierten) Wiege.

Er, der Stifter der jüngeren mömpelgardischen Linie, am 29. Januar 1586 geboren, ist ein unauffälliges, ordentliches Büblein. Nachdem er die hohen Schulen zu Straßburg und Tübingen besucht hatte, war er in jugendlichstem Alter Domherr zu Straßburg geworden; er hat auch zeitenweise in der damals noch „deutschen" und evangelischen Reichsstadt Aufenthalt genommen. Sollte der württembergische Herzogssohn in Straßburg zu hohen geistlichen Ehren kommen? Schon 1594 schienen sich dort Aussichten von bedeutender Tragweite zu bieten, als unter dem Einfluß des Magdeburgischen Kanzlers Meckbach der Plan auftauchte, den Straßburger Stiftsadministrator Johann Georg von Brandenburg, Sohn des späteren Kurfürsten Joachim Friedrich, durch Ludwig Friedrich von Württemberg zu ersetzen. Das Projekt, öffentlich diskutiert, nahm auch in den folgenden Jahren immer wieder Gestalt an, bis es am 2. Oktober 1600 durch den alle Aussichten auf das Bistum vereitelnden Vergleich von Oberehnheim sein förmliches Ende fand.

Indessen war Ludwig Friedrich das Verhandeln gewohnt geworden, das kam ihm hernach in Stuttgart in den pausenlosen Sitzungen mit den Herren des Landtags zugute. Und übrigens auch das Reisen. Vom 26. April 1607 bis zum 25. Februar 1609 zog er durch „Franckreich, Engelland und Schottland". Über die schließliche „glückliche Verrichtung" dieser „Raisen" ist hernach ein schwäbisch-säuberliches Manuskript angelegt worden, nicht ohne persönliche Unterstützung seiner Durchlaucht. Eine zweite Reise, die der

Prinz 1610 nach England machte, hat sein Hofmeister Hans Jakob Wurmser von Vendenheim in französischer Sprache hinterher beschrieben. Und weil das ein munter-lebendiges Protokoll war, hat man das Ganze dann auch „unter Weglassung der Hin- und Herreise“ ins Englische übersetzt. Und schließlich hat der herzogliche Sekretär Andreas Ketterlinus die Reise der Prinzen Ludwig Friedrich und Magnus von Württemberg nach Berlin festgehalten. Zwei Jahrhunderte später ist diese berlinische Reise in den „Märkischen Forschungen“ veröffentlicht worden.

Stuttgart und allenfalls Mömpelgard bleiben indessen die Heimat. 1617 vermählt sich der Einunddreißigjährige mit der Landgräfin Magdalena Elisabetha von Hessen, die Hochzeit wird am Hofe des Herzogs Johann Friedrich zugleich mit der Taufe von dessen Söhnlein Ulrich gefeiert. Kein Geringerer als der deutsch-englische Odendichter Georg Rudolf Weckherlin, damals noch herzoglicher Kammersekretär, bevor er sich auch amtlicherseits in die auswärtigen Angelegenheiten des württembergischen und englischen Hofes zu mischen hatte: kein Geringerer als dieser interessante frühbarocke Poet hat damals die Feder gespitzt und die „Fürstliche Kindtauf“ und das „Fürstliche Beylager und Hochzeytliche Freudenfest“ beschrieben, nein, mit deftig-kräftigen Paukenschlägen hochleben lassen.

Das Hochzeitsjahr 1617 hat dem bis dahin berufslosen Prinzen — er wurde nur gelegentlich zu auswärtigen Staatsgeschäften herangezogen, sozusagen Botschafter zur Verwendung — auch eine feste Funktion gebracht. Mit der Vereinbarung vom 28. Mai 1617 war ihm ein eigener, wenn auch bescheidener Wirkungskreis als Regent gesichert worden, in einem feierlichen Vertrag „Traité entre leurs A. S. Jean Fréderich et Louis Fréderich ducs regnans de Wurtemberg-Stougard et Montbéliard“. An diesem Tage ist Ludwig Friedrich die Grafschaft Mömpelgard mit allen innerhalb und außerhalb der Grafschaft Burgund liegenden württembergischen Herrschaften übertragen worden, auch die im Oberelsaß gelegenen Graf- und Herrschaften Horburg und Reichenweiher. Ludwig Friedrich hat am 16. Oktober des Jahres Stuttgart verlassen, um in Mömpelgard die Regierung zu übernehmen.

Aber er hat sich der friedlich-fröhlichen Regierung drüben über dem Rhein, sicherlich der glücklichsten Zeit seines Lebens, nur ein Jahrzehnt lang erfreuen dürfen. Als der regierende Herzog, sein Bruder, am 18. Juli 1628 stirbt, ist der Nachfolger Eberhard III. ein dreizehnjähriges Büblein, so

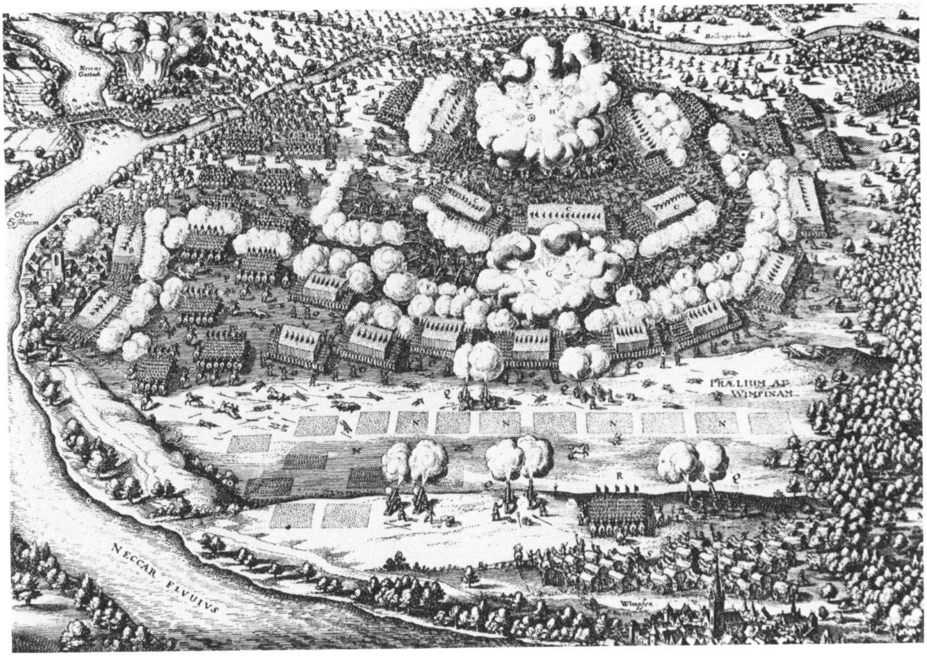

Schlacht bei Wimpfen 1622. Kupferstich von Matthäus Merian 1622/23.

daß der Oheim aus Mömpelgard für sein Mündel die Erbschaft in den württembergischen Stammlanden antreten muß. Aller persönlichen Tüchtigkeit ungeachtet, setzt er seine Kräfte an eine von vornherein verlorene Sache. Württembergs Lage, jetzt mitten im Krieg, der dreißig Jahre andauern wird, ist kaum weniger verzweifelt als damals nach dem Schmalkaldischen Kriege. Herrschaft und Landschaft (das heißt der Landtag) sind bis über den Hals verschuldet, das Volk durch die einquartierten Wallensteiner ausgesogen, ein Drittel des Landes durch den sogenannten „Klosterprozeß" bedroht: die Kaiserlichen wollen Württemberg die (mittlerweile einverleibten) Gebiete der ehemaligen Klöster nehmen.

Nimmt man nur die Privatbriefe Ludwig Friedrichs – zufälligerweise haben sich solche an seinen „alten Hofmeister" Hans Jakob Wurmser erhalten –, dann käme man trotz aller dieser bedrohlichen Nachrichten und Konstellationen zum Bild eines gemächlich-jovialen Landesherrn, der es sich gut sein läßt. Von Politischem, vom Restitutionsedikt (das schlimme Folgen für Württemberg hatte) oder von Landtagsvergleichen ist in diesen Briefen nirgends die Rede. Hat der „Administrator", der herzogliche Amtsverweser, überhaupt mit mehr als mit halbem Herzen in Stuttgart „ausgeholfen"? Jagen war ihm ein Hauptanliegen; die Jagd ist das Herzstück dieses Herzogslebens. „Ich hab dieser tagen ein guten spas am Gerlinger See bei Lewnberg (Leonberg) gehabt, indem ich vermeint ein guten schuz enten zu tun, hab ich sechs wilder gäns in eim schuz geschossen, daruf vier enten mit roten köpf und hälsen." Das ist aufregender als jede Staatsaktion, auch als die nur in einem Nebensätzlein vermerkte zweimalige Audienz „beim herzogen von Friedland", beim großen Wallenstein. „Trappen und kränch (Kraniche) baßieren viel durchs land, hab aber noch nichts schießen können." Schade, Herzogliche Durchlaucht hatten noch kein Weidmannsheil. Dann aber, im November 1629: „Ich hab schon fünf schneegäns in eim schuz geschossen. Gott mit uns", und ein paar Tage später: „Ich hab vergangen sontag am Johanstag drei duzed bleßling in eim schuz aus karchbüxen uf hiesigem stattsee geschossen, ist wol ein gewaltiger schuz und würt er abgemalt werden."

Barockes Herrscherdasein in der Dutzendausgabe. Ludwig Friedrich gehört zu diesen arglosen, aber ihren Potentatenlaunen in aller Selbstverständlichkeit nachhangenden Regenten des frühen 17. Jahrhunderts. Er hat wohl auch gelesen, und in seinen jungen Jahren hat er sich eine kleine, aber wertvolle Bibliothek zugelegt. Aber dabei blieb es. Späterhin, zumal in diesen kaum drei Stuttgarter Stellvertretersjahren, bleibt es beim Jagen, bei der sorgfältigen Notation der vetterlich-dynastischen Besuche (einmal kommt der Herzog von Sachsen-Lauenburg, einmal der Landgraf von Hessen) beim üblichen barock-feudalen Zeitvertreib, der sich dann, wenn der jüngste Sohn des Königs von Dänemark im Stuttgarter Alten Schloß absteigt, auch noch einmal zu einem „späten" Turnier im Stuttgarter Schloßhof auswachsen kann. „Mier haben wacker zum ring gerent, ich kans noch." Das muß freilich für den alternden Mann eine erhebende Gewißheit gewesen sein: „Ich kans noch."

Ansonsten Kleinigkeiten: Der Wurmser schickt Salat aus dem württembergischen Hornberg (wo er als Vogt amtiert) ins Stuttgarter Schloß, worauf der Herzog persönlich sogleich um Samen bittet, die kommen, und die Her-

Aus dem Hochzeitszug des Herzogs Ludwig Friedrich. Zeitgenössischer Kupferstich von Esaias von Hulsen.

zogin zieht damit in ihren Garten. Krankheiten melden sich: „Mich hat neulich das Gries arg geblagt und sind etlich steinnle von mir kommen“, oder: „Ich bin wol uf, aber meine kinder haben ein jemerlichen husten.“ Und einmal, anderthalb Jahre vor seinem Tod am 26. Januar 1631 in Mömpelgard, muß er nach Darmstadt, wo er zwischen Saufen und Witzen die Tage verbringt: „Es war wol was dorten zu sehen, als ein jemerliches trinken, mier waren aber doch lustig mit einander.“

Indessen sind Ludwig Friedrichs drei „amtliche“ Jahre in Stuttgart doch von nachhaltiger landesgeschichtlicher Bedeutung. Er war der erste jener Herzogsadminstratoren des 17. und 18. Jahrhunderts, deren Regierungszeiten wesentliche Stufen für den Ausbau landständischer Macht bildeten. Die landschaftliche Steuerinstruktion vom 11. Mai 1629, in zähen Verhandlungen zwischen dem Landtag und dem Herzog zustandegekommen, war ein großer Schritt in Richtung auf eine sozial gerechte Verteilung der Staatslasten, zugleich auf eine Vereinheitlichung des staatlichen Gefüges selbst. Ludwig Friedrich hatte alle wichtigeren Zugeständnisse nur für die Zeit seiner Amtsverwesung gewährt. Aber in der Politik ist das wie bei der Kindererziehung, die kleinsten Lockerungen sind morgen „Recht“. Indem Ludwig dem Kleinen Ausschuß des Landtags das bisher umstrittene Recht der Teilnahme an der Gesetzgebung ausdrücklich zugestand, vollzog er einen Schritt, der nicht wichtiger hätte sein können. Der Landtagsabschied von 1633 gab dieser (nur für seine Amtszeit gemeinte) Regelung Dauer bis zum Ende der württembergischen Verfassung im Jahr 1805.

Einmal war in einer Vorlage des Landtags vom „heroischen gemüt" des Herzogstellvertreters die Rede, wir können heute schlecht entscheiden, ob diese Verbeugung mit einem Körnlein Ironie gesalzen war oder nicht. Jedenfalls gab sich Ludwig Friedrich als Herzog in Stuttgart nicht als unbeugsamer oder gar granitener Absolutist, sondern als ein Mann, der versprach, ohne Verständigung mit dem Großen Ausschuß des Landtags weder Bündnisse einzugehen noch für seine Person an einem Kriege teilzunehmen. Weiter als je ein Herzog vor ihm, gab er den Beschwerden der Landschaft über den Wildschaden nach. Und als sich im Landtag im Frühjahr 1629 Stimmen regten, man müsse jetzt unabdingbar und mit Waffengewalt für die Landeskirche kämpfen und das „eußerste vermögen leibs, gutts und blutts" für das Evangelium einsetzen, rät der Herzog den von ihm eiligst zusammengerufenen Männern, nicht die Waffen zu führen. Er ist nicht für einen Widerstand, der angesichts der großen Übermacht als sinnlos erscheinen muß.

Freilich ist in der Bevölkerung Württembergs noch in der ersten Hälfte des Jahres 1630 der Wille zu gewaltsamem Widerstand gegen die Wegnahme der Klöster lebendig. Als aber im August 1630 unter dem Schutz der Wallensteinischen Soldaten die Klosterexekution wirklich beginnt, nimmt die Landschaft das ebenso widerstandslos hin wie die ohnmächtige Regierung. Die ihrer Klöster und Einkünfte beraubten evangelischen Prälaten werden auf andere Kirchenstellen versetzt, behalten jedoch Sitz und Stimme im Landtag. Der in diesem Jahr ausgefertigte „Hauptlandtagsabschied" bestätigt die bedeutenden ständischen Errungenschaften eines geheimgehaltenen vorläufigen Abschieds vom Mai dieses Jahres. Es war das wichtigste Landesgrundgesetz seit 1565. Mitten im Großen Krieg hatte man ein gemeinsames, herrschaftlich-genossenschaftliches Fundament gelegt, das den Zusammenbruch Württembergs von 1634 überdauern sollte.

Herzog Julius Friedrich (Administrator von 1631 bis 1633)
Taler 1631
Vs. IVLIVS · FRIDERICVS · D : G : DVX · WVRTTEMBERG ·
Gepanzertes Hüftbild nach rechts mit Feldherrnbinde, die Rechte auf den Marschallstab gestützt
Ebner X, Nr. 2: ∅ 39 mm, 29 g
Münzstätte: Stuttgart
Stempelschneider: Peter Marcel Pfeiffer, Goldschmied aus Pforzheim

Rs. CVRATOR · ET · ADMINISTRATOR · 1631 ·
Quadriertes Wappen mit den drei Helmen und Helmzierden

Herzog Julius Friedrich

Geboren 3. Juni 1588 Mömpelgard/Montbéliard, regierte vormundschaftlich 2. Februar 1631 bis 3. März 1633, gestorben 21. April 1635 Straßburg, begraben in der Stiftskirche Stuttgart

„In Geist und Körper gleich ausgezeichnet", so hat ihn der Chronist des letzten Jahrhunderts beschrieben. Heute würde man wohl von einem smarten blaublütigen Helden sprechen. Ausnahmsweise also einmal ein schöner Mann auf dem — überschaubaren, um nicht zu sagen kleinen — württembergischen Thron. Er war einer der acht Söhne Herzog Friedrichs I., der dritte in dieser hauseigenen Ritterschar, und ist am 3. Juni 1588 in Mömpelgard (Montbéliard) geboren. Wenn einer der fürstlichen Zöglinge des Tübinger Collegium illustre, der dem Universitätsbau benachbarten Adelsschule, dem honnêtte homme, dem Aristokratenideal der Zeit nachkam, so muß es Julius Friedrich gewesen sein. Er verband „körperliche Schönheit" mit „mancherlei Geistesgaben" und mit ungenierter barocker Vitalität: der geborene adlige Kriegsmann.

Zunächst haben es ihm die Reisen angetan, womit er nicht eigentlich aus der Reihe fiele, wenn nicht doch schon hier ein gewisses Übermaß an Exotischem und Abenteuerlichem mit im Spiel wäre. Der Herzogssohn reist „in den höchsten Norden", nach Lappland, zieht von Malta aus mit den Johannitern zur Belagerung von Ephesus und hilft es 1613 zu erstürmen. Für den Fünfundzwanzigjährigen war das nicht einmal mehr die Feuertaufe. Schon vorher, 1610, nimmt er als Oberst der Evangelischen Union am elsässischen Feldzug teil, und kurz darauf findet man ihn im Jülichschen Erbfolgekrieg. Ein Soldat aus Leidenschaft, möchte man sagen, ein württembergisch-schwäbischer Condottiere.

Kein Landesvater, zumindest kein geborener. In einem Vergleich mit seinen Brüdern vom 28. Mai 1617 erhält der Mömpelgarder das nach dem Fluß benannte Dorf Brenz und das Gut Weiltingen mit einer jährlichen Apanage von 15 000 fl. Damit ließ sich für einen unverbesserlichen Soldaten, der die Welt kannte und liebte, einigermaßen leben. Julius Friedrich nimmt Weiltingen zu seinem für heutige Begriffe bescheidenen Landedelsitz. Er wird, auch dies eine unerläßliche barocke Attitüde, zum kinderreichen Stifter einer neuen württembergischen Linie Württemberg-Weiltingen, die sich nachher wieder in die beiden Zweige Weiltingen und Oels teilte und deren letzterer erst 1792, Napoleon hat längst seine Hand über Europa, mit Karl Christian Erdmann von Württemberg ausstirbt.

Es wäre wohl bei diesen geneologischen Rarissima geblieben, hätte den — gleichfalls nur als Herzogs-Administrator amtierenden — Bruder Ludwig Friedrich nicht vorzeitig am 26. Januar 1631 der Tod ereilt und Julius Friedrich am 2. Februar nicht die Vormundschaft über seinen 17jährigen, offenbar immer noch für zu jung empfundenen Neffen, den Herzog Eberhard III., übernehmen müssen. Müssen? Kaum anzunehmen, daß Julius Friedrich das ohnehin mit dem Odium des Provisoriums belastete „Vormünders"-Amt mit Leidenschaft und Ehrgeiz angenommen hat. Wochen später, längst mit den Geschäften des Herzogs betraut, sieht man ihn in den kritischsten Tagen — der Tilly streift an den Grenzen vorbei und die Protestanten rufen jämmerlich um Hilfe — häufiger bei seinen Jagdfreunden im Schwarzwald als inmitten der sorgenvollen Gesichter seiner Räte in Stuttgart. Bleibt er ein Condottiere sein Leben lang? Daß Barbara Sophia, die Herzoginmutter, die „Obervormünderin", sich im Frühjahr 1633 — mit Erfolg — klug und energisch für die Mündigkeit des jungen Herzogs einsetzt, wird ungeniert mit der „lässigen Geschäftsführung" des Herzog-Administrators erklärt.

Wie immer auch, Julius Friedrich übernimmt die Verantwortung in schwierigsten Tagen. Nicht nur, daß der Krieg, der dreißig Jahre dauern wird, an den Grenzen des württembergischen Territoriums nagt, auch diesseits der eigenen Staatsgrenzen geht es um die Substanz. Die siegreiche kaiserlich-katholische Partei hat in Folge von Kaiser Ferdinands II. Restitutionsedikt vom 6. März 1629 die von den früheren württembergischen Herzögen eingezogenen Klöster des württembergischen Bodens wieder in katholische Hände gebracht. Es geht hier nicht nur, im erzprotestantischen Württemberg, um einen beachtlichen Verlust an Liegenschaften und Einkünften, sondern auch um eine — so empfundene — Kapitulation in religiös-konfessionellem Betracht. Julius Friedrich, der Soldat, scheint Farbe bekennen zu wollen. Er beteiligt sich bald nach seiner Amtsübernahme am — freilich schwachen — Bund der protestantischen Reichsstände, dem „Leipziger Konvent", ja er

Julius Friedrich als Prinz. Zeitgenössischer Kupferstich des Jakob von Heyden.

läßt sich von den evangelischen Ständen Schwabens zum „Director" wählen und beginnt jetzt, die Kriegsrüstung mit allem Eifer zu betreiben.

Noch im April 1631, durch die Leipziger Vereinbarungen ermutigt, bewilligt der große Ausschuß des württembergischen Landtags Geld für die Anwerbungen von Truppen. Aber Landesvater sein und als Haudegen über die Schlachtfelder reiten, sind zwei Paar Stiefel. Als im Sommer 1631 das aus Geworbenen und Landesauswahl rasch aufgestellte württembergische Heer der dreifachen Übermacht des kaiserlichen Generals Graf Egon von Fürstenberg gegenübersteht, verlegt sich der württembergische Generalissimus plötzlich aufs Parlamentieren, lädt den kleinen Landtagsauschuß als

„Kriegsrat“ zunächst nach Kirchheim unter Teck, dann nach Tübingen ein und fragt ihn, ob man „schlagen“ oder „akkordieren“, das heißt einen gütlichen Vergleich suchen solle. Natürlich war der „Kriegsrat“ ebenso überfordert wie seine Einberufung ungewöhnlich war. Die Antwort hätte dem orakelnden Delphi alle Ehre gemacht. Man müsse, sagen die Herren Räte, in erster Linie nicht auf die äußerliche Gewalt, sondern auf die Gerechtigkeit einer Sache sehen. Im übrigen sei es wohl angebracht, einen „Akkord“ weniger in Betracht zu ziehen. Indessen, das jus armorum, das Kriegsrecht liege allein beim Herzog. Hat je ein Untersuchungsausschuß anders formuliert?

Julius Friedrich, einmal auf dem demokratischen Weg, besteht auf einer kategorischen Erklärung. Ja oder Nein. Da lassen die Räte wissen: man wolle alles seiner Entscheidung anheimstellen. Und der Herzog entscheidet sich denn auch, indem er sich an das zugeflüsterte „Akkordieren“ des Geheimen Landtagsausschusses in Stuttgart erinnert und also am 1. Juli 1631 den „Tübinger Akkord“ unterschreibt. Wichtigster Punkt dieses Vertrags: der württembergische Herzog entsagt dem Leipziger Bund, verpflichtet sich zur Entlassung seiner Truppen und zur Aufnahme der Kaiserlichen in Quartier und Verpflegung. Weil dieser „Krieg“, der kaum so lange dauerte, als es reife Kirschen gab, mehr einer ruhmlos-lächerlichen Komödie als einem wirklichen Feldzug glich, hat man ihm, dem „Kirschenkrieg“, in der württembergischen und süddeutschen Geschichte des Dreißigjährigen Krieges ein ganz argloses Plätzlein gegeben. Und dem Stellvertreter-Herzog gleich so viele Minuspunkte, daß die Dauer seines Amtes nur noch eine Frage der Zeit sein konnte. Immerhin, er wechselt nicht zu den Katholischen über, er bleibt im evangelischen Lager, und als König Gustav von Schweden, der Protestantenretter aus dem Norden, siegreich nach Süddeutschland vordringt, rückt er an seine Seite, zieht selbst ins Rheintal vor, nimmt am 2. September 1632 mit dem schwedischen General Horn die Reichsstadt Offenburg ein und läßt mit viel Glück in der oberen Neckargegend operieren, beispielsweise die Reichsstadt Rottweil besetzen.

Aber schwere, nachhaltige Kriegstaten sind das nicht. Kann ein „Stellvertreter“ überhaupt ein natürliches, originäres Verhältnis zu seinen ihm zugetragenen Landesvater-Aufgaben haben? Daß sich Julius Friedrich aus der Klemme zwischen den im Land einquartierten Kaiserlichen und den heranrückenden Schweden „gut evangelisch“ herauswand, wäre von allen seinen

„echten“ Vorgängern auch so gehalten worden. Der Lohn kam ja auch seinem immer angespannten Verhältnis zum Landtag zustatten. Die Kaiserlichen zogen im Februar 1632 ab, und mit ihnen verließen die Mönche die württembergischen Klöster. Dies Intermezzo hatte also sein Ende.

Zu „seinem“ Land hatte Julius Friedrich indessen ein merkwürdiges Verhältnis, und das gab gewiß auch den Ausschlag dafür, daß die Herzoginmutter (in liebenswürdiger Konspiration mit etlichen Stuttgarter Räten) schließlich so entschieden auf die Volljährigkeit Eberhards III. drängte. Mit schwedischer Hilfe suchte sich der Administrator Julius Friedrich ein eigenes Fürstentum aus den eroberten katholischen Gebieten Schwabens zu schaffen, also sozusagen durch die Hintertür „eigener“ Landesvater zu werden. Am 28. Oktober 1632, ein paar Tage vor dem Schlachtentod bei Lützen, läßt sich Julius Friedrich des schwedischen Königs Gustav Adolf alle in den Grenzen Württembergs liegenden Klöster und geistlichen Güter schenken, auch die Herrschaften Sigmaringen, Hohenberg und Baar.

Das hat man dem Administrator übelgenommen. Wo es um das Allerheiligste, nämlich um Land und „Grundstückle“ geht, da kennt man im Schwäbischen keinen Spaß. Die Probe aufs Exempel: die Landschaft, das heißt der Landtag, hatte selbst ihr Auge auf die eroberten katholischen Gebiete geworfen. So fand die Herzoginwitwe in diesem „längeren heftigen Streite“, der jetzt einsetzte zwischen Administrator und Landtag, die Unterstützung der Landtagsausschüsse, als sie gegen den Widerstand Julius Friedrichs den vorzeitigen Regierungsantritt des Prinzen Eberhard betrieb. Langsam rückten die Herren Räte mit ihrer, und das hieß wohl der offiziellen, Landesmeinung heraus: die kriegerischen Unternehmungen Julius Friedrichs geschähen auf Kosten Württembergs und dienten zu gar nichts anderem als zum Vorteil des Herrn Vormünders; der jage ja doch lieber, als daß er die Staatsgeschäfte besorge.

Und vielleicht hatten der Kanzler Löffler, die Prälaten und die Amtleute gar nicht so unrecht. Am 3. März 1633 legte Julius Friedrich sein Amt nieder. Aber leider konnte er nur für ein paar Wochen zu seinen Wäldern und seinen Hirschen zurück. Nach der für Württemberg so unheilvollen Nördlinger Schlacht vom 27. August bis 6. September 1634 floh er mit dem nunmehr regierenden Herzog Eberhard und dem ganzen herzoglichen Hause nach Straßburg, wo er schon im folgenden Jahre starb. Aus seiner Ehe mit Anna

Sabina von Holstein-Sonderburg hatte er neun Kinder, die er, ein kleines Zeichen dafür, daß er für die skurrilen Seiten des Barocken einen offenen Sinn hatte, auf so abenteuerliche Namen wie Roderich, Sylvius Nimrod, Julius Peregrinatius oder Sueno Martialis Edenulph taufen ließ. Er, der allzeit jagende, smarte „Stellvertreter".

Herzog Eberhard III. (regierte von 1633 bis 1674)
Taler 1640
Vs. ✱EBERHARD · D : G : DVX · WIRTEMBER :
Gepanzertes Brustbild nach rechts im Dreiviertelprofil mit Feldherrnbinde und breitem, spitzenbesetztem Kragen
Ebner XI, Nr. 23: ∅ 40 mm, 29 g
Münzstätte: Stuttgart
Stempelschneider: unbekannt

Rs. ET · TEC : COM : MONT : DOM : IN · HEID
Gekröntes ovales Wappen in Barockkartusche, über der Krone die Jahreszahl 16 – 40

Herzog Eberhard III.

Geboren 16. Dezember 1614 Stuttgart, regierte seit 1. Mai 1633, gestorben 2. Juli 1674 Stuttgart, begraben in der Stiftskirche Stuttgart

Merkwürdig, wie sehr die einem Menschen bemessene Lebenszeit mit dem Impetus seiner Wirksamkeit zusammenhängen kann. Wo vom Regieren und vom Herrscheramt die Rede ist, tritt dieser Zusammenhang besonders deutlich hervor. Dem Freiherrn vom Stein waren für sein preußisches Ministeramt, praktisch für die Leitung des Gesamtstaates, keine fünf Jahre vergönnt; dementsprechend komprimiert und total waren seine Reformen, eine Zäsur für Generationen. Wer wenig Zeit hat, muß die Arbeit von Jahrzehnten zusammenraffen und vorwegnehmen. Lenin hatte für seine Revolution, diesen epochalen Umsturz Rußlands und schließlich der halben Welt, nur eine Handvoll Jahre zur Verfügung; er war, seit 1917, Tag und Nacht geplagt von dem Gedanken, daß ihm die Zeit nicht mehr reiche (kaum sieben Jahre blieben ihm noch) für seine Veränderungen. Ganz anders der – weithin in Vergessenheit geratene – Habsburgerkaiser Friedrich III., der letzte, der in Rom gekrönt wurde: Er hat sage und schreibe dreiundfünfzig Jahre regiert, ein Mann, der allemal in der deutschen Kaiser-Genealogie als einer der trägsten gilt, allen Reformen abhold und mißmutig über jede Form von politischer Auseinandersetzung. Und doch ein guter Finanzwirt, ein erstrangiger Diplomat, wo es um Belange des eigenen Hauses ging, einer, der die Dinge zusammenhielt und schließlich, mit der Verheiratung seines Sohnes Maximilian mit der burgundischen Erbtochter Maria, Habsburg-Österreich eine gute Zukunft wies.

Herzog Eberhard, dem die württembergische Regentenstatistik als letzten dieses Namens die Ziffer III hinzugefügt hat, gehört ganz in die Reihe derer, die Zeit hatten und sich auch Zeit gelassen haben. Er hat einundvierzig Jahre regiert und ist als Sechzigjähriger gestorben. Angesichts einer Zeit, die in zügelloseste Kriegsnot gefallen war und in der man sich gerade bei Hofe von einem Genuß in den anderen stürzte, ein achtbares Alter. Dabei hat

Eberhard, was die württembergische Landesgeschichte im speziellen angeht, wahrscheinlich die turbulentesten und gefahrvollsten Jahre dieses ganzen württembergischen Welttheaters zu bestehen gehabt. Kaum ein Jahr, nachdem er offiziell die Regierungsgeschäfte übernommen hat, mit dem Landtag hatte er sich schon einigermaßen zusammengerauft, und zur Freude des Herzogs und seiner Räte hatten die Herren Landstände die Extraordinari-Mittel schließlich bewilligt: Kaum ein Jahr nach Regierungsantritt war eine rechte Sintflut über das Land hereingebrochen. Am 27. August 1634 waren die Schweden und ihre Verbündeten bei Nördlingen, nicht weit von der Landesgrenze, vernichtend geschlagen worden. Von den 6000 Mann des württembergischen Landesaufgebots blieben etwa 4000 auf dem Schlachtfeld liegen. Die siegreiche Soldateska bricht, von niemandem aufgehalten, aber gierig nach Gold und Glück, und kaum mehr in den Zügeln einer verantwortlichen Führung, ins württembergische Land ein, sengend, brennend, mordend. Damals ist, stellen wir hinterher fest, die Ordnung und vor allem die Wirtschaft, die Kultur dieses Landes für Jahrzehnte, vielleicht für ein Jahrhundert, zerstört worden.

Noch in der gleichen Nacht der Schlacht sitzt man in den Stuttgarter Häusern zusammen, um zu retten, was noch zu retten ist. Von frühmorgens drei Uhr an, wird in der Stuttgarter Kanzlei „des landes zustandes halben rat gehalten". Zwei Stunden später, um fünf Uhr früh, erhält der Landtagssekretär den herzoglichen Befehl, Akten und Geld der Landschaft zur Flüchtung nach Straßburg zu verpacken. Um die Mittagszeit verläßt der Herzog, der neunzehnjährige Landesherr, selber das Land in westlicher Richtung.

Daß der Herzog nach Straßburg floh, wohin sich die Herzoginmutter bereits gewandt hatte, hat man ihm hernach aufs Bitterste ins Schuldbuch gedrückt. Es waren vier Jahre aus der Flucht geworden, eine sozusagen vollausgestattete Exilregierung mit dem großartigen Ratgeber und Könner Jakob Löffler an der Spitze: Das Herzogtum Württemberg in den nach allen Regeln der Kunst modernisierten Mauern der Reichsstadt Straßburg, sicher verpackt hinter den Wällen einer Metropole, die immer noch eine der politischen Schaltstellen des damaligen Europa war.

Allein die Wahrnehmung dieser Stadtfunktion, die dem jungen Herzog zweifellos auch in sehr persönlichem Sinne anzurechnen ist, hätte das harte Urteil über die „kopflose Flucht" und, so hat man es nicht gesagt, aber gemeint, über den herrscherlichen Vaterlandsverrat revidieren müssen. Im 18. Jahrhundert, dem das Verdikt im wesentlichen zu verdanken ist, kamen allenthalben nicht nur nationale Maßstäbe, sondern auch nationale Verhaltensformen auf, auch in Württemberg. Vor diesen Augen konnte ein Eberhard III. nicht (mehr) bestehen, zumal seine Herzogliche Durchlaucht sich in Straßburg herzlich wenig um die vielerlei eingefädelten Aktionen wegen seiner Wiedereinsetzung gekümmert haben soll; auch die bestgemeinten Ratschläge soll er in den Wind geschlagen haben und — zur Jagd gezogen sein. Und 1637 hat er sich im Exil noch gar mit der schönen Wild- und Rheingräfin Anna Dorothea vermählt, der Tochter des Grafen Johann Kasimir von Salm-Kyrburg. Hätte er nicht, statt seinen Ehefreuden zu leben, so haben ihm die Württemberger vorgeworfen, als Soldat in den Krieg ziehen können? Oder wenigstens die Tochter eines schwedischen Generals holen sollen? Oder eines katholischen, dem Habsburgerhaus nahestehenden, Reichsfürsten?

Die Antwort kommt einer politisch-nationalen Geschmacksfrage gleich. Man kann, wie die Tiroler, die Ehre seines Landes verteidigen, das muß man freilich wörtlich nehmen, bis zum letzten Mann. Aber man kann auch, wie die Polen, die Knute der Herrschenden ertragen, um sie schließlich zu überdauern. Polen lebt noch und lebt wieder, Südtirol hingegen ist längst in schmerzlicher Weise „verkauft" worden. Eberhard III. hat warten können, bis sich die Schwaden über den Schlachtfeldern verzogen hatten und er selbst wieder ans Werk gehen konnte. Das hat er denn auch nach seiner Rückkehr, vom ersten Tag seiner neuerstandenen Regierung an, mit unverkennbarer, aber eben langatmiger Zähigkeit getan. Die Situation, die er „daheim" vorfand, hätte schlimmer, entmutigender nicht sein können. Die Städte lagen in Trümmern, das Land war entvölkert, Not und bitterste Armut herrschten allenthalben. Man schätzt, daß von vierhunderttausend Einwohnern vor dem Kriege noch sechzigtausend übrig waren. Der Dreißigjährige Krieg hat beileibe nicht überall in Deutschland gewütet und vernichtet. Württemberg indessen gehört zu denjenigen Landschaften, die gnadenlos heimgesucht wurden. Schlimmer noch: Vom Kaiserlichen Hof zu Wien aus war seine Wiedereinsetzung am heftigsten bekämpft worden, ohne wesentlichen Einspruch übrigens, wie man sich in den Kreisen der altwürttembergischen Herzogsgegner ausrechnete und wünschte, seitens Frankreichs oder Schwedens. Ferdinand II. hatte das eroberte Württemberg teilweise seinem eigenen Kammergut zugeschlagen und von den restlichen Herrschaften die schönsten freigebig an seine Berater und Günstlinge verschenkt. Eberhard III. hatte also den Bestand des Landes zu sichern und überhaupt erst einmal die landesherrlichen Rechte wieder einzusetzen. Jahrelang blieb ihm der Erfolg versagt. Erst nachdem 1645 in Münster und Osnabrück Verhandlungen über einen möglichen Friedensschluß einsetzten, eröffnete sich auch ein neuer Rechtsweg. Aber auch dann hat man noch Jahre warten müssen, bis es dieses „Herzogtum Württemberg" – übrigens in den Grenzen von 1624 – wieder gab. Am Ende mochte man es wie ein Geschenk empfinden, daß die Restitution Württembergs, wie sie im Osnabrücker Vertrag formuliert war, auch in das Instrumentum Pacis des Kaisers mit dem König von Frankreich – den „Westfälischen Frieden" – aufgenommen wurde. In Stuttgart herrschte eitel Freude und Genugtuung über den Erfolg. Aber die Friedensexekution, die Durchführung der Bestimmungen der Verträge von Osnabrück und Münster, erwies sich als eine schwierige Sache. Mancherlei ist nicht „restituiert", nicht zurückgegeben worden, so die kostbare „Liberei" des Herzogs Ludwig von Württemberg, ein Schatz von einer Bibliothek, im wesentlichen dem klugen Sammeln des protestantischen Abtes des Klosters Maulbronn zu verdanken und dem Collegium illustre zu Tübingen überwiesen. Im Mai 1635, als die Bayern in Württemberg hausten und der junge Herzog in Straßburg angeblich nur der Jagd und sehr bürgerlichem Mummenschanz sich widmete, ließ Kurfürst Maximilian die eine Hälfte der Bücher nach München, die andere ins lothringische Jesuitenkolleg nach Pont-à-Mousson bringen, auf Nimmerwiedersehen. Auch große Archivbestände gingen außer Land und wurden teilweise erst im 19. Jahrhundert wieder zurückerstattet.

Aber das waren nicht die schlimmsten Schäden, auch nicht die Verwüstungen von Haus und Hof, denen vor allem die plündernden, marodierenden „Schnapphähne" nach der Nördlinger Schlacht den Garaus gemacht und die man gleichfalls oft erst im Verlaufe des 19. Jahrhunderts wieder gänzlich auszubessern oder neu aufzuführen vermochte. Das Schlimmste war die moralische Verwilderung, der Verlust an Vertrauen in einen Staat, eben dieses württembergische Herzogtum, das über lange, zu lange Atempausen hinweg am Vorabend seiner Auflösung stand. Gewordene geschichtliche Einheiten von einem Rang, wie dieser Kleinstaat ihn nun einmal hatte, veräußert man nicht ungestraft wie die Anteile einer Leinwand- oder Kaffeekompanie.

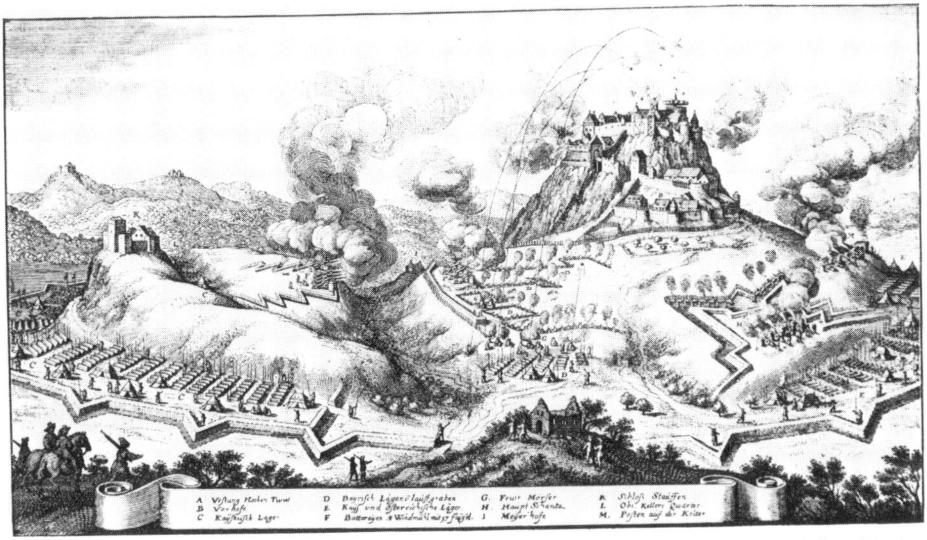

Belagerung des Hohentwiel durch die Kaiserlichen 1641. Kupferstich von Matthäus Merian 1643.

So schwunglos, so trivial, so hergeholt das klingt: Für diese — äußere und innere — Trümmerlandschaft war Eberhard der rechte Mann. Er hat die Dinge nicht treiben lassen, gewiß nicht, aber er hat auch nichts, selbst in jüngeren Jahren nicht, übers Knie gebrochen. Er hat allemal die Kirche im Dorf gelassen, ein Mann des friedlich-vernünftigen Gesprächs, des Ausgleichs, des Lebenlassens und freilich auch der üppigen Hoffeste. Ein Pykniker auf dem Thron, und wenn ihn die — allemal ins Stilisierend-Pathetische hinüberspielenden — Konterfeis nicht wiedergegeben haben als einen Menschen von kräftigem, gedrungenem und zu Fettansatz neigendem Körperbau, so hätte er so aussehen müssen. Mitten in einer zu allerlei Einbrüchen und Umbrüchen verurteilten Zeit lebt er eine Tugend vor, die er sich nun gar nicht künstlich anerziehen muß, sondern offenbar mit der Muttermilch eingesogen hat: Maßhalten und unabdingbare Distanz von allen Radikalismen und Verabsolutierungen.

Die Unauffälligkeit seiner doch recht langen Regierungszeit grenzt an die Vermutung, wir hätten hier einen der durchschnittlichsten aller württembergischen Regenten vor uns. Vielleicht täuschen wir uns. Man hat in diesen drangvollen Jahren des eine ganze Generation verschlingenden Krieges immerzu nach dem „starken Mann" gesucht. Eberhard, entgegen der Tradition seines Hauses weder Lust noch Begabung zum militärischen Handwerk zeigend, allenfalls in seiner Jägerei – die indessen kaum über das Standes- und Zeitübliche hinausging – so etwas wie martialische Züge offenbarend: Eberhard war großmütig (oder behäbig?) genug, anderen den Ruf des Volkshero-en zu lassen. Die Stadt Stuttgart, jede der großen und damit besonders krisengeschüttelten Städte wollte ihren Helden haben, bekam mit ihrem Bürgermeister Wolff Friedrich Lindenspür einen solchen rocher de bronce und das ganze Land mit Konrad Widerholt, dem Unerschütterlichen, ein wahres Symbol der Widerstandskraft und der Unbeugsamkeit vor dem Feinde. Ob der Hohentwiel, württembergische Exklave mitten in kaiserlich-katholischem Ausland, damals für Württemberg wirklich noch ein Punkt von strategischer Bedeutung war, wäre erst einmal zu belegen. Als er in der napoleonischen Zeit ohne sonderliche Mühe und Resonanz geschleift wurde, hatte er seine militärische Bedeutung auf alle Fälle schon lange hinter sich. Damals, nach der Nördlinger Schlacht, wurde die Felsenfestung zum Symbol der Unbeugsamkeit und des Weiterlebens im Lande. Nachdem der Oberst Konrad Widerholt zum Kommandanten der Feste berufen worden war, eine der vielen maßgeblichen Berufungen Eberhards, die zum Glück ausschlugen fürs ganze Land, baute der tapfere Mann die verwahrlosten Festungswerke und die artilleristische Ausrüstung wieder auf. Daß er nicht wählerisch in seinen Mitteln war, das hat man sich in den Hegau-Dörfern noch lange erzählt. Not kenne keine Gefahr, meinte er, wollte man ihm Vorhaltungen machen. Den ihm erteilten Befehl, die Festung bis zum Äußersten zu halten und sie niemals ohne den ausdrücklichen Befehl des Herzogs zu übergeben, hat er auch dann befolgt, als ihm sein Landesherr, dem der Kaiser die Übergabe des Hohentwiels als unwiderrufliche Bedingung seiner Wiedereinsetzung gestellt hatte, die Unterwerfung befahl. Widerholt glaubte die wahre Meinung seines Herzogs besser zu kennen und – verweigerte die Übergabe. Er macht Politik auf eigene Faust, unterstellt sich dem Herzog von Weimar und nach dessen Tod dem König von Frankreich, immer auf die Anerkennung der Hoheitsrechte des Hauses Württemberg als Grundvoraussetzung vertraglicher Abmachungen pochend.

Den — heute noch lebendigen — Ruhm des großen Landesverteidigers hat Eberhard also neidlos einem Manne wie Widerholt, dem späteren Obervogt in Kircheim unter Teck und Inspektor über Stadt und Amt Nürtingen, überlassen. Er selbst ging, und dies ganz zweifellos unter persönlichem Einsatz, an das Wesentlichere, an die Zusammenfassung dessen, was der psychologische Erfolg mit dem Hohentwiel und der diplomatische Erfolg der württembergischen Gesandtschaften auf den westfälischen Friedensverhandlungen allenfalls grundiert, aber nicht schon praktiziert haben: die Garantie des ganzen Landes. Eberhard bleibt das Verdienst, keine, auch die hämischste, Chronik hat je einen anderen Namen als den seinigen in diesem Betracht zu nennen gewußt, den Fortbestand des Herzogtums staatsrechtlich gesichert zu haben. In seinem Testament vom Jahre 1653, das zum Hausgesetz erhoben wurde, verfügte er die Unteilbarkeit des Landes. Darin steckte die sehr moderne und für alle kommenden Generationen entscheidende Auffassung, daß der Staatsbesitz jedem privatrechtlichen Anspruch landesfürstlicher Erben entzogen sei. Deshalb auch des Herzogs Verordnung, daß zukünftig die Versorgung fürstlicher Töchter und nachgeborener Söhne nur durch jährliche Zuschüsse, nicht aber durch staatlichen Grundbesitz erfolgen dürfe.

Eberhard ist der gutmütig-redliche Familienvater. Er ist es daheim, wo er aus zwei Ehen — zehn Jahre nach dem Tode Anna Dorotheas hat er Maria Dorothea Sophie (1639—1698), die Tochter des Grafen von Öttingen geheiratet — fünfundzwanzig Kinder in die Welt treten sieht; acht Söhne und sechs Töchter haben ihn überlebt.

Nichts von barocker Ausschweifung, die sich über die Grenzen der Stände und der moralischen Verbindlichkeiten mit großzügigsten Allüren hinwegsetzen kann. Eberhard ist Familienvater auch im Umgang mit dem Landtag, der Ältere und der Klügere sozusagen in dieser seltsamen Partnerschaft. Er nimmt den Sprechern der Landstände das immer eifriger vorgebrachte Nein nicht übel, auch dann nicht, als sie ihm — natürlich — das stehende Heer verweigern, ja er gibt ihnen eine ganze Portion Selbstsicherheit und Selbstverantwortung wieder zurück, während sie in anderen Territorien, in Baden etwa, zu ihrer letzten Sitzung einberufen werden und dann überhaupt von der Bildfläche verschwinden.

In den Zügen dieser geruhsam-patriarchalischen Führung liegt Eberhards eigentliche geschichtliche Leistung. Er hat dem Land, dem gepeinigten, dem geplagten, darin liegt eine der großen Herrscherfunktionen, beste Ratgeber und Verwalter gegeben. Jakob Löffler, Johann Konrad Varnbüler, der in Osnabrück für Württemberg auftrat, der Kanzler Andreas Burkhard, der mit Wien verhandelte, gehören in erster Linie zu ihnen. Vor allem aber wäre Johann Valentin Andreae zu nennen, den Eberhard bald nach der Rückkehr aus Straßburg mit der Neuordnung der kirchlichen Verhältnisse im Lande beauftragte, wir sagen besser, mit der Fundierung der inneren Haltung und der Kultur des Landes. Andreae hat dieses Geschäft mit der Rigorosität eines von mancherlei Erfahrungen gezeichneten Lebens besorgt; er ist im Grunde der Erzvater dieser spezifisch württembergisch-pietistischen Geistigkeit geworden.

Einmal haben ihn die Prinzen Albrecht und Bernhard von Sachsen besucht, die in den Jahren 1666–1668 Zöglinge des Collegium illustre zu Tübingen waren und ihre Reise nebst Aufenthalt auf Befehl ihres Vaters, des Herzogs Ernst des Frommen, mit nachdrücklicher Beihilfe ihrer Herren Hofmeister hernach zu Papier brachten. Von dem Herzog, Eberhard III., der die Prinzen aufs Freundlichste und Rücksichtsvollste behandelte, wird nur in rühmenden Worten gesprochen. Besonders werden seine Bestrebungen hervorgehoben, das bestehende Recht in Gesetzessammlung zusammenzufassen.

Kein Held, dieser Eberhard, gewiß nicht. Aber einer, der auf seinem Weg des geringsten Widerstands doch schließlich mehr zustande brachte als einer, der in dramatischen Ausgriffen die Sterne herunterholen will – ein paar Jahre nach Eberhards Tod wurde Karl XII. von Schweden geboren, der durch halb Europa stürmt, und doch nichts hinterläßt – und am Ende alles verliert. In gütlichem Hausvätersinn hat Eberhard die Dinge zusammenhalten wollen. Das ist nicht die schlechteste Schwabenart. Irgendwie müssen „seine" Schwaben das an ihm nicht nur erkannt, sondern auch geschätzt haben. Als der Herzog und die führenden Leute des Landtags samt Kasse zum Rhein flohen, bedachte man die Ausziehenden allenthalben „mit fluchen, schwören, allerhand bedrohungen und anmaßender gewalt". Als der Herzog am 10. Oktober 1638 wieder in Stuttgart einzog, wurde er mit „großen frohlocken der ganzen burgerschaft" empfangen. Und in der Stiftskirche gab's hernach eine Predigt über den 60. Psalm: „Gott, der du uns verstoßen und zerstreuet hast und zonig warest, tröste uns wieder."

Herzog Wilhelm Ludwig (regierte von 1674 bis 1677)
Taler 1677
Vs. WILH · LUD · D · G · DUX · WIRTEMB · ET · TEC
Gepanzertes Brustbild nach rechts mit Feldherrnbinde und Spitzenjabot, unten neben dem Armabschnitt die Stempelschneidersignatur ICM (= Johann Christoph Müller)
Ebner XII, Nr. 2: ∅ 39 mm, 29,2 g
Münzstätte: Stuttgart
Stempelschneider: Johann Christoph Müller, zwischen 1670 und 1695 in Stuttgart tätig

Rs. 16 IN · DEO · SPES · MEA · 77 (= Auf Gott [ruht] meine Hoffnung)
Zwischen zwei Lorbeerzweigen das quadrierte Wappen unter Fürstenhut

Herzog Wilhelm Ludwig

Geboren 7. Januar 1647 Stuttgart, regierte seit 18. Juli 1674, gestorben 23. Juni 1677 Hirsau, begraben in der Stiftskirche Stuttgart

Als Herzog Eberhard am 2. Juli 1674 starb, war kein Stellvertreter und kein „Obervormünder" vonnöten. Weder der Geheime Rat, etwa das, was heute das Staatsministerium ist, noch die Landschaft brauchten sich lange auf Einfälle und Ränke besinnen, der Nachfolger stand schon da, der siebenundzwanzigjährige Wilhelm Ludwig. Er war aufs beste für sein Amt vorbereitet und schien auch alle Gewähr dafür zu bieten, daß man einer neuen, aber ganzen Generation landesväterlicher Fürsorge entgegensehen dürfe. „Gesund und von kräftigem Körperbau" sei der neue Herzog, so erzählte man sich im Lande. Spätere, württembergisch-nationale Geschichtsschreibung hat ihn als einen „Fürsten von trefflichem Gemüthe" apostrophiert, „leutselig und gerecht und dabei klugen Geistes und wohl gebildet."

Wer sich nicht bewähren muß, so ließe sich hämisch hinzufügen, dem kann – auf dem Herrscherthron – Leutseligkeit und Sanftmut leicht bescheinigt werden. Was die Klugheit und die „Bildung" anlangt, so dürfte der Chronist in der Hauptsache an die tatsächlich ausgeprägte Schul- und Studienzeit des jungen Mannes gedacht haben. Zunächst erledigt man das „daheim", im Alten Schloß zu Stuttgart. Dort erhält Wilhelm Ludwig seinen ersten Unterricht, bis zum neunzehnten Lebensjahr. Dann schickt man ihn ins Collegium illustre nach Tübingen, der im Windschatten der Universität etablierten Adelsakademie. Dort werden Fürstensöhne wie die der Adligen erzogen, nur ein bißchen aufwendiger und auf alle Fälle mit dem festen Blick auf die zukünftige Regierungsaufgabe.

In seinem „Teutschen Fürsten-Staat" von 1656 hatte Ludwig von Seckendorff (1626–1692) in aller Klarheit dargetan, wie man das mit den jungen Herren von Adel zu halten habe. Im Alter von vier bis fünf Jahren seien sie dem Hofmeister zu übergeben, der seinem Zögling bis zum sechzehnten Jahr – bei Wilhelm Ludwig hat das also ein bißchen länger gedauert – mit

Hilfe von Präzeptoren, Informatoren und Exerzitienmeistern das Nötige beibringen läßt. „Das Nötige", das holt man sich jetzt nicht mehr aus dem humanistisch-theologischen Kanon des Reformationsjahrhunderts, sondern denkt mehr an „Haltung", heute würden wir sagen, an operationales Wissen, an Fertigkeiten und Fähigkeiten, die hernach bei Hof, in der Regierung und Verwaltung, auf der diplomatischen Bühne angebracht werden können. Der Einschuß von „Wirklichkeit" und „Welt", vor allem natürlich der (zumindest anvisierten und eingeleiteten) Naturwissenschaften ist unverkennbar. Womöglich hat unser Wilhelm Ludwig in Tübingen auch einmal die erbitterten Fehden zwischen den orthodoxen Lutheranern und den Synkretisten registriert, die ersten Fortschritte auf den Gebieten der Mathematik und der Philosophie. Er ist Leibnizens Alters- und Zeitgenosse, und mit seiner Generation beginnt sich jene geistige Entwicklung anzubahnen, die ein Jahrhundert später in Klassik und Idealismus, in der „Deutschen Bewegung", kulminiert. Friedrich Karl, der um drei Jahre jüngere Bruder, der in Tübingen mit von der Partie ist und hernach für eine halbe Generation die Geschäfte eines Herzogstellvertreters übernehmen muß, wird Leibniz zu einem Gutachten über den besten Standort einer württembergischen Residenz heranziehen. Die joviale Bonhomie des Landesvatertyps unter den Regenten, der nur in seinen Jagden über die Schnur haut, ansonsten aber einer patriarchalisch-pausbäckigen Fürsorge huldigt und der Verantwortung fürs „gemeine Wesen", beginnt dem Bild eines erzogenen, „gelernten" Regenten Platz zu machen.

Ob Wilhelm Ludwig nicht auch unter die saufenden und raufenden Tübinger studiosi sich gemengt hat, vermögen wir schwer zu sagen. Neben den Staats- und mathematischen Wissenschaften, neben Geschichte und Sprachen – worunter Latein durch das Französische von seinem ersten Platz verdrängt wurde – standen jedenfalls „Exerzitien" (wie Tanzen, Fechten, Jagen), Eloquenz und Conduite auf dem Stundenplan der 1554 gegründeten Tübinger Akademie: Weltluft, wie gesagt, die man jetzt den künftigen Landesherren zuliebe in die vom Humanistenstaub verdunkelten Schulstuben läßt.

Als Krönung des Ganzen, siehe Seckendorff: die Kavalierstour. Wilhelm Ludwig, am 1. März 1666 unter Leitung eines bürgerlichen Hofmeisters namens Georg Rudolf Marschall im Collegium illustre aufgenommen, verläßt es zwei Jahre später, nach Absolvierung der Studien, um sich die „Welt" anzusehen. Es dauert noch ein Weilchen, bis der Herr Vater im pfalzsimmernschen Hofmarschall und Geheimrat Barthold von Bülow (1636–1690) den richtigen Hofmeister für den Erbprinzen gefunden hat. Dann geht es los, der jüngere Bruder und der junge Graf Georg Philipp von Ortenburg sind auch dabei. Der erste Teil der Reise gehört der näheren Bekanntschaft mit der französischen Sprache und den höfischen Sitten, man besucht Kollegien in Genf, hält sich fünf Monate in Saumur und ebensolange in La Flèche auf. Daran schließt sich eine Besuchsreise europäischer Höfe an, sozusagen der praktische Teil, man kommt über Südfrankreich, Bordeaux, Toulouse und Marseille Anfang 1671 nach Paris, von dort führt Bülow seine Schützlinge über London und Oxford in die spanischen Niederlande, dann in die Generalstaaten, wo man drei Monate Utrecht genießt, schließlich an die skandinavischen Höfe, Kopenhagen, Stockholm, von wo man anfangs 1672 überstürzt – ein holländischer Krieg droht auszubrechen – über Celle und Marburg nach Stuttgart zurückkehrt. Am 3. März 1672 wird die Rückkunft des Erbprinzen in Stuttgart mit Begeisterung, nein, mit Überschwang gefeiert.

Kavalierstour war auch Brautschau. Während der zwei Monate Stockholm dürfte der „Graf von Hellenstein" (so das Pseudonym unsres württembergischen Erbprinzen) die Magdalene Sybille von Hessen-Darmstadt (1652–1712) kennengelernt haben; sie ist dort, späterhin für die württembergische Geschichte, wovon noch die Rede sein wird, eine wichtige Persönlichkeit, erzogen worden. Im November 1673 heiraten die beiden. „Hohe Hertzens-Vereinigung", so hebt der Titel einer zu diesem zum fürstlichen „Beilager" in Darmstadt erschienenen pompösen Schrift an, „bei dem Beylager dess Wilhelm Ludwigens, Herzog zu Württemberg und Teck und der Prinzessin Magdalene Sybille Ludwigens Landgrafens zu Hessen Tochter." Und als das verheiratete Paar in Stuttgart einzog, hat man noch einmal gefeiert und sich nicht lumpen lassen. Kurz darauf geht das Stuttgarter Gegenexemplar in Druck: „Triumph des Ehestandes, an dem hochfürstlichen, prächtigen Heimführungs- und Einzugsfest des Erbprinzen und Herzogs Wilhelm Ludwig zu Württemberg und der Fürstin Magdalena Sybille, geborene Landgräfin zu Hessen." Hinter dem pathetisch-barocken Arrangement schaut der Vater heraus, Eberhard III., der nicht nur an Familienfeiern, sondern auch an munter aufgeputzten Hoffesten seinen unausrottbaren Spaß hatte, eine „kleine" Schwäche des sonst sparsamen, ja knauserigen Mannes.

Noch ein halbes Jährchen hat Wilhelm Ludwig Zeit, sich seines erbprinzlichen Standes und seiner jungen Ehe zu erfreuen. Dann steht er, mit dem Tod des Vaters, mitten in der Verantwortung für Land und Leute. Der erste Landtag, den der Herzog auf 14. Januar 1675 einberuft und dann wegen des plötzlichen Rückzugs der kaiserlichen Armee aus dem Elsaß auf 26. Februar verschieben läßt, macht allein schon dieser Umdisponierung wegen klar, daß die Lage noch schwieriger als beim Vorgänger geworden war. Württemberg ist, zum ersten Mal seit 1634, wieder im offenen Krieg, ja es gehört zu denjenigen Reichsständen, die dem Feind am meisten ausgesetzt sind. Daß der französische Souverän, Ludwig XIV., der „allerchristlichste König", nach Arrondierung seines Gebiets und dabei auch nach dem Elsaß zielt, das lag wohl jedem der Landtagsabgeordneten offen. Die Gefahr in ihrer ganzen Größe erkannte der Landtag indessen schwerlich. Daß ein Übergriff ins Rechtsrheinische damit verknüpft sein konnte, daran mochte oder konnte man nicht denken. Im Grunde ging es also dem Landtag in dieser ersten Session mit dem neuen Landesherrn um die Erleichterung der landständischen Steuerlasten. Er stellte elf präzise Forderungen auf, worunter auch die Einstellung der unnötigen Bauten, die Einschränkung des Hofstaats oder die Verschonung des Kirchenguts rangierten. Der Vater, Eberhard III., habe gewiß verfassungsmäßig regiert, aber auf Verringerung der Steuerlast habe er sich nie eingelassen, das müsse der Landtag ihm zum Vorwurf machen.

Erst nach diesem schweren Seitenhieb erklärte der Landtag, die herzogliche Leibgardekompanie – eine Notlösung des Vaters – nicht länger zahlen zu können, auch auf die übrigen, mit dem Krieg zusammenhängenden Forderungen Wilhelm Ludwigs wollte er nicht eingehen. Aber der junge Herzog gab eine klare, unmißverständliche Antwort. Er verwahrte sich dagegen, daß die Regierung seines Vaters vom Landtag „gleichsam syndiciret und improbiret" werde (worauf Prälaten und Landschaft sogleich beteuerten, das habe ihnen völlig fern gelegen). Und was die Zurückhaltung in der Militärfrage angehe, so könne er das überhaupt nicht verstehen (er wird gedacht haben: wie kann man abrüsten wollen, wo der Krieg jetzt erst richtig beginnt).

Daß dieser Landtag schließlich um Vertagung der Verhandlungen einkam, mag Wilhelm Ludwig mit Erleichterung aufgenommen haben. Als man, nach neuerlichen Verzögerungen, nach dem Weinherbst am 22. Oktober wieder zusammenkam, hatten französische Streifzüge bis Sulz und Freudenstadt

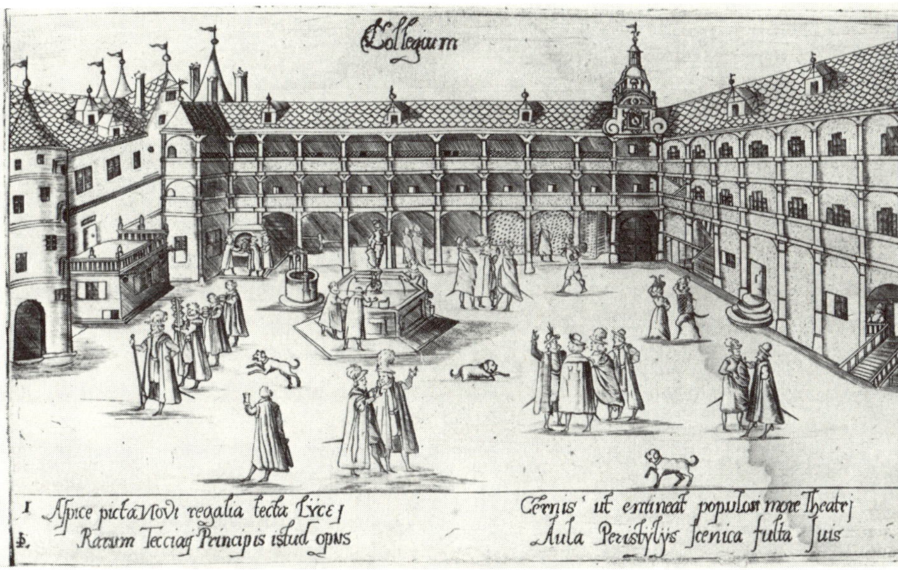

Hof des Collegium illustre zu Tübingen, mit Professoren, adligen Collegiaten und Dienern. Aus der Kupferstichfolge des Christoph Neyffer und Ludwig Ditzinger, 1606–1608.

inzwischen den Ernst der Lage handgreiflich gemacht: der Landtag bewilligte jetzt die vom Landesherrn geforderten Mittel und war auch bereit, die geworbenen Truppen bis 1. Juli 1676 wie bisher zu unterhalten.

Die erste Schlacht, die daheim und im Saale stattfand, hatte der junge Herzog also gewonnen. Zwischen dem Kaiser und dem König von Frankreich, zwischen Bourbon und Habsburg hatte er, wie seine Vorgänger und seine Nachfolger, im Namen Württembergs zu entscheiden. Er entschied sich, auch das eine alte württembergische Tradition, für keinen von beiden, sondern wollte die Verwirklichung einer echten Neutralität. Dazu bedurfte er der Laune des Landtags. Deshalb wohl der deutlich erkennbare Trend des jungen Landesherrn, bedachtsam in den verfassungsmäßigen Bahnen seines Vaters zu gehen; die Herren Räte, größtenteils vom Vater übernommen, werden ihm gewiß dazu auch geraten haben. Keine Neuerungen, dies ihre Losung, nichts, was „anders“ sein könnte, weil dies „gar leichtlich bei gemeinen praelaten und landschaft befrembdlich aufgenommen und angesehen werden dörfte". Wilhelm Ludwig hielt sich an die Devise. Er ließ den Herren Abgeordneten bei Hof auch die herkömmliche Mahlzeit reichen, „welche sie (die Abgeordneten) vor eine hohe fürstliche gnad aestimiren".

Als der Termin 1676 da war, sah sich die Sache freilich wieder anders an. Streifzüge hatte es inzwischen keine mehr gegeben, dafür hohe Durchzugs- und Quartierkosten für die Reichstruppen. Wozu brauche man denn die herzogliche Leibgarde, das scheint ein rotes Tuch für die Männer des Landtags gewesen zu sein, wozu die höher besoldete Reiterkompanie? Verringerung der Kopfzahl und der Löhnung, statt drei zwei Kompanien. Es dauerte vier Wochen, bis die Regierung den Landtag abermals umstimmte und die Anerkennung aller wesentlichen Militärforderungen erreichte. Klugerweise ließ man dem Landtag auch einen kleinen Sieg: In Gottes Namen sei man bereit, die Umgliederung der drei in zwei Infanteriekompanien in die Wege zu leiten.

Und dann die jähe Nachricht, der junge Herzog sei dem Schlaganfall erlegen. Sein Söhnlein Eberhard Ludwig war gerade neun Monate alt. Das Herzogtum Württemberg, unmittelbar in der Schußlinie der großen Mächte, stand herrenlos da.

Herzog Friedrich Karl (Administrator von 1677 bis 1693)
Taler 1680
Vs. FRID : CAROL · D : G · D · WIRTEMB · ADMINISTR
Gepanzertes Brustbild nach rechts mit Spitzenjabot und Feldherrnbinde, am Armabschnitt die Stempelschneidersignatur ICM (= Johann Christoph Müller)
Ebner XIII, Nr. 4: ⌀ 39 mm, 29,4 g
Münzstätte: Stuttgart
Stempelschneider: Johann Christoph Müller, zwischen 1670 und 1695 in Stuttgart tätig

Rs. Zwischen zwei Lorbeerzweigen das quadrierte Wappen unter Fürstenhut, darüber I · 6 · D · P · F · 80 · (Dura Placent Fortibus = Harte Arbeiten gefallen den Tüchtigen)

Herzog Friedrich Karl

Geboren 12. September 1652 Stuttgart, regierte vormundschaftlich 10. Dezember 1677 bis 20. Januar 1693, gestorben 20. Dezember 1698 Stuttgart, begraben in der Stiftskirche Stuttgart

Daß das Erbprinzlein beim Tode seines Vaters im ersten Lebensjahr stand, war nicht nur ein harter Schlag für das Land, sondern auch ein dynastisches Problem besonderen Ranges. Hätte der Thronfolger kurz vor seiner Mündigkeit gestanden, wäre das keine große Sache gewesen, einen „Ersatz“ aus irgendeiner der Seitenlinien hätte man für die kurze Zeitspanne rasch gefunden. Jetzt war das aber keine Pro-Forma-Sache für ein, zwei Jahre, sondern, das ließ sich ausrechnen, für wenigstens ein halbes Menschenalter. Ein lohnendes Unternehmen also, die Möglichkeit vom niederen Landadel oder auch abhängigen Hofadel – anderes waren die württembergischen Seitenlinien nicht – auf das Niveau der regierenden Häuser gehoben zu werden.

Friedrich Karl mag, als ihm die Nachricht vom völlig unerwarteten Tod seines älteren Bruders zukam, derlei durch den Kopf geschossen sein: das ist die Chance deines Lebens. Bis jetzt war ihm nur ein Weg vertraut, der aller Sekundogenitur, die Offizierskarriere. Inwieweit sie ihm einen standesgemäßen Unterhalt brachte, das hing von seiner Geschicklichkeit ab; Hauptaufgabe wäre dann gewesen, das hoffentlich wachsende Vermögen in grundherrlichen Besitz anzulegen. Aber wohin? In kaiserliche Dienste? Oder in die Armee von Frankreichs Großem König, der nächster Nachbar war (und den Friedrich Karl heimlich verehrte, als das Vorbild eines souverän praktizierten Absolutismus)? Oder gar in holländischen, in englischen Sold?

Fürs erste hatte der Geheime Rat, von Wilhelm Ludwig ausdrücklich als Mitsprecher in solchen Dingen eingesetzt, noch 1673 Friedrich Karls Überlegungen kurzerhand abgeschnitten und ihn nach Italien abgeschoben. Er solle den Karneval in Venedig besuchen und „vor Beginn der Hitze“, das heißt, wenn sich die Dinge abgeklärt hätten, wieder nach Deutschland kommen. Lange war dieses Spiel freilich nicht zu treiben. Ein Jahr darauf schlägt ihn sein mittlerweile zum Landesherrn avancierter Bruder zum Obristen des Artillerie-Regiments „Friedrich Karl von Württemberg“ vor, einer – kaum mehr als fünfhundert Mann starken – Einheit des Schwäbischen Reichskreises, die Friedrich Karl vom August 1674 bis April 1677 befehligte und mit der er – innerhalb der Reichsarmee unter dem Kaiser – an den Kampagnen am Oberrhein teilnahm.

Jetzt also konnte er Herzog und Landesherr werden, für länger vielleicht, als man nach menschlichem Ermessen denken konnte. Aber plötzlich waren Mitbewerber da. Da ist der 61jährige Onkel, der Herzog Friedrich von Württemberg-Neuenstadt, der ihm eben erst sein Regiment finanziert hatte. Friedrich Karl läßt sich von Tübinger Juristen beraten, reist nach Wien, um beim Reichshofrat seine Sache persönlich zu befördern. Aber da erhebt sich plötzlich ein neuer, dritter Prätendent. Am 14. August 1677 fordert der Landgraf Ludwig VI. von Hessen-Darmstadt (1603–1678) aufgrund des Ehevertrags vom 6. November 1673 die Berücksichtigung seiner Tochter Magdalene Sybille als Mitvormünderin für ihren Sohn und die Zulassung zur Landesregierung. Die Kabinettstüren in Wien erleben aufgeregte Tage. Friedrich Karl, von Freunden unterstützt, von Freunden verlassen, wird zwischen Hoffen und endgültigem Verzicht hin- und hergeworfen. Dann entscheidet der Kaiser zu seinen Gunsten. Am 27. November 1677 wird ihm die Obervormundschaft für Eberhard Ludwig und die Administration des Herzogtums übertragen.

Jetzt sitzt er im Sattel. Daß die Herzoginwitwe am 19. Februar 1678 in einem Vergleich in Stuttgart der Titel einer „Obermitvormünderin“ und die Beteiligung an „der fürstlichen Kindereducation und die Oeconomica, son in die Regierungsgeschäfte einlauffen“, zugestanden wird, berührt ihn nicht weiter; er sieht darin eine faire Lösung zugunsten der Dynastie. Viel aufregender ist, daß der Geheime Rat sogleich auf Gegenkurs geht. Man fürchtet dort, der selbstbewußte Karl werde sich, mehr vielleicht noch als sein Vater und sein älterer Bruder, der Herrschaft dieses Gremiums nicht fügen. Mit anderen Worten: wer Landesherr, „Württembergs geliebter Herr“ ist, ist noch lange nicht, zumindest in Württemberg nicht, unabhängig-glücklicher Alleinherrscher.

Die „Weiber von Schorndorf" 1688, wie es der Illustrator des ersten dichterischen Berichtes von Daniel Speer aus dem Jahre 1689 gesehen hat.

Zunächst freilich lassen sich die Dinge gut an. Friedrich Karl gelingt es, den leitenden Minister im Geheimen Rat, den Freiherrn Christoph von Manteuffel (1622–1688) zu entlassen. Auch die Klage beim Reichshofrat nützte dem pommerischen Edelmann nichts. Und auch die übrige Personalpolitik in diesem obersten Organ schien Friedrich Karl ganz zu seinen Gunsten gelöst zu haben. Er konnte zur Sache kommen, zu den beiden anstehenden Hauptthemen, die beide außenpolitischer Natur waren: die diplomatische Krise zwischen dem Kaiser und Frankreich wegen der Reunionen, eines bereits sich abzeichnenden Prozesses, in die auch Württemberg hineingezogen wurde, und der Aufbau eines stehenden Heeres in Württemberg, das schon der Vater haben wollte und das der Pfälzer Krieg dann unausweichlich zu machen schien.

Beide Parteien, Ludwig XIV. und der Kaiser, beginnen seit 1682 um Bundesgenossen zu werben. Württemberg sieht sich mehr und mehr in einer vertrackten Lage. Entweder wird das Territorium Aufmarschgebiet für die Kaiserlichen, was so schlimm wie offener Krieg sein kann, man kennt das aus den Jahren des Dreißigjährigen Krieges, oder es wird zum Einmarschgebiet für die Franzosen, was einem gleichfalls teuer – und nicht unblutig – zu stehen käme. Ludwig XIV. will seine Eroberungen auf diplomatischem Wege erreichen, der Kaiser glaubt, sich mit einem Krieg zugleich für die Niederlage im holländischen Krieg revanchieren zu können.

Friedrich Karls Liebe zu Ludwig bricht ungeniert durch. Als einer der ersten Reichsfürsten hat er im Dezember 1680, also vor der Einnahme Straßburgs, das Vorgehen Ludwigs anerkannt und sich zur Huldigung für die württembergische Sekundogenitur in Mömpelgard bereiterklärt, die am 18. Februar stattfand. Und nach dem Fall Straßburgs hatte sich der württembergische Herzog persönlich dort eingefunden und Ludwig XIV. am 16. Oktober 1681 seine Aufwartung gemacht, wofür ihm der König einen Degen überreichen ließ. Aber Jakob Friedrich Rühle (1630–1708), den Friedrich Karl als Heilbronner Syndikus selbst in den Geheimen Rat geholt hatte und der jetzt dort den Ton angab, war anderer Meinung. Man dürfe nicht so eindeutig für Frankreich optieren, man müsse sich den Rücken freihalten und auch in Wien mit von der Partie sein. Schließlich überstimmte im Geheimen Rat die Mehrheit unter Rühle auch den letzten, der dem Herzog die Stange halten wollte. Schroff und unmißverständlich hielt man Friedrich Karl entgegen, als Vormundschaftsregierung sei man auf den Kaiser vereidigt, sie alle, die Räte, hätten die Verpflichtung, ihrem Mündel sein Erbe zu bewahren, nicht etwa es zu verspielen oder durch eine exponierte Politik aufs Spiel zu setzen. Im übrigen sei Friedrich Karl durch das Testament seines Vaters an die Zustimmung des Geheimen Rats gebunden.

Es auf einen Streit ankommen zu lassen, in dem der Kaiser als Schiedsrichter hätte fungieren müssen, darüber gab es keine Zweifel, das war Friedrich Karl unmöglich. Ja, hätte er an der Spitze eines Truppencorps gestanden, dann wäre der Widerstand des Geheimen Rats und auch des Landtags ohne Sinn gewesen. So aber war er nur „Vertreter" und abhängig von einem gleichsam genossenschaftlich funktionierenden Organismus, dem er sich fügen mußte und auch gefügt hat. Die unabdingbare Haltung des Geheimen Rats war gleichbedeutend mit der Klärung von Württembergs politischem Kurs und mit der Stellungnahme gegen irgendein Aufkommen fürstlich-absolutistischer Allüren im Lande. Rühle führte die Politik der Bindung an das Reich weiter. Er verstand sie, Johann Georg Kulpis, sein großer Nachfolger im Geheimen Rat verfuhr nicht anders, als eine Bindung an den Schwäbischen Kreis und an die vorderen Reichskreise überhaupt.

Derart auf die stellvertretende und repräsentierende Funktion des „Administrators" verwiesen, verordnet sich Friedrich Karl einen eigenen und sozusagen privaten Zeitvertreib, er verlegt sich auf den Soldatenhandel.

Daß man hier in die eigene Tasche arbeiten konnte, hatten schon die Zeiten Wallensteins klar gemacht. Keiner der großen Generalissimi dieser Zeit, der nicht zugleich als Unternehmer großen Stils aufgetreten wäre und „sein" Heer angeworben, aufgestellt und unterhalten hätte. Friedrich Karl, begeisterter Soldat und zweifellos ein Führer von erprobter Tapferkeit, konnte soweit nicht gehen. Die Aufstellung eines ganzen Kontingents ging weit über seine Möglichkeiten. Er konnte nicht selbständig auftreten und dann bei den Großstaaten anfragen, wer für sein Heer am meisten biete: der „Söldner" in Großformat. Für ihn gab es nur ein, zwei kleine Regimenter, die er sich, mit dem Aufkauf von Pferden, mit kleineren Anleihen bei süddeutschen Bankhäusern fing es an, zusammenholen konnte – die württembergischen Ämter und Amtleute setzte er ungeniert ein dafür – und die er alsbald verkaufte, nach Venedig, nach Oranien, nach Wien.

Nachweislich hat der „Herzog" – der keiner war – in manchem dieser Fälle auch mit dem Wiederbeginn einer eigenen Militärkarriere oder zumindest einer seiner Söhne gerechnet. Aber hier hat dann wieder der Geheime Rat eingegriffen, der übrigens sofort nach dem Regierungsantritt Friedrich Karls sein Ausscheiden aus den kaiserlichen Diensten betrieb. Ein württembergischer Herzog könne und dürfe nicht zugleich in anderen Diensten stehen. Friedrich Karl hat damals – im Jahre 1684 – zunächst alle Pläne einer eigenen militärischen Karriere aufgegeben. Erst als sich nach seinem venezianischen Soldatengeschäft – das sich schon deshalb für den Soldaten-Unternehmer Friedrich Karl nicht lohnte, weil die „griechischen Regimenter" bis zu achtzig Prozent ihres Bestandes verloren – die Sendung von drei Regimentern Kavallerie an Wilhelm von Oranien (1650–1702) anbot, machten sich auch persönliche Ambitionen wieder bemerkbar. Wilhelm bereitete seine Landung in England vor. Friedrich Karl konnte annehmen, in dem zukünftigen englischen König einen politisch unverdächtigen Gönner zu haben, für seine eigene Karriere und die seiner Söhne.

Aber gerade darin hatte sich der herzogliche Soldatenhändler gründlich verrechnet. Nicht nur Magdalene Sybille und die Geheimräte, die von den – geheimgehaltenen – Absichten des Administrators Wind bekamen, traten mit aller Entschiedenheit auf den Plan, sondern auch der französische König forderte schroff, Friedrich solle die oranischen Werbungen einstellen. Als freilich auch die Herzoginmutter und die Geheimräte die Aufgabe der Werbungen verlangten, erklärt Friedrich Karl, eher die Administration aufzugeben und „mit Hilfe seiner guten Freunde seine Fortun anderswo zu machen", als wortbrüchig zu werden.

Unterdessen kam der Krieg ins Land, oder wenigstens seine Vorstufe, die Forderung von Kontributionen. Die Truppen des Kaisers und Reiches standen in Ungarn. Württemberg, ohne nennenswerten Schutz, wurde von Frankreich mit einer Strafzahlung in Höhe von 150 000 Gulden unter Androhung von Feuer und Schwert belegt, mit der Begründung, das Land habe unter Bruch des Regensburger Vertrags von 1684 Wilhelm von Oranien unterstützt. Friedrich Karl versucht das Land zu retten, indem er alle Schuld auf sich nimmt. Am 7. Oktober 1688 bietet er Ludwig XIV. schriftlich seinen Rücktritt an, wenn dieser Schritt das Land vor dem Zorn des Königs rette; wenn einer schuldig sei, dann nur er, der Administrator, als Person.

Ludwig XIV. hat auf das württembergische Rücktrittsangebot nicht einmal geantwortet. Möglicherweise war dem allerchristlichsten König ein umherirrender Landesverweser willkommener als irgendein Regentschaftswechsel in Stuttgart. Unterdessen rückte ein Expeditionscorps unter Feuquière über Mergentheim und Nördlingen nach Ulm vor, das andre, unter Mélac, brachte, vom Asperg aus, Esslingen, Stuttgart und Tübingen zur Übergabe. De Juvigny, der französische Gesandte in Stuttgart, hatte der Herzoginmutter erklärt, sie und ihre Kinder seien in Stuttgart in Sicherheit. So blieb sie in der Residenzstadt, während der Administrator nach der kampflosen Besetzung Heilbronns durch die Franzosen am 7. Oktober auf den legendären Ort des letzten Widerstands, auf die württembergische Landesfestung Hohentwiel flüchtete.

Zwar kam Friedrich Karl, als sich die Franzosen wider Erwarten ruhig verhielten, wieder nach Stuttgart zurück. Anfang November zog er sich aber doch wieder zurück, nach Nürnberg und schließlich ins sichere Regensburg, wohin auch der kleine Erbprinz Eberhard Ludwig gebracht wurde. War die Flucht nichts als Feigheit? Man wird das dem Soldaten, dem immerhin erfahrenen, kaum vorwerfen wollen. Er war ein Mann, der mit Soldaten zwar handelte, aber keine besaß. Offenbar hatte er keine Lust, sich zum Märtyrer für eine von vornherein verlorene Sache machen zu lassen.

Die ausgebrannte Klosterkirche St. Peter und Paul zu Hirsau. Zeichnung von 1702.

Wie immer auch: Sybille hielt stand. Unter den späteren Historikern sagen die einen, sie sei „der einzige Mann am württembergischen Hof gewesen“, die anderen, sie habe sich durch zwei winzige französische Kolonnen trotz der Gegenbefehle Friedrich Karls in völliger Kopflosigkeit zur Öffnung aller württembergischen Städte und Festungen bewegen lassen. Jedenfalls waren das turbulente Tage im Geviert des altwürttembergischen Herzogtums, und nur in Schorndorf scheint Mélac seinen Meister gefunden zu haben, in Gestalt der Weiber von Schorndorf. Als die Vertreter der Stuttgarter Regierung dem unerschrockenen Kommandanten, Peter Krumhaar, den Befehl zur Übergabe bringen wollten, drohten sie ihnen Prügel an, falls sie sich bei ihnen sehen ließen. Die Stadttore waren und blieben geschlossen. Die Franzosen wagten den Sturm auf Schorndorf nicht. Schließlich zeigten sich die aus Ungarn zurückkehrenden Kreisregimenter bei Ulm, und die französischen Eindringlinge, die sich jetzt dem Kampf nicht stellen wollten, zogen sich unbehelligt über den Schwarzwald zurück.

Die Geschichte ist noch nicht ganz zu Ende. Sie wäre es, wenn wir nur noch anzufügen hätten, daß Friedrich Karl, von Sybille Magdalene nach seiner Flucht als abgesetzt behandelt, Ende Dezember im Schutz der kaiserlichen Truppen nach Stuttgart zurückkehrte und widerstandslos wieder die Regierung übernahm. Die Opposition der Herzoginmutter und des Geheimen Rates war durch ihr Versagen während der Franzosenzeit ausgeschaltet, Friedrich Karl war – mit der Unterstützung des Kaisers – mehr Herr im Lande als je zuvor. 1689 wird der Reichskrieg gegen Frankreich erklärt. Friedrich Karl ändert die Landmiliz des Herzogtums in regelrechte Soldtruppen um und schreitet trotz dem heftigsten Widerstand der Landstände zu Aushebungen. Im März 1691 tritt er als „armierter" Fürst dem Bund zwischen dem Kaiser, England und Holland bei und führt die Aufstellung eines eigenen Heeres durch.

Aber der pathetischen Größe kann die komische Humoreske manchmal auf dem Fuße folgen. 1692 zur Deckung Schwabens mit ungenügenden Streitkräften vom Führer der Reichsarmee vorausgesandt, bezieht Friedrich Karl eine feste Stellung bei Oetisheim, nicht weit von Maulbronn. Am Morgen des 27. September 1692 kann er noch mit Recht vermuten, es nur mit Streifbanden zu tun zu haben – in Wirklichkeit hatte er die feindlichen Hauptkräfte vor sich. Seine Regimenter werden trotz tapferen Widerstandes versprengt. Er selbst gerät in Gefangenschaft.

Dies ist der Anfang vom Ende. Die Gegenpartei, Magdalene Sybille und die Geheimen Räte, rüsten zum Gegenschlag, derweil der gefangene Herzog am Hofe Ludwigs wie in einem goldenen Käfig spazieren geführt wird. Ob noch vor seiner Freilassung oder umittelbar darnach: in hektischer Aufeinanderfolge kommt die kaiserliche Volljährigkeitserklärung für Eberhard Ludwig und seine Ausrufung zum Herzog, und ein paar Tage später, offenbar war der Kaiser sich des Erfolgs seines Vorgehens nicht ganz so sicher, noch einmal ein feierliches Patent. Und schließlich schickt der Kaiser noch seinen Geschäftsträger nach Stuttgart, der am 22. Januar 1693 in den Gemächern der Herzoginmutter seinen Auftrag und seine Bedingungen verkündet und sich die schriftliche, überschwengliche Treueerklärung von Magdalena Sybille aushändigen läßt. Dann wird Eberhard Ludwig hereingebeten, der gleichen Prozedur unterzogen und verpflichtet, sich des Rats und der Tat seiner Mutter zu bedienen. Anschließend verkündet der kaiserliche Rat aus Wien den versammelten Geheimräten und den Landschaftsvertretern, die darüber „eine nicht geringe Konsolation" erkennen lassen, den Regierungswechsel und fordert sie zur Huldigung auf.

Das war fast ein Putsch. Eberhard Ludwig ist auf einigermaßen ungewöhnliche Weise Herzog geworden. Friedrich Karl hat nach seiner Rückkehr aus der Kriegsgefangenschaft alles versucht, den „Administrator" wieder zurückzugewinnen. Man sagt, der Kaiser habe, als er der nie verletzten herzoglichen Reichstreue gewahr wurde, nur geantwortet: „Zu spät." Friedrich Karl ist schließlich noch Generalfeldmarschall geworden, 1696/97 sogar mit dem ehrenvollen, aber militärisch bedeutungslosen Oberbefehl über die Reichsarmee betraut.

Seine Absetzung hat er nie verwunden. Obgleich er in den Jahren zwischen 1687 und 1691 etwas über 10 000 Mann an Venedig, Holland, den Kaiser und Spanien geliefert hat, ist ihm daraus kein Geschäft geworden. Wenigstens zwei seiner Söhne hat er zur militärischen Karriere verholfen. Er selbst hat im Grunde den Absprung aus dem inferioren Adel nicht geschafft. Lag's nur an ihm selber? Der französische Gesandte de Bourgeauville hat ihn im Winter 1685/86 einmal als „aufrecht und aufrichtig" bezeichnet. Man könne Friedrich Karls Wort völlig vertrauen und sich auf das, was er sagt, verlassen. „Es ist nur schade, daß ein so begabter und fähiger Prinz sich so wenig seinen Regierungsgeschäften widmet. Er gibt sich sogar oft einer Art Schwermut hin, die ihn veranlaßt, sich zurückzuziehen und ihn im Gespräch verträumt und zerstreut erscheinen läßt."

Vielleicht hat gerade diese Doppellage, diese Unruhe in seinem Wesen ihn als den „ersten barocken Regenten Württembergs" erscheinen lassen. Daß er begabt und bildungsbeflissen war, wird ihm keiner absprechen wollen. Ihm verdankt man das Gymnasium illustre (1686), das man erst im 19. Jahrhundert Eberhard-Ludwig-Gymnasium zu nennen begonnen hat. Erstmals werden in Stuttgart in einem „weltlichen" Institut studierfähige Leute für die Tübinger Landesuniversität ausgebildet, das ist auch ein latenter Sieg gegen die aus Seminar und Stift sich rekrutierende altwürttembergische Ehrbarkeit. Aber ein Mann des Lesens oder gar der Theorie war Friedrich Karl nun wieder auch nicht. Der Taler von 1680 zeigt mit dem – offensichtlich angegangenen – Porträt eine fast fehlende Stirn und eine gröblich vorgeschobene Unterlippe; auch das im Eberhard-Ludwig-Gymnasium aufbewahrte

Ölgemälde präsentiert alles andere als ein feingeschnittenes, zartes Gesicht. Begabt, aber unstet, seiner Würde bewußt, und doch nie ganz im Sattel. Keine Frage, daß er unter den württembergischen Herrschern dieses 17. Jahrhunderts die Grundzüge seiner Zeit am deutlichsten, am lebendigsten erfaßte, vielleicht sie sogar als einziger in „seinem" Lande zu verwirklichen suchte. Aber es schien ihm dann beides zu fehlen, die Persönlichkeit und – die Gelegenheit.

Herzog Eberhard Ludwig (regierte von 1693 bis 1733)
Ausbeutetaler 1728
Vs. EBERH · LUD · D · – G · DUX WURTEMB ·
Brustbild nach rechts in römischem Panzer und Mantel, unten ein sechsstrahliger Stern (= Zeichen des Stempelschneiders)
Ebner XIV, Nr. 181; Kirchheimer Nr. 4a: ⌀ 39 mm, 28,9 g
Münzstätte: Stuttgart
Stempelschneider: Philipp Heinrich Müller (1654 bis 1718), tätig in Augsburg und Nürnberg

Rs. ✱ CUM DEO ET DIE ✱ (Mit Gott und der Zeit) / VON GEWACHSENEN SILBER AUS DER FUNDGR · 3 · K · STERN
Fünffach behelmtes quadriertes Wappen mit aufgelegtem Herzschild, unten ✱ 17 – 28 ✱

Herzog Eberhard Ludwig

Geboren 18. September 1676 Stuttgart, regierte seit 20. Januar 1693, gestorben 31. Oktober 1733 Ludwigsburg, begraben in der Fürstengruft des Schlosses Ludwigsburg

Eberhard Ludwig, heute hie und da noch lebendig als Erbauer Ludwigsburgs, Sohn des Herzogs Wilhelm Ludwig und der vortrefflichen Magdalene Sibylle von Hessen-Darmstadt, ist am 18. September 1676 im Alten Schloß zu Stuttgart geboren. Nominell folgte er seinem jäh verstorbenen Vater am 23. Juni 1677 in der Regierung. Aber er war damals ein Büblein von nicht einmal einem Jahr, und es war nicht zu umgehen, daß sich ein — nach langen Zwistigkeiten in Herzog Friedrich Karl von Württemberg-Winnental gefundener — Vormund des halbverwaisten Herzogtums annahm.

Eberhard Ludwigs Kindheit dürfte, wie wohl die eines „Landprinzen" (wie man im Württembergischen die Kronprinzen nannte), wenig freudvoll gewesen sein. Draußen im „eigenen" Land spürte man immer wieder die Ohnmacht gegenüber den Zugriffen der großen, genauer gesagt der größeren Potentaten. 1688 zogen die Truppen des „Mordbrenners" Mélac durch Innerschwaben, von den „Tagen der Schmach" sprach ein Mann wie Hermann Kurz in der nationalen Siegesgewißheit des Deutsch-Französischen Krieges 1870/71, und 1692, als der Herzog-Administrator bei Oetisheim in Gefangenschaft geraten war, verteilten sich wieder brennende und plündernde französische Trupps im Land. Vaihingen, Liebenzell, Calw oder das großartige, weitberühmte Kloster Hirsau mußten damals dran glauben.

Die elende politische Lage draußen korrespondierte eigentümlich mit dem kalten Krieg drinnen in den Gemächern des Landprinzen. Der Onkel Friedrich Karl, der Obervormund, will aus dem Buben einen rechten Soldaten und womöglich einen Herrscher nach weltläufig-absolutistischem Zuschnitt machen. Die Mutter, die verwitwete Mitvormünderin Magdalene Sibylle, hätte gerne einen geläutert-zivilen Landesvater nach schwäbisch-pietistischem Muster. Und schließlich ziehen noch die Prälaten und Bürgermeister der württembergischen Landstände am Strang. Sie sekundieren (natürlich) der

Herzoginmutter und finden es skandalös, daß die fürstlichen Kinder durch französische und nun gar noch „papistische“ Hof- und Tanzmeister „mit allerhand amatorischen (Liebes-) Diskursen“, so sagen die Herren Landtagsabgeordneten entsetzt, „in ihrer zarten Jugend verführt und corrumpiret“ werden.

Was Eberhard Ludwigs Jugend fehlt, ist persönliche Verbundenheit. Er dürfte sich niemandem unter seinen „Educatores“ verpflichtet gefühlt haben. Und es fehlt ein klarer, geistig-literarischer Bildungsgrund. Der Junge liest aus dem erheblich konkurrierenden Angebot auf dem Weg des geringsten Widerstands nur das Angenehme und Kurzfristige heraus. Hat die Gruppe der Herzoginmutter noch den Sechzehnjährigen angehalten, fleißig pietistische Choraltexte zu dichten, so locken, im gleichen Haus, nur ein paar Schritte weiter, Domino und Kartenspiel und französische „Menuetter“. Wie soll sich in dieser, sich gegeneinander aufhebenden Kongruenz eine seelisch-kulturelle Harmonie und ein Geist heranbilden?

Was dieser Jugend zudem mangelte, war ein Sicherheitsgefühl auf der politischen, das hieß eben wesentlich: auf der militärischen Ebene. Hier ist Eberhard Ludwig durch frühes Erleben ganz auf Kompensation angelegt. Er kann in die Erwachsenenwelt gar nicht anders hineingehen als mit dem Willen, es energischer und besser zu machen und sein Land aus diesem Zustand permanenter Auslieferung herauszuholen. Er will, soll Soldat werden, und wird es auch, mit einer Ausschließlichkeit, die auffällt. Die Heirat mit der guten, aber gänzlich reizlosen Johanne Elisabethe von Baden 1697 hat ihn, wenn die Liaison je mehr war als ein lustloser Akt der Staatsräson, mit der Grenze gegen Frankreich noch enger verbunden. Eberhard Ludwig kann nur leben, der Fall Straßburgs 1681 war gar nicht zu vergessen, wenn er sich mit aller Macht gegen Frankreich wehrt und sich mit allen Mächten gegen Frankreich verbündet. Hatte nicht der Friede von Ryswijk 1697 dem württembergischen Herzog jede Entschädigung versagt, ganz im Gegenteil noch einen Artikel aufgenommen, mit welchem es dem französischen König Ludwig XIV. ermöglicht war, in Mömpelgard gewaltsam den katholischen Gottesdienst einzuführen?

Wer nur einigermaßen als junger Herrscher – unter putschartigen Begleitumständen hatte der Kaiser den noch nicht Siebzehnjährigen am 20. Januar 1693 für volljährig erklären lassen – von der Souveränität seines Landes

Herzog Eberhard als junger Feldherr. Kupferstich von Jos. Friedr. Leipold (um 1700).

ausging und die absolutistischen Ansprüche ernst nahm, der mußte seine Zukunft auf dem Schlachtfeld suchen. „In pugna salus" lautete eine der barocken Devisen: „In der Schlacht liegt das Heil." In der Schlacht bei Höchstädt, in der Prinz Eugen und der Herzog von Marlborough die Franzosen geschlagen und damit Wien gerettet haben, hat sich Eberhard Ludwig, der Befehlshaber des rechten Flügels im zweiten Treffen, tief ins Handgemenge gewagt: er war ein Soldat von verwegener Tapferkeit. Daß er die großen Siege an der Seite des Prinzen Eugen miterrungen, habe dem Herzog Eberhard

Ludwig, meint Walter Grube, „einen Ehrenplatz in der Militärgeschichte Altwürttembergs gesichert, die an Höhepunkten sonst nicht eben reich ist".

Eberhard Ludwigs militärische Karriere war denn auch von seltener Bravour. Am 15. Mai 1702 wird er Reichsfeldmarschalleutnant, am 26. Mai 1704 General der Kavallerie, nach dem Tode des Markgrafen Ludwig von Baden, des Türkenlouis, am 25. März 1707 Feldmarschall der Schwäbischen Kreistruppen, am 20. Juni dieses Jahres Kaiserlicher Feldmarschall und nach dem Tode des Markgrafen Christian Ernst von Brandenburg-Bayreuth am 10. Dezember 1712 Reichs-Generalfeldmarschall und damit ranghöchster Feldherr des Reiches.

Es kennzeichnet die Persönlichkeit Eberhard Ludwigs, daß er es bei dem cursus honorum des Kriegers nicht belassen hat, um auch die — oft zitierte — Zwiespältigkeit seines Wesens zu Wort kommen zu lassen: daß er weder ein ganzer, treuherziger Haudegen noch ein mit den Meriten des Schlachtfelds operierender Staatsmann sein konnte. Der „Türkenlouis" des Nachbarstaats im Westen war dieser „brave Soldat", und Max Emanuel, der weißblaue Kurfürst des Nachbarlandes im Osten, war der mit Ländern handelnde Diplomat. Eberhard Ludwig hatte von beidem in sich, aber war keines von beidem. Sicherlich hat ihm deshalb die Geschichte den Ruhm des Eindeutigen, der einhelligen und populären Persönlichkeit, des großen Gewinners und Siegers vorenthalten. Der Marschallstab war ihm eine wichtige Sache, und alle Zeichen sprechen dafür, daß er ihm damals, im Jahre 1713, wichtiger war als der Herzogshut. Württemberg hatte von alters das Recht, die Reichssturmfahne zu führen. In Verbindung mit ihr mußte der Marschallstab dem Herzog Eberhard Ludwig den Anspruch auf das ständige Oberkommando der Reichsarmee geben. Im fürstlichen Wappen erschien jetzt die Reichssturmfahne an bevorzugter Stelle, und Ludwigsburg, „seine" Stadt, wird sie ein paar Jahre später als Stadtwappen haben: der Marschall, der nun auch als höherer Landesherr angesehen werden wollte.

War er das, wurde er das? Gustav Rümelin, sich stützend vor allem auf ernstzunehmende Beobachter dieses frühen 18. Jahrhunderts, bescheinigt ihm, „nur General und Kavalier" gewesen zu sein, „ohne alle staatsmännische Eigenschaften". Dabei hat Rümelin den Hinweis auf das immer noch Unfertige seines Urteils nicht vergessen. „Das Charakterbild jenes Eberhard Ludwig scheint uns in seinen psychologischen Elementen immer noch unentwirrt, und man muß daher jeden Beitrag dazu, der von unmittelbarer Beobachtung ausgeht (und das waren jene Württemberg-Besucher wie dieser preußische Kammerherr von Pölnitz, d.Vf.), willkommen heißen. Die gewöhnlichste und nächstliegende Vorstellung ist, daß er bei vieler natürlicher Gutmütigkeit, die sich namentlich in einem leutseligen und gebildeten Betragen gegen jedermann kundgab und seine sonst kaum begreifliche Popularität erklärt, ein unselbständiger, durch Sinnlichkeit und Eitelkeit in den Fesseln einer schmeichlerischen intriganten Buhlerin geratener Schwächling und im ganzen ein unbedeutender Kopf und Charakter gewesen sein müsse."

Daß dem nicht so war, dafür liefert Rümelin doch einleuchtende Argumente. Pölnitz und andere hätten ihn als vollendeten Kavalier, „als Meister in allen ritterlichen Künsten, als trefflichsten Schützen, Reiter und Tänzer" geschildert. Noch als angehender Fünfziger aber habe er ein Gespann von acht Rossen allein und eigenhändig „regiert". Das alles seien, meint der Tübinger Universitätskanzler Rümelin, zwar keine wichtigen Eigenschaften, aber doch „immer noch solche, welche der Schwächling niemals erreichen wird, weil zu jeder Virtuosität, auch in der allerkleinsten Sache, eine gewisse ausdauernde Energie und Unselbständigkeit nicht vereinbar sind".

Die Sache mit der Grävenitz, wir hören noch davon, sei er doch am Ende los geworden. „Wie brüsk und gewalttätig warf er sie dann schließlich doch noch auf die Seite!" „Ein Mann ohne Verstand und Energie wäre zehnmal daran erlegen. Eberhard Ludwig hat diese Sache mit einer merkwürdigen Zähigkeit und Ausdauer zum Ziel geführt, und es läßt sich seinen Schöpfungen weder Geschmack noch eine gewisse Größe der Entwürfe absprechen."

Man hat in der Mitte des letzten Jahrhunderts, bei einem so exzellenten hohen Verwaltungsbeamten wie Rümelin zumal, doch schon allerlei Erfahrung in Dingen guter und verantwortungsvoller Staatsführung gehabt. War Eberhard Ludwig ein Landesherr, der diesen Titel verdiente? „Wenn es ihm nun aber weder an Willenskraft noch an Einsicht noch an Bildung fehlte, was war es denn nun, was gleichwohl seine Herrschaft zur schlimmsten und skandalösesten Mißregierung machte, unter der jemals das württembergische Volk zu leiden hatte? Es fehlte ihm die Grundvoraussetzung der monarchischen Ordnung. Es kam ihm gar nicht in den Sinn, an seinen Herzogshut die Vorstellung eines Berufs, einer sittlichen Aufgabe und Verantwortung zu knüpfen; er hatte kein Gefühl von Regentenpflicht, kein Bewußtsein von seiner obrigkeitlichen Stellung. So unendlich auch das fürstliche Hochgefühl den Abstand des Ranges steigern mochte, so fühlte er sich doch nur graduell verschieden von dem Edelmann, der auf seinen Gütern seinen Neigungen, der Jagd und anderen noblen Passionen lebte und es sich und den Leuten, die er gern um sich hatte, wohl sein ließ. Und wie dieser es nur als eine untergeordnete Beigabe seiner Stellung ansehen mag, wenn er gelegentlich auch einmal Pfarrer, Schulmeister, Ortsvorsteher zu nominieren hat und die Stelle dann nach Gunst, Laune und Empfehlungen dem nächsten Besten zuwirft, so behandelte der Herzog seine Landeshoheit nur als eine für sich bedeutungslose Zugabe zu der Stellung des grand seigneur, dem das Glück oder der Zufall ein reiches Herzogtum als Domäne in den Schoß geworfen hatte."

Es ist in dieser Kritik wohl ganz richtig gesehen, daß ein Regent wie Eberhard Ludwig hätte nicht nur — was er zweifellos war — oberster Chef sein müssen, sondern verantwortlicher Lenker und Betreuer eines Raumes, eines Landes. Daß Bürger und Landeskinder nicht Kompanien und Regimenter mit anderen Vorzeichen waren, das ist Eberhard Ludwig nicht aufgegangen; er hätte allein im „Soldatenkönig", der ja nun auch leidenschaftlicher Militär war wie er selbst, ein beachtenswertes Vorbild finden können. Mit seiner Begabung und seiner Lebensweise, meint Rümelin, wäre Eberhard Ludwig nicht schlimmer gewesen als viele andere, „wenn das nun zulässig und möglich wäre, das Fürstenamt an den Nagel zu hängen und als Staatsoberhaupt nur ein Privatleben zu führen. So aber war er, wenn auch der glänzendste Kavalier, doch der nachlässigste und gewissenloseste Fürst, der die Zügel dieses Landes geführt hat".

In diese Perspektive gehört wohl auch sein Bemühen, zum Kurfürst oder gar König, man muß schon im Militärjargon sagen, zu avancieren. Hätte er ein wenig mehr Fingerspitzengefühl für politische Möglichkeiten und vor allem für gewachsene politische Gebilde und deren kollektive Eigenständigkeit gehabt, so wäre er an dieses Unternehmen wohl kaum herangegangen. Neuere Forschungen aus französischen Archiven belegen indessen klar, daß Eberhard Ludwig nach der Königskrone strebte. Er hatte sich für das Reich eingesetzt und auch bedingungslos zu Habsburg gehalten. Jetzt wollte er dafür entlohnt werden, nicht mit einem Land im schweren und geschichtlich anspruchsvollen Sinn des Wortes, sondern mit einem Titel. Das war seine „Arrondierung".

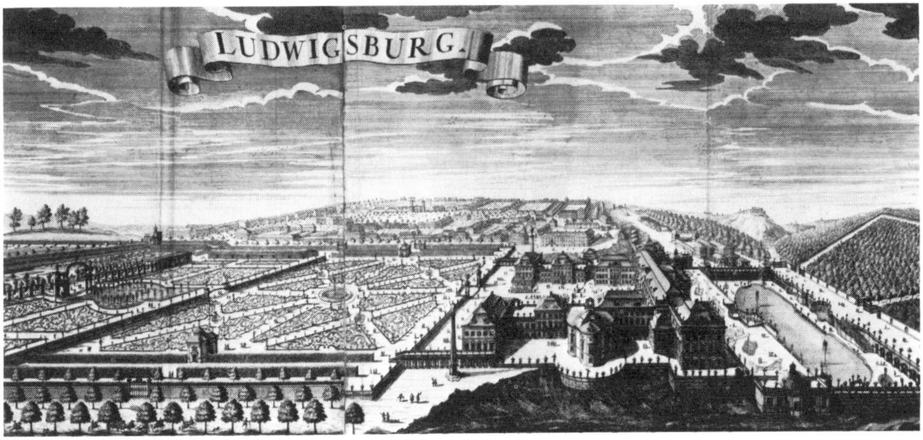

Ludwigsburg – Schloß, Garten und Stadt – aus der Vogelschau. Kupferstich des Jeremias Wolffy von 1724.

Als diese „Exspectanz" sich als eine schiere Unmöglichkeit erwies, wechselte er das Pferd und näherte sich Frankreich als potentiellem Bündnispartner. Die Grävenitz, seit der vom Kaiser erzwungenen Auflösung der Doppelehe ohnehin Haupt der antihabsburgischen Partei am württembergischen Hof, half ihm dabei und sondierte die Situationen und Beziehungen im voraus. Die Aktionen des württembergischen Herzogs in Paris und Versailles, der Titel eines „Königs von Franken" war bereits ausgesucht und die Zahl der Reichsstädte, die als Morgengabe hätte dienen sollen, die Aktionen des württembergischen Herzogs Eberhard Ludwig müssen auch daran gescheitert sein, daß Ludwigs XIV. Stern doch nicht der eines allmächtigen Diktators war. Napoleon hat den württembergischen Herzog ein Jahrhundert später anscheinend ohne größere Hindernisse zum König gemacht.

Der Name Grävenitz ist mehrfach gefallen. Wer nur einigermaßen im Lande die Ära Eberhard Ludwigs kennt — immerhin hat dieser Herzog vierzig Jahre lang regiert —, der kennt auch die Grävenitz, die „Landverderberin", seine Mätresse. Friedrich Wilhelm von Grävenitz, Kammerjunker am württembergischen Hofe, war auf den Einfall gekommen, seine zwanzigjährige Schwester Christiane Wilhelmine von Mecklenburg nach Stuttgart zu holen.

Mochte sie hier, wie er, ihr Glück machen. Sie hat es gemacht, in einer so ausschließlichen und perfekten Art, daß die Prälaten des Landtags, die Pfarrer von der Alb und vom Gäu, die Stundenbrüder und -schwestern vom Remstal in ihr nur die Wiederverkörperung der Schlange und die Reinkarnation des Bösen sehen konnten. Eberhard Ludwig sei eine „sinnliche Natur" gewesen und sei der großen Kurtisane, die nur in den „Künsten der Koketterie" erfahren und nur von „Herrschsucht und Habgier" geleitet gewesen sei, zwanzig Jahre lang in erniedrigender Weise verfallen gewesen und habe, „ihr zu Gefallen, eine ganz neue Stadt, Ludwigsburg" gegründet.

Der Haß des frommen Landes gegen diese persongewordene Schamlosigkeit ging so weit, daß man nach ihrer Landesverweisung 1733 — sie saß zeitweilig vorher in Urach gefangen und der alternde Herzog war längst „kühler" gegen sie — alle Bilder und Bilderchen von ihr vernichtete. Es gibt tatsächlich heute nur eine einzige, mit Wasserfarben auf Elfenbein gemalte Miniatur des Jahres 1721, die möglicherweise die Grävenitz darstellt: der Bildersturm hat gründlichst aufgeräumt mit der „Landhofmeisterin".

Wie immer sehen wir die Sache heute anders an als vor zweihundert, ja vor hundert Jahren, als der Prälat Pahl in seiner vielgelesenen „Geschichte von Wirtemberg" des Jahres 1830 von der Grävenitz als einem „schrecklich warnenden Bild moralischer Nichtswürdigkeit" sprach. Mätressen gehörten zu den Requisiten des barocken Potentaten. Man hat sie andernorts keinesfalls als Landesunglück beschrien. Was die „Sinnlichkeit" Eberhard Ludwigs anging, so hat er es sicherlich mit August dem Starken oder Max Emanuel nicht aufnehmen können. Er hat sich vielmehr mit dieser einen Nebenfrau begnügt — sein Leben lang.

Gewiß hat die Grävenitz in ihre eigene Tasche gearbeitet, nicht nur mit riesigen Geldsummen, sondern auch dadurch, daß sie ihren Bruder, den Kammerjunker, zum Premierminister des Landes machen ließ. Aber sie war mehr als eine ewig lächelnde Konkubine, und mehr als eine Intrigantin. In Schwerin geboren als Tochter eines mecklenburgischen Edelmanns, ihr Vater war Hofmarschall wie ihr Großvater auch, brachte sie offenbar eine angeborene Bereitschaft zum „Regieren" mit, schon darin ist sie sehr viel mehr als eine „deutsche Pompadour". Eberhard Ludwig hatte ja, nach der heimlichen Eheschließung mit Wilhelmine, den empörten Einspruch der Landstände und vor allem des Wiener Hofes dadurch pariert, daß er seine Geliebte in Wien einen

D. G. Frisonis Entwurf für eine Treppenanlage im vorgesehenen südlichen Garten des Schlosses Ludwigsburg. Kupferstich von Jeremias Wolff (1727).

Reichsgrafen von Würben aus mährischem Adel heiraten ließ (der hinfort nichts mehr zu tun hatte, als in Wien das Gehalt eines württembergischen Landhofmeisters zu beziehen). Nun konnte also von Bigamie nicht mehr gut die Rede sein, und 1711 kehrt die „Landhofmeisterin Reichsgräfin von Würben" an den württembergischen Hof zurück. Wollten die Landstände anhand der Affäre Grävenitz den Landesherrn überhaupt aus seiner absolutistischen Allmacht hinausmanövrieren, so war am Ende gerade das Gegenteil sichtbar geworden: der Landesherr hatte, wie keiner der württembergischen Herzöge zuvor, die landständischen Körperschaften zum bloßen Werkzeug des absoluten Fürstenstaates umfunktioniert. Als Eberhard Ludwig starb, am 31. Oktober 1733, in der Fürstengruft des Ludwigsburger Schlosses hat man ihn beigesetzt, war die landständische Verfassung Württembergs bedeutungslos geworden.

Die Grävenitz hat an diesem Sieg entscheidenden Anteil. Daß sie „ein beständiges Odium wider die Landschaft und Landkinder“ hegte, war offenbar. Aber in der zunehmenden Organisation und Festigung des absolutistischen Württemberg blieb gar kein Raum mehr für Widerspruch, geschweige denn für Widerstand. Selten genug, daß der Prälat Osiander auf das Verlangen der Grävenitz um Aufnahme ins Kirchengebet zur Antwort gab, das geschehe bereits, in der siebten Bitte des Vaterunsers nämlich: „Erlöse uns von dem Übel“. Wenn dieses Diktum wahr ist, dann präsentiert es eine unerhörte Kühnheit. In Wirklichkeit war in dieser Staatlichkeit Eberhard Ludwigs kaum noch Raum für hintergründiges Bürger-Räsonnement.

Liegt darin Eberhard Ludwigs „Leistung“? Von „Feldmarschallsregierung“ sprach man. Das Unerklärt-Unscharfe, das in dieser Vokabel wiederum liegt, mag den rauhen Kommandoton des Feldlagers meinen, den Serinissimus auch seinen Räten gegenüber anschlagen konnte. Aber vielleicht ist damit auch Eberhard Ludwigs militärisch-straffe Regierungsart gemeint? Wir vermissen in ihr, hier rächen sich die Mängel seiner Kinderstube, die geistige Linie, überhaupt das kulturelle Engagement. Von aufklärerischen Einschüssen, die längst hätten spürbar werden können, ist bei ihm nicht die Rede. Aber er hat in seiner Residenzstadt Ludwigsburg – die natürlich nicht wegen der Grävenitz gebaut, sondern lange vorher geplant wurde – erstmals religiöse Toleranz gewährt. Er war gewiß kein Pietist auf dem Thron, und wir wissen auch nichts davon, daß er späterhin noch Choräle gedichtet hätte. Aber er hat 1722 die Konfirmation im Lande eingeführt, bis heute die volkstümlichste – und in pietistischem Geist gewärmte – Feier der evangelischen Landeskirche. Er hat als erster württembergischer Herzog ein stehendes Heer zu bilden verstanden und der absolutistischen Staatsform im Lande damit ihr wichtigstes Fundament gegeben. Aber er hat 1702 auch die erste „Kommunordnung“ erlassen, eine der ältesten in deutschen Territorien überhaupt, die der Teilnahme des kleinen Mannes am Staatsleben völlig neue und bis dahin gänzlich ungewohnte Möglichkeiten gab. Ein Stück „Demokratisierung“ unmittelbar neben der Verabsolutierung des Herrscheranspruchs: Widerschein der Doppeldeutigkeit eines Mannes, der Württemberg zum Barockland gemacht und es mit dem – unmäßigen – Ludwigsburger Schloß an die große europäische Architekturentwicklung der Zeit angeschlossen hat.

Herzog Karl Alexander (regierte von 1733 bis 1737)
30 Kreuzer 1734 (medaillenartiges Probestück oder Geschenkprägung)
Vs. CAR : ALEX : D · – G · DUX WUR : E : T · w
Gepanzertes Brustbild nach rechts mit dem Orden des goldenen Vlieses auf der Brust, am Armabschnitt die Stempelschneidersignatur T (= Thiébaud)
Ebner XV, Nr. 34: ⌀ 31 mm, 10,27 g (französisch geprägt)
Münzstätte: Stuttgart
Stempelschneider: Jonas Thiébaud (1695 bis 1769), tätig in Augsburg

Rs. 30 KREUTZER – LANDMUNZ ·
Unter dem Fürstenhut das fünffeldige Wappen in einem ovalen Schild, umgeben von der Kette des goldenen Vlieses auf Wappenmantel, unten 17 – 34 zwischen einer lilienförmigen Verzierung und einem Dreiblatt

Herzog Karl Alexander

Geboren 24. Januar 1684 Stuttgart, regierte seit 27. Januar 1734, gestorben 12. März 1737 Ludwigsburg, begraben in der Fürstengruft des Schlosses Ludwigsburg

Der Fremdenführer hält heute noch, wenn seine Besuchergruppe im Ludwigsburger Schloß an diesen kleinen, schmalen Boudoir kommt, mit einer Art Gedenkminute inne und erklärt, dies sei kein Frauengemach, sondern das Sterbezimmer Karl Alexanders. Hier sei er gestorben. Der Mann, der vier Jahre lang württembergischer Herzog war. Sein Tod sei von einer Stunde auf die andere in einer der schwersten Staatskrisen Württembergs eingetreten. Bis heute wisse man nicht, woran Seine Durchlaucht gestorben sei. Mit rechten Dingen könne es nicht zugegangen sein. Der Teufel habe ihn geholt, hätten die einen gemunkelt, und die anderen, der Herzog sei im Auftrag des Landtags von einem Kammerdiener vergiftet worden.

Die Gerüchte haben damals vom Würzburger Hof ihren Ausgang genommen, und wenn man den Fäden, den dünn gesponnenen, heute im einzelnen nachzugehen sucht, so nähert man sich tatsächlich einem Politikum von seltener Dichte. Karl Alexander, Sohn des Herzog-Administrators Friedrich Karl von der Winnentaler Linie und der Prinzessin Eleonore Juliane von Brandenburg-Ansbach, war ein Vetter Eberhard Ludwigs. Dieser – Karl Alexander stand mehrfach gemeinsam mit ihm auf dem Schlachtfeld – hatte seinen einzigen Sohn, den Erbprinzen Ludwig Friedrich, am 23. November 1731 verloren. Das letzte regierende Glied der Stuttgarter oder der Hauptlinie des Herzogshauses war damit ausgefallen, das Recht der Nachfolge stand gemäß Erbordnung des Hauses Karl Alexander zu.

„Einen der kraftvollsten Fürsten Württembergs" hat ihn Walter Grube in seinem klassischen Werk über den Stuttgarter Landtag genannt, wobei er die Berechtigung zu diesem Prädikat zweifellos aus dem pompös-barocken Bild des Soldaten Karl Alexander zog. Er ist das Urbild des hochadligen Agnaten, der in fremden Diensten zu Höhen aufsteigt, die ihm sein kleines Vaterländchen nicht einmal als Erstgeborenem hätte bieten können.

Der Bub war noch nicht dreizehn Jahre, als ihn Kaiser Leopold I. 1697, Prinz Eugen wurde in diesem Jahr Oberbefehlshaber und schlug die Türken erstmals bei Zenta, mit dem Patent eines Obersten bedachte, übrigens über das Regiment zu Fuß, das bis dahin sein Vater innegehabt hatte. Der Herr „Oberst", halb Kind, halb Mann, macht schon bei der Belagerung Ebernburgs in der Pfalz von sich reden. Nachdem am 26. September dieses Jahres infolge des Bombardements eine verheerende Feuersbrunst in der Stadt ausgebrochen war, hatte er gerade das Kommando in der Vorfeste, als der Befehlshaber des Platzes, Tarcy, am folgenden Tage sich zur Kapitulation gezwungen sah. Das unerwartet siegreiche Prinzlein schloß sie selbständig ab und besetzte tags darauf die Festung.

Karl Alexander hat den ganzen Spanischen Erbfolgekrieg mitgemacht, immerhin zwölf Jahre, die man mit Recht als den ersten Weltkrieg bezeichnet hat, nicht irgendwo „à la suite" und also in der Etappe, sondern in vorderster Linie. Bei der vierzehn Wochen andauernden Belagerung Landaus unter dem Kommando des Markgrafen Ludwig Wilhelm von Baden, des „Türkenlouis", erstürmte er in der Nacht vom 26. auf 27. August 1702 mit einer Handvoll Grenadiere den Waffenplatz der französischen Contre-Garde. Am 15. Oktober hat der deutsche König und Thronfolger Joseph im Namen seines kaiserlichen Vaters dem achtzehnjährigen, mittlerweile zum Oberstfeldwachtmeister ernannten Prinzen Karl Alexander ein Schreiben übergeben, in welchem dem jungen Mann für seine „Generosität und tapferen Valor" höchlichst gedankt wurde. Er habe sich bei der „werthen Posterität", für alle Zukunft also, einen unsterblichen Namen gemacht.

Karl Alexander ist zu Felde, sehr viel mehr als sein herzoglicher Vetter und württembergischer Landesherr, der unkonventionelle Draufgänger geblieben. Am 23. Februar 1704 nötigt er den französischen Generalleutnant Blainville zur Räumung Munderkingens; im blutigen Treffen des 2. Juli, als Marlborough und der Markgraf Ludwig den Schellenberg bei Donauwörth erstürmten, erhielt er einen Schuß in den Schenkel. Im Jahr darauf zieht er mit dem Prinzen Eugen nach Italien, befehligt in der Schlacht bei Cassano am 16. August 1705 die Truppen im Zentrum des ersten Treffens und erhält eine schwere Fußwunde, die ihm bis zu seinem Tod Schmerzen und Beschwerden machte. Zwei Jahre später führt er in der Schlacht bei Turin den linken Flügel des ersten Treffens und dringt kurz nach dem Prinzen Eugen mit dem

Herzog Alexander zu Pferd, im Hintergrund Stuttgart. Kupferstich von Joh. Lorenz Rugendas (um 1735).

kaiserlichen Fußvolk in die feindlichen Verschanzungen ein. Im Frühsommer 1713 steht er mit seinen Leuten in den Laufgräben vor Landau. Immer wieder fügt er den Franzosen durch improvisierte Ausfälle größten Schaden zu. Er läßt Minen legen und neue Forts aufführen. Als das Geld auszugehen droht, befiehlt er, sein Silbergeschirr einzuschmelzen und daraus Gulden zu machen.

Und schließlich ist er wieder im Großen Türkenkrieg 1714—1718 mit dabei. Am 6. August 1716 eröffnet er bei Peterwardein mit sechs Bataillonen den Angriff und trägt damit entscheidend zum großen Sieg bei; Prinz Eugen nennt als einzigen den Prinzen von Württemberg beim Kaiser. Bei der Erstürmung der Festung Temesvar, an welche sich bald die Kapitulation der Festung anschloß, erhielt er den Oberbefehl über die zu dieser Aktion bestimmten 30 Bataillone, 30 Grenadierkompanien und 2000 Arbeiter. Und endlich befehligt er, nunmehr Kaiserlicher Generalfeldmarschall, beim glänzenden

Sieg vor Belgrad am 16. August gegen ein doppelt so starkes türkisches Ersatzheer die Infanterie, die das Zentrum bildete. Wer damals — und später — vom Prinzen Eugenius, „dem edlen Ritter“ sang, hat unbewußt den Prinzen Karl Alexander miteingeschlossen.

Als der Pulverdampf verraucht war und Österreich im Frieden von Pasarowitz (21. Juli 1718) seine Großmacht um das Banat, Serbien, Teile der Walachei und Bosniens erweiterte, dachte Prinz Eugen auch an seinen Marschall. Er übertrug dem württembergischen Prinzen die Statthalterschaft über Belgrad, den schönsten Stein der neuerworbenen Krone, und über das Königreich Serbien, „auf daß ihm“, wie Eugen treuherzig meint, „in seiner mittellosen Lage etwas geholfen werde“. Eugen, gleichfalls einer der auswärts verdingten „mittellosen“ Prinzen, wußte, was er sagte. Und Karl Alexander hatte ein Reich unter sich, das um vieles größer und großzügiger war als das kleine, lutherisch-pietistische und allemal vom Argwohn der Stände heimgesuchte Württemberg. Hatte er überhaupt noch innere Beziehungen zu seiner Heimat? Wenn er die Wege zur Donauebene hinausritt oder mit der Chaise der Batschka zufuhr, dürften ihm irgendwelche Vergleiche mit dem Gebuckel zwischen Sindelfingen und Nürtingen schwer gefallen sein. Aus der vielleicht interimistisch gemeinten Amtszeit des Herrn Gouverneurs war eine recht seßhafte Sache geworden. Im Handumdrehen hatte er ein Jahrzehnt Belgrad hinter sich, 1727 hatte er sich mit Maria Augusta von Thurn und Taxis vermählt, nachdem er 1712 oder 1713, man weiß das bis heute nicht so genau, zur katholischen Religion übergetreten war. Der Prinz aus dem Haus der Württemberger war längst, mit Herz und mit Sinnen, eingegliedert in die barocke Aura dieser frühen leopoldinisch-josephinischen Ära, die im kaiserlichen Wien, im hinreißenden Charme des Belvedere, in der großartig-sensiblen Souveränität dieses österreichischen Feldherrn aus Savoyen (Prinz Eugen) seinen Mittelpunkt und sein Herz hatte.

Karl Alexander dürfte längst nicht mehr damit gerechnet haben, irgendwann einmal in Stuttgart an den Schreibtisch des Landesherrn sitzen zu müssen. Da kommt der Bote und bringt die Nachricht in die Belgrader Statthalterei, daß Eberhard Ludwig gestorben sei. Er erinnert sich, im November 1729 hier von Belgrad aus auf weitschweifige Bitten und Briefe der Stuttgarter Landschaft hin, eine schriftliche Erklärung unterzeichnet zu haben, worin er der Landschaft (dem Landtag) alle Privilegien bestätigte, namentlich aber

Die drei herzoglichen Brüder (von links) Ludwig Eugen, Carl Eugen und Friedrich Eugen, unten Tübingen. Kupferstich aus dem Jahre 1740.

die strenge Einhaltung der Religions- und Friedensschlüsse und die ungekränkte Aufrechterhaltung der evangelischen Religion gelobte. Er hatte das damals, vor vier Jahren, als eine ganz theoretische Sache empfunden, nie ernst genommen und am 16. Dezember 1732 eine weitere Zusicherung dieser Art unterschrieben.

Jetzt war auf einmal der Ernstfall da, für ihn, den fürstlichen Krieger, der ins fünfzigste Lebensjahr ging und auch nicht mehr der Jüngste war. In Stuttgart angekommen – wohin er Hof und Kanzlei wieder zurückverlegte –, unterzeichnete er ein paar Wochen darnach noch einmal einen „Actus", die „Religionsreversalien", wie die Herren Prälaten vom Landtag hernach immer sagten. Außer in der Hofkapelle sollte nirgendwo im Lande katholischer Gottesdienst abgehalten werden. Und die Besorgung aller, die evangelische Religion und das ganze Kirchen- und Ökonomiewesen betreffenden Angelegenheiten — das war mehr als die Hälfte von Württemberg —, sollten von nun an den Geheimen Rat übertragen sein, dessen Präsident immer evangelisch zu sein hatte.

So weit, so gut. Man ist, seitens der „Ausschußherren" der Landschaft, nicht unzufrieden mit dem gewesenen Gouverneur aus Serbien. Man kann verhandeln mit dem Mann. Die höllische Angst vor dem Katholiken hatte sich, im erzpietistischen Lande, kaum aufgenommen, schon gelegt, und einige meinten sogar, es sei doch gut, daß es nicht gelungen sei, den jüngeren — evangelisch gebliebenen — Bruder des alten Generals, Heinrich Friedrich, zum Herzog zu machen. Als Eberhard Ludwig die Augen schloß, waren riesige Schulden geblieben und die Grävenitzsche Partei, ein Klüngel von großen und kleinen Machthabern. Daß Karl Alexander entschlossen mit ihnen abgerechnet hat, auch mit der ältlich gewordenen „Landverderberin" selber (die dennoch auf ihre späten Tage hin einem guten, reich dotierten Auskommen entgegensehen konnte), das rechneten ihm die Räte hoch an. Freilich, als sie sich einmal beschwerten über gewisse Vorgänge beim Hofgottesdienst, die stünden den Reversalien deutlich entgegen, quittierten Seine Durchlaucht das nur mit der Bemerkung, das seien „quaestiones otiosae" (müßige, unwichtige Fragen). Man schien zu spüren, daß der Friede nicht mehr so recht in den Scharnieren saß. Im Juni 1734 gestand Karl Alexander seinem Freund, dem Fürstbischof von Würzburg und Bamberg, Graf Friedrich Karl von Schönborn, einem mächtig-gelassenen Vertreter der absolutistischen Staatsräson: „Bey meinen Räten, Landschaft und Untertanen lodert ein verborgen Feuer."

Wenig später ist es ausgebrochen. Nicht wie ein einziger mächtiger Holzstoß, der in riesige Flammen ausschlägt, sondern gleichsam als züngelnder Herdenbrand, der aus dem Land ein Feuer permanenter Beschuldigungen und Prozesse machte und nicht zuletzt dem Herzog hart zusetzte. Als im November 1736 der Landtagsausschuß zum dritten Mal seine Forderung nach Einberufung einer Plenarsitzung des Landtags vorbrachte — man erinnert sich, daß die königliche Einberufung der gleichfalls generationenlang nicht mehr tagenden Generalstände in Frankreich die Große Revolution einläutete

— und dazuhin dem Herzog noch erklärte, der Ausschußtag allein könne von sich aus keine Schuldenübernahme bewilligen, da erregte diese Weigerung den Herzog maßlos. Bei Hof schrieb man die schmerzhafte Verschlimmerung der Kriegsverwundung von Cassano der unaufhörlichen „Alteration über die landschaftlichen Angelegenheiten“ zu.

Die Stände waren ihrerseits deshalb „alteriert“, weil sich Karl Alexander zwar keine Mätresse, dafür aber, auch das war barocker Ritus, einen Hofjuden zulegte. Der sollte, ein 1692 in Heidelberg geborener Süß Oppenheimer, dem Herzog das Geld zusammenholen, das er brauchte. Und er brauchte viel, bedenkt man allein seine Forderungen nach einem stehenden Heer, die weit über diejenigen Eberhard Ludwigs hinausgingen. Daß Jud Süß alle möglichen — und unmöglichen — Quellen ausschöpfte, daß er schlechtes Geld schlagen und mit Titelkäufen, Dispensationen und Privilegien gutes einhandeln ließ, daß er dem Herzog in nicht ganz zwei Jahren eine halbe Million Gulden (und sich selbst wohl nicht weniger) verschaffte, all' das weiß man (und weiß man nicht).

Die Wolken über Stuttgart und dem Lande wurden jedenfalls immer düsterer. Die Landschaft vergriff sich immer mehr im Ton, der Herzog aber noch mehr, ganz abgesehen davon, daß er seinen lauthalsen und säbelrasselnden obersten Soldaten, den katholischen General Franz Joseph von Remchingen, zum Sprecher machte und schließlich der eigenen Ungeschicktheit (oder Unbedachtsamkeit) noch die Krone aufsetzt, indem er den mittlerweile zum Finanzrat und Kabinettsfiskal, also zum Finanzminister, avancierten Hoffaktor Süß Oppenheimer als Abgesandten zum Landschaftsausschuß schickte.

War der nicht der eigentliche Landverderber und gefährlichste Gegner der Landschaft, mithin des „alten“ Württemberg? Hatte der nicht öffentlich gedroht, er werde leicht, wenn nötig, ein paar Landtagsleute auf die Festung setzen oder ihnen, falls sie sich widersetzten, „die Köpfe wegputzen“. Und nun kam der Verhaßte gar persönlich ins Haus des Landtags. Man erklärte dort feierlich, man habe Bedenken, „mit dem Süß als einem Juden, den man nicht als Minister anzuerkennen habe“, sich einzulassen.

Die Sorge der Leute im Land saß im Grunde sehr viel tiefer. Ihnen ging es gar nicht so sehr um den Juden und nicht einmal nur um „ihr“ Geld, sondern um ihre Religion, um die Grundrechte ihres evangelischen Glaubens. Karl

Alexander hatte, als der Landtagsausschuß auch nach Oppenheimers persönlicher Verwendung nicht einlenkte, über den Würzburger Bischof ein Rechtsgutachten einholen lassen, dessen Titel anhob mit „Die in ihre gehörige Schranke verwiesene Gewalt und Autorität deren Landständen in teutschen Fürstentümern". Das Gutachten kam zu dem Ergebnis, daß den Landständen gegenüber dem Landesfürsten so gut wie kein Recht zustehe und daß der Herzog Karl Alexander rechtlich gar nicht verpflichtet gewesen sei, „Reversalien" auszustellen. Das Ende des evangelischen Württembergs?

Kein Wunder, daß Karl Alexander zu Neujahr 1737 erklären ließ, er denke an grundsätzliche Verfassungsänderungen. Er werde ausländische „Diener" annehmen, seien die eigenen nicht willfährig. Wollte er die Religionsreversalien vielleicht überhaupt abschaffen? Wollte er den ganzen Knoten des altwürttembergischen Dualismus zwischen Herzog und Ständen, wie das Großmaul Remchingen erklärte, „mit des Alexandri Säbel" durchhauen? Waren die Tage des alten Herzogtums gezählt?

Keine Frage, daß Karl Alexander mit seinen „autokratischen Plänen" (G. Rümelin) Dinge vorhatte, die an die Fundamente dieses Württembergs des Tübinger Vertrags heranreichten. Alexander dachte wohl entfernt nicht daran, die Württemberger katholisch machen zu wollen. Aber nachdem er einmal in die Rechte des Landes eingegriffen hatte, konnte er gar nicht verhindern, daß es im Lande geglaubt wurde und daß dieser Glaube im ganzen Volk eine drohende Gärung zur Folge hatte. Es ging dabei nicht mehr allein um die Angst vor einem Regenten, der aus größeren Verhältnissen kam und sich jetzt durch die Beschränktheit der Mittel und die Fesseln der Verfassung beengt fühlte. Adolf Seubert hat um die Mitte des letzten Jahrhunderts in einem seiner Gedichte dieses Mißverhältnisses gedacht: „Ein Königreich hätt' lenken er gemußt, / Kein kleines Land, durchkreuzt von zähen Schranken." Es ging jetzt um das „Eigene", um den Glauben, um die Kirche, um die Substanz.

Daß über seinen Tod unheimliche Gerüchte sich in Umlauf setzten, ist durch den jähen und völlig unerwarteten Eintritt der Katastrophe hinlänglich erklärt. Ausgang Februar rüstete er zur Reise zu einem Danziger Arzt. Auf der Durchfahrt wollte er in Würzburg bei Freund Schönborn die letzten Entschlüsse vorbereiten. Schon munkelte man von einem bevorstehenden Umsturz und Staatsstreich. Da starb der Dreiundfünfzigjährige plötzlich im Ludwigsburger Schloß — am Vorabend der Reise.

Herzog Karl Rudolf (Administrator von 1737 bis 1738)
Taler 1737
Vs. CAR : RUDOL : D : G : D : WURT : & T : C : M : ADMINIS : & TUTOR
Brustbild nach rechts in römischem Panzer, auf der Brust den dänischen Elefantenorden, unten die Jahreszahl · 1737 ·
Laubrand
Ebner XVI, Nr. 13/14: ∅ 38 mm, 28,8 g
Münzstätte: Stuttgart
Stempelschneider: vermutlich C. Schmeltz
Münzmeister: Johann Friedrich Breuer

Rs. SALUTI – PUBLICÆ (= Für das Wohl des Volkes)
Das ovale fünffeldige Wappen auf Wappenmantel mit Fürstenhut, unten der Elefantenorden zwischen I · F – B · (= Johann Friedrich Breuer) und ✣ AD LEGEM – IMPERII ✣ (= Nach dem Reichsmünzfuß)

Herzog Karl Rudolf

Geboren 29. Mai 1667 Neuenstadt am Kocher, regierte vormundschaftlich 13. März 1737 bis 15. August 1738, gestorben 17. November 1742 Neuenstadt am Kocher, begraben in der Fürstengruft des Schlosses Ludwigsburg

Hoch auf der Bergzunge zwischen Kocher und Brettach thront es noch heute, das alte Städtlein Neuenstadt am Kocher, zwischen dem Oberen und Mittleren Tor wie ehedem von Ringmauern umfangen. Innerhalb der Stadtmauer am Oberen Tor auf der Kocherseite, wo der Abfall steiler ist, schaut das Schloß hervor, im Inneren heute verbaut, im Viereck einen Hof umschließend. Der Bau des Herzogs Christoph von 1565 mit Portal im Hof und rundem Eckturm gegen außen ist heute noch ansehnlich. Malerisch die Bildgruppe mit Torturm, Kirchenchor und Schloß vom Platz vor dem Tore aus. Mancher erkennt wohl rasch, daß er hier in ein altes, verlassenes Residenzstädtlein geraten ist. Und nur der Umstand, daß hier eine Seitenlinie der Württemberger, die Herzöge von Württemberg-Neuenstadt für mehr als anderthalb Jahrhunderte residiert haben, mitten in der Fremde, im fränkisch-hohenlohischen Geviert, könnte bei dem einen und anderen Besucher Staunen auslösen.

Die prächtigen Zinnsärge in der Gruft der Herzöge unter dem Chor heben die Namen der Neuenstädter Landesherren hervor, im besonderen Herzog Friedrich, der in Neuenstadt eine bemerkenswerte Bücher-, Münz- und Kunstsammlung gründete, seinen Sohn Ferdinand Wilhelm, der als Feldherr in dänischen, englischen und niederländischen Diensten stand, und dessen Bruder Karl Rudolf, den „patriarchalischen Herrn zu Neuenstadt". Auch er ist – natürlich – „draußen" gewesen und hat sich als Generalissimus verdingt. Auch die spätere Barockzeit hat den Landesherren im Duodezformat, den kleinen und kleinsten also, offenbar nur wenig andere Möglichkeiten als das Kriegshandwerk gelassen, und dies natürlich nur im Windschatten der Großen. Oder konnte man sich nicht zu einer tieferen, irgendwo im Geistigen begründeten Handhabung des Herrscherberufs entschließen? Für die Nachgeborenen, die Prinzen, Eugen von Savoyen ist ein Gegenbeispiel einsamer

Größe dafür, blieb nicht nur eine kümmerliche finanzielle Ausstattung, sondern auch wenig geistige Anregung und Ausbildung. Wer dem körperlich nur einigermaßen gewachsen war im Prinzencorps, ging zu den Soldaten. Damit war einem Zeitvertreib gesichert und auch Ruhm. Vom Neuenstädter Kriegshelden Karl Rudolf hat ein reimender Zeitgenosse in der Grabinschrift festgehalten, ganz im Pathos der barocken Monumentalität, was die Mannen des Edlen nie mehr vergessen sollten:

„Kommt Sterbliche herbei! Bewundert, lest und schaut
Wie Herzog Karl Rudolph durch ganz Europens Staaten,
Von Ost bis Nord und West mit eigner Faust und Thaten
Sein Mausoleum sich längst schon selbst aufgebaut!
Nun urtheilt, ob ein Held sei in der That gestorben,
Der die Unsterblichkeit sich so wie Er erworben!"

Im hochtönenden Duktus dieser „letzten Worte" war nicht einmal so sehr übertrieben, daß Karl Rudolf „durch ganz Europens Staaten" als Krieger gezogen sei; das halbe Europa hat er mindestens durchstreift. Dabei hatten die Eltern, der Herzog Friedrich von Württemberg-Neuenstadt und seine Gemahlin Klara Augusta, eine Tochter des Welfenherzogs August von Braunschweig, ihrem Jüngsten eine erstaunlich gute Ausbildung zukommen lassen. Während die hochfürstlichen Vettern im Stuttgarter Haupthaus, wir denken an den jungen Eberhard Ludwig, ihre Kinderstube mit den Kabalen und Intrigen eines amourösen, französisch gewordenen Hofes wechseln und zu eigentlichem Lernen so gut wie gar nicht angehalten werden, schicken die Neuenstädter den jungen Karl Rudolf, ähnlich wie bei seinen Brüdern Friedrich August und August Wilhelm, „zu einer gediegenen Ausbildung" auf die Universitäten Tübingen, Straßburg und Genf. Die Grundlagen zum Universitätsstudium holte sich Karl Rudolf, er war damals gerade fünfzehn, im Tübinger Collegium illustre, wo er sich neben der lateinischen und französischen Sprache vor allem mit Geschichte und Mathematik beschäftigte. In Straßburg bietet sich dem studiosus die Gelegenheit, erstmals den Blick in ein Kriegslager zu tun, er besucht das französische Heer, das eben Luxemburg belagerte. Nach der Eroberung zeigt ihm Vauban, der weltberühmte Festungsexperte, höchstpersönlich das more geometrico aufgeführte System der Kasematten und Vorwerke. 1685 geht es dann mit dem Hofmeister,

Neuenstadt am Kocher mit Kirche und Schloß. Aus C. Schott, Physica curiosa, Würzburg 1689.

einem Herren von Assenheim, auf die Bildungsreise, nach Südfrankreich, an den Hof Ludwigs XIV., nach London, in die Niederlande, zu den Großeltern nach Braunschweig: die Welt in einer Tasche.

Karl Rudolf scheint in diesem halben Jahrzehnt Reisestudium – oder Studienreisen – viel gelernt zu haben. Er sei noch als älterer Herr „den Künsten und Wissenschaften eifrig zugethan" gewesen. Aber als Lebensberuf bleibt für den Zwanzigjährigen nur der Soldat. Friedrich Karl, der Vormünder Eberhard Ludwigs in Stuttgart, fing damals gerade an, ein Regiment Fußvolk für den Dienst Venedigs zum Krieg gegen die Türken in Morea zu werben. Der Neuenstädter Vetter ist mit von der Partie. Er bringt, wie damals üblich, seine eigene Soldateska mit, eine „Compagnie" von hundertfünfzig Mann. Als deren Hauptmann zieht er 1687, gerade zwanzig geworden, ins Kriegslager nach Morea und Negroponte. Am 22. Juli 1687 landet das „christliche Heer" bei Patras. Zwei Tage später steht der Prinz zum ersten Mal im Feuer. Im Herbst geht es nach Korinth und Athen, wo die Winterquartiere bezogen werden. Karl Rudolf geht derweilen nach Hause, kehrt im Frühjahr darauf als Oberst nach Morea zurück und wird nicht viel später „Obercommandant aller württembergischen Truppen" in venetianischen Diensten.

Aus dem exotischen mittelmeerischen Unternehmen wächst ein einziges Kriegs- und Generalsleben, bis 1716, bis zum Ende des Spanischen Erbfolgekriegs, ist Karl Rudolf in Irland und in den Niederlanden, an der Donau, an der Ostsee. Noch in Negroponte hätte ihm ein Granatsplitter beinahe das rechte Auge ausgerissen, zwei Tage darauf streckt den Prinzen, er will gerade mit einer Handvoll Leute den Laufgraben verlassen, eine Musketenkugel nieder. Vier Offiziere tragen den jungen Mann aus dem Getümmel, drei davon wirft eine Kanonenkugel zu Boden, andere eilen herbei, wieder stürzen zwei. Endlich gelingt es, den Verwundeten auf ein Schiff zu bringen. Ende September ist er geheilt. Seiner Mutter, der gebildeten und feinsinnigen Braunschweiger Prinzessin, meldet er glücklich ins trauliche Neuenstadt über Brettach und Kocher, daß er „wieder im Stande sei, sein Devoir in der Armee in Acht zu nehmen“. Die Kugel trug er bis zu seinem Tode in der Lunge.

Von Venedig aus – der Doge Morosini hatte ihn zum Statthalter von Nadien machen wollen – zieht er zum anderen Ende Europas und wird Oberst eines dänischen Reiterregiments. In der Schlacht von Neerwinden schlägt er sich mit zwei Schwadronen durch die ganze feindliche Kavallerie hindurch. Zwei Pferde werden ihm unter dem Sattel weggeschossen, seine Uniform ist durchlöchert und zerfetzt. Er selbst bleibt unversehrt. „Bei den Soldaten galt er von da an für kugelfest.“

Der dänische König Friedrich IV., Dänemark ist damals noch unter den Großmächten, gibt ihm als neuernanntem Generalleutnant den Oberbefehl über die in Holland kämpfenden dänischen Truppen. Am Pfingsttag des Jahres 1706 will er sich, vor Ramillies, mit Marlborough vereinigen. Fünf Tage ist er ununterbrochen mit seinem Armeekorps, 12 000 Mann, marschiert. Er trifft Marlborough in heftigem Ringen mit Villeroi und dem Kurfürsten von Bayern an. „Der Sieg schwankte. In vollem Laufe langte der Prinz an und erhielt Befehl, sich mit seiner Cavallerie und den Dragonern auf den linken Flügel zu setzen, um dem Feind in die rechte Flanke zu fallen. Sofort war er fertig zur Attacke. Als der Feldprediger fragte, ob er nicht wie gewöhnlich vor Beginn der Action eine Betstunde halten solle, antwortete der Prinz: Dieweil die Kanonen schon zusammenläuten, sei hiezu keine Zeit; jeder solle ein andächtig Vaterunser beten und mit ihm muthig zum Streite gehen. So geschah es denn und das Glück wollte, daß die ungestüm anstürmenden

Herzog Karl Rudolf und Herzogin Augusta mit dem zehnjährigen Carl Eugen und seinen beiden Brüdern. Flugblatt auf den 11. Februar 1738.

Reservescharen gerade auf die königlichen Haustruppen stießen, die sich rühmten, noch niemals besiegt worden zu sein. Vor den Dänen aber mußten sie sammt den bairischen Kürassieren weichen; der Prinz jagte sie in einen Morast, wo sie nach dem Bericht gleich Fröschen niedergeschossen wurden."

Ein deutsches, nein, ein europäisches Soldatenleben, in den Jahren der Moralischen Wochenschriften, der Lesezirkel und Johann Sebastian Bachs. Karl Rudolf hat es bis zum Kommandierenden General aller dänischen Streitkräfte gebracht, zum ranghöchsten Soldaten Dänemarks. Man hat sich schon gefragt, ob Männer wie Eberhard Ludwig oder Karl Rudolf große Heerführer gewesen, genauer gesagt, ob sie auf dem Terrain der Strategie selbständige Köpfe gewesen seien, oder nur unter der genialen Anleitung eines Prinzen Eugen oder Marlborough wirken konnten. Zweifellos gehörten sie, unserer ausladenden und „welthistorischen" Neuenstädter Grabinschrift zum Trotz, nicht zur Phalanx der unsterblichen Feldherren. Sie waren – persönlich bemerkenswert tapfere – Generäle des zweiten Glieds, verläßliche Männer, wenn es um Entscheidungen größeren, nicht immer großen Stils ging, und ganz gewiß die unkompliziertesten Spiegelbilder dieser sonst traurigen und erschreckenden barocken Kriegsmaschinerie.

Daß sie (auch) Landesherren werden mußten, diese Generäle, war kein gutes Omen. Als Karl Rudolf den harten Winter 1716 bestanden hatte, wo er mit seinen Dänen bei tiefstem Schnee nach Seeland zog, „so daß mancher Dragoner auf dem Pferd sitzend erstarrte und erfror", da kam ein Schreiben Peters des Großen mit der Bitte, in seine Dienste zu treten, „da er eine ganz besondere Estimance und Confidence in Karl Rudolfs Meriten setzte". Aber er muß damals das Alter schon sehr gespürt haben.

Der württembergische Geschichtsschreiber Christian Friedrich Sattler hat festgehalten, er war Ohrenzeuge, „wie der Herzog in seinen späteren Jahren gar oft unter der berühmten (nämlich Neuenstädter, d. Vf.) Linde seiner kleinen Residenzstadt inmitten eines mannigfaltig zusammengesetzten Zuhörerkreises saß und von seinen Zügen und Thaten erzählte". Der Patriarch unter seinen Leuten. Die Bauernbuben haben offene Mäuler gemacht. Und der alte Soldat hat seine Pfeife neu gestopft. Daß er auch Landesherr sein sollte, hätte er beinahe vergessen.

Und da bringt einer in aller Frühe des 13. März 1737 die Kunde ins – einfache, robuste – Neuenstädter Schloß, der Herzog Karl Alexander sei in der vergangenen Nacht in Ludwigsburg verstorben. Es waren drei Söhne da, Carl Eugen, Ludwig Eugen und Friedrich Eugen, die nacheinander als Herzöge in Württemberg regieren werden; damals, in dieser so rätselhaften wie schockierenden Todesstunde, waren sie allesamt kleine Büblein. Er, der Marschall an der Schwelle zum Greisenalter, ist der nächste Anverwandte. Wie wenn es einen Befehl auszuführen gelte, begibt er sich auf die „Anzeige" des Geheimrats und Ständischen Ausschusses nach Stuttgart und übernimmt die Regierung.

Ob er sich ganz im klaren darüber war, in welch schwerer Stunde er das Amt des württembergischen Landesherrn übernahm? Am 14. März war er, von den Leuten schon deshalb mit Sympathie aufgenommen, weil sein Wohlwollen gegenüber der pietistischen Bewegung auch am Neckar bekannt war, in Stuttgart angekommen. Am anderen Tag empfing er die Abordnung des Landtags und beteuerte, daß er sie in den zu erwartenden Auseinandersetzungen um die Vormundschaft unterstütze. Tatsächlich bestätigte die Eröffnung von Karl Alexanders Testament am 15. März 1737 die Befürchtungen der ständischen Partei im Lande aufs deutlichste. Die Urkunde, vom Herzog wenige Tage vor seinem Tode unterschrieben und ausgefertigt mit Würzburger Beistand, räumte der katholischen Herzoginwitwe Maria Augusta, der geborenen Thurn und Taxis, und dem Würzburger Bischof die Mitvormundschaft über die minderjährigen Prinzen ein, ja sie gewährte vor allem dem Würzburger Bischof einen wesentlichen Einfluß auf die künftige Landesregierung.

Wir haben sehr zu zweifeln, ob Karl Rudolf hier, wie er es so manches Mal auf dem Schlachtfeld getan, die Gefährlichkeit und Komplexität der Lage ganz erkannt hat. Aufs Ganze gesehen war er den Schwierigkeiten gewiß nicht gewachsen, und er dürfte das im Laufe der Monate selber gespürt haben, wahrscheinlich der eigentliche Grund, warum er dann vorzeitig die Geschäfte des herzoglichen Administrators aus der Hand legte und im August 1738 an den Herzog Karl Friedrich von Württemberg-Oels weitergab.

Ob man in den ersten Stunden nach der Machtübernahme in den „unterrichteten Kreisen“ des Geheimen Rats und des Landtags an eine friedliche Lösung des Konflikts zwischen der altwürttembergisch-protestantischen und der gegenreformatorisch-katholischen Partei überhaupt geglaubt hat, mag dahingestellt sein. Jedenfalls erfährt man alsbald, der Oberkommandierende, der katholische General von Remchingen, habe im Auftrage der Herzoginwitwe alle Kommandeure angewiesen, nur von der Herzogin und von ihm Befehle anzunehmen. Zum ersten Mal übernimmt das Offizierkorps des von Eberhard Ludwig und Karl Alexander geschaffenen Heeres eine politische Rolle. Diese Apparatur beherrscht Karl Rudolf, versteht sich, noch am besten. Er holt sich einige evangelische Truppenführer heraus und läßt mit Unterstützung des Landtags – da man in der Hauptstadt Stuttgart nur zwei Kompanien auf Karl Rudolfs Seite wußte — zwei regierungstreue Regimenter auf Stuttgart marschieren. Am 17. März erklärt der Landtag in einer eilig zusammengerufenen nächtlichen Sitzung, auf Wunsch des Herzogs, man werde keinen der Offiziere abdanken. Die Stuttgarter Bevölkerung läßt ihm melden, falls er nicht wage, die Regierung allein an sich zu ziehen, so wolle man die Sturmglocke läuten; das werde „durch das ganze Land laufen“.

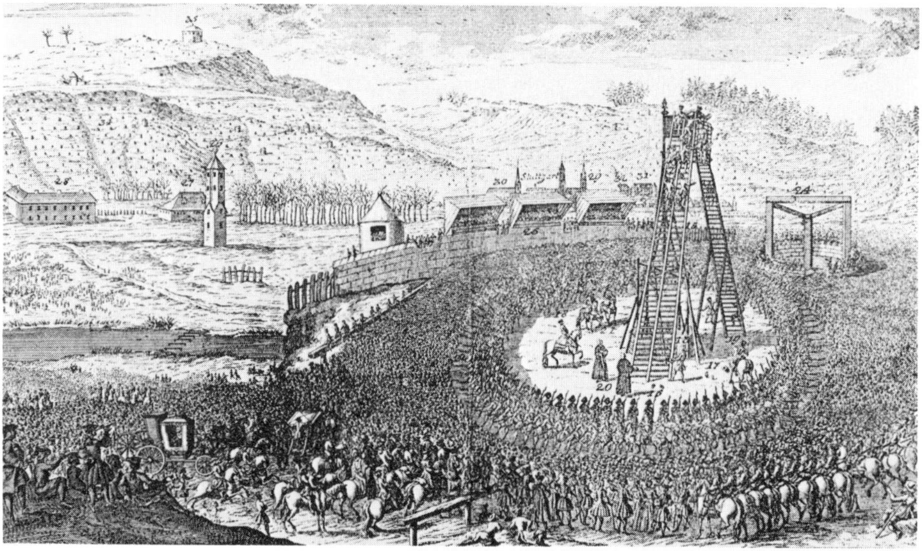

Hinrichtung des Juden Süß Oppenheimer am 4. Februar 1738 zu Stuttgart. Nach einem zeitgenössischen Kupferstich.

Es ging für diesmal ohne Revolution ab. Als sich der Herzog, tunlichst früh, am 17. März „gleichsam in einem Augenblick“ im ganzen Lande huldigen läßt und nur in Stuttgart Remchingen die Huldigung verweigert, verhaftet man den ruhmverdienten Oberkommandierenden kurzerhand. Die übrigen Offiziere fügen sich, der eine wie der andere. Eine Woche nach Alexanders Tod sitzt Karl Rudolf fest im Sattel, und mit ihm hat auch der Ständige Ausschuß des Landtags wieder ein gut Teil jenes Terrains wiedergewonnen, das er Stück für Stück unter Eberhard Ludwig und Karl Alexander verloren hatte. Die rasche Beendigung der Affäre Jud Süß tat das Ihrige dazu. Wer zu den Leuten seiner Kreation gehörte, war rasch festgestellt, die Volksstimme rief auf der Straße, die Räte Hallwachs, Metz und Bühler und vor allem der Oberhofkanzler Scheffer seien die Schlimmsten gewesen. Da Remchingen, vom Herzog auf den Asperg gesetzt, dann in Ludwigsburg unter Hausarrest gestellt, trotz ehedem heiligem Schwur nächtlings das Land verließ, ging es nur noch um den spiritus rector, um Jud Süß selber. Über ihn hatte eine einberufene Sonderkommission zu urteilen. Anfänglich trat Süß Oppenheimer ihr gegenüber mit Trotz und Übermut auf, dann soll er, als sich seine Sache immer schlechter anließ, „Zaghaftigkeit und Feigheit" gezeigt haben. Immerhin nahm man sich mit der rechtlich nicht ganz unproblematischen Untersuchung ein dreiviertel Jahr Zeit; am 25. Januar 1738 unterschrieb der greise Herzog Karl Rudolf das Todesurteil, am 4. Februar wurde der Verbrecher an dem von Herzog Friedrich I. für seine betrügerischen Goldmacher errichteten eisernen Galgen in eisernem Käfig hingerichtet.

Schon im Herbst 1737 kam es zu einem Vergleich mit der Herzoginwitwe, die sich schließlich ohne den bis dahin wahrgenommenen engen Kontakt mit dem würzburgischen Geschäftsträger in Stuttgart dazu bereit gefunden hatte, „innerhalb gewisser Grenzen" Mitvormünderin zu sein. In der Regierung schienen Ruhe und Ordnung wiedereingekehrt, vor allem hatte die Landschaft mehr als ihr Existenzrecht nachgewiesen. Jetzt kam sie selbstverständlich mit dem alten Herzenswunsch, das Plenum der Landschaft, den gesamten „Landtag", würden wir heute sagen, nach Stuttgart einberufen zu lassen. Wenn er auch anfänglich zögerte, er sagte zu, unser altgewordener, kriegsbewährter Haudegen. Seit 1651, seit fast einem Jahrhundert hatten sich keine so großen Hoffnungen an einen Landtag gehängt als jetzt in diesen Tagen. Daß dahinter sehr deutliche Reformvorstellungen der Landschaft standen, ist ohne Zweifel.

Jenseits von allen — gespürten — Ausdrucksformen eines fürstlichen Absolutismus baute man in Württemberg „hehlingen" an der „allmählich fortschreitenden Demokratisierung der landständischen Wahlkörperschaften" (W. Grube). Bei Karl Rudolf hoffte der Landtag holen zu können, was Eberhard III. freiwillig geben mußte: die Bereitschaft, mit dem Landtag gemeinsam den Staat zu „gubernieren", und nicht, wie in Bayern oder Brandenburg, den Fürsten zum Staat zu machen.

Aber Karl Rudolf kränkelte. Und die Herren vom Landtag und vom Geheimen Rat schielten schon nach einem „Ersatz". Der Alte fühlte wohl, daß ihm auch die physischen Kräfte fehlten, um seinem Wunsch gemäß „dem völligen Detail einer so verwirrten als wichtigen Regierung genugsam abzuwarten". Im August 1738, als sich der Stellvertreter in der Person des Herzogs Karl Friedrich von Württemberg-Oels in Stuttgart einfand, zog er sich, allein, wie er zeitlebens war, er war „niemals legitim verheirathet", nach Neuenstadt zurück. Man freute sich dort und meinte, der alte Herr sehe „so vollkommen und gesund“ aus, „daß man sein ehrwürdiges Haupt, seine rothen Wangen, seine silberweißen Haare, nebst den holdseligen Mienen, Worten und Geberden nicht genugsam bewundern und verehren konnte“. Aber dann stellte sich Ausgang des Jahres 1742 ein gefährlicher Katarrh mit Fieber ein. Am 17. November dieses Jahres ist er, „mit christlicher Ergebung“ sich auf sein Ende vorbereitend, gestorben.

Herzog Karl Friedrich (Administrator von 1738 bis 1744)
Doppeltaler 1739
Vs. CAROL · FRID · D · G · DVX · WÜRTEM · TEC · & ÖLS · ADMI · & TVT ·
Gepanzertes Brustbild nach rechts mit Hermelinmantel, aufgesticktem Stern und dem Jagdorden, am Armabschnitt die Stempelschneidersignatur B · (= Börer)
Ebner XVII, Nr. 9: ⌀ 40 mm, 58,35 g (französisch geprägt)
Stempelschneider: Conrad Börer aus Augsburg

Rs. CEV · FERT · DIVINA · VOLVNTAS (= Ganz wie der Wille Gottes es verlangt)
Das fünffeldige Wappen (der Mittelschild mit den Hirschstangen und dem schlesischen Adler), umgeben von der Kette des Jagdordens auf Wappenmantel mit Fürstenhut, unten AD LEGEM 17 – 39 IMPERII (= Nach dem Reichsmünzfuß)

Herzog Karl Friedrich

Geboren 17. Februar 1690 Merseburg, regierte vormundschaftlich 11. August 1738 bis 23. März 1744, gestorben 10. Dezember 1761 Oels/Schlesien, begraben in der Schloßkirche Oels.

Durch Karl Alexanders frühen und überraschenden Tod war das Herzogtum Württemberg, wir würden heute sagen: in struktureller Hinsicht, in eine Krise geraten. Daß der eigentliche Nachfolger, der Erbprinz Carl Eugen, ein Büblein von neun Jahren war, hätte in anderen Zeiten nicht unbedingt zu Schwankungen und revolteähnlichen Situationen führen müssen. Aber in der scheinbar unverbrüchlich festen Welt des Absolutismus zeigten sich, wer genauer zusah, die ersten Risse. Als Friedrich von Preußen und Maria Theresia von Österreich, beide im gleichen Jahre, 1740 den Thron bestiegen, kam schon eine neue Fürstengeneration ans Ruder, die sich zumindest unter der Signatur „aufgeklärt" verstanden wissen wollte, der eine mit mehr Ehrgeiz, der andere mit geringerem Elan. Bei Karl Alexander, einem der großen Generale an der Seite des Prinzen Eugen, kamen zudem die Machenschaften mit der katholischen Partei im Reiche hinzu. Das bedeutete eine Kampfansage an das verbriefte altwürttembergische Ständeregiment. Das konnte so etwas wie das Ende des protestantischen Herzogtums bedeuten.

Kam der rasche Wechsel – oder das Fehlen einer kontinuierlichen, über Jahrzehnte hin regierenden Herrscherpersönlichkeit – dem württembergischen Landtag, der „demokratischen" Opposition nun zugute? Oder waren die Herren Prälaten und Bürgermeister selber in den Strudel der plötzlichen Veränderungen mit hineingezogen? Karl Rudolfs zunehmende Kränklichkeit hatte den Landtag eigentlich schon nach Karl Alexanders sensationellem Ableben an einen baldigen Wechsel in der Vormundschaftsregierung denken lassen. Lange schwebte am kaiserlichen Hofe der Streit mit der – streitbaren – Herzoginwitwe um die Landesadministration. Da war die sichtliche Abnahme der körperlichen und geistigen Kräfte bei Karl Rudolf gewiß ein Negativposten in den Rechnungen der Herren Landtagsführer. Als sich am 4. Juli 1737 nach jahrzehntelanger Pause der Landtag in Stuttgart wieder zu einer

Sitzung des Plenums und einer „Session“ (Sitzungsperiode) versammelte, beschloß man schon wenige Tage darnach (am 8. Juli 1737) in einer Geheimsitzung des großen Ausschusses und aller Prälaten, den Herzog Karl Friedrich von Württemberg-Oels als nächsten Agnaten (nach Karl Rudolf) nach Stuttgart zu bitten. Notfalls könne er sogleich die Regentschaft übernehmen. Bei einem Administrationswechsel befürchteten die Prälaten eine Wiederkehr der kritischen Lage nach der Todesnacht Alexanders. Man konnte ja im Landtag zwar nur ahnen, was der Bischof von Würzburg, der Organisator der katholischen Oppositionspartei im Lande, der Herzoginwitwe für diesen Fall geraten hatte, nämlich sich durch „Gewinnung der Soldateska, Untertanen und fürstlichen Collegien in den Besitz der Coadministration zu bringen“.

Das war dann schließlich gar keine Konfessionsfrage mehr, sondern eine reine Frage der Macht, die das Land in zwei Lager zu teilen begann. Zwei Jahre später hat man den – damals bei der Hofpartei ernstlich erwogenen – Geheimplan des evangelischen Bietigheimer Dekans Johann Friedrich Hobbhahn entdeckt, das fast abenteuerliche Vorhaben eines Mannes, der schon unter Karl Alexander zu den Anhängern der Hofpartei gehörte. In einem „Promemoria“ empfahl er der Herzoginwitwe, sich beim Ableben Karl Rudolfs des Militärs zu versichern, die Stadttore der Landeshauptstadt Stuttgart zu besetzen, die wichtigsten Männer im Landtag für sich zu gewinnen und schließlich die Vögte von Stuttgart, Cannstatt und Ludwigsburg an sich zu schließen. Ein Staatsstreich, auf ebenso militärische wie matriarchalische Art, gar nicht so unklug eingefädelt. Württemberg war in diesen Monaten, denen ein fester, auf Jahre hinaus verläßlicher, sozusagen ein „echter“ Herzog fehlte, wie ein vom Winde geschütteltes Blatt. Die Hofpartei – Hobbhahn voran – erwog den Plan, den Landtag zwar tagen, seine Beschlüsse jedoch vom katholischen Kaiser bestätigen zu lassen. Die evangelische Landtagspartei wollte sich an die evangelischen Garantiemächte Preußen, England-Hannover, ja an die einstige Schutzmacht Schweden wenden. Und wollte sogar über Preußen die Waffenhilfe der schweizerischen Kantone anrufen. Stand gar eine evangelisch-alemannische Demokratie in Aussicht? Ein lutherisch-zwinglischer Alemannenstaat?

Aber es ging anders. Schon Ende Juli 1737 suchte die Herzoginwitwe persönliche Verbindung mit den führenden Landtagsprälaten. Auf eine Verschwörung, eine Konfrontation wollte sie es gar nicht ankommen lassen. Am 5. November 1737 kam es denn auch zu einem Vergleich. In Abweichung von Karl Alexanders Testament, der die staatlich-politische Mitwirkung der Herzoginwitwe allen Ernstes vorsah, räumte das Pergament der Herzoginwitwe nur die sozusagen private Vormundschaft über ihre Kinder ein. Damit war die gefürchtete Einwirkung Würzburgs auf die inneren Verhältnisse ausgeschaltet. Administrator Karl Rudolf hatte selber an dieser Befriedung, so gut er konnte, mitgeholfen. Und der Kaiser hatte schließlich auch sein Plazet dazu gegeben. Im August 1738 konnte der altersmüde Karl Rudolf nach Abschluß des „Administrationsvergleichs" die Vormundschaftsregierung ohne Einspruch irgendeiner Seite an den Herzog Karl Friedrich von Württemberg-Oels übergeben.

Der war damals auch nicht mehr der Jüngste, ein Mann von achtundvierzig Jahren. Die schlesische Linie der Württemberger war, wie diejenige der Hohenloher, weitab vom „Mutterland" seine eigenen Wege gegangen, seit Silvius Nimrod von Württemberg dort 1647, noch im Dreißigjährigen Krieg, durch die Ehe mit Elisabeth Maria von Münsterberg-Oels diese östlichste Württemberger Herrschaft begründete. Karl Friedrich hat selber eine männerlose Zeit miterlebt. Mit vierzehn Jahren verlor er seinen Vater, den Christian Ulrich I. zu Bernstadt, der nicht weniger als viermal verheiratet war. Mit zwanzig Jahren heiratete er die Tochter des Herzogs Christian II. von Anhalt-Bernburg, nach deren Tod 1683 die Tochter des Herzogs Christian von Sachsen-Merseburg. Als diese nach zehnjähriger Ehe starb, führte Christian Ulrich 1695 die Tochter des Fürsten Enno Ludwig von Ostfriedsland heim, eine damals sechsunddreißigjährige Frau. Als sie 1698 heimging, feierte Christian Ulrich im Jahre 1700 noch einmal Hochzeit, diesmal mit der fast vierzigjährigen Tochter des Herzogs Gustav Adolf von Mecklenburg-Güstrow. Allemal waren diese „Beilager" ein gesellschaftliches Ereignis des norddeutschen Hochadels. Man ließ es sich nicht nehmen, eine „drei Lot schwere Medaille" zu prägen, auf der Vorderseite grüßen freundlichst die frisch Copulierten, auf der Rückseite die durch Wolken strahlende Sonne.

Ob er nun ganz wie eine Sonne durchs Leben wandelte, der Karl Friedrich, wissen wir nicht so recht. Man hat an den württembergischen Residenzen in

Schlesien seine Geburtstags- und Heiratsgedichte allemal zu Papier gebracht, wahre Sturzbächlein von Fürstenehrfurcht, in denen man die Vergleiche mit Zeus und Apoll nicht gescheut und sich der Untertanentreue „nach Magnetenart" immer wieder aufs neue versichert hat. Das württembergische Schlesien, genauer zu sagen das württembergische Fürstentum Oels, Bernstadt und Juliusburg lebte aus anderen Elementen und Traditionen heraus als das allemal zwischen Herzog und Ständen stehende – „eigentliche" – Herzogtum Württemberg.

Karl Friedrich, am 17. Februar 1690 in Merseburg geboren, mußte bald nach seinem 18. Geburtstag in Oels an die Arbeit. Er folgte seinem Vater 1707 in der Regierung dieses schlesischen Fürstentums, das sein Großvater Nimrod durch Heirat erworben hatte. Seine Gemahlin war Juliane Sibylle Charlotte, die Tochter des Herzogs Friedrich Ferdinand von Württemberg-Weiltingen. Die Ehe blieb kinderlos; Karl Friedrich starb 1761 im schlesischen Oels, ohne Erben zu hinterlassen. Ihm folgte dort sein Neffe, Karl Christian Erdmann, mit dem der Mannesstamm der Linie Württemberg-Oels am 14. Dezember 1792 ausstarb; das Fürstentum Oels kam durch seine Tochter Friderike an den Herzog Friedrich August von Braunschweig.

Wie seine Vettern wird Karl Friedrich seine Bildungsreisen und etliche Vorlesungen an der Universität Frankfurt an der Oder hinter sich gebracht haben, bevor er selber württembergischer Regent in Schlesien sein durfte. Daß er dabei nicht ganz ohne Erfahrungen im Umgang mit Oberbehörden bleiben und sich nicht so gänzlich als Alleinherrscher aufführen konnte, zeigt die Beschwerdeflut über seinen gleichnamigen Vetter, der seit 1707 in der württembergisch-schlesischen Residenz zu Bernstadt regierte. Über ihn und seine „Alleinregierung" beschwerte sich das Breslauer Oberamt beim kaiserlichen Hof zu Wien. Glücklicherweise nahm sich der Bischof zu Breslau als „Obrister Landeshauptmann" in Schlesien des fürstlichen Angeklagten an und suchte zu vermitteln. Der Vetter schickte selbst Briefe nach Wien. „Wenn auch meine Aufführung", meint er, „bishero nicht die beste gewesen, so hat sie doch hoffentlich dergleichen Vorkehrungen nicht verdient."

Die württembergischen Fürsten in Schlesien, damals die einzigen evangelischen im Lande, hatten keinen leichten Stand. Mit der absolutistischen Selbstherrlichkeit war es nicht weit her. Als der Vetter unseres Administrators 1712 den Landeshauptmann um etwas ganz Gewichtiges, nämlich um eine Perücke bat, erhielt er statt einer positiven Antwort einen Verweis wegen „derlei Ansinnungen“. Und als er 1727 das evangelische Waisenhaus in Glauche im Trebnitzer Fürstentumsteil genehmigte und förderte, zog er sich einen strengen Verweis des Kaisers zu. Der Württemberger solle sich künftig solcher Eingriffe in seine kaiserlichen Rechte bei „ernster Ahndung enthalten“.

Mit Karl Friedrich kam also aus Oels kein Gernegroß-Potentat an, sondern ein immerhin fast fünfzigjähriger Landesherr, der an der Spitze eines kleinen Fürstentums gelernt hatte, daß es auch andere und unter Umständen wichtigere Mächte gab als die eigene und persönliche. Tatsächlich hat er denn auch im Umgang mit der württembergischen Spezialität, mit den Landständen, eine glückliche Hand gezeigt. Nimmt man den Landtagsabschied zur Urteilsgrundlage, den Karl Friedrich unterschrieb und der vom Landtag am 18. April 1739 genehmigt wurde, dann könnte man zu dem Ergebnis kommen, der „neue“ Herzog habe klein beigegeben. Immerhin übernahm er mit seiner Unterschrift die unbezahlten Kammerschulden Eberhard Ludwigs in Höhe von 2 Millionen Gulden und bestätigte alle Landesverträge einschließlich der Reversalien Karl Alexanders. Er versprach schleunigste Abhilfe der vorgebrachten Beschwerden über die Jagdfronen, die Beschränkungen des Holzhandels und mancherlei steuerliche Abgaben und Accisen. Auch die Verminderung der Vermögenssteuer war in diese umfassende, große Reform aufgenommen worde, die „Wegschaffung der Juden“ und „anderer ausländischer Krämer“, die Besetzung der eigenen Staatsämter mit tüchtigen Landskindern, die sparsamere Verwaltung des Kammerguts, die Reduktion der Stellen am Hofe. Man hat in kürzester Zeit so viel eingespart, daß man mehrere Ortschaften „erkaufen“ und einen Teil der Truppen entlassen konnte, die man gelegentlich des Österreichischen Erbfolgekriegs 1740 an Habsburg abzugeben hatte.

Aber man kann nicht sagen, daß Friedrich Karl damit Lebensrechte des Regenten hergegeben oder daß sich das Selbstgefühl der Landstände durch seine Gefälligkeit gesteigert hätte. Ganz im Gegenteil hat Friedrich Karl durch seine Unterschrift einen deutlichen Trennungsstrich unter die mit Korruption und Günstlingswirtschaft durchsetzte Zeit seiner Vorgänger gezogen. Jetzt war Schluß damit. Die Landstände selber waren auf eine Gesundung von innen heraus angewiesen; sie ist durch den Sturz des Prälaten und

Ausschußmitgliedes Weißensee, der zu Karl Alexanders engsten Vertrauten gehörte, vor aller Augen sichtbar geworden.

Was folgte, war eine bemerkenswert konsequente Regierung, die Karl Friedrich „in Ruhe und mit sichtbarem Gedeihen des Landes“ (Karl Pfaff) führte. Es ist nachweisbar, daß er „die Zügel der Regierung fester als sein Vorgänger“ (W. Grube) in die Hand nahm. Der Vormundschaftsstreit war entschieden. Die Abhängigkeit von den Ständen war wesentlich geringer. So ließen denn auch die herzoglichen Resolutionen an den Landtag eine sehr viel deutlichere Akzentuierung des fürstlichen Standpunktes erkennen, als es die Abgeordneten von Herzog Karl Rudolf gewohnt waren. Karl Friedrich schritt entschieden gegen die alte, jetzt als „unanständig“ bezeichnete, Sitte des Plenums ein, gegen Schluß der Sitzungsperiode Stuttgart zu verlassen, ohne die offizielle Entlassung durch den Landesherren abzuwarten.

Karl Friedrich, das ist die historische Leistung seiner kaum über ein halbes Jahrzehnt währenden Amtszeit, hat die Übergriffe der ständischen Herrschaft wieder zurückgeschnitten und die ständische Restauration im Keime ersticken lassen. Unter ihm, dem landfremden Herzogsstellvertreter, hat die Landtagsopposition ihren – mit vielen Winkelzügen und einem achtbaren ideologischen Aufwand betriebenen — Kampf um eine modernere, demokratischere Landschaftsordnung verloren. Viel kam da von draußen, von den württembergischen Amtskörperschaften im Lande, die ein größeres Mitspracherecht und eine Integration des Ständigen Ausschusses in einen sich selbst einberufenden und sich selbst rekrutierenden Landtag haben wollten. Karl Friedrich hat diesen Trends sein unmißverständliches Nein entgegengesetzt. Nur ihm stehe ein Urteil darüber zu, ob ein allgemeiner Landtag oder ein Ausschußtag zu berufen sei. Aufschübe in der Behandlung landespolitischer Fragen seien nicht zuletzt durch die „von der Landesversammlung getane weitlaufige und zum Teil unnötige Wiederholung“ verschuldet worden. Es sei an der Zeit, daß man im Landtag endlich beschließe.

Kam mit Karl Friedrich preußische Prägnanz und absolutistische Selbstsicherheit in das schwierige, umständliche, vom Dualismus Herzog/Stände aufgeriebene Württemberg? Hätte ein Mann dieses Schlages die vielberühmte ständische Tradition in Württemberg überhaupt zum Erliegen bringen können? Hat es im Württemberg des 17. und 18. Jahrhunderts nur an Herzögen dieses Zuschnitts und dieser absolutistischen Prägung gefehlt?

Jedenfalls ist die fortschrittliche Partei im Landtag unterlegen, weil Karl Friedrichs Vormundschaftsregierung an dem Bündnis mit der – gleichsam verwandten – Oligarchie der Landtagsausschüsse und -konsulenten festhielt und dabei die Alleinzuständigkeit der „Herrschaft" – nämlich des Landesfürsten – deutlich zu wahren wußte. Daß dieses Übereinkommen nicht ohne Konzessionen auch seitens des württembergischen Herzoghauses zustandekommen konnte, ist für uns heute selbstverständlich. Was den alten, zähen Kampf um die Heeresverfassung anging, so kam es sogar zu einem Kompromiß auf beiden Seiten. Der Landtag stimmte mit Mehrheit der Beibehaltung eines wenigstens „gemäßigten militis conducti" zu, und der absolutistische Herzog verzichtete auf das große Kontingent eines stehenden Heeres.

Die gemeinsame Herrschaft von Ständen und Geheimen Räten, von Landtag und Herzog war keinem Staatsstreich gewichen. So könnte man das historische Ergebnis auch formulieren. Karl Friedrich hatte die „schlesischen Zustände" nicht auf Altwürttemberg übertragen können. Aber er hatte dem Bild, der Herzog sei die letzte Instanz und die eigentliche Autorität, doch ein paar kräftige neue Farben hinzugefügt. Daß die Beziehungen der Landschaft zur Herzoginwitwe Maria Augusta sich günstig entwickelten und der Landtag ihr zu Ehren sogar einmal ein solennes Festmahl im Landschaftshaus gab, dürfte nicht zuletzt auf seine Haltung und seine Person zurückzuführen gewesen sein.

Eine Wende in der außenpolitischen Orientierung Württembergs vollzog sich unter Karl Friedrich deshalb, weil er sich alsbald als großer Preußenfreund entpuppte. Zwei Jahre nachdem er die Regentschaft in Stuttgart angetreten hatte, hatte Friedrich II. den preußischen Thron bestiegen und nicht viel später Schlesien preußisch gemacht. Vom jungen preußischen König und seinem Anspruch auf Teile der österreichischen Lande könnte Karl Friedrich gelernt haben, auch solche württembergischen Ansprüche geltend zu machen. Jedenfalls meinte er 1741 und noch einmal 1742, der rechte Zeitpunkt sei gekommen, um Württemberg von den durch den Prager Vertrag von 1599 festgesetzten Anwartschaftsrechten Österreichs auf das Herzogtum freizumachen. Sein Geheimrat Georg Bernhard Bilfinger, auch Friedrich machte das so, mußte eine „Kurze, doch gründliche Anzeige" publizieren, hernach noch einmal einen „Unumstößlichen Beweis", daß Österreich keine

Anrechte habe. Aber die Sache blieb ohne Erfolg, wohl auch deshalb, weil Karl Friedrich es im Österreichischen Erbfolgekrieg deutlich an Kriegslust und an tätiger Mithilfe an der Seite Österreichs hatte fehlen lassen. Dem Verlangen Österreichs, der Frankfurter Union beizutreten, trat er kurzerhand mit einem „Nein“ entgegen. 1741 schloß er vielmehr mit Frankreich einen Neutralitätsvertrag ab. Als die Kriegsheere näher kamen, ließ er zur Sicherung des Schwäbischen Kreises eine Truppenlinie ziehen, was zumindest nicht den Krieg ins Land brachte, wenn sich auch die Österreicher bei ihrem Durchmarsch im Sommer 1743 „schlecht aufführten“ und das Land viel Geld kosteten.

Karl Friedrich blieb ein Verehrer des Preußenkönigs. Der Name „Friedrich“ mochte für ihn gleichlautend sein für Ordnung und Prosperität. Daß der Erbprinz Carl Eugen und seine Brüder 1741 auf zwei Jahre zur Erziehung an den protestantischen Hof Friedrichs des Großen geschickt wurden, das ging auf die Intention Karl Friedrichs zurück. Jetzt wandte man sich, die evangelischen Landstände Württembergs waren da natürlich gleich dabei, von der österreichisch-katholischen Orientierung Karl Alexanders ab und der preußisch-evangelischen Garantiemacht zu. Die konfessionelle Stabilität ging den Landständen über die – mit diesem Berliner Aufenthalt voraussehbare – Zunahme absolutistischen Machtanspruchs. Drei Jahre nach der Abreise ins Preußische, im März 1744, übernahm der sechzehnjährige Carl Eugen selbst die Regierung in Württemberg.

Herzog Carl Eugen (regierte von 1744 bis 1793)
Taler 1744
Vs. CAROLVS D . G . – DVX WURT · & · T ·
Gepanzertes Brustbild nach rechts mit Hermelinmantel, auf der Brust der Orden des goldenen Vlieses, am Armabschnitt die Stempelschneidersignatur V · – S · (= Veit Schrempf), Laubrand
Ebner XVIII, Nr. 6: ⌀ 40 mm, 29,23 g (französisch geprägt)
Münzstätte: Stuttgart
Stempelschneider: Veit Schrempf, seit 1744 in Stuttgart tätig
Münzmeister: Simon Schnell

Rs. PROVIDE · ET · – CONSTANTER · (= Mit Vorsicht und Beständigkeit)
Unter dem Fürstenhut das ovale fünffeldige Wappen in einer Kartusche, halb umgeben von der Kette des Jagdordens mit Ordensstern, unten die Signatur S · S · (= Simon Schnell) und die Jahreszahl 17 – 44

Herzog Carl Eugen

Geboren 11. Februar 1728 Brüssel, regierte seit 23. März 1744, gestorben 24. Oktober 1793 auf Schloß Hohenheim, begraben in der Fürstengruft des Schlosses Ludwigsburg

Mit Carl Eugen kam also seit vielen Jahrzehnten das erste Mal wieder ein junger Mann an die Regierung. Er war kein Stellvertreter und kein Vormundschaftsregent, sondern der angestammte und „von Gottes Gnaden" ausersehene Landesfürst. Und er war augenscheinlich ein begabter und energischer junger Mann: mit ihm mußte man rechnen. Die längeren oder kürzeren Regentschaftszeiten der Administratoren waren nie mehr als Übergangslösungen. Statt politischem Gestalten war das nur ein Verwalten, ein politisches Von-der-Hand-in-den-Mund-Leben, das natürlich den Ständen, den Platzhaltern zugute kam. Carl Eugen hat nicht nur verwaltet, er hat das Land gestaltet in einem nicht weniger als epochalen Sinne.

Seine Kindheit und Jugend scheint kaum gehabt zu haben, was man ihr gerne gewünscht hätte: Heimat und Halt. Am 11. Februar 1728 in Brüssel geboren, verbrachte er dort im Palais seiner Großmutter von Mutters Seite, der Fürstin von Thurn und Taxis, seine ersten acht Lebensjahre, zusammen mit seinen um drei beziehungsweise vier Jahre jüngeren Brüdern Ludwig Eugen und Friedrich Eugen. Die drei Brüder sind in einem besonderen – wenn auch konfliktreichen und konträren Sinne immer zusammengeblieben. Als Carl Eugen kinderlos starb, war die Nachfolge der Brüder keine mühsam-komplizierte und jedenfalls keine „weithergeholte" Notlösung. Sie konnte nur deshalb den Württembergern als ein Intermezzo in Erinnerung bleiben, weil beide genau zur Generation des fast ein halbes Jahrhundert lang regierenden Vorgängers gehörten und ihnen also selbst nur je drei Jahre Regierungszeit verblieben.

Hat Carl Eugen, der „Carl Herzich", sich deshalb in die Herzen seiner Landsleute so eingeprägt, weil er so lange regiert hat? Hätte man bei ihm an den Habsburger Friedrich III. zu denken, dem man am Ende nichts anderes nachsagen kann als dies, daß er mehr als ein Menschenalter lang auf dem

Kaiserthron saß? Von der sprichwörtlichen Trägheit des Habsburgers hatte Carl Eugen überhaupt nichts. Ein lebendiges und nachhaltiges Bild seines Vaters dürfte er kaum mit ins Leben genommen haben. Als der, der Türken-Marschall und Kaiserliche Statthalter, ganz gegen seine Erwartung württembergischer Herzog wird, scheint er so überfordert und okkupiert vom neuen Amt, daß die Prinzen erst 1736 von den Eltern aus Brüssel nach Stuttgart geholt werden. Ein Jahr darauf stirbt der Vater. Für den Sohn – und die beiden Brüder – konnte er nichts anderes sein als ein heroischer, tragisch umwitterter Schatten. Zur Mutter, der damals schönen Frau im besten Alter, muß Carls Bindung enger gewesen sein. Dafür spricht auch der Umstand, daß sie nach seinem Regierungsantritt und dem Ende ihrer Mit-Vormundschaft noch einige Jahre im Alten Schloß, der Residenz des Sohnes, und bald auch der Schwiegertochter, verblieb. Erst nach einem heftigen Streit mit dem jungen Herzog verließ sie Stuttgart und zog sich auf ihren Wittumsitz zurück. Um eine Aussöhnung schien man sich beiderseits nicht gekümmert zu haben. Summa: die länger andauernde Wirkung der Eltern fehlt in dieser Biographie. Aber auch die Gestalt des prägenden Meisters und Lehrers vermißt man darin. Nach dem – nicht unproblematischen – Regierungsantritt Maria Theresias 1740 ziehen die Truppen der kriegführenden Parteien durchs – neutral gebliebene – Herzogtum. Man spricht von Seuchengefahr, von der möglichen Verschleppung der Prinzen ins katholische Würzburg, vielleicht ins katholische Wien. Nicht zuletzt der evangelische Geheime Rat des Landes dürfte veranlaßt haben, die Prinzen auf den Hohentwiel, dann nach Hohenurach und schließlich an den evangelischen preußischen Hof nach Berlin zu bringen. Im Dezember 1741, Friedrich II. ist kaum ein Jahr auf dem Thron, reisen die drei Prinzen unter der Leitung des Geheimen Rats Georgii nach Berlin. Dort werden sie mit allen Ehren und großer Aufmerksamkeit empfangen und etabliert.

Aber Friedrich der Große ist trotzdem nicht, wie man immer wieder gewollt hat, zum geheimen oder erklärten Mentor des Herzogs Carl Eugen geworden. Daß sich im Verlauf weniger Jahrzehnte die Vorstellungen von Prinzenerziehung – und schließlich vom Fürstenamt – in Deutschland verändert hatten, das ist ohne Zweifel. Ein Blick auf das Weimar des jungen Carl August, literarische Größen wie Wieland und Goethe hatte man sich geholt, macht das deutlich. Jetzt war es nicht mehr nur die Nachbarsprache, die man sich zulegte, um sich verständigen und irgendwann einmal auch verhandeln zu können, sondern die Literatur, die französische, die englische, die Musik und die bildenden Künste, die Baustile und die Mythologie: ein reiches und umfassendes Angebot an Bildung, das den potentiellen Landesherren zu etwas anderem machen mußte als zu einem Haudegen, der nichts kennt als die Sauhatz und allenfalls die lederne, ganz formalistisch verstandene Reproduktion des honette homme. An Friedrichs des Großen Hof, der Flötenmeister Quantz oder Voltaire, Geist und Witz in einem, sind nur zwei Namen dafür, wird Kultur nicht gekauft, sie gehört dazu. Zu einer „Erziehung am preußischen Hof" ist es indessen, was Carl Eugen betraf, man kann das immer so lesen, nicht gekommen. Der König hatte mit seinen schlesischen Kriegen vollauf zu tun. Sein Interesse an den württembergischen Gästen war in erster Linie durch politische, nämlich antiösterreichische Erwägungen bestimmt. Immerhin scheint er an dem – bildhübschen – vierzehnjährigen württembergischen Prinzen Carl Gefallen gefunden zu haben. Und als dieser sechszehnjährig, also vor der Zeit, am 11. Januar 1744 von Kaiser Karl VII. mündig gesprochen wurde, macht er dem Scheidenden eine Schrift zurecht, die er ihm beim Abschied in letzter Stunde versiegelt und gleichsam als geheime Order übergab. „Miroir des princes ou instruction pour le jeune duc Charles Eugène de Würtemberg" war dieser Fürstenspiegel überschrieben.

Eilige Kommentatoren unseres Jahrhunderts könnten vermuten, Friedrich habe rasch aus seinem – kurz zuvor erschienenen – „Antimachiavell" ein paar Sätzchen und Maximen herausgezogen, neu gemixt und dem hoffnungsvollen Regenten in seinen Reisekoffer gesteckt. Wer genauer zusieht, entdeckt indessen ein Bündel überlegter und wohlgemeinter Ratschläge ganz speziell für die kommende Stuttgarter Situation. Dazu paßt, daß der preußische Monarch seinen jungen Adepten besonders eindringlich vor zwei Mitgliedern des Stuttgarter Regierungskollegiums warnt: vor den Geheimen Räten Bilfinger und von Hardenberg. Das kann nur auf Recherchen zurückgehen, die dem preußischen Gesandten am württembergischen Hof vom König aufgetragen waren. Falsche Recherchen, wie es sich zum Glück herausstellte. Den gewissenhaften und höchst sachverständigen von Hardenberg hielt Carl Eugen noch über ein Jahrzehnt in seinen Diensten, und Bilfinger blieb bis zu seinem Tod im Jahre 1750 im Amt.

Die Aufgabe war nicht leicht, die Carl Eugen mit seiner am 12. März 1744 unter den Revers des Geheimen Rats gesetzten Unterschrift übernommen hatte. Er hatte damit die Landesverfassung und die sogenannten „Religionsreversalien" bekräftigt. Die Forderungen der ehrwürdigen Akte gingen weit. Sie enthielten die Abhängigkeit der landesherrlichen Entscheidung über Krieg und Frieden, in der Gesetzgebung und vor allem im Steuerwesen von der Zustimmung der „Landschaft", modern gesagt, des Landtags. Es war ein verwickeltes Gefüge von landesherrlichen und landständischen Rechten, abgefaßt in der mehr mittel- als neuhochdeutschen Kanzleisprache, gipfelnd im Wortlaut des Tübinger Vertrags von 1514. Der junge Prinz, eher von französischer Modernität herkommend als von holzgeschnitzten altdeutschen Rechten, dürfte schon sprachlich einige Mühe gehabt haben, das alles ganz zu verstehen und zu würdigen. Hätten ihn nicht seine älteren einheimischen Berater, wie zu erwarten, über den Inhalt des Dokuments unterrichtet, so hätte er sicher gar nicht gewußt, was er unterschrieb.

Aber nicht nur die innenpolitische Situation war ein Geflecht von Unsicherheiten und Dependenzen, auch in außenpolitischem Betracht war dieses Württemberg eine komplizierte Sache. Der Streit zwischen den alten Großmächten Frankreich und Österreich sowie der neuen Großmacht Preußen, insbesondere der rasche Frontwechsel in diesem Zwist, ließ, wie andere Kleinstaaten auch, Württemberg nicht unberührt. Ein kleines Land, dies Württemberg, kaum halb so groß wie seine spätere Ausdehnung als Königreich, immer noch am Rand der Begebenheiten und der eigentlichen politischen Kräftelinien, erleidendes, duldendes Objekt der großen Bewegungen. Stürme im Wasserglas, möchte man meinen, und doch Probleme, die in einer Phase von Entscheidungen – siehe die Epoche Napoleons und die Rolle Württembergs in ihr – Gewicht erhalten konnten.

Carl Eugens historische Leistung liegt darin, Württemberg aus seiner Randlage herausgeholt und es in kultureller sowie geistiger Hinsicht an die große deutsche Bewegung angeschlossen zu haben. In politischem Betracht konnte er aus dem vergleichsweise kleinen Territorium mit seiner fatalen Zwischensituation nicht gut einen Großstaat an der Flanke machen (wie es Preußen, Österreich, Frankreich waren). Aber er hat diese spezifisch württembergische Problematik und Widersprüchlichkeit gesehen: man sollte Nationalstaat werden, und stand doch im Windschatten der Großen, man

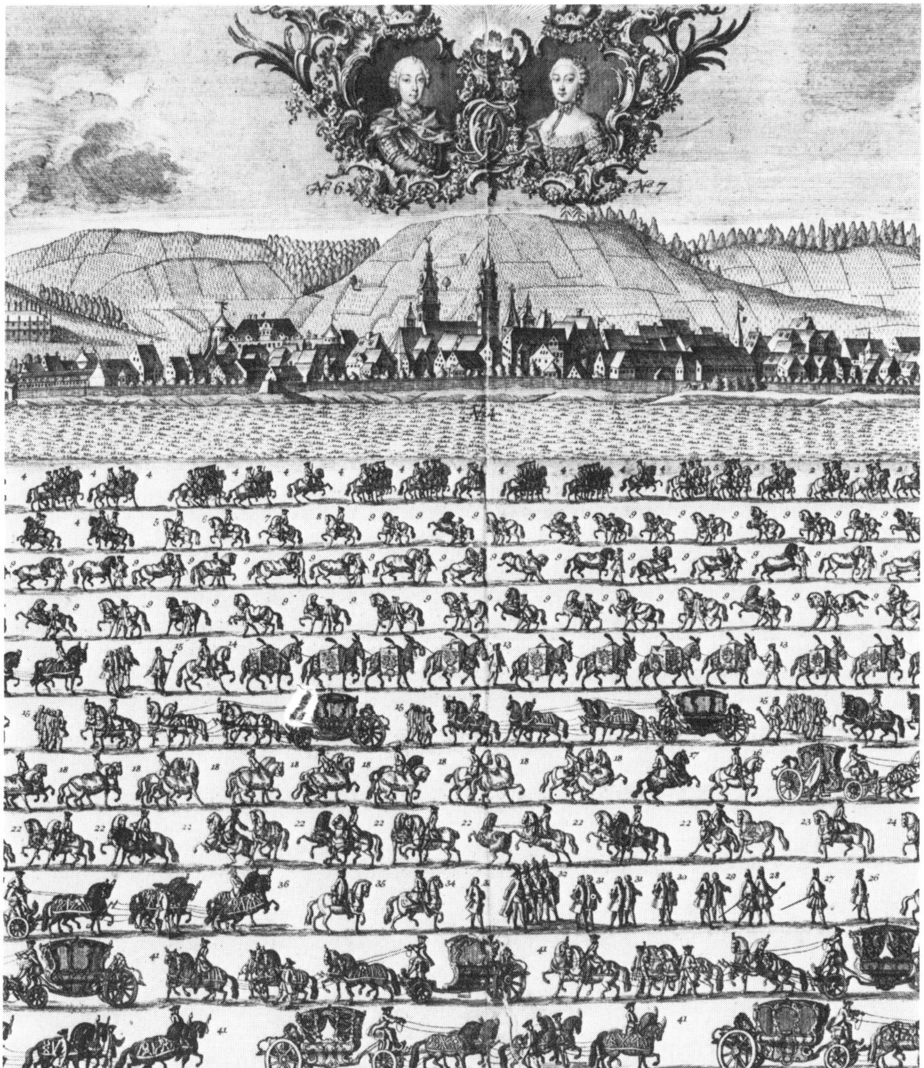

Einzug Carl Eugens mit seiner – ersten – Gemahlin Elisabeth Friderike Sophie in Stuttgart 1748. Kupferstich von Jacob Wangner aus Augsburg, in F. W. Schönhaars Beschreibung der Heimführungs-Festivitäten, Stuttgart 1748.

sollte moderner Flächenstaat werden, und hatte doch die aus dem Mittelalter kommenden Stände am Bein. Er hat vor allem in seinen späteren Jahren tatkräftig versucht, aus diesem Dilemma herauszukommen. Der Erbvergleich sollte, was die Voraussetzung zu weiteren Schritten war, erst einmal Ruhe ins Land bringen. Und was die außenpolitische Misere anging, so bemühte er sich 1785, das eigene Land, die Markgrafschaft Baden und das Kurfürstentum Bayern unter bayerischer Führung zu einer Allianz zusammenzubringen. Hatte dabei die Erinnerung an das Fürstenbündnis mitgeholfen, das Friedrich der Große sieben Jahre zuvor im Kartoffelkrieg so rasch gegen Österreich zustandegebracht hatte? Carl Eugen hat jedenfalls gewisse Motive der Triaspolitik des frühen 19. Jahrhunderts vorweggenommen, freilich in einer ganz konservativen und monarchistischen Form; die mit der Französischen Revolution aufkommenden Ideen von einer „Alemannischen Republik" mußten ihm ein böhmisches Dorf sein.

Daß er als Sechzehnjähriger auf dem Thron wie ein Luftikus begann, hat man ihm zumindest auf seine alten Tage im Land nachgesehen. Die Ehe mit Elisabeth Friederike Sophie, der bildschönen Tochter des Bayreuther Markgrafen, war gewiß ein ehrlich gemeintes Bündnis. Und die Reise nach Paris im Hochzeitsjahr 1748 hatte noch wenig von diesen ausgelassenen Vergnügungsreisen, die sich Carl Eugen in den Jahren darnach so gerne leistete. In Paris waren, vom Wiedersehen mit den Brüdern abgesehen, auch noch politische und diplomatische Dinge zu erledigen. Aber allmählich kam der junge, geistreiche, temperamentvolle Herzog doch ins permanente Genießen und Festefeiern. Er wollte „Landesvater" sein, schon damals war's sein Lieblingswort. Aber er tummelte sich als Förderer der Künste, als Anführer mehr prachtierender als weidmännischer Jagdzüge, als strahlender Stern eines glänzenden Hofes und war deshalb endlich, aber nicht zuletzt, eifrigster Schüler in der école des dames, unermüdlicher Sieger in Amors Gefilden.

Die Ehe mit der Ansbacherin zerbrach vollends, als Marianne Pirker, gefeierte und übrigens bei den Nachwuchssängerinnen geschätzte und verehrte Sängerin, im Boudoir der Herzogin von Serenissimus' neuesten Amouren erzählte. Wir haben das nicht schriftlich. Aber wir haben wenigstens ein paar Andeutungen, die man im nachhinein dem Friseur der Landesherrin abgewinnen konnte. Carl Eugen, widersprüchlich und rauh wie sein Land, hat kurzen Prozeß gemacht. Die Pirker, die großartige Lehrmeisterin seiner Oper, schickte er auf den Hohentwiel. Unmittelbar danach begab er sich zu einem Jagdaufenthalt nach Bayreuth. Dorthin ließ er seine Gattin nachkommen, was alle Welt in der Meinung bestärkte, die beiden seien immer noch gut miteinander. Aber die Herzogin überraschte alle mit der Erklärung, sie werde fortan in Bayreuth bleiben. Sie lebte bis zu ihrem Tod getrennt von ihrem Mann. Die Pirker war – und blieb – das Opfer. Jahrelang in Festungsverliesen, wurde sie mehr und mehr in geistige Umnachtung hineingetrieben und mit ausdrücklichem Redeverbot nach Eschenau, einem Schlößchen bei Heilbronn, gebracht. Die „Irre von Eschenau", ein grausig, sinnloses Zeugnis des Tyrannen-Herzogs.

Denn Carl Eugen, so sehr er die Sonne der Humanität heraufziehen sah (und sie auch vor aller Öffentlichkeit beim Namen nannte), konnte ein Unmensch sein. Er hat den General Rieger vom Exerzierplatz weg verhaften lassen, er hat den Johann Jacob Moser auf den Hohentwiel gekarrt und den Schubart auf den Hohen Asperg: Fürstenzucht und Menschenerziehung, so haben er und seine Suite bei Gelegenheit verlauten lassen, und in Wirklichkeit doch nichts als billige, gehässige und schließlich barbarische Schulmeisterei. „Als Dionys von Syrakus / Aufhören muß / Tyrann zu sein, / Da ward er ein Schulmeisterlein." Das Verslein ist Schubart zugeschrieben worden, stammt indessen nachweislich nicht von ihm.

Die Gleichsetzung zwischen „Carl Eugen" und „Tyrann" muß zu seinen Lebzeiten vor allem im damaligen „Ausland" eine übliche Sache gewesen sein. Bezeichnend genug, was Caroline Schlegel am 2. März 1781 aus der Universitätsstadt Göttingen („unsere Stadt") zu berichten hat, immerhin eine geistvolle Frau und eine Kennerin der gesellschaftlichen Welt. „Diese Woche beehrte der Herzog von Württemberg und Gräfin Hohenheim, die mit ihm reiset, unsre Stadt. Er besuchte alle Collegia, sah und hörte Naturalien-Cabinett, Bibliothek, Disputationen, Societäten, alles, was nur aufzutreiben war, war sehr höflich, sehr gnädig, tractierte die Professores. Sie besah mit, und ennuyierte sich die übrige Zeit im Gasthofe. Jeder, der sie gesehen hat, macht die reizendste Beschreibung von ihr, sie soll nicht schön, aber im höchsten Grade annehmlich, gelehrt, voller Einsicht und Verstand sein. Gelehrsamkeit ist jetzt so des Herzogs Steckenpferd, daß es ihn lächerlich und zum Pedanten macht. Er ist häßlich, verliebt mag sie wohl nicht in ihn sein, ob sie gleich ihren Mann um seinetwillen verließ. Seine Untertanen wünschen, daß er sie heiratet, er traut aber selbst seiner Beständigkeit nicht genug, das zu thun. Tugend und Religion ist jetzt sein drittes Wort, er, der Unterdrücker der weiblichen Tugend, der Zerstörer der Ruhe so mancher Familie, der Verläugner seiner Religion, wenn sie aus Thaten besteht, er wagts, diese heiligen Nahmen zu mißbrauchen. O er ist mir verhaßt! Willst Du sein Bild, so stell' Dir einen großen und nicht magern Mann vor, mit einem roten Angesicht, großer Nase nebst kleinen Ditos drauf, große hervorstechende Augen, einen braunen kurzen Rock, schwefelgelbe Weste, so lang, daß man die schwarzatlasnen Beinkleider, über die Strümpfe nach alter Mode gewickelt waren, kaum sah, denn Weste und Strümpfe stießen zusammen."

Das Schubart zugeschriebene Spott-Sprüchlein könnte von dem zornigen Tyrannengegner gewesen sein, und schließlich von jedem der Bürgers- und Bauersleute zwischen Alb und Schwarzwald, zwischen Gäu und Remstal. Man wußte, daß der Herzog ein jähzorniger, nachtragender Mann war. Merkwürdig, daß gerade unter Carl Eugen erste Anzeichen eines württembergischen Nationalgefühls sich breit machten, daß man in Anthologien und Kalendern der eigenen württembergischen Ahnen gedachte, ja daß man dem Herzog selbst seine „unterthänigsten" Loblieder widmete, die am Ende noch – spürbar – Ehrliches und Herzliches an sich hatten. Noch merkwürdiger, daß aus dem gelegentlichen Diktator und furiosen Menschenbeglücker mit den Jahren ein überlegter Pädagoge von Rang und Niveau wurde. Carl Eugen hat man, das weiß man heute wieder, die Hohe Carlsschule zu verdanken, die aus dem frömmelnden und lateinlernenden Württemberg ein Künstlerland machte. Jetzt gehörte auch Württemberg zum geistigen Deutschland. Die Carlsschule, aus der nicht nur höhere Staatsbeamte und wissenschaftlich gebildete Stabsoffiziere hervorgingen, sondern auch Klarinettisten, Bildhauer und Dichter (wie man von Schiller weiß): die Carlsschule bleibt einer der großen Beiträge zu jenem geistigen Aufbruch, den man „Deutsche Bewegung" genannt hat.

Den Wechsel vom Sturm und Drang zur Klassik hat Carl Eugen selbst vorgelebt. Die Zeiten, in denen er nach Venedig reiste, selbst der Kaiser soll ihn damals für einen „Narren" erklärt haben, waren vorbei, auch die Nachspiele, in denen schwäbische Gondolieri auf dem Monrepos-Seelein rudern sollten (sie mögen sich schön blöd vorgekommen sein) oder die angeworbenen Ludwigsburger und Ludwigsburgerinnen auf ihrem Marktplatz so flanieren soll-

Herzog Carl Eugen als Befehle erteilender Gutsherr in Hohenheim. Kupferstich von N. H. und J. C. Stadler in Landau um 1790, nach einer Zeichnung von V. Heideloff.

ten wie die Venezianerinnen auf dem Markusplatz. In seinen späteren Jahren hat sich Carl Eugen doch auch in Wirklichkeit als der „Landesvater“ gezeigt. Die offenen oder versteckten Kämpfe mit der Landschaft endigten im Erbvergleich des Jahres 1770. Daß vom „Erbe“ darin die Rede war, hatte seinen Grund darin, daß die Reichshofratsentscheidung (worum es sich in Wirklichkeit handelte) auch für die „Erben“, nämlich für die Nachfolger in der Landesherrschaft, verbindlich war. Einen „Vergleich“ in strengem Rechtssinne konnte man die Entscheidung des höchsten Reichsgerichts indessen kaum nennen. In Wirklichkeit war der Herzog der eindeutige Verlierer. Ihm wurde untersagt, für militärische Zwecke von der Landschaft mehr zu verlangen, als die von jeher dafür ausgebrachten Summen. Verboten war dem Herzog auch, Rekruten auszuheben oder Steuern zu verordnen ohne Zustimmung der Landschaft. Und die Hauptsache: die württembergische Landesverfassung war noch einmal von einer überparteilichen Instanz und damit vom Kaiser bestätigt worden.

Der „alte" Carl Eugen – er starb am 24. Oktober 1793 in seinem fünfundsechzigsten Lebensjahr – hat dieses Bekenntnis zur hergebrachten Ordnung und zur Tradition auch mit seiner eigenen Person und sozusagen mit seiner persönlichen Biographie unterstrichen. An seinem fünfzigsten Geburtstag hat er, mittlerweile mit seiner „Fränzel" nach Hohenheim gezogen und dort zum freundlich-patriarchalischen Gutsherrn avanciert, am 11. Februar 1778 von allen Kanzeln des Landes ein Manifest verlesen lassen, das den Diktator von einst als reuigen Sünder vorstellte. „Da Wir aber Menschen sind und unter diesem Wort von dem so vorzüglichen Grad der Vollkommenheit weit entfernt geblieben sind und auch für das Künftige bleiben müssen, so hat es nicht anders sein können als daß teils aus angeborener menschlicher Schwachheit, teils aus nicht genügsamer Kenntnis und sonstigen Umständen sich viele Ereignisse ergaben, die, wären sie nicht geschehen, wohl für jetzt und für künftige andere Wendung genommen hätten. Wir bekennen das freimütig. Denn dies ist die Schuldigkeit eines Rechtschaffenen und entladen Uns damit einer Pflicht, die jedem Rechtsdenkenden, besonders aber den Gesalbten dieser Erde, beständig heilig sein und bleiben sollte. Wir sehen den heutigen Tag als den Beginn einer zweiten Periode Unseres Lebens an."

Daß sich hier ein württembergischer Herzog, man kann da nicht anders sagen, selbst reflektiert und, die Zukunft vorwegnehmend, eine „zweite Epoche" seines Lebens konstatiert hat, gewissermaßen in flagranti, ist eine höchst bemerkenswerte Sache. Carl Eugens berühmtes „Sündenbekenntnis" wollte Gerhard Storz, sein neuester Biograph, nicht als eine theatralische oder gar von Franziskas Pietismus inspirierte Deklaration verstanden wissen, sondern eher als eine Art Regierungserklärung. Die eine Regierungsperiode ist kommentiert und abgeschlossen, die andere programmatisch vorgezeichnet und beginnt. Auch in dieser folgenden wird das Wollen immer wieder hinter dem Vollbringen zurückbleiben, auch darüber möchte Carl Eugen keinen Zweifel lassen.

Aber er verrät sich mit diesem Manifest auch als ein Mann, in dem ein Stück dieser Spannung zwischen Kunst und Leben steckt, dieser Antinomie, die zum geistigen Urelement der Goethezeit gehört. „Eine zweite Periode Unseres Lebens“: Carl Eugen ist der einzige unter den württembergischen Herzögen, der sein Leben bewußt „vollführt“, der es einteilt, der es wertet, der es gestaltet, als etwas Machbares, als ein Kunstwerk. Er hat eine Spur jener Goetheschen Lebensformung in sich, er, der Erzieher, der Tagebuchschreiber, der Bibliophile, der Gründer, kurz: der geistig sich kontrollierende Lebensformer. Vielleicht ist von hier aus auch die Frage zu beantworten, warum er ausgerechnet Franziska auserwählt hat und ihr so beständig gefolgt ist, ein Weib, das weder schön noch witzig war. Aber dies Vertrauen auf ein ganzes Leben und dieses Sich-Einfügen in einen – selbst gezogenen – Lebensbogen liegt in ihm. Carl Eugen konnte wachsen lassen. Es ist kein Zufall und schon gar nicht der Tribut an die Mode der Zeit, daß er in Hohenheim als Landwirt erscheint. Hinter allem Tyrannen-Gebaren, das ihm übrigens nur diejenigen bescheinigten, die ihn nicht näher kannten, man hat da eine Fülle von Beispielen dafür, steckt eine für die „Bildung“ des eigenen Lebens sehr empfängliche Natur. Man muß das schon Lebenskultur nennen. Sie zu erfahren und zu leben, muß ihm mit der feinen und charaktervollen Franziska in einer wiederum höchst organischen Weise gelungen sein.

Irgendwo durfte man diesem Pathos also Vertrauen schenken. Tatsächlich hat sich der „alte“ Carl Eugen jetzt wesentlich um die Belebung des Handels gekümmert, um gute, neue Straßen, um Schulen, in denen etwas gelernt werden konnte. Seine Verbesserungen im Ackerbau, in der Vieh- und Pferdezucht fanden wachsende Anerkennung, und die von ihm mit Nachdruck geförderte Veredelung und Vermehrung der Obstbäume wurde zu einem bleibenden, freundlichen Andenken an seine Regierungszeit. Ausgerechnet Schubart, der sie einst „Sklavenplantage“ gescholten hatte, sprach jetzt von der Carlsschule als der „ersten Erziehungsanstalt der Welt“. Das war wohl wiederum ein bißchen überhöht. Aber daß Carl Eugen mit seiner Schöpfung Gutes – und übrigens nie mehr Wiederholtes – getan hat, darüber gibt es heutzutage kaum mehr Streit.

Aus dem Luftikus und Schürzenjäger war ein verläßlicher, menschenfreundlicher „Carl Herzich“ geworden. Und übrigens ein treuer Ehemann, ein herzlicher Ehemann. Er hatte ja lange warten müssen, bis er die Franziska

Freiin von Bernerdin, die er dann zur Reichsgräfin von Hohenheim machte (1748–1811), heiraten durfte. Schließlich hat er den Einspruch des Papstes zur Heirat mit der Evangelischen einfach übergangen und – geheiratet. Die Gemeinschaft mit der einfachen, gleichwohl menschenfreundlichen und hilfreichen Franziska hatte sich in den neun Jahren seit 1771 ganz einfach viel zu sehr gefestigt, und er sah gewiß schon längst seine Frau in ihr. Den Heiratsantrag an sie vom 10. Juli 1780 hätte er auch dann geschrieben, wenn sein Taktieren gegenüber dem Landschaftsausschuß nicht zu dem erwarteten Erfolg geführt hätte. Franziska, über den Heiratsbrief „gerührt und äußerst empfindlich", schrieb auf der Stelle ihr Ja-Wort, wobei sie Carl, in ihr Zimmer tretend, überraschte. Nun wurde die Glückliche „immer mehr bewegt", weil die Worte des Anwesenden noch „viel größer" waren als seine schriftliche Erklärung. Der Papst erklärte erst in seinem Breve vom Februar 1791 an den Herzog die 1785 geschlossene Ehe für rechtsgültig. Das war zwei Jahre vor Carl Eugens Tod.

Carl Eugen, der einmal die Berufung eines Beamten auf das vaterländische Recht mit dem Ausruf: „Was Vaterland! Ich bin das Vaterland!" niederdonnerte, war gewiß eine der stärksten Persönlichkeiten unter den württembergischen Landesherrn. Er blieb absolutistischer Herrscher bis zu seinem Ende, wenn auch mit deutlichen Einschüssen der aufgeklärten Art. Als er das revolutionäre Paris besuchte, noch lange vor der Hinrichtung des Königs, notierte er in seinem Tagebuch: „Mögte doch dieses Beispiel allen Staaten zur Warnung dienen und sie überzeugen, daß nur Ordnung von oben und daraus fließender Gehorsam der Weg sei, Länder glücklich zu machen und zu erhalten."

Wer war er wirklich? Daß er den Torheiten seiner Jugend beizeiten abgesagt hat und zu einem reifen, sittlich verantwortlichen Menschen herangewachsen ist, dessen sind wir sicher. „Da ruht er also", so hat Schiller vor seinem Grab gesagt, „der rastlose tätig gewesene Mann! Er hatte große Fehler als Regent, größere als Mensch, aber die ersten wurden von seinen großen Eigenschaften weit überwogen, und das Andenken an die letztern muß mit dem Toten begraben werden, darum sage ich dir, wenn du, da er nun dort liegt, jetzt noch nachtheilig von ihm sprechen hörst, traue diesem Menschen nicht, er ist kein guter, wenigstens kein edler Mensch."

Herzog Ludwig Eugen (regierte von 1793 bis 1795)
Konventionstaler 1794
Vs. LUDOV · EUGEN · D · G · DUX WIRTEMB · & T ·
Brustbild nach rechts im Mantel, an der Seite den Jagdordensstern, auf der Brust den Orden des goldenen Vlieses, unten die Stempelschneidersignatur *B f* (= Betulius fecit)
Randschrift (erhaben): AD – NORMAM – CONVENTIONIS (= Nach dem Konventionsfuß)
Ebner XIX, Nr. 2: ⌀ 40 mm, 28,0 g (französisch geprägt)
Münzstätte: Stuttgart
Stempelschneider: Johann Gottfried Betulius, zwischen 1786 und 1797 in Stuttgart tätig
Münzmeister: Christian Heuglin (um 1783 bis 1794)
Wardein: Daniel Friedrich Heuglin (zwischen 1760 und 1794)

Rs. PRO MAXIMA DEI GLORIA ET BONO PUBLICO • (= Zur höchsten Ehre Gottes und zum Wohl des Volkes)
Unter dem Fürstenhut das siebenfeldige Wappen, darunter der Orden des goldenen Vlieses, außen herum die Jagdordenskette mit Ordensstern, daneben F • H • (= Friedrich Heuglin) 17 – 94 • C • H • (= Christian Heuglin)
(Das Wappen ist folgendermaßen zusammengesetzt: Feld 1: Teck / Feld 2: Reichssturmfahne / Feld 3: Mömpelgard / Feld 4: Limpurg / Feld 5: Heidenheim / Feld 6: Justingen / Mittelschild: Württemberg)

Herzog Ludwig Eugen

Geboren 6. Januar 1731 Frankfurt am Main, regierte seit 3. November 1793, gestorben 20. Mai 1795 Stuttgart, begraben in der Fürstengruft des Schlosses Ludwigsburg

Ein zweiundsechzigjähriger Mann folgte Carl Eugen, ein Greis vielleicht nach den Maßstäben der Zeit. Wir wissen von vielen Zeitgenossen, daß er ohne viel Pathos in Stuttgart die Zügel in die Hand nahm, ein müder Alter, wie ihn die meisten empfunden haben. Indessen war er kein Stellvertreter, keiner der Administratoren, die irgendwo „von draußen" aus einer Seitenlinie kamen und ihr Lebtag nicht damit gerechnet hatten, irgendwann einmal für das Herzogtum Württemberg gerade stehen zu müssen. Ludwig Eugen war zweiter Thronprätendent seit den gemeinsamen Kindheits- und Jugendtagen in Brüssel. Man hat immer, wenn es um die Verfassungs- und Territorialgeschichte Württembergs im 18. Jahrhundert ging, von „Carl Eugen und seinen Brüdern" gesprochen. Die waren immer mit einzukalkulieren. Carl Eugen hatte im genannten Erbvergleich ja nicht nur die Landtagsausschüsse als „corpus repräsentativum des gesamten lieben Vaterlandes" anzuerkennen, sondern auch an die Einhaltung des Erbgangs, mithin an seine Brüder, zu denken.

Die Landschaft — der Landtag — hatte denn auch schon viele Jahre vor dem Tod des regierenden Herzogs Verbindung mit dem präsumtiven Nachfolger aufgenommen, mit mehr oder weniger deutlicher Spitze gegen Carl Eugen, wie sich denken läßt. Ludwig Eugen war bislang außer Landes zu Hause gewesen, im besonderen unweit von Lausanne, wo sich der Fürst ohne Land in freundschaftlichem Umgang mit Voltaire, Rousseau und Tisso gefiel. Ludwig Eugen, seit 1749 in französischem Militärdienst, stand viele Jahre hindurch in regem Briefwechsel mit Voltaire, dem Philosophen. Freilich war in der langen Reihe der Briefe nie die Rede vom Bruder, dem württembergischen Herzog. Das mochte um so auffälliger sein, als Carl Eugen mit Voltaire einen Vertrag unterhielt. Um es weniger diskret zu sagen: Carl Eugen war Schuldner bei Voltaire (der seinerseits, der Schlaumeier, sein beträchtliches Vermögen zu gern in Form von Leibrenten bei Fürsten anlegte). Erst in den sechziger Jahren versuchte Voltaire, zum Mißvergnügen Ludwig Eugens, den Prinzen zur Mahnung an den säumigen Schuldner, den Herzog, zu veranlassen. Der erste Vertrag mit Voltaire von 1752 bezog sich auf ein Darlehen von rund 260 000 Gulden an den Herzog.

Ob derlei Aktionen den sonsthin „philosophisch" veranlagten Bruder näher an das Land zwischen Nagold und Rems zogen, mag dahingestellt bleiben. Tatsache ist, daß Ludwig Eugen 1777 eine Deklaration im Herzogtum Württemberg verbreiten ließ — und sie ist nachweislich viel gelesen worden —, daß ihm das Wohl des Landes am Herzen liege, daß er gegen die Überschreitung des Kammer-Haushaltsplans und gegen den Diensthandel protestiere und daß er nach einer Reform des Militärwesens verlange. Im nachhinein besehen wirkt diese Regierungserklärung, wie ihr Autor selber, redlich, wahr, ohne große Ausgriffe und Ansprüche. Die politische Lage bei seinem Regierungsantritt war ja nun im besonderen Maße durch die außenpolitischen Prämissen bestimmt. Was sollte das kleine Herzogtum tun, wo die Großen in diesen heillosen, revolutionären Zwist geraten waren? Zu Ende des Jahres 1792 konnte man annehmen, der Feldzug von 1793 hatte das noch unterstrichen, daß es gelingen werde, die Heere der französischen Republik, welche aus Verteidigern rasch zu Angreifern geworden waren, von den Grenzen des Deutschen Reiches fernzuhalten. Aber die Entzweiung zwischen Österreich und Preußen war stärker als ihr Zusammenwirken, im Kabinett wie auf dem Kriegsschauplatz. Bei den Reichsfürsten, die zunächst recht einmütig mit Österreich-Habsburg gegangen waren, wuchs die Unlust an diesem Kriege. Die Gebildeten im Lande meinten eher, es sei ein eitles Beginnen, die Ideen der Französischen Revolution bekämpfen zu wollen, es sei im Gegenteil geraten, sich mit ihnen abzufinden und mit ihren Auswirkungen sich zu arrangieren. Hatte je der verstorbene älteste Bruder Carl Eugen den Beruf in sich gefühlt, als Ritter für das französische Königtum, als Bekämpfer der Französischen Revolution aufzutreten?

Ludwig Eugen war Soldat und hatte, als er 1793 zur Regierung gelangte, eine sehr bewegte militärische Laufbahn hinter sich. Als französischer maréchal de camp zeichnete er sich 1756 bei der Eroberung der Insel Menorca aus. Danach kämpfte er bis zum Jahr 1762 im Siebenjährigen Krieg in den Reihen der Österreicher, wobei er mehrfach seinem Bruder Friedrich Eugen gegenüberstand, insbesondere an den Treffen bei Reichenberg, Prag, Breslau und Leuthen, an der Belagerung von Schweidnitz, an den Treffen bei Torgau 1760, wo er verwundet wurde.

Ein solcherart bewährter und blessierter Haudegen bringt nicht viel geistreiche Phantastereien mit ins Spiel der Regenten. Ludwig achtet die geistigen und literarischen Leistungen der Franzosen sehr, und er kennt sie ja wohl auch. Aber die Große Revolution zu Paris erscheint ihm mehr und mehr als ein Akt der Barbarei und als etwas sehr Verabscheuungswürdiges. Er ist gar nicht der Meinung, daß man diese Aktionen gewähren lassen müsse. Dieser Aufstand werde, meinte er, „nicht nur alle Throne und Fürstenstühle, sondern alle Moralität und Religion umstürzen". Es stehe deshalb im „höchsten Interesse der Menschheit", daß man nicht „bei den gewöhnlichen Anstrengungen stehen bleibe, sondern sich erschöpfen und das Äußerste daransetzen müsse". Solange die Jakobiner die Herrschaft in Frankreich hätten, sei an keinen Frieden zu denken, und er stimme dem englischen Minister Pitt nur zu, der sage, man müsse eher zugrunde gehen, als sich unter die Grundsätze eines jakobinischen, wahnsinnig gewordenen Nationalkonvents zu beugen. Ludwig Eugen formuliert seinen Standpunkt, das ist überliefert, in sehr knappe, aber auch sehr klare Worte: er sei entschlossen, als ein echter deutscher Fürst zu leben und zu sterben. „Aut vincere aut mori" — entweder siegen oder sterben, so ruft er seinem Geheimsekretär zu, der ihm einmal mit der Frage kommt, ob man sich nicht doch mit den Franzosen vergleichen könne und müsse.

Der Geheimsekretär und ehemalige Mathematik- und Philosophieprofessor an der Carlsschule, Johann Christoph Schwab (1743—1821), bezeugte in veröffentlichten und unveröffentlichten Aufzeichnungen über seinen Herrn, daß ein derartiger Regent, der die Französische Revolution „nicht gerade als Katholik, sondern hauptsächlich als Fürst und als Mensch" bekämpfe, nur eine erzkonservative Haltung in die politischen und weltanschaulichen Auseinandersetzungen seiner Zeit einbringen konnte.

Er ist voll Ergebung gegen den Wiener Hof, allen voran Maria Theresia, ihr Sohn und aufgeklärter Nachfolger Joseph II. macht ihm allergrößten Kummer, er ist voll Bewunderung für das alte königliche Frankreich. Und Ludwig zählt demnach unter die wenigen Fürsten des Reiches, die, trotz des Abfalls ringsum, trotz der herrschenden Unlust am Kriege, treu zum Kaiser stehen.

Hat er sein einfaches und klares Konzept verwirklichen können? Hat er, der Soldat, dem Militär und militärische Organisation ein Herzensanliegen waren, sich kämpfend durchgesetzt? Hat sich seine – mehrfach erklärte – Bereitschaft, bei der Verteidigung des Landes mit dabei zu sein und sich an die Spitze des bewaffneten Volkes zu stellen, hat sich seine Bereitschaft verwirklicht und ausbezahlt?

Seine neunzehnmonatige Regierungszeit, die sein Sekretär Schwab hernach, darum bat er ihn mehrmals, vor aller Öffentlichkeit darstellen und kommentieren sollte, war im wesentlichen von der Frage bestimmt, ob man in Basel sich – wie die Preußen – mit den Franzosen arrangieren und sich für das linksrheinische württembergische Besitztum entschädigen lassen solle, genauer gesagt, ob man eine diplomatische Abordnung nach Basel schicken und bei dem großen Geschäft mit dabei sein solle. Die Landstände wollen das, der Herzog lehnt ab. Als ruchbar wird, daß Preußen sich mit Frankreich (in Basel) auf Friedensunterhandlungen eingelassen habe, schreibt er an den König von Preußen einen Brief, mit dem er ihm bei den bevorstehenden Friedenstraktaten mit Frankreich das Interesse des herzoglich-württembergischen Hauses empfiehlt. Die Anwort ist ernüchternd genug. Der preußische König empfiehlt frostig, „den konstitutionellen Weg nicht zu verlassen“, was soviel heißen mochte wie: „Bleib, Württemberger, bei deinen Leisten!“ Und der Kaiser ist verschnupft, daß sich ausgerechnet Württemberg mit diesem Preußen einläßt, das einen Separatfrieden vom Zaune gebrochen.

Ludwig Eugen möchte abwarten. Wenn auch der Landtag, der Geheime Rat und nicht zuletzt sein Bruder lauthals erklären, man müsse in Basel mit dabeisein, so will er ruhig Blut bewahren. Er diktiert seinem Geheimsekretär in die Feder, man müsse ruhig bleiben und günstigere Umstände abwarten. Man dürfe nicht aufs Geratewohl die „mißlichsten Schritte tun, um gleichsam auf stürmischer See ohne Steuerruder in einen mit Klippen umgebenen Hafen durch irgendeinen Windstoß einzulaufen“. Die Herren des Geheimen Rats, an die das Schreiben gerichtet war, dürften merkwürdig berührt gewesen sein von diesem blumigen Wortgebilde; derlei Bildersprache war man nicht gewohnt in den Akten, die zwischen Herzog und Landständen seit alters und in hartnäckig-diplomatischem Juristendeutsch hin- und herliefen. Ludwig ist „reichisch“ gesinnt. Die Entschädigung für Mömpelgard, die größte württembergische Besitzung links des Rheins, müsse, wenn sie in Territorien bestehen solle, vom Reich vorgenommen werden. Das könne nur mit Einwilligung des Kaiser geschehen. Die Gunst des Kaisers verscherzen, das sei eine kurzsichtige, nur auf den gegenwärtigen Augenblick eingeschränkte Politik. Die Herren Geheimräte und Landschaftskonsulten dagegen: Was könne denn Württemberg anbieten, um von Frankreich Frieden zu erhalten? Ein Reichsfürst, der „so wenig furchtbar" sei, müsse den Frieden teuer erkaufen. So großmütig werde der Sieger keinesfalls sein, ohne Gegenleistung einen Frieden zu schenken. Gesetzt, man habe wirklich Frieden mit Frankreich, und die Österreicher seien imstande, das rechte Rheinufer zu halten, so werde man von diesen nur feindlich behandelt werden.

Der Herzog will in diesem Grundsatzstreit den Schritt des redlichen Kameraden gehen, die Landstände und sein Bruder wollen herausholen, was noch herauszuholen ist. Ludwig Eugen faßt seinen Standpunkt noch einmal in einer umfänglichen, an das Geheimratskollegium gerichteten Resolution zusammen. Er könne von seinem Entschluß, keinen Bevollmächtigten nach Basel zu schicken, nicht abgehen. Aber er behalte sich vor, wenn die Einleitung zum Frieden nicht bald auf dem Reichstag gemacht werde, andere Maßregeln zu ergreifen. Friede auf alle Fälle. Ludwig Eugens Friedensneigung muß ein ganz leidenschaftliches Anliegen für ihn gewesen sein. Einmal sagt er zu seinem Privatsekretär, man müsse sich nicht nur nach Frieden sehnen, sondern „nach Frieden schreien". Diese sozusagen pazifistische Haltung, notabene des Militärs, die auf der anderen Seite die Landesverteidigung als Volksverteidigung organisieren kann: diese pazifistische Haltung mündet in ein politisches Gesamtkonzept: Man muß auf reichsverfassungsmäßigem Wege einen Frieden zustande bringen, der einzelne — beispielsweise einen preußischen — Separatfrieden von vornherein ausschließt und am Ende ganz Europa wieder in einen friedensmäßigen Urzustand zurückversetzt.

Am Ende hat Ludwig Eugen dann doch nachgegeben. Die Herren Geheimräte waren siegreicher als der alte Marschall. Ein neuerliches „Anbringen" des Geheimratskollegiums verweist auf die große Unruhe, die im Lande wegen dieser Basler Sache anwachse. Es schlägt vor, einen allgemeinen Landtag einzuberufen, und meint im übrigen, wenn der Agnat (der Bruder), das Ministerium und die Landschaft dafür seien, dann könne der Herzog und Landesherr nicht dagegen sein.

Sekretär Schwab hat erzählt, wie der Herzog sich schließlich für Basel entschieden habe. Er, Schwab, habe vor allem jenen Satz mit Nachdruck vorgelesen, wo vom „Nachgeben" des Herzogs die Rede war. Gerade, als er mit seiner Lektüre zu Ende gewesen sei, sei der Geheimrat von Wöllwarth zur Tür hereingestürzt. „Was der Herzog bei diesem Anblick für einen Ausruf tat, erinnere ich mich nicht mehr genau; wenn ich aber nicht irre, so war es: Herr Jesus! Er entfernte sich darauf schnell aus dem Arbeitszimmer, wie wenn er frische Luft schöpfen wollte, und sagte bloß zu mir: Bleiben Sie hier, ich werde sogleich wieder kommen. Nach einigen Minuten kam er wieder zurück und gab mir eine Resolution an, die für den Bevollmächtigten nach Basel seine Einwilligung erteilte."

Wir wissen, daß dieses „Umfallen" dem Herzog hernach hart zugesetzt hat. Mehr und mehr wird ihm klar, daß er diese — entscheidende — Schlacht mit der Ministerialbürokratie und der württembergischen Landschaft verloren hat. Mehr noch: sein politisches Konzept war „vom Publico" verworfen. „Wann man die ganze Lage erwägt", schreibt Schwab, „in der sich der Herzog befand, so konnte er nichts besseres tun als sterben. Die gerade eines biederen Reichsfürsten würdige Politik konnte er nicht mehr verfolgen, ohne den Haß des Landes, das schlechterdings Verhandlungen wollte, und die Vorwürfe aller derer, die einen Einfluß auf die Regierung hatten, auf sich zu ziehen. Und eine andere Politik konnte er nicht annehmen, ohne seinen Charakter zu verleugnen und seinen Grundsätzen untreu zu werden. Wenn ein Staatsminister in England in den Fall kommt, sein politisches System ändern zu müssen, so tritt er von seinem Posten ab und überläßt solchen einem andern. Herzog Ludwig Eugen trat von seinem Regentenposten auf die würdigste Art ab, als er gegen seine politischen Grundsätze zu handeln gezwungen ward."

Sein Privatsekretär hat allen Ernstes festgehalten, daß Ludwig Eugen vorab in Aufregung über diesen „Fall" gestorben sei. Die „Sendung nach Basel", vollzogen schließlich durch den Herzog, „um das Publikum zu beruhigen", habe den Herzog mehr und mehr „affiziert". „Sie ging mit ihm auf und nieder, er redete bei allen Gelegenheiten davon als einem Schritte, der nicht gemacht werden sollte. ‚Ich muß die Personen verachten', sagte er eines Tages zu mir, ‚die gegen alle Gründe mir dazu geraten und (dies war sein Ausdruck) mich dazu gezwungen haben'. Er sah den Schritt als entehrend für

„Ehrengedächtnis" des Herzogs Ludwig Eugen für den verstorbenen Herzog Carl Eugen, errichtet von dem Hauptmann und Baudirektor R. F. H. Fischer. Radierung von Adam Ludwig d'Argent aus dem Jahre 1794.

sich an, wie er denn, ehe er seine Einwilligung dazu gab, nochmals gesagt, daß er seine grauen Haare nicht mit einer schlechten Handlung beflecken wolle."

Nur ein paar Tage später, den 20. Mai 1795 morgens, sitzt Schwab wieder im Arbeitszimmer und liest dem Herzog aus einem Schreiben vom Reichstag zu Regensburg vor. Der Herzog genehmigt den Antwortvorschlag Schwabs mit einer freundlichen Miene, „wobei ich aber in seinem Gesichte eine vorgegangene Veränderung bemerkt zu haben glaubte. Er verließ mich darauf, um seinen gewöhnlichen Spazierritt zu machen. Ich ging nun in meine Kanzlei, um das befohlene Dekret zu konzipieren; denn dergleichen Dekrete legte ich dem Herzog jedesmal vorher im Konzepte vor, ehe sie mundiert und ihm zur Unterschrift vorgelegt wurden. Ich war kaum einige Minuten daselbst und hatte angefangen, das Dekret auszuarbeiten, als im ganzen Schlosse zu Ludwigsburg die Nachricht erscholl, daß der Herzog auf dem Spazierritt vom Pferd gefallen sei, und daß man ihn ohne Bewußtsein in das Schloß trage. Er kam auch nicht mehr zu sich selbst und verschied noch selbigen Vormittag, wenn er anders nicht schon beim Hereintragen in das Schloß gestorben ist".

Ludwig Eugen war ein Mensch von großer Gerechtigkeits- und Wahrheitsliebe, bei den einfachen Leuten doch wohl so beliebt, daß das Gerücht, er sei an Vergiftung gestorben, den Aufregungen der Zeit zugute gehalten werden muß. Seine tiefe Abneigung gegen alles, was „landschaftlicher Despotismus" oder „Demokratismus" sein konnte, die Worte stammen von ihm selbst, hat die anderthalbjährige Regierungszeit unter seiner Hand mitunter zu einer kleinen Inquisition gegen alle die werden lassen, die irgendwie als „Linke" die Hand im Spiel hatten und es mit „den Franzosen" hielten. Möglicherweise ist die durch ihn alsbald erfolgte Auflösung der Carlsschule auf dieses Konto zu schreiben. Ludwig Eugen hat es sich gründlich überlegt, und er hat, was wir heute leicht vergessen, die Konkurrenz der altverbrieften Landesuniversität gegenüber der jungen, und eben noch nicht voll arrivierten Stuttgarter Hochschule, in aller Ruhe mit einkalkuliert. Die in Stuttgart entlassenen Mediziner, um nur ein Beispiel zu nennen, Schiller war ein solches Beispiel, waren denen in Tübingen gegenüber in der Rückhand und waren eben nicht voll approbiert; sie konnten nur Truppenärzte werden (wie Schiller). Konnte das Land, das tiefverschuldete, weiterhin überhaupt zwei Universitäten vertragen? War der Bedarf an Akademikern überhaupt so groß im Lande, auch morgen und übermorgen?

Ludwig Eugen war allem Aufgebrachten und aller Regierungskampagne zutiefst abhold. Die „Szenerie", auf die sich sein Vorgänger Carl Eugen aufs beste verstand, war und blieb ihm allemal fremd. Er konnte nur erklären und entscheiden, was er sah. Volkstäuschung war ihm zuwider, und darin wollte er auch einen deutlichen Unterschied sehen zu seinem Bruder Carl Eugen, der, so konnte er gelegentlich bemerken, seine Herrschaft doch sehr auf eine seltsame Mischung von Druck und Angeberei aufbaute. Auf die wöchentlichen Audienzen verzichtete er sogleich nach Amtsantritt, „weil er sie nicht nur für Scharlatanerie hielt, sondern auch überzeugt war, daß der Regent bei dieser Gelegenheit auf mannigfaltige Art betrogen werde".

Ludwig Eugen hat gearbeitet, sachlich, nüchtern, ohne große Hofhaltung, ohne Pomp, ohne Staffage. Wenn der Adel bei ihm allemal den Vorzug vor bürgerlichen Angestellten und Beamten am Hofe hatte, dann mochte das mit seinem ihm innewohnenden Konservatismus zusammenhängen. Seine Gemahlin entsprach ihm da in jeder Beziehung. Auch sie hält es mit einer „einfachen Lebensart", an die sie sich gewöhnt hatte, und ihre Abneigung gegen die Kleiderpracht, wie gegen allen unnötigen Aufwand, war ein wahrer Schatz für das Land, wofür man ihr alle Erkenntlichkeit schuldig ist. Übrigens verstand sie die Kunst nicht, die Herzen durch kleine Attentionen, die die fürstlichen Personen nichts kosten und doch für die meisten Menschen einen so großen Wert haben, an sich zu ziehen. „Sie tat den Armen viel Gutes; aber auf das, was man Generosität nennt, verstand sie sich nicht. Mit einem Wort, sie war ein solides Weib, aber keine Fürstin."

Was Schwab mit dieser – schwäbisch-handfesten – Charakteristik im Hinblick auf die Gemahlin trifft, könnte vice versa auch für Ludwig Eugen selber zutreffen. Er war ein aufrechter Mensch und Soldat, aber kein glänzender Repräsentant und Regent. Er sei „nicht genug gefürchtet worden", hat die Kritik gleich nach seinem Tode einmal vermerkt. Bei allem Martialismus, den er mit sich trug und der ihn bei Errichtung des Stuttgarter freiwilligen Bürgercorps zu kräftigen Worten der „Vaterlandsverteidigung" greifen ließ, ist er ein Mann der Güte und des gütigen Ausgleichs, so sehr, daß man ihn mit Bittschriften aus dem ganzen Land überhäufte und er trotz seines durchaus geregelten Arbeitstages eigentlich nur Bittschriften-Erlediger hätte sein können, hätte er sie alle persönlich bearbeitet. Er war auch als Regent ein Soldatenführer geradeheraus und von treulicher Kameradschaftlichkeit. In seiner Rede an die Stuttgarter, „Meine Kinder", zur Gründung des Stuttgarter Bürgercorps, schließt er vor versammelter Mannschaft im Hof des Neuen Schlosses: „Bürger von Stuttgart! Vergesset nie, daß ihr eine Konstitution (= Verfassung) habt, bei welcher jeder Rechtschaffene glücklich sein kann. Ihr habt sie beschworen, so wie ich; erfüllet euren Eid, so wie ich den meinigen erfüllen werde; und liebet mich, so wie ich euch liebe!"

Waren seine Landeskinder auch Soldaten, die er mit der Selbstverständlichkeit eines schützenden Patriarchen führen konnte? War „Politik", zumal in diesen ideologisch aufgebrachten Zeiten, nichts mehr als ein Befehl des Gewissens? Höchst bezeichnend, daß sein Geheimsekretär einmal vermerkte, man habe in ihm kaum den Katholiken erkannt. „Wir wußten es kaum, daß wir einen katholischen Herrn hatten." „Es hat mir jemand gesagt, der Herzog habe ein Weihwasserkesselchen an seiner Bettlade hängen gehabt. Ich habe nie so etwas gesehen, und bin doch sehr oft vor seinem Bette, besonders da er krank war, gestanden und gesessen."

Die „Sachlichkeit" und diese naive Reserviertheit gegen alles „weltanschauliche" Engagement dürften den Grundzug in seinem Wesen ausgemacht haben. Er war ein Soldat, den man, spät genug, zum Führer eines Landes machen wollte. Er hat, wiewohl in diesen neunzehn Monaten kaum je herausgefordert zu sensationellen Entschlüssen, die Not des Regenten indessen sehr wohl gekannt: entscheiden zu müssen in Stellvertretung, in Disziplin, in Entsagung. Rührend und bezeichnend zugleich, was Schwab gelegentlich der Frage, wovon dieser Mann im Inneren gelebt habe, erzählt: „Doch etwas soll ich nicht verschweigen, das vielleicht unser aufgeklärtes Jahrhundert ebenso skandalisieren wird. Der Herzog hatte nämlich das Bildnis unseres Heilands an der Wand neben seinem Bette hängen. Auf dieses Bildnis deutete er bei einer gewissen Gelegenheit hin, wo seine guten Absichten verkannt und verleumdet wurden, und sagte zu mir: Sehen Sie, diesem Manne dort ist es auch nicht besser ergangen!"

Herzog Friedrich Eugen (regierte von 1795 bis 1797)
Konventionstaler 1795 (Zum 300jährigen Bestehen des Herzogtums Württemberg)
Vs. FRID . EVG . D . G . DVX WIRTEMB . ET T .
Gepanzertes Brustbild nach links, auf der Brust zwei Ordenssterne, über der linken Schulter ein breites Ordensband, am Armabschnitt *Betulius* (vertieft), unten A(nno) · 1795 · – REG(iminis) · I · (= im Jahre 1795, dem ersten seiner Regierung)
Randschrift (erhaben): FIDELITER – ET – CONSTANTER – (= In Treue und mit Beständigkeit)
Ebner XX, Nr. 2: ⌀ 39 mm, 28,2 g
Münzstätte: Stuttgart
Stempelschneider: Johann Gottfried Betulius, zwischen 1786 und 1797 in Stuttgart tätig

Rs. AD NORMAM – CONVENTIONIS . (= Nach dem Konventionsfuß)
Das siebenfeldige Wappen unter Fürstenhut in Strahlen, unten die Jagdordenskette mit Stern, außen herum die Kette des preußischen Schwarzer-Adler-Ordens und die Kette des russischen St.-Andreas-Ordens, im Abschnitt TERT(ia) · – DUCAT (us) · / SECULAR (ia) · (= Dreihundertjahrfeier des Herzogtums)

Herzog Friedrich Eugen

Geboren 21. Januar 1732 Stuttgart, regierte seit 21. Mai 1795, gestorben 22. Dezember 1797 auf Schloß Hohenheim, begraben in der Fürstengruft des Schlosses Ludwigsburg

Einer der — gewiß chargierten — Soldaten der Ludwigsburger Schloßwache soll an der Stelle, wo Ludwig Eugen der Tod ereilte, ein Kreuz errichtet haben. Dieser rasche Fall des Serenissimus schien den Leuten fast wie ein grausiger und gänzlich unverstandener deus ex machina. Bei Friedrich Eugen muß das alles ganz anders gewesen sein. Obwohl er sein halbes Leben auf den preußischen, schlesischen und böhmischen Schlachtfeldern verbracht hatte, wir hören noch davon, hatte sein Leben doch merkwürdigerweise gar nichts Abenteuerliches und Verwegen-Soldateskes an sich. Ganz im Gegenteil: Als er in die Jahre kam, trat Friedrich Eugen als der — notwendigerweise — politisierende Feldmarschall und als jovialer Generalgouverneur auf, als der geistvolle, mit den Großen der Zeit in Briefwechsel stehende Chef des Mömpelgarder Hofes, als der „Friedensfürst".

Friedrich wurde, als vierter (von den älter gewordenen Kindern dritter) Sohn Karl Alexanders und der Marie Auguste von Thurn und Taxis, mit seinen beiden älteren Brüdern Carl Eugen und Ludwig Eugen 1741 zur Ausbildung an den Hof Friedrichs des Großen nach Berlin geschickt. Auch er wurde dort wohlwollend aufgenommen, ja er scheint in eine besonders freundschaftliche Beziehung zum jungen König getreten zu sein, die nun freilich durch den Regierungsantritt Carl Eugens unterbrochen wurde: alle drei sind sie damals nach Stuttgart zurückgekehrt. Friedrich war für den geistlichen Stand bestimmt. Aus Neigung? Oder weil er unter dem brüderlichen Dreigestirn der sensibelste war, derjenige, der am meisten Literatur und Dichtung gegenüber aufgeschlossen war? Eher dagegen spräche, daß „Geistlicher" damals im unmittelbaren Bereich regierender Häuser genauso ein politisches und pragmatisches Geschäft war wie die Stelle eines Regierungspräsidenten oder militärischen Kommandeurs auch. Friedrich kam in den Besitz einiger Kanonikate (Salzburg, Konstanz) und erhielt schließlich vom preußischen König Friedrich die — einträgliche, auch politisch nicht ganz unwichtige — Koadjutorsstelle beim Hochstift Breslau angeboten.

Aber Friedrich Eugen wollte Soldat werden. 1749 ernennt Friedrich den Siebzehnjährigen zum Oberst der Reiterei und zum Chef eines preußischen Dragonerregiments: Friedrich Eugen hält's mit den Preußen. Auch in persönlicher und gewissermaßen privater Hinsicht. Am 29. November 1753 vermählt er sich, wie sein ältester Bruder, mit einer Nichte des preußischen Königs, mit Friederike Dorothee Sophie, der Tochter des Markgrafen Friedrich Wilhelm zu Brandenburg-Schwedt und der Sophie Dorothee, der vierten Schwester Friedrichs. Friedrich war es auch, der im Ehevertrag die Bestimmung durchsetzte, daß die Nachkommenschaft aus dieser Ehe in der Landeskonfession, im evangelischen Glauben erzogen werden solle.

Das hat natürlich die württembergischen — erzprotestantischen — Stände ganz besonders ergötzt. Gleich haben sie dem Prinzen und seinen männlichen Erben neben der sonstigen Apanage eine besondere jährliche „Unterstützungssumme" von 25 000 Gulden angewiesen. Der junge Herr wird's haben brauchen können.

Zunächst fängt er, als Soldat, im Stile des 17. Jahrhunderts an: der Kriegsschauplatz als das aparte und exotische Welttheater. Um den Belagerungskrieg in flagranti kennenzulernen, reist Friedrich nach Menorca, wo sein Bruder Ludwig Eugen als französischer General der Belagerung des Forts St. Philipp beiwohnte. Aber bald weicht das erlebte Theatrum mundi dem in preußische Ordnung und Disziplin gebundenen Gang des Troupiers. Genau 1756 bricht jener Krieg aus, den man später den „Siebenjährigen" genannt hat. Friedrich von Preußen braucht Soldaten, und einen so wachen und beherzten Kopf wie den württembergischen Prinzen zumal. Als der sich in einer ganzen Reihe von Schlachten Lorbeeren geholt hatte, ernennt ihn Friedrich schon am 17. Oktober dieses ersten Kriegsjahres zum preußischen Generalmajor. Im Jahr darauf zeichnet er sich besonders im Gefecht bei Reichenberg durch, so sagte Friedrich selber, „wundervolle Tapferkeit" aus. In der Schlacht von Prag war Friedrich Eugen, vom Feind umringt, nahe daran, sein Leben zu verlieren, „als ein Dragoner seines Regiments dem ihn bedrängenden Reiter von hinten den Kopf spaltete".

Im Preußischen ist der württembergische Prinz gewiß lange als General und Haudegen lebendig geblieben. Das westpreußische Kürassier-Regiment Herzog Friedrich Eugen von Württemberg Nr. 5. hat 1895 eine Geschichte erhalten, ein kleines Dokument und ein richtiges Ehrenmal für den ersten Regimentsinhaber. Friedrich Eugen wurde, gerade 25 Jahre alt, unmittelbar vor der Schlacht bei Leuthen zum Generalleutnant der Reiterei ernannt und erhielt in der Folgezeit wiederholt ein eigenes Corps. In der für Preußen unglücklichsten Schlacht bei Kunersdorf bekam er einen Streifschuß in den Rücken und als noch schwerere Verwundung einen Schuß in den unteren Teil des rechten Beines. Als er sich schwerverwundet zu seinen Verwandten nach Schwedt fahren läßt, um sich zu erholen, wird er dort durch ein russisches Streifcorps „aufgehoben". Er konnte sich damals seine Freilassung nur durch den Revers erkaufen, daß er sich, sobald es seine Gesundheit gestatte, zur Kriegsgefangenschaft stelle. Aber die chevalereske Übereinkunft fällt zusammen mit dem Schrieb, der ihn an den russischen Kommandierenden General übergeben sollte, in die Hände eines nachgesandten preußischen Corps: Friedrich Eugen kann 1760 wieder am Krieg teilnehmen.

Und die Fortune bleibt ihm hold. Zwar ist es ihm nicht möglich, mit seinen schwachen militärischen Kräften die Hauptstadt Berlin, die er durch die größten Eilmärsche kurz zuvor vor dem russischen General Tottleben gerettet hatte, gegen nachrückende und vielfach überlegene russische und österreichische Heere zu halten. Aber dann vollführt er mit Glück den Auftrag, das Corps Carl Eugen von Württemberg — seines eigenen Bruders — aus dem Elbe-Saale-Raum zu vertreiben. Im Treffen bei Torgau, nicht weit vom Ort, wo sich zu Ausgang des Zweiten Weltkriegs die Russen und Amerikaner die Hände reichten, in dem Friedrich Eugen die Reiterei auf dem rechten Flügel befehligte und einen Säbelhieb über den Kopf erhielt, hat er sich wesentliche Verdienste erworben. Als er darauf die Mark Brandenburg und Preußisch-Pommern von Russen und Schweden zu reinigen und den Winter über den preußischen Kordon in diesen Gegenden bis nach Mecklenburg zu kommandieren hatte, milderte er die ihm aufgetragenen harten Kontributionen und andere Kriegsauflagen in Mecklenburg, soweit irgend möglich. Der General, der todesmutige, zeigt sich als ein läßlicher und humaner Gouverneur. Der Universität Bützow stellte er einen Schutzbrief aus: Friedrich Eugen ist auf seine Weise auch ein homme des lettres, er weiß, was Wissenschaft heißt und bedeutet.

Ist er dem Alten Fritz, dem still Ausharrenden, dem listigen Fuchs, dem „gegen alle Regeln der Kunst" Anrückenden, zu selbständig geworden? Ist er ihm über den Kopf gewachsen? 1761 erhält Friedrich Eugen wieder mit einem besonderen Corps den Auftrag, Pommern zu verteidigen, insbesondere den befestigten Hafen Kolberg. Da sein anfänglicher Plan, noch ehe die großen russischen Verstärkungen anrückten, durch einen entschlossenen Angriff die feindliche Operation zu lähmen, die königliche Billigung nicht fand, mußte er in einem vor dem Hafen künstlich verschanzten Lager den Angriff des Feindes erwarten. 23 Wochen lang trotzte er tapfer und beharrlich den Russen, die ihm mit der Zeit mehr als doppelt überlegen waren. Ob er Courage und Nachschub damals selbst vernachlässigt hat, oder ob die allmählich hungernden und aufmüpfig werdenden Musketiere und Grenadiere zu Unrecht es auf ihren Generalissimus schoben: dem Prinzen blieb nichts anderes übrig, als mit seinem stark geschmolzenen Corps das Lager zu verlassen.

Er entledigte sich dieser Aufgabe so geschickt bei Nacht, daß er nicht einen einzigen Mann dabei verlor: Kolberg selbst mußte sich einige Zeit danach ergeben. Friedrich übernahm wieder das Kommando des preußischen Kordons in Pommern und Mecklenburg, das heißt die Flankendeckung, die notdürftige, in einem Krieg, der allemal zwischen Siegeswunder und totaler Katastrophe schwankte. Friedrich muß sich dieser Provisoriumsaufgabe mit allmählich bravourösem Geschick unterzogen haben. Am 10. April 1762 schloß er einen Waffenstillstand mit den Schweden, dem folgte der Frieden zwischen Preußen und Schweden auf dem Fuße. Schließlich hat sich der Württemberger noch in Schlesien an der Belagerung von Schweidnitz beteiligt; das Treffen zu Reichenbach hat er damals durch einen Reiterangriff zum preußischen Vorteil entschieden.

Als die Friedensjahre und die „Gamaschendienste" kamen, war das für den kriegs- und kampfgewohnten Soldaten kein Reiz mehr. Als er 1769 die preußischen Kriegsdienste verließ, kam das freilich überraschend, sein Bruder Carl Eugen sprach von einem „ganz unerwarteten Entschluß". Aber er wies ihm dennoch Mömpelgard zum Wohnsitz an. Mit Friedrich Eugen verstand er sich ja, und dessen zahlreiche Familie war ja auch eine dynastischpolitische Rückversicherung. Als Patriarch und Schloßherr in dieser Duodez-Residenz, die er um ein Sommerschlößchen Etupes erweiterte: das war die Rolle, die dem sprichwörtlich glücklichen Familienvater Friedrich Eugen anscheinend wie auf den Leib zugeschnitten stand. Viele Jahre später, im August 1789, hat Prinz Friedrich, „Statthalter zu Mömpelgard“, die Landschaft in Stuttgart dringend um einen Vorschuß von hunderttausend Gulden ersucht: Er sei von „Empörung, Mord, Raub und Plünderung ganz umringt“. Und sei vom Herzog (von seinem Bruder Carl Eugen, das muß wohl auch so gewesen sein) mit Geld und Truppen ganz im Stich gelassen worden. Carl Eugen hatte darauf seinem Mömpelgarder Bruder sogar zweihunderttausend Gulden versprochen.

Aber beschafft sollte das Geld wieder durch die Landschaft werden. Ach ja, die Zeiten waren schwer geworden. In diesem letzten Schlesischen Krieg, den man den Siebenjährigen nannte, Friedrich muß das stark so empfunden haben, „lief“ die Kriegsuhr noch. Sie hatte wohl auch fatale Zeiten angeschlagen. Aber es war doch Bewegung in der Sache, ein himmelhoch jauchzender, zu Tode betrübter Wechsel zwischen Niederlage und Sieg. Jetzt sah sich Friedrich Eugen, als schließlich das Schicksal ihn als den Dritten im Bunde, als Herzog nach Stuttgart holte, einem Bündel von unlösbaren und von undurchsichtigen Problemen gegenüber: ein Krieg, eine Politik, wie er sie sich nie gewünscht hatte, und die ihm wohl auch gar nicht lag.

Die Unruhen in Frankreich, die ersten Ausläufer der „Großen Revolution“, nötigten ihn 1791, sein ganz vom französischen Reich umschlossenes Ländchen — auch die damit verbundenen burgundischen und elsässischen Herrschaften — zu verlassen. Nachdem er — mit seiner stattlichen Familie — über ein Jahr lang einen wechselnden Aufenthalt geführt hatte, räumte ihm König Friedrich Wilhelm II. von Preußen das Residenzschloß Bayreuth zum Wohnsitz ein. Der König ernennt ihn zum „Generalgouverneur von Ansbach und Bayreuth“. Er hat ihn, ein paar Wochen vor seinem Stuttgarter Amtsantritt, auch zum preußischen Generalfeldmarschall gemacht, und mit derselben Würde hat ihn dann auch der Schwäbische Kreis bedacht.

Aber an große Umfassungsschlachten „gegen alle Regel der Kunst“ war jetzt nicht mehr zu denken. Die Zeit war vorüber. Jetzt hießen die Gegner anders. Nicht mehr stand die schöpferische, friederizianische Tollkühnheit auf der einen, und schwerfälliger, aber „gottgewollter“ Konservatismus auf der anderen Seite. Alter Kriegsmechanismus und moderner Volkskrieg hießen jetzt die Gegner. Friedrich Eugen mag die Metamorphose kaum gesehen, kaum registriert haben. Die zweieinhalb Jahre Regierungszeit in Stuttgart sind sicherlich die militärisch und politisch schwersten seines ganzen Lebens geworden. Wem sollte er denn, zum Teufel, die Hand reichen, dem Preußen oder dem Österreicher? Wo war Württembergs „Beruf" und Heimat? Bei den Hohenzollern oder bei den Habsburgern?

Mochte sein Herz auch für Preußen geschlagen haben: er beugt sich der Staatsräson und der politischen Vernunft und erklärt sich für Österreich. Allein die Franzosen, die revolutionären, erstürmen im Juni 1796 unter General Moreau den Kniebis. Im Juli ziehen sie plündernd durch das Land und rücken selbst in Stuttgart ein. Nach dem Treffen von Cannstatt ziehen die Österreicher unter Erzherzog Karl nach Osten ab. So ist der württembergische Herzog, der siegeserprobte Feldmarschall, genötigt, mit Moreau einen Waffenstillstand abzuschließen. Das geschieht in Baden-Baden am 17. Juli 1796; ihm folgt der Frieden zu Paris am 7. August dieses Jahres (der bei den Österreichern schwersten Anstoß erregte). Württemberg hat vollkommene Neutralität zu wahren, selbst wenn es als Mitglied des Deutschen Reiches zur Hilfeleistung aufgefordert würde. Württemberg hat alle französischen Exulanten aus dem Land zu verbannen, alle gegenseitigen feindlichen Maßregeln aufzuheben und Frankreichs Heeren freien Durchzug zu gewähren. Mömpelgard mußte abgetreten werden, Württemberg aber dafür durch mehrere geistliche Gebiete in Schwaben entschädigt werden, wogegen es sich auch verpflichten mußte, zur völligen Abtretung des linken Rheinufers und Aufhebung des Lehensverbandes von Italien mit dem Reiche ernstlich mitzuwirken. Schließlich: es war eine „Kriegssteuer" von acht Millionen Franken zu bezahlen, und eine große Reihe von Naturallieferungen sollte zusätzlich erfolgen.

Württemberg kapituliert. Friedrich Eugen, der hochdekorierte General, hätte sich kaum träumen lassen, daß dies ausgerechnet unter seiner Ägide geschehe. Zwar ermöglichten die Erfolge des Erzherzogs Karl dem Herzog, wieder nach Stuttgart zurückzukehren, und die Flucht des Hofes vor den revolutionären Haufen Vergangenheit sein zu lassen. Aber auch die österreichische Einquartierung und Forderungen drückten schwer. Man hat — damals — den Schaden für Württemberg in diesen zwei Jahren 1796 und 1797 auf 18 Millionen Gulden berechnet: das wäre, wenn auch nur der Kern der Summe realistisch sein sollte, ein ungeheurer Betrag. Kein Wunder eigent-

Kampf zwischen den Truppen des Erzherzogs Karl von Österreich und den Franzosen unter General Moreau auf der Cannstatter Brücke 1796. Lithographie um 1830, nach einem Aquarell angeblich von F. de Maleck.

lich, daß Friedrich Eugen den Landtag einberuft. Der war seit 27 Jahren nicht mehr geholt worden. Jetzt sollte das „Parlament" Wunder wirken, wie drüben die Einberufung der Generalstände, die man seit 1641 nicht mehr beeinander gesehen hatte. Tatsächlich scheint ein Vergleichen zwischen hüben und drüben nicht ganz so unangebracht. Die Generalstände reagieren anders als erwartet, weil — der dritte Stand unter ihnen — sich gelobt, nicht eher auseinanderzugehen, als bis das Land eine Verfassung habe. Aus der — vorgesehenen — Finanzdiskussion ist eine Grundsatzdebatte geworden. In Stuttgart geht es um die — vom Herzog verneinte — Frage, ob auch das herzogliche Kammergut heranzuziehen sei. Indessen lenken die Landstände von der Kriegskostenfrage zur generellen Aussprache über „Mißbräuche" im

Lande um. Aus der Kostendebatte ist eine Grundsatzdiskussion geworden. Das Ende vom Lied wird in einer Quelle so lapidar und so hartherzig wiedergegeben, daß wir diesen Satz am besten festhalten: „Es kam zu lebhaften Erörterungen und der Abschluß des Landtags verzögerte sich, so daß der Herzog noch während der Verhandlungen am Schlagflusse starb."

Friedrich Eugen, das wird man ihm bescheinigen dürfen, war ein menschenfreundlicher und umgänglicher Mann. Es gab in jungen Jahren manchen Disput und für Augenblicke auch einen kräftigen Schlagabtausch mit Carl Eugen. Aber dann hat Friedrich Eugen alle Sonderaktionen mit den Landständen (und hinter dem Rücken des älteren Bruders) sein lassen. Carl Eugen und Friedrich Eugen sind die besten Freunde geworden. Und Franziska muß in Schwager und Schwägerin aus Mömpelgard die besten Vertrauten gehabt haben, nicht bloß ihr Tagebuch spricht davon, sondern auch die regen persönlichen Beziehungen zwischen den beiden Witwen, als die Männer schon lange nicht mehr unter den Lebenden waren. Und ganz sicher wird man Friedrich Eugen auch als gerecht und unparteiisch bezeichnen dürfen. Er hat sich nie als Schildhalter der Pietisten und Protestanten im Lande verkaufen lassen, aber auch nie als Helfer der Katholiken Württembergs. Irren wir, wenn wir annehmen, daß Württemberg trotz der Kapitulation unter seiner Führung vielleicht doch „gut über den Winter" gekommen wäre?

Gewiß, sein ältester Sohn, der als Kurfürst und als König fungierende Friedrich, war größer als der Vater. Darüber kann kein Zweifel bestehen. Und boshafte Zungen könnten überhaupt sagen, Friedrich Eugens Bedeutung für die württembergische Geschichte läge darin, daß er durch seine — höchst zahlreiche — Nachkommenschaft die Erhaltung des württembergischen Regentenhauses gesichert habe. „Von seinen zwölf Kindern, acht Söhnen und vier Töchtern, starb nur eines in jungen Jahren. Die Söhne traten sämtliche in verschiedene fremde Kriegsdienste, der Erbprinz Friedrich in preußische, später russische, Ludwig, Eugen und Heinrich in preußische, Wilhelm in dänische, Ferdinand in österreichische, Alexander zuerst in neapolitanische, dann auch österreichische, Karl in russische, und bekamen meistens Gelegenheit, in denselben sich auszuzeichnen.

König Friedrich I. (regierte von 1797 bis 1816)
Kronentaler 1810
Vs. FRIDERICUS D . G . REX WÜRTTEMBERGIAE
Gepanzertes Brustbild nach links mit Mantel, unten die Stempelschneidersignatur I · L · W ·
(= Johann Ludwig Wagner)
Randschrift (vertieft):
· KOENIGL ⁝ WURTTEMB ⁝ KRONENTHALER ·
Ebner XXI, Nr. 118: ∅ 40 mm, 29,3 g
Münzstätte: Stuttgart
Stempelschneider: Johann Ludwig Wagner (1773 bis 1845), bis 1837 in Stuttgart tätig

Rs. Gekrönter gespaltener Wappenschild, gehalten von einem gekrönten zur Seite blickenden Löwen und einem Hirsch, beide mit der Reichssturmfahne, unten neben dem Postament die Jahreszahl 18 – 10.

König Friedrich

Geboren 6. November 1754 Treptow an der Rega/Pommern (seit 1945 Trzebiatów), regierte seit 23. Dezember 1797 als Herzog Friedrich II., seit 6. Mai 1803 Kurfürst, seit 30. Dezember 1805 König, gestorben 30. Oktober 1816 Stuttgart, begraben in der Fürstengruft des Schlosses Ludwigsburg

Das weiß man von ihm: daß er sich hat ein Halbrund in seinen Schreibtisch schneiden lassen, um seinen gewaltigen, wie eine Tonne wirkenden Bauch näher an die Akten und Erlasse heranzubringen. Das ausgesägte Möbel im Ludwigsburger Schloß reizt die Tausenden von Besuchern heute noch. Er hat „Format gehabt", dieser „Friderich, von Gottes Gnaden König von Württemberg, Souverainer Herzog in Schwaben und von Teck, Herzog zu Hohenlohe, Landgraf zu Tübingen, Fürst von Mergentheim, Ellwangen und Zwiefalten usw.".

Will man dem erheiternden Doppelsinn seines „Formats" nicht weiter nachgehen, so bleibt immerhin die Tatsache, daß man hierzulande seinen Namen bis heute nicht vergessen hat. Von „Friedrich Eugen" ist gerade ein Gymnasium übrig geblieben. Selbst die „Carlsschule" Carl Eugens hat es nicht fertig gebracht, den Namen ihres Schöpfers dauerhaft zu machen. Sie ist verschwunden, genauer gesagt, ihre von den Fliegerangriffen übriggebliebenen Außenwände hat man nach dem Zweiten Weltkrieg vollends eingerissen. Die Festsaal-Rotunde der „Akademie", man hätte sie wieder rekonstruieren können, sie hat Goethe und Schiller auf ihrem Parkett gesehen, hat niemand mehr interessiert in den fünfziger Jahren.

Ist alles, was im flüchtigen Zug der Ereignisse bleibt, die Frucht individueller Leistungen, sagen wir einfacher, das Werk echter Persönlichkeiten? Niemand wird diesem ersten württembergischen König, der am 6. November 1754 nachmittags gegen 3 Uhr im pommerischen, heute unter polnischer Verwaltung stehenden Schloß Treptow das Licht der Welt erblickte und am 10. November in der Treptower Stadtkirche die Namen Friedrich Wilhelm Karl erhalten hat: niemand wird diesem Herrscher, zweiundsechzigjährig am 30. Oktober 1816 ist er in Ludwigsburg plötzlich verstorben, die Etikette „Persönlichkeit" absprechen wollen. Er *war* eine Persönlichkeit.

Damit ist viel, aber noch nicht alles gesagt. Was auffällt an diesem zum Kurfürsten und schließlich zum König aufgestiegenen Herzog, der die knapp neunzehn Jahre von 1797 bis 1816 herrschte, ist die eilige oder nur mühsam gefundene, aber offenbar immer notwendige Bereitschaft zum Entschuldigen. Was muß an diesem Manne, der eine freudlose und keinesfalls immer „fürstliche" Jugend durchlebte, der nur an den kriegswissenschaftlichen, kaum an den naturwissenschaftlichen Lektionen seiner Lehrer Geschmack gefunden und dessen Gewalttätigkeiten gegen seine – ihm hingebungsvoll folgende – Gemahlin ihm sogar der eigene Vater bescheinigt hatte: was muß an diesem Manne nicht alles entschuldigt werden! Da ist die brutale und jedenfalls immer kaltgebliebene Beziehung zur ersten und auch zur zweiten Frau, aus der man den „Einsamen" und an der Welt Verzweifelten herausgelesen hat, da ist die rücksichtslose, weder vor Not noch Alter zurückscheuende Behandlung der „Untertanen", die man mit seiner kärglichen, „preußischen" Jugend und den nicht immer charakterfesten Erziehern zu erklären versucht hat, da ist der nie still gewordene Vorwurf der „verkehrten Leidenschaft" in seinem Triebleben, der von der Historie, einer zensierten Hofhistoriographie, als „nur wenig begründet" zurückgewiesen wurde.

Und da ist schließlich die merkwürdige Tatsache, daß er, der das neue Württemberg begründet hat, „zeitlebens seinem Vaterland fremd geblieben ist", ein Umstand, dem man sofort und immer wieder die Präsenz und Lebendigkeit der Friedrichschen „Staatsidee" entgegengehalten hat. Und da sind alle die Gewalttätigkeiten und Taktlosigkeiten, deren er sich auf seinem Lebensweg zum Königtum bedient hat. Man hat sie damit entschuldigt, daß derlei Methoden innerhalb der einmal von der Zeit und der Generation gestellten Aufgabe, einen modernen Flächenstaat zurechtzuzimmern, gar nicht hätten ausbleiben können. Paul Sauer, sein jüngster und gewiß erfahrenster Biograph, fühlt sich dort, wo er Friedrichs Wirken werten muß, immer wieder zu der – vielfach variierten – Version hingezogen, man müsse Friedrich gewissermaßen mildernde Umstände zubilligen. Ein Tyrann auf dem württembergischen Fürstenthron, der es eigentlich gar nicht so gemeint hat?

Man wird davon auszugehen haben, daß seine Regierungsjahre eine in eine Zeit fallende Zäsur markieren, die in solcher Härte und Dichte nie vorher oder nachher in der württembergischen Geschichte sich gezeigt hat. Das, was sich in der „Großen Revolution" zu Paris zwischen 1789 und 1804 entladen hat, war eine kopernikanische Wendung, der alle spätere „Restauration" nichts von ihren elementaren Veränderungskräften hat nehmen können. Es ging um nichts anderes als die Verabschiedung eines tausendjährigen Gesellschaftssystems, dem man verkürzt die Überschriften „feudal" und „altständisch" geben mag, und um den Aufstieg einer Staatlichkeit, in der bis heute Staatsallmacht und Menschenrecht nachhaltig die Klingen kreuzen. Das alte, man könnte sagen mittelalterliche Europa trat in die ebenso aufregende wie schwer erkennbare Phase seiner Agonie. Das Neue wollte sich etablieren. Aber was das Neue war oder werden wollte, würde nicht einmal der klarsichtigste Philosophen- oder Historikerkopf von damals haben sagen können. Daß sich ein Zeitalter von Revolutionen und Ideologen ankündigte, von Staatsperfektion und menschlicher Mündigkeit, das spürten viele, wohl auch Friedrich, der auf seine alten Tage immer mehr Furcht vor Aufständen in Württemberg hatte. Daß derlei Vorahnungen nicht bloß Diskussionsgegenstand von Akademien und Druckschriften blieben, dafür sorgte Napoleon, den manche, Hegel war nicht der einzige, als das Gefäß der Geschichte empfanden: er marschiert mit seinen Regimentern mitten in diese neue Zeit, mochte kommen, was wolle.

Das also war die Zäsur, die Friedrich zu bestehen hatte. Mehr als einmal stand die Existenz seines Staates auf dem Spiel, in ganz anderer Weise, als das österreichische oder das katholische Zwischenspiel in der Reformationszeit oder im Dreißigjährigen Krieg dem Herzogtum Württemberg an den Lebensnerv gingen. Napoleons herrscherliches „Wer nicht für mich ist, ist gegen mich" mußte Friedrich, halbwegs Nachbar und alles andere als Repräsentant einer Großmacht, bitter ernst nehmen. Diese Wende zum 19. Jahrhundert kommt in Mittel- und Westeuropa in einer einmaligen Dichte der Geschehnisse und in einer schier unglaublichen Konzentration der politischen, geistigen, sozialen und wirtschaftlichen Wandlungen daher, die Jakobiner und alle ihre Trabanten ziehen durch halb Europa, ein Kriegsjahr knüpft sich an das andere, die Hungerepidemien reißen nicht ab, die Gefallenen und Toten häufen sich, die Krüppel werden zum gewohnten Bild. Friedrich ist ein Ausnahmefall. Er kann gar nicht einer jener württembergischen Herzöge sein, die sich für die paar Jahre ihrer Regierungszeit wie ihr seliger Vater und Großvater auch mit den Ständen herumschlagen, ein paar Regimenter, ob genehmigt oder nicht, zur „Defension" des Landes aufstellen, und im übrigen

Feste feiern und das edle Jagdhorn erschallen lassen. Man wird – tatsächlich – Friedrich zugute halten müssen, daß ihn seine Zeit entweder zu einem Berserker von einem Landesherrn machen mußte oder zu einem empfindsamen Versager. Der Prachtskerl, der er schon in seinem Wochenbettlein war, konnte nur den ersten Weg gehen.

Freilich, das soll nicht als Lebensbilanz gemeint sein, sondern nurmehr als Begleitkommentar in einem wenig freundlichen Maß. Den „Schöpfer des modernen württembergischen Staats" hat man ihn allenthalben genannt, auch sein jüngster Biograph zieht unter diesem Stichwort das Fazit. Es ist schwer und eine Erblast sehr ungeschichtlichen und sehr technizistischen Denkens, in der Geschichte zwischen Ursache und Wirkung unterscheiden zu wollen. Könnten wir die Rechnung lückenlos „legen", ließe sich auch einwandfrei dartun, wo Friedrich als „Schöpfer", das heißt als kreativer politischer Gestalter tätig war, und wo ihm die Geschichte, eben jene kurze, aber grundstürzende Wandlungsepoche (und die schließlich unabdingbare Parteigängerschaft Napoleons) die Dinge nur einfach in die Hand gespielt hat. Tatsächlich hat er nicht, wie seine Vorgänger auf dem Thron, das eine oder andere Dörflein mühsam gekauft, heute dies, drei Jahre später jenes. Bei Eberhard Ludwig, Karl Alexander oder Carl Eugen ist Württemberg immer nur ein bißchen „arrondiert" worden. Mehr war da nicht zu holen. Unter Friedrich ist Württemberg doppelt so groß geworden.

War das seine „Schuld"? Konnte er anders handeln, als die überlieferte österreichisch-habsburgische Orientierung zugunsten eines napoleonisch-französischen Bündnisses aufzugeben? Noch im Zweiten Koalitionskrieg nahm er an der Seite Österreichs teil. Er verstand etwas vom Kriegführen; schließlich war er unter dem Alten Fritz Regimentskommandeur in Schlesien, seit 1782 Gouverneur im russischen Finnland, bei der Besitzergreifung der Krim Befehlshaber einer Beobachtungsarmee und Gouverneur von Cherson. Und anfänglich blieben die Erfolge auch gar nicht aus. Aber dann mußte der Herzog, er hatte erst vor kurzem die Regierung angetreten, das Land doch räumen. Und jetzt ging er den nächstliegenden Weg. Der war nun freilich nicht ohne Risiko und bedurfte eines robusten Mannes. Aber wann war je größere Politik die bis ins Detail kalkulierbare Sache der Theoretiker und Ofenhocker? Hat sie nicht Bismarck einmal mit einem Gang durch den Wald verglichen, bei dem niemand im vorhinein wußte, an welcher Stelle man herauskomme? Ob Reichstreue oder nicht: mit dem Frieden von Basel 1795 war das Todesurteil über das Heilige Römische Reich Teutscher Nation gesprochen. Und ein Jahrzehnt später gab es das Sacrum Imperium auch de jure nicht mehr.

Nur Staaten gab es. Vom Körper waren nur noch die Teile da. „Politik" war jetzt, vor den angedeuteten großen Wandlungen in der Geschichte, ein Schacher von hoheitlichen Partikeln, Grafschaften, Abteien, Reichsstädten. War das anfänglich pro-habsburgische Auftreten des Herzogs mehr als eine Nagelprobe? Das habsburgische Österreich begann für ihn gleich hinter Münsingen. Ob die württembergischen Truppen unter General von Hügel, die nach der Schlacht bei Hohenlinden am 3. Dezember 1800, dem Sieg Moreaus, den Rückzug der geschlagenen österreichischen Armee bis vor die Tore Wiens zu decken hatten, ob die württembergischen Truppen diesen Tort aus „Reichstreue" ertragen haben, ist kaum anzunehmen. Selbstbehauptung wird dahinter gestanden haben.

Und für Friedrich dazuhin, aus den Dingen, nachdem einmal alles in Bewegung geraten war, das Beste herauszuschlagen. 1798 hat der General Ferdinand Friedrich Nicolai, einer der besten Militärs, die Württemberg gehabt hat, in einer offenbar für die Stände gemünzten Denkschrift dargetan, daß Württemberg in den Händeln der großen Welt nur eine defensive Politik betreiben könne. Und dies nur im Bündnis mit anderen großen oder mittelgroßen Mächten. Und auf jeden Fall nur mit einer Armee, die der geographischen und politischen Lage Württembergs adäquat sei. Nicolai mußte gar nicht hinzufügen, daß ein Landesherr, der in diesem Württemberg, um überhaupt mithalten zu können, eine Armee halten wolle, gleichzeitig damit die Stände ausschalten mußte. Einen modernen Staat brauchte er, das heißt einen, der auf sein Wort folgte. Einen Staat, wie ihn die anderen größeren deutschen Fürsten auch hatten.

Friedrich ist nach dieser sibyllinisch-richtigen Auskunft verfahren. Er hat den uneingeschränkten Absolutismus, den ja auch ein Monarch wie Carl Eugen nie praktiziert hat, für Württemberg gewissermaßen nachgeholt: ein Württemberg ohne die Stände, aber mit aller Konzentration für seine staatspolitischen und wohl auch wirtschaftlichen und sozialen Aufgaben. Insofern hat Friedrich für Württemberg, in vielen Teilen vielleicht gar nicht einmal bewußt und „programmiert", die freilich längst fällige Modernisierung besorgt.

Ihm am wenigsten konnte verborgen bleiben, daß die Flügel, unter deren Schatten man seines reichsunmittelbaren Daseins gewiß sein mochte, „sub umbra alarum tuarum“, zu erlahmen und zu sinken begannen. Die Zeit war reif. In Friedrichs Schoß fielen Früchte, von denen irgendeiner der Administratoren dieser „frühmodernen“ Epoche des 17. und frühen 18. Jahrhunderts nicht zu träumen gewagt hatte.

Der Basler Friede von 1795, mit dem Preußen und Frankreich zu einer Sonderregelung kamen, und mit dem in die Abtretung des linken Rheinufers an Frankreich eingewilligt wurde, war der Anfang vom Ende. Der Frieden von Campo Formio vom 17. Oktober 1797, der den Ersten Koalitionskrieg beendete, hat auch Österreichs Einverständnis mit dieser Regelung gebracht. Nur der Form nach war es noch Geheimsache, daß die deutschen Erbfürsten für ihren linksrheinischen Verlust durch den Einzug – die „Säkularisierung“ und „Mediatisierung“ – rechtsrheinischer Gebiete entschädigt werden sollten. Daß Friedrich durch einen Geheimvertrag vom 7. August 1796 für die Grafschaft Mömpelgard, die er abzugeben hatte, das Amt Oberkirch, die Abtei Zwiefalten und die Fürstpropstei Ellwangen bekommen sollte, war den Insidern durchaus bekannt. Philipp Christian Friedrich von Normann, dem ehemaligen Carlsschüler und jetzigen Staatsminister, dem vielleicht wichtigsten Schrittmacher der württembergisch-autoritären Monarchie, gelang es, die Bestimmungen des Friedens von Lunéville vom 9. Februar 1801, der Bestätigung der Abmachungen von Campo Formio, wesentlich zu erweitern. In einem geheimen Zusatzvertrag vom 28. Mai 1802 sicherte er seinem Herrn neben Zwiefalten, Ellwangen, Schöntal, Heiligkreuztal und anderen Stiften und Klöstern noch neun schwäbische Reichsstädte zu, unter ihnen so klingende Namen wie Heilbronn, Reutlingen oder Esslingen. Insgesamt war das ein Landgewinn, der das Vierfache von dem ausmachte, was Württemberg links des Rheins verloren hatte.

Am Ziel war Friedrich freilich noch nicht. Das Mittelalter war noch nicht beseitigt; die große Flurbereinigung war gerade auf halbem Weg angelangt. Zwar bestätigte man auf dem immerwährenden Reichstag zu Regensburg im Februar 1803 die Zuwächse – und die Kurwürde – Friedrichs, aber deshalb entstiegen Seine Kurfürstliche Gnaden, einmal in Fahrt gekommen, nicht dem Schiff der Länderpolitik. Jetzt meinte er, mit Neutralität am besten zu fahren: weder Frankreich noch Österreich. Aber bald war ihm klar, daß er

König Friedrich empfängt Napoleon in Ludwigsburg. Radierung von Louise Pannier nach einem Gemälde von Louis Etienne Watellt, nach 1820.

sich zu entscheiden hatte, zumal Bayern und Baden schon eindeutig für das revolutionäre Frankreich optiert hatten. Als Friedrich in Paris um Aufrechterhaltung eines nur freundschaftlichen Verhältnisses bat, ließ ihn Napoleon wissen, daß er die Neutralität nicht gestatte. Dafür wurde dem Kurfürsten das Versprechen gegeben, im Bündnisfalle Stuttgart und Ludwigsburg von Truppen und Einquartierung verschont zu lassen. Wie sehr das geklappt hat, ist spätestens bei der Hochzeitsfeier eines Kurprinzen auf Schloß Monrepos am 28. September 1805 klargeworden. Ein Kurier brachte die ganze Gesellschaft in Auflösung: die Franzosen stünden schon vor Ludwigsburg. Zwar blieb Ludwigsburg vom Corps des Marschalls Ney tatsächlich unbehelligt. Aber in Stuttgart waren die Franzosen, die vertragstreuen, ganz ohne Hemmung einmarschiert.

Die schwersten Tage kamen mit dem 2. Oktober dieses Jahres, als Napoleon sich beim Kurfürsten in Ludwigsburg anmelden ließ. Krieg oder Frieden? Am nächsten Tag saßen sich die beiden im Schloß gegenüber. Napoleon hatte mehr als hunderttausend Mann im Rücken. Württemberg, meinte er, werde bei einer Bündnisverweigerung als eroberte Provinz behandelt. Über vier Stunden ging das Ringen. Als Friedrich sich mit der Kriegsfeindlichkeit der württembergischen Stände herausreden will, fuhr Napoleon auf: „Chassez les bourges!“ Friedrich hat den liebenswürdigen Rat wohl verwahrt; fürs erste mußte er mit in den Krieg ziehen.

Als Napoleon am 5. Oktober Ludwigsburg verließ, war der Kurfürst von Württemberg sein Verbündeter. Der Marsch gegen Österreich konnte beginnen. Sieg um Sieg folgte. Am 17. Oktober 1805 wurde der österreichische General Mack in Ulm eingeschlossen, damals waren die Preußen schon gar nicht mehr mit von der Partie. Und als Napoleon schließlich am 2. Dezember über die unter dem Zaren Alexander I. und Kaiser Franz I. aufmarschierten Russen und Österreicher einen glänzenden Sieg errang, hielt er sein zu Ludwigsburg gegebenes Versprechen. Friedrich erhält im Vertrag von Brünn am 12. Dezember 1805 große Teile Oberschwabens, die Donaustädte, Besitzungen des Deutschordens mit Neckarsulm und Gundelsheim, die Hoheit über die Kleinterritorien der Reichsritterschaft und über andere Partikel. Am 26. Dezember 1805 bestätigt der Preßburger Friede das alles und schenkt Friedrich die volle Souveränität und die Königswürde.

Die Politik der Zeit, der Länderhandel, war damit in der Hauptsache abgeschlossen. Als Glied des Rheinbundes vom 12. Juli 1806 durfte sich Württemberg noch alle übrigen gräflichen und fürstlichen Herrschaftsgebiete – Hohenzollern ausgenommen – einverleiben, die Territorien der Hohenlohe, Öttingen, Limpurg, Fürstenberg und Waldburg vorab. In den Jahren 1809 und 1810, als das Ländergeschäft durch Tauschaktionen zwischen Württemberg, Baden und Bayern noch ein paar Unebenheiten zu beseitigen suchte, bekamen die Südstaaten dann ihre endgültige Größe. Für Württemberg hatten sich Gebiet und Einwohnerzahl in etwa verdoppelt. Das Land, 19 513,6 Quadratkilometer groß, spannte sich jetzt vom Bodensee bis zum Odenwald und hatte statt bisher 660 000 etwa 1 350 000 Einwohner.

Und was die wütende Empfehlung Napoleons im Blick auf die „Stände“ anging, die „bourges“, so hatte Friedrich den Rat nicht vergessen. Auch die Sprecher des Landtags hatten aufregende Jahre und Monate hinter sich, hatten über die württembergische Misere und die Konflikte mit dem Landesherrn direkt in Wien verhandelt und über zukünftige politische Strategien direkt in Paris. Gerüchte über Aufhebungspläne drangen wohl auch zur Landschaft. Daß Normann indessen seinen Regenten statt der ursprünglich erwogenen langsamen „extinction de vie“ zu einem kurzen und schmerzlosen Ende riet, hatte im Landtag wohl keiner vernommen. Wie alle Jahre (und Jahrhunderte) zuvor, hatte der verstärkte Landtagsausschuß am 11. Dezember 1805 nach der Bewilligung der üblichen Winteranlage um Vertagung über Weihnachten gebeten. Friedrich entließ den Ausschuß vier Tage darnach. Den Zeitpunkt der Wiederberufung behalte er sich vor.

Ein paar Tage nach dem Preßburger Frieden hob er mit der Annahme der Königswürde die ständische Repräsentation Württembergs förmlich auf. „Geheimrat von Ende erschien im Landtagsgebäude und machte den wenigen anwesenden Landschaftsangehörigen die offizielle Eröffnung mit dem Anfügen, daß der König jede Versammlung oder kollegialische Beratschlagung als Empörung bestrafen werde. Kasse und Akten wurden unter Siegel gelegt. Es kam zu einzelnen Protesten, aber nicht zu ernsthaftem Widerstand. Man fügte sich der Gewalt“ (W. Grube). Altwürttemberg hatte aufgehört zu bestehen. Einer der abgeschobenen Landtagsführer schrieb von diesem 30. Dezember in seinem Tagebuch als einem Datum, das „in den Annalen der vaterländischen Geschichte ewig verwünscht seyn“ werde.

War es das? Der Tag ist nie in den Rang eines national-württembergischen Gedenktags erhoben worden, ein Zeichen dafür, daß man diesen (früheren) Landtag eben nie als Volksvertretung im modernen Sinn des Wortes empfunden hat. Friedrich hat das neue Königreich rasch zusammengezimmert. Darin liegt seine unbestreitbare geschichtliche Leistung. Zunächst hielt er die beiden Dinge, Altwürttemberg und das neue Konglomerat, auseinander. „Neuwürttemberg" bekommt in Ellwangen eine eigene Regierung. Erst in diesem Jahr der Wende 1805 werden beide Körper zusammengeführt, unter Beseitigung aller altständischen Vorrechte und Vorstellungen. Das Land wird in zwölf Landvogteien eingeteilt, wie das die Franzosen machten, benannt nach Fluß und Gebirge. Die Selbstverwaltung der Gemeinden hört auf zu bestehen. Seit 1806 gibt es in Württemberg Haushaltspläne. Ein Edikt erklärt die Gleichberechtigung aller Glaubensformen. Die Macht der altwürttembergischen Prälaten und Pfarrerschaft ist dahin.

Die Fusion des Überkommenen mit dem Neuen scheint sich schmerzlos vollzogen zu haben. Über allen Reglementierungen scheint der Glanz der Königskrone. Friedrich habe konsequenterweise auch den monarchischen Staat nach innen geschaffen; so lobt ihn Hegel. Hegel hat den Landständen die Verweigerung von Friedrichs Verfassungsangebot in der Landtagssitzung am Christophstag, am 15. März 1815, nie verziehen. Den durchgängigen Ausbau im Inneren hat Friedrich auch in einem äußerlich-repräsentativen Sinne verstanden. Auch die Präsentation gehört dazu, die Schaustellung, der neue Hofstaat, die „königliche Kultur".

Und sie war mit Friedrich, mit seiner Persönlichkeit, unauflöslich verbunden. Wer war er? „Sinnlich, ja lüstern", hat Erwin Hölzle, einer der immer noch besten Kenner dieses ersten württembergischen Königs und seiner Zeit, die Mundpartie am bekannten Bildnis des Herrschers gesehen, „weich einbiegend und unscharf geschlossen". Ob man von solchen Eindrücken her, wie es früher geschah, Friedrich als einen barocken Menschen bezeichnen darf? Es scheint, als ob uns da vielmehr eine moderne nachmachiavellistische Gestalt entgegenträte, zwar von den absolutistischen Idealen Friedrichs des Großen, seines bis zur Selbsterniedrigung geliebten Großonkels erfüllt, aber doch nirgends rückständig denkend, geleitet nur von den beiden Wörtern „Wille" und „Macht". Sieht man genauer hin, so erscheint dieser Mann, zu dessen nächstliegendem Vokabular „Sünder" und „Schurken" ge-

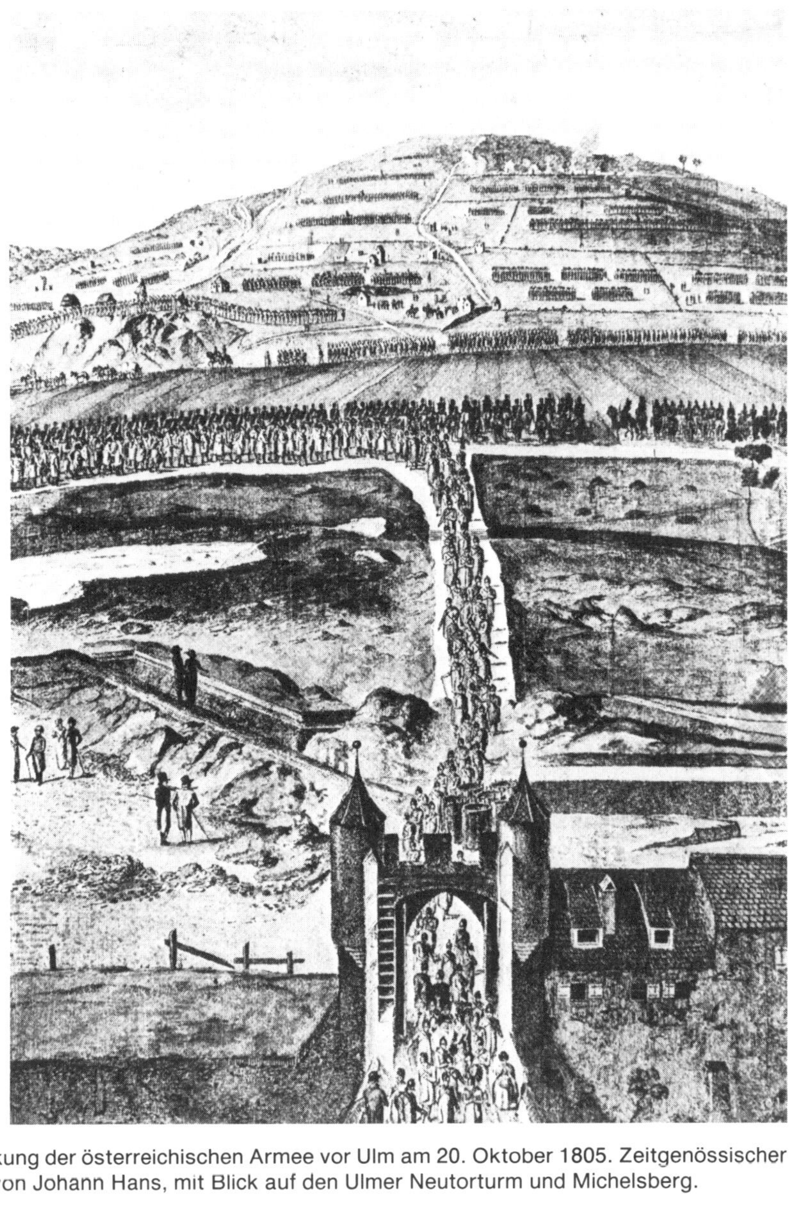

Waffenstreckung der österreichischen Armee vor Ulm am 20. Oktober 1805. Zeitgenössischer Kupferstich von Johann Hans, mit Blick auf den Ulmer Neutorturm und Michelsberg.

hörten, und für den die Beziehung zwischen Politik und Moral nicht einmal im Vordergrund existierten, als einer von den vielen kleinen und großen Tyrannen. Unter ihnen war er einer der kleinen, aber doch unmißverständlichen. Den Fürsten von Thurn und Taxis hat er 1806 wissen lassen, es sei jetzt eine „neue Zeit“ angebrochen, er habe jetzt „Allerdurchlauchtigster Großmächtigster König, allergnädigster König und Herr“ zu ihm zu sagen.

Treitschke, dem man gewiß einiges Verständnis für den Machtstaat moderner Prägung (und Notwendigkeit) nicht absprechen kann, ist die „dämonische Anziehungskraft“ Friedrichs aufgefallen. Und im Blick des Freiherrn vom Stein, der 1829 über die gleichfalls notwendige „Emanzipation Amerikas“ nachdenken konnte, erscheint Friedrich als einer der Popanzen im Kampf gegen Napoleon, den obersten aller Tyrannen: „Der lächerlichste und zugleich der abscheulichste ist der Württemberger Tyrann, ungeheuer an Gestalt und Stolz.“ Gewiß ist, daß Friedrich niemandem in seiner Umgebung – und seinem „Volk“ noch am wenigsten – so etwas wie „Mündigkeit“ zusprach, und daß ihm der Staatsapparat allemal wichtiger war als der Mensch.

Ob diese barsche Übergangszeit von damals solche Haltung verlangt hat? Eine staatliche Neuschöpfung und eine innere Erneuerung hat sie ganz zweifellos notwendig gemacht. Aber die eigentlich große und geniale Lösung hätte darin gelegen, das Bestehende nicht gewaltsam zu zerschlagen, vielmehr organisch einzuordnen in das Neue. Friedrich hat nicht gezögert, großartige und preziöse Kunstgegenstände seiner „neuen“ Herrschaften in königliches Tafelsilber umschmelzen zu lassen, die Umfunktionierung sagt mehr als vielerlei Kommentar zur Säkularisation Friedrichs. Er hat seinen davonreitenden und „Besitz ergreifenden“ Offizieren mehr als einmal nachgerufen, derjenige unter ihnen komme bei ihm in höchste Gnaden, über den die meisten Klagen einliefen. Er habe durch seine Kommissäre in den Reichsstädten, Klöstern und Residenzen „mit verletzender Rücksichtslosigkeit“ die Erinnerungs- und Hoheitszeichen der alten Zeit entfernen lassen. Dies das Urteil Max Millers, dessen Monographie über Friedrichs neuwürttembergischen Staat bis heute nicht überholt ist. Ließe sich das noch einigermaßen verschmerzen, so ist doch untröstlich, daß allein mit den oberschwäbischen Klöstern Stätten schönster, jahrhundertealter Kulturarbeit zu Vermögensobjekten für die Finanzämter herabsanken. „Ihr bildet noch kein Land!“ hatte

Friedrich dem greisen badischen Großherzog Carl Friedrich wegen seines Sinnes für die heimische Überlieferung und wegen seiner Rücksichten gegen die Unterworfenen zugerufen. Und Baden ist doch ein Land, ja ein „Musterländle“ geworden. Das heißt, man hat es auch anders, und auch mit Erfolg, machen können.

Friedrich hat mit seinem Anspruch auf die allererste Autorität nie hinterm Berg gehalten. In ihren eigenen Karossen, nicht in den königlichen, wie die Ehrengäste sonst, hatten die „unterworfenen“ Fürsten und Grafen zur persönlichen Huldigung am 6. Januar 1806 in Stuttgart zu erscheinen. Erst in der Mitte der Treppe wurden sie von niederen Hofbeamten empfangen. Eine halbe Stunde vor Beginn der Feierlichkeiten hatten sie versammelt zu warten. Im großen Thronsaal mußten sie sich auf dem Weg vom Portal bis an den Fauteuil des Herrschers dreimal verneigen (das dritte Mal am tiefsten). Erst bei dieser dritten Verbeugung „rückten Seine Königliche Majestät etwas den Hut“.

Wer sich vor der Geschichte wie ein unantastbarer Souverän und wie ein kleiner Gott geriert, muß sich von dieser Geschichte irgendwann einmal den genaueren Blick und das schärfere Urteil gefallen lassen. Wer mit Menschen umgeht wie mit Material oder wie mit Nummern, wird daran gemessen werden! Der Staat ist für den Menschen da. Als Befehlshaber und als politischer Konstrukteur hat Friedrich reüssiert, das ist keine Frage. Aber das Höchste in dieser Karriere hat er nicht erreicht: die Liebe seiner Leute. Dazu war zu wenig Tiefe in ihm, zu wenig Reinheit, zu wenig Kultur, das Wort in seinem wörtlichen und seinem übertragenen Sinne genommen. Auch seinen letzten Sommer verbrachte er auf seinem Gestüt Freudental, bei seinen Damhirschen und Fasanen, auch hier auf seinen Hofstaat nicht verzichtend: eine Handvoll hübscher junger Männer, an deren derben Späßen und lustigen Streichen er sich ergötzt und denen er auch die abgeschmacktesten Witze nicht übel nahm.

Von menschlicher Wärme und von innerer Größe konnte bei ihm nicht die Rede sein. Die Leute im Lande draußen, das sich gegen eine durchgreifende Neuordnung, wir wiederholen's, nicht gesperrt hat, haben das gespürt. Sie haben ihn so wenig „angenommen“, daß man lange vor seinem Tode sagen konnte, er habe Württemberg und das Schwäbische nie verstanden und nie verstehen wollen. Als er starb, plötzlich und über Nacht, war die Trauer im

Königreich nicht groß. „Im Gegenteil", berichtet Paul Sauer, „viele empfanden Erleichterung, daß der strenge Herrscher von der Bühne des Lebens abgetreten war, und sie versprachen sich von seinem liberaler eingestellten Nachfolger ein milderes Regiment, namentlich auch eine baldige Einigung im Verfassungskonflikt. Die Behörden hatten mancherorts Mühe gehabt, öffentliche Freudenbekundungen über das Ableben des ungeliebten Königs zu unterdrücken."

König Wilhelm I. (regierte von 1816 bis 1864)
Doppeltaler 1840
Vs. WILHELM KÖNIG – V. WÜRTTEMBERG
Kopf nach links, unten VOIGT
Randschrift (vertieft): CONVENTION ✱ VOM ✱ 30 IULY ✱ 1838 ✱
Ebner XXII, Nr. 176: ∅ 41 mm, 37,1 g
Münzstätte: Stuttgart
Stempelschneider: Carl Friedrich Voigt (1800 bis 1874), unter anderem seit 1838 für Württemberg tätig

Rs. Innerhalb eines Eichenkranzes
$3^1/_2$ / GULDEN / 2 / THALER / 1840, oberhalb des Kranzes VEREINSMÜNZE, unterhalb VII EINE F . MARK

König Wilhelm I.

Geboren 27. September 1781 Lüben/Niederschlesien (seit 1945 Lubin), regierte seit 30. Oktober 1816, gestorben 25. Juni 1864 auf Schloß Rosenstein/Stuttgart, begraben in der Grabkapelle Rotenberg/Württemberg

Bilderbuchstichwörter sind es, die seinen Anfang schon immer markiert haben. Der Kronprinz, von liebenswürdiger Natur, von Herzen liberal gesonnen, von leidenschaftlicher Liebe zu einer Bürgerstochter entbrannt, der noch regierende Vater ein gewalttätiger Diktator, der junge Mann in freudloser Umgebung aufgewachsen, der Vater hat alle Zügel fest in seiner Hand. Der Vater: die täglich neue Qual und das Abbild einer leblos gewordenen, drakonischen, unmenschlichen Epoche. Der Sohn: die Hoffnung einer Generation und der Stern eines Landes.

Er ist nicht einmal zu spät aufgegangen, dieser Stern Württembergs. „Bei seinem Anfang“, schreibt David Friedrich Strauß in seiner meisterlichen, noch im Todesjahr des Monarchen niedergeschriebenen Biographie, „hatte König Wilhelm vor allen Dingen das Glück, im rechten Lebensalter zur Regierung berufen zu werden. Wie alte und wieder neueste Beispiele lehren, ist es viel werth, daß ein Fürst zwar nicht eher zur Regierung komme, als wenn er die ersten Hörner schon abgelaufen, doch aber noch ehe er die zweiten Zähne stumpf gebissen hat: Wilhelm von Württemberg bestieg mit 35 Jahren den Thron.“ Er hat ihn, kaum zwei Jahre haben gefehlt, nahezu ein halbes Jahrhundert innegehabt. Als er starb, am 25. Juni 1864, hatte man sich längst bei ihm an den Ehrentitel eines „Nestor der europäischen Regenten“ gewöhnt, in den Nachbarstaaten waren auf dem Thron lange schon die Söhne oder gar die Enkel gefolgt.

In dem niederschlesischen Garnisonsstädtchen Lüben kam er am 27. September 1781 zur Welt. Bei der Taufe erhielt das Prinzlein die Namen Friedrich Wilhelm Karl; „Fritz“ nannte man ihn in der Familie als Buben. Mit dem kaum Einjährigen hatten die Eltern, der gleichnamige Vater und seine braunschweigische Mutter Augusta Karoline, Lüben — das den Dreiundachtzigjährigen ein paar Tage vor seinem Tod zum Ehrenbürger ernennen wird — verlassen und waren nach Rußland übersiedelt. Auf dem Wanderleben, das die Familie jetzt führt, verliert Fritz mit sieben Jahren seine Mutter. Manchmal diktiert ihm der Hauslehrer ein Brieflein an die Großeltern nach Hohenheim oder, diesmal ganz feierlich, an den „Grand-Papa" nach Ludwigsburg, unterschrieben mit „Frederic Guillaume".

Man steht vor der württembergisch-schwäbischen Regentenreihe des 18. und 19. Jahrhunderts immer wieder vor dieser eigenartigen Fremdheit der Thronfolger. Keine Rede davon, daß sie daheim und im Schloß ihrer Untertanen aufgewachsen wären. Auch der spätere König Wilhelm I. kommt „von draußen". Aber der Vater, Soldat und Haushalter in einem, läßt den Sohn nicht nur die Sprachen traktieren, nicht nur das Lateinische, sondern vor allem Französisch und Italienisch, er läßt ihn auch mit der Geschichte seines „Vaterlands" bekannt machen, mit der württembergischen Geschichte. Zwei Hefte der herzoglichen Hausschule haben sich erhalten, das eine ist mit mathematisch-geometrischen „Sätzen" gefüllt, mit Bibelstellen aus dem Alten und Neuen Testament und — mit württembergischer Geschichte. Daß mit Wilhelm und seinen Geschwistern diese zweite Generation der Mömpelgarder Linie im evangelischen Bekenntnis der Heimat wieder seßhaft geworden ist, verraten diese prinzlichen Schulhefte deutlich. Dazu das höchsteigene Curriculum des Vaters, überschrieben mit „Eigenhändige Instruktion Herzog Friedrichs II. betr. die Erziehung seiner beiden Söhne Wilhelm und Paul d. d. Ludwigsburg, 10. Oktober 1792".

In eben diesen Tagen hat drüben in Paris der Prozeß gegen den „allerchristlichsten" König Ludwig XVI. begonnen. Am 21. Januar 1793 ist er hingerichtet worden. Im Herzogtum Württemberg geht alles noch seinen alten Gang, seinen gemächlichen. Richtete doch der beflissene Vater, der spätere Kurfürst und König, am 26. Dezember 1792 ein Gesuch an den Kirchenrat um eine jährliche Erziehungsbeihilfe für seine beiden Söhne in Höhe von 8000 Gulden. Das „Ansuchen" ging hin und her zwischen dem Landtag und dem Herzog, auch der „Herr Oheimb", der regierende Herzog (Carl Eugen hatte sich angesprochen gefühlt und schließlich, als alles zu einer endlosen Verworrenheit verdammt schien, erklärt, *er* wolle die Erziehungskosten übernehmen (was wiederum Friedrich Wilhelm ablehnte, freilich unter gleichzeitigem Hinweis, wie wichtig die Ausbildung der Prinzen für das Vaterland sei). Erst am 20. August 1794, mittlerweile war Wilhelm fast zwei Jahre älter geworden, genehmigt der Landtag das Gesuch. Gewiß ist der spätere König über diese – typisch württembergische? – Staatsaffäre des „Ansuchens" nicht in Unkenntnis geblieben. Es wird sich in ihm, was den Landtag anbetraf, nicht gerade das Bild einer unerläßlichen und vor allem sinnvoll und schlagkräftig arbeitenden Institution festgesetzt haben.

Bei den Soldaten war das eben anders. Da wurden Befehle erteilt und Befehle ausgeführt. Da wußte man, wo man dran war, und vor allem, daß die Dinge nicht in den verschlungenen Gängen irgendwelcher Schreiberseelen hängen blieben. Der Vater *war* Soldat, und der Sohn wurde es auch. Um König Wilhelm im Vormärz und in der Reaktionszeit – in seiner Regierungszeit – verstehen zu können, wird man sich klarmachen, daß er von Berufs wegen Soldat war. Anderes hat er nicht gelernt. Nach seiner (späten) Konfirmation war es mit der Lernzeit zu Ende, mit der „leichten Conversation" im Italienischen, mit den Privatissima in Staatsrecht und Reichsgeschichte. Der Oberbibliothekar Schott, einer der Lehrer, machte es schriftlich: „Das Betragen des durchlauchtigen Herrn Erbprinzen in den Stunden meines Unterrichts ist gesetzt, gefällig und verrät Schätzung gegen den Lehrer." Am 28. Januar 1794 stellt der Vater mit Genehmigung des regierenden Herzogs Ludwig Eugen beim Schwäbischen Kreis den Antrag, seinem Sohn den Charakter eines Obersten des Schwäbischen Kreises zu verleihen, „unter Vorantritt vor dem Erbprinzen von Baden", wie er nicht anzufügen vergißt. Die Herren „Vettern" unterstützen diese Bitte beim Kreisdirektorium angelegentlichst, auch der Markgraf von Baden, die Fürstäbte von Salem und Ochsenhausen, der kaiserliche Reichsgesandte Graf Seckersdorff, der Fürst von Öttingen-Wallerstein, eben jener, der zwanzig Jahre später im Kampf gegen den Machtanspruch des württembergischen Königs Wilhelm die Fronde der Mediatisierten anführen wird.

Aber der selbstherrlichste von allen wurde der Vater, der dicke Friedrich, wir wissen das. Der junge Kronprinz, nicht ganz von der mächtigen kleinen, lächerlich beleibten Statur seines Vaters, aber doch auch kein bläßliches Prinzlein, mit dem feinen Gesichtsschnitt und dem prüfenden, etwas skeptischen Blick, was wohl der welfischen Mitgift zu verdanken war, mit einer klar gezogenen Nase und auffallend großen, dunklen Augen, die in den wenig erhaltenen Porträts von der Jugend bis ins Greisenalter in ihrer Distanziertheit und diesem leise melancholischen Überzug allemal hervorstechen: der junge

Kronprinz wird allein und in einer Ecke gestanden sein, wenn der Vater als Kurfürst oder König seine Soirées und seine Empfänge gab. Die Kronprinzentragödie, wie wir sie aus Friedrichs des Großen – des Lehrherrn für den Württemberger – Jugend kennen, konnte gar nicht ausbleiben. Auch der Kronprinzenfreund war da, der dem Thronfolger durch dick und dünn zu folgen schien, er hieß für diesmal nicht Katte, sondern Phull-Rippur und war Kammerherr. Wilhelm hat ihm die gefährliche Treue – immerhin war Phull-Rippur 1798 in Untersuchungshaft auf dem Hohen Asperg – wieder zurückgezahlt, indem er ihn zum königlichen Staatsminister machte. Ihm vertraute Wilhelm, als er noch Kronprinz war, alles an, auch einmal die fast bekenntnishafte Bitte: „Wenn ich einmal Herzog bin, geben Sie mir diesen Brief zurück, damit ich nie meine Kinder auf ähnliche Art maltraitiere."

Was sich da im einzelnen zugetragen hat und wie in der schweren Krise zwischen Vater und Sohn die Schuld zu verteilen ist, läßt sich ebensowenig ausschöpfen wie in diesem Schicksalsgang des jungen Friedrich von Preußen. Vieles wird sich gar nicht in den Briefen und Akten niedergeschlagen, sondern im Halbdunkel der Kabinettszimmer, in den Kasernenstuben und in den endlosen Märschen zwischen Dnjepr und Beresina abgespielt haben. Die Jugendwege des preußischen und des württembergischen Thronfolgers gleichen sich jedenfalls darin, daß sie eine trostlose Atmosphäre widerspiegeln, in welcher der „Staatsraison" alles zum Opfer gebracht wird, und statt Vaterliebe härteste, „regierungstreue" Pädagogik traktiert wird. In beiden Fällen, beim preußischen Friedrich und beim württembergischen Wilhelm, sind Schädigungen fürs Leben davon hängen geblieben. In beiden Fällen zeigen sich – nach überstandener „Kur" – Männer, die sprachlos und hart und einsam geworden sind.

Dabei kam in Wilhelms Falle dem jungen, noch ganz sensiblen und verletzlichen Herzen nicht die Muse in Gestalt der Flöte zu Hilfe, als Fluchtpunkt für die Trübseligkeit der Tage, sondern wärmende Frauenliebe. Wilhelm hat von ihr so gezehrt wie Friedrich vom Flötenspiel und Konzertieren. Hier, und nur hier, stoßen wir bei Wilhelm rasch auf „persönliche" Züge, auf ein Stück Wärme und Leidenschaftlichkeit, die der sonst unnahbare und stocknüchterne Mann zeitlebens vermissen ließ, in der Liebe zu Therese Abel, der Tochter des ehemaligen württembergischen Landschaftskonsulenten und nunmehrigen Hanseatischen Ministerresidenten Konradin Abel, der Wilhelm als Erbprinz auf Jahre hin verfallen war, in der „einzigen Liebe“ zur Zarentochter Katharina, in der sich politisches Kalkül mit innerster Zuneigung verband, und schließlich in der lebenslangen Liebe zu Amalie von Stubenrauch, die noch dem alternden und in der Öffentlichkeit wie das Abbild verkrusteten Lebens wirkenden Mann einen Raum des Wagendürfens und des Unkontrollierten gewährt haben muß.

Die Krise zwischen Vater und Sohn, zwischen Throninhaber und Thronfolger, hatte in Württemberg, mehr vielleicht noch als in Preußen, ihre deutlich politischen Aspekte. Schon hinter dem Idyll mit Therese Abel stand, was nahe lag, die handfeste diplomatische Absicht der württembergischen Landschaft. Es gab gar kein gewinnenderes Mittel, um sich seitens des Landtags des jungen Mannes als künftigen Parteigängers zu versichern. Therese war zu wenig „Gretchen“, um ihren Platz in diesem Spiel nicht zu erkennen. Und Wilhelm hat, auf diesen und anderen Wegen, mehr als einmal zugegriffen, als sich in Paris — bei Therese und den durch sie vermittelten württembergischen Landschaftsvertretern — die Chance bot, den regierenden württembergischen Monarchen — den Vater — auszumanövrieren. In der Frage, wen der Thronfolger ehelichen solle, bot sich ein Boden zum Zerwürfnis geradezu an. Tatsächlich hatte sich Wilhelm, damals erst siebzehn, hartnäckig geweigert, eine „häßliche Nichte des Kaisers“, wie Phull meinte, die Prinzessin Maria Amalia von Sizilien, die spätere Gemahlin Louis Philipps von Orléans, zur Frau zu nehmen. Friedrich hatte damals mit Festung gedroht, ja er dachte laut über die Möglichkeit nach, Friedrichs des Großen Vater hatte das nicht anders getan, Wilhelm zugunsten seines jüngeren Bruders Paul von der Thronfolge auszuschließen. Die Krise zwischen Vater und Sohn erreichte einen neuen Höhepunkt, als der Kurprinz einen dienstlichen Aufenthalt in Wien Ende 1803 dazu benutzte, nach Paris zu reisen, ohne Urlaub und ohne Befehl: er hätte wieder nach Stuttgart fahren müssen. Das war eine Flucht, die Wilhelm schon während dieser ersten Eheaffäre allen Ernstes im Auge hatte. Und es war eine Fahnenflucht obendrein: der junge Herr, donnerte der Vater, stand als Generalmajor in Diensten des Schwäbischen Kreises.

Das Verhältnis zum Vater begann sich erst wieder zu normalisieren, als Wilhelm in aller Form, und gewissermaßen per Vertrag, dem Abenteuer mit Therese Abel absagte. Das war die Grundbedingung. Ihr hat sich der Kronprinz unterworfen. Und jetzt genehmigte der Vater dem Kurprinzen auch den

Aufenthalt „in seinen Staaten", nur nach Stuttgart und Ludwigsburg durfte der Herr Sohn nicht. Im übrigen solle er jetzt, empfahl der Vater, „für einige Zeit auf Reisen gehen". Die ergaben sich dann von selbst, als die sogenannten „Koalitionskriege" die Heere der europäischen Fürsten und Verbündeten in wechselnden „Koalitionen" auf die Beine brachten. Wilhelm, 1808 erstmals statt des in solchen Fällen fungierenden Präsidenten des Staatsministeriums als Vertreter des Königs genannt, erhält mit neunzehn Jahren im Zweiten Koalitionskrieg bei Hohenlinden am 3. Dezember 1800 seine Feuertaufe. Ab dato ist er, mit kleineren, mit größeren Pausen, als Soldat im Einsatz. Er folgt der Großen Armee nach Rußland nur ungern, dem verbündeten Heer nach Frankreich um so lieber, „wo er sich in verschiedenen Schlachten", wie David Friedrich Strauß sagt, „wenn auch nicht als großer Feldherr, doch als herzhafter Commandeur bewährt" hat.

Beim russischen Abenteuer, das Napoleon dem württembergischen König auferlegt und von den württembergischen Soldaten einen Blutzoll sondergleichen abgefordert hatte, wäre es beinahe noch einmal zu einer tiefen Auseinandersetzung zwischen Vater und Sohn gekommen, als sich Wilhelm tagelang von seinem Hauptquartier aus wegen Krankheit vom Weitermarsch entschuldigen ließ. Der General von Theobald, der die Nachricht nach Stuttgart zu befördern hatte, Wilhelms Vertrauter von Jugend an, wurde nach der Rückkehr des kronprinzlichen Stabs vom König deshalb gnadenlos zur Rechenschaft gezogen. Der Sohn selbst – ging straffrei aus. Ihm haben die Stuttgarter am 13. Juni 1814 bei seiner Rückkehr einen begeisterten Empfang bereitet, nicht nur, weil der napoleonische Spuk ein Ende zu haben schien, sondern auch, weil man mit dieser Demonstration dem Vater eine Lektion erteilen konnte. „Prinz Wilhelm, der edle Ritter", ließ man in Abwandlung des Lieds vom Prinzen Eugen erschallen, „Prinz Wilhelm der edle Ritter, / furchtlos, wie sein Wort, und treu". Als der Kronprinz am 18. Oktober 1815, am zweiten Jahrestag der Schlacht bei Leipzig, mit seinen Truppen wiederum in die Heimat zurückkehrte, drückte ihm der Vater den Marschallstab in die Hand. Das konnte als Zeichen der Aussöhnung gewertet werden, zwischen den Generationen ebenso wie zwischen dem alten und dem neuen Württemberg.

Denn mittlerweile hatte sich ja auch die politische Landschaft zu Hause ganz wesentlich verändert. Württemberg war, von Napoleons Gnaden, um mehr als das Doppelte angewachsen und Baden gar um mehr als das Zehnfache. Der württembergische Kronprinz hatte die Luft der Umbruchzeit wohl gespürt. Ob er an mehr als an eine militärische Erneuerung Deutschlands dachte, bleibt freilich einigermaßen zweifelhaft. Auch hat man gewiß in den Thronfolger mehr an Hoffnungen investiert, als gut sein durfte; manche hatten in ihm schon den kommenden „Kaiser der Teutschen" gesehen. Hätte er überhaupt den rechten Ehrgeiz zu einer derart überterritorialen Aufgabe gehabt, von der, sagen wir einmal, mittelmäßigen „Hausmacht" ganz abgesehen? Einer neuerlich angesonnenen Heirat mit der Adoptivtochter Napoleons, der Prinzessin Stephanie, hatte er sich durch eine rasche Vermählung mit der bayerischen Prinzessin Charlotte entzogen. Die glanzvolle Hochzeit fand in München am 8. Juni 1808 statt. Das Verhältnis zwischen den beiden — und Wilhelms zur Schwiegermama am wittelsbachischen Hof — war von Anfang an bemerkenswert kühl. Es gab noch ein paar mechanisch ablaufende Feste des jungen Paares in Ludwigsburg. Dann wußte Wilhelm seine dienstlich-militärischen Verpflichtungen vorzuschieben. Und Ende des Jahres 1813 leitete er die ersten Schritte zur Scheidung eines Verhältnisses ein, das der Vokabel „Ehe" nie standgehalten hatte. In der Scheidungsurkunde vom 31. August 1814 wird davon ausgegangen, „daß zwischen gedachten Höchsten Personen keine Ehe" bestehe. Die Württemberger hatten angeblich diese bayerische Mariage schon immer bedauert. Weil der Kronprinz die napoleonische ausgeschlagen habe, sei dem Land ein großer Teil des Gebiets, womit nachmals Baden vergrößert worden, schlicht entgangen.

Ob Treitschke diese letzte Phase vor dem Regierungsantritt aus seiner dediziert kleindeutschen und preußischen Perspektive richtig gesehen und bewertet hat, mag dahingehen. Er war jedenfalls der Meinung, Wilhelm sei in den Jahren des Wiener Kongresses, als Europa „verteilt" wurde, nichts als Soldat gewesen, ein tapferer und ein geschickter, der auf das Generalat der deutschen Bundesarmee gehofft habe. „Seine Geliebte, die geistreiche Großfürstin Katharina, bestärkte ihn in seinen stolzen Träumen; das junge Paar verstand einen solchen Nymbus geistiger Größe um sich zu verbreiten, daß selbst nüchterne Männer meinten, von dem Stuttgarter Hofe werde dereinst ein neues Zeitalter über Deutschland ausgehen." Wilhelm hatte sich der Tochter Maria Feodorownas und des Kaisers Paul I. nicht als politischer Kalkulator, sondern als unabdingbarer Verehrer genähert. Als sich die beiden Liebenden, nach mancherlei Zwischenspielen, in denen vor allem einer Ehe der jungen Witwe mit dem österreichischen Feldmarschall Erzherzog Karl der Vorzug gegeben war, anläßlich der feierlichen Eröffnung der Bundesversammlung in Frankfurt wiedersahen, war es Katharina, die Wilhelm die Anregung gab, bei der Zarinmutter um sie zu werben. Wilhelm erschien zu Ausgang des Jahres 1815 in Petersburg, am Weihnachtstag dieses Jahres wurde die Verlobung offiziell bekanntgegeben, und schon am 12. Januar fand die feierliche Vermählung statt.

Als das junge Paar am 13. April 1816 in Stuttgart seinen begeistert gefeierten Einzug hielt, stand das augenscheinliche Glück der beiden, besiegelt in der Geburt der ersten Tochter, der Prinzessin Marie Friederike Charlotte, in eigentümlichem Kontrast zur Lage des Landes. Ausgerechnet in diese Endzeit der langen, viel zu langen Kriegsjahre hatte sich bitterste Not geschlichen; die „Teuerungs- und Hungerjahre 1816—1817“ sind bald zu einem im ganzen Jahrhundert nicht mehr überbotenen Begriff geworden. „Die halbe Bevölkerung schlich bettelnd umher“, schreibt einer der späteren Berichterstatter, „die hohläugige zerlumpte Armee des Hungers; die Kinder verließen die Eltern und schrien nach Brod vor fremden Thüren, aus welchen sie der gleiche Jammer angrinste. Viele trieb die Noth zum Wahnsinn, viele zum Verbrechen, wovon sie den Begriff verloren hatten.“

Katharina Pawlowna war eine verantwortlich denkende, politisch und sozial überaus aktive Frau. Sie hatte an der Seite ihres Bruders, des Zaren Alexander I., dem Abwehrkampf gegen Napoleon persönliche Impulse gegeben und die „Cohorte armée des femmes“ spürbar erweitert. Jetzt, in einer, wie uns heute scheint, ganz selbstverständlichen Verantwortlichkeit gab sie zunächst einmal den Anstoß zur organisatorischen Zusammenfassung der bestehenden religiösen und privaten Wohltätigkeitsvereine in Württemberg. Im neuen, ab 6. Januar 1817 tätigen Zentralverein, sollte es auf ausdrücklichen Wunsch der Königin keine sozialen Unterschiede geben. Von der Linderung der materiellen Not ging es zu einer Initiative im schulischen Bereich. Katharina, seit Juni 1818 Mutter einer zweiten Prinzessin Sophie, rief nach einem Petersburger Vorbild ein Mädchenlyzeum ins Leben, das späterhin als „Katharinenstift“ — Gustav Schwab und Eduard Mörike waren dort

Empfang des ersten Erntewagens im Hungerjahr 1817 auf dem (heutigen) Schillerplatz zu Stuttgart. Radierung von Adam Ludwig d'Argent (1817).

Lehrer — eine bis heute florierende Berühmtheit werden sollte. Auch die Errichtung einer Sparkasse geht auf die Anregung und organisatorische Gestaltung der jungen Königin Katharina zurück.

Daß ihr völlig überraschender Tod, dessen Kunde am Morgen des 9. Januar 1819 durchs Land flog, größte Bestürzung auslöste, wissen wir heute. Für König Wilhelm war es ein Schlag, den er im Grunde nie mehr verwunden hat. Die weiblich-warme und doch feste Energie Katharinas hatte sein Leben aus dieser nun einmal vorgezeichneten Eingezogenheit und — zur bloßen „Verwaltung" neigenden — Nüchternheit herausgeführt. Die schöpferische Gestaltungskraft der jungen Königin gerade in jenen Bereichen, die dem König von Anfang an ferner standen, im sozialen, im pädagogischen, schließlich überhaupt im gesellschaftlichen, war so erstaunlich, daß Resonanzen noch lange nach ihrem Tode zu registrieren waren. Die Gründungsphase der Landwirtschaftlichen Hochschule Hohenheim läßt deutlich erkennen, wieviel Katharina dieser Institution an eigener Erfahrung und Kenntnis noch beigesteuert hat.

Ihr früher Tod hat Wilhelm, der damals noch nicht einmal die Hälfte seines Lebens erreicht hatte, nachhaltig in einem Gefühl des Alleinseins gelassen. Die am 15. April 1820 geschlossene Ehe mit seiner fast zwei Jahrzehnte jüngeren Kusine Pauline, der Tochter des Herzogs Ludwig von Württemberg, brachte eine ganz andere Frau in seine Nähe, eine in betonter Frömmigkeit erzogene – und ihr fast pietistisch ergebene – Frau, die den beiden Prinzessinnen eine gute Mutter wurde und dem König drei eigene Kinder schenkte, worunter der Thronerbe Karl Friedrich Alexander war. Pauline scheint mehr von den ihr vom Schicksal gezogenen Grenzen angezogen worden zu sein als vom Elan irgendeiner königlich-sozialen Initiative. Sie hat gewiß dem Haus, in dem der Vater schließlich ganz zur kühlen und unnahbaren Autorität des „Königs" geworden war, ein Stück Wärme und Fürsorglichkeit zu geben gewußt. Aber ihre Lebensbahn blieb gezeichnet von jener duldenden Stille, mit der sie begonnen.

Und im Salon der Stubenrauch in der Neckarstraße muß auch kaum ernsthaft etwas von (weiblicher) Politik zu spüren gewesen sein. Die Stubenrauch ist gar nicht, wie Gutzkow einmal meinte, die „Regentin Württembergs" geworden. Daß sie Wilhelms Favoritin war, bis zu seinem Tode, ist gewiß. Aber der König hat das Verhältnis diskret und delikat genug behandelt, ohne der Herzensbeherrscherin Rangerhöhungen zu schenken oder ihretwegen Landtage aufzulösen: Er beschränkte den Umgang mit der Tragödin auf die verschwiegene Enge der Gemächer. Vielleicht ist der eine und andere aus der Kulturszene durch die „Neckarstraße" gefördert oder lanciert worden. Hackländer ist durch die Stubenrauch der Gunst des Königs empfohlen worden, Dingelstedt ist durch sie zum Vorstand der Königlichen Privatbibliothek avanciert, der Mann, der als Dramaturg und Theaterdichter in das geistige Stuttgart von damals viel Schwung gebracht hat. Auf Mörike soll die Stubenrauch durch ihren Schwager, den Regisseur und Dichter Feodor Löwe, aufmerksam gemacht worden sein, durch ein schmales Gedichtbändchen von ihm. Daraufhin seine Berufung ans Katharinenstift 1851. Aber förmliche Königinnen-Politik gab es seit Katharina unter Wilhelm I. nicht mehr.

Das Jahr 1816 hat für Württemberg in einer zweiten Hinsicht Sensation gemacht. Völlig unerwartet war der „Vater“ am 30. Oktober gestorben. In dem Manifest, das Wilhelm noch am Todestag erließ, und in dem einleitend verkündet wurde, daß es der „göttlichen Vorsehung gefallen“ habe, „Seine Majestät den Allerdurchlauchtigsten König Friederich, Unseres vielgeliebtesten Herrn Vaters Gnaden, heute Morgen gegen zwei Uhr aus diesem Leben abzuberufen“, war so etwas wie eine Entrümpelung eingeleitet worden. Unter Verzicht auf alle Zusatztitel solle es in Zukunft nur noch „Wilhelm von Gottes Gnaden König von Württemberg“ heißen. Und „statt der förmlichen Anrede“ sei nur noch zu setzen „Eure Königliche Majestät“, und als Adresse nichts weiter als „An den König“. Wilhelm setzte in kürzester Frist die Hofhaltung auf den einfachsten Fuß, stellte den Jagdunfug ab und beugte sich selbst über die Zahlen des Staatshaushalts. Er wollte Ordnung haben. „Das brutale despotische Gebaren des Vaters machte einem menschlichen, besonnen Walten Platz“ (David Friedrich Strauß).

Indessen hatte der Sohn noch eine schwere, schwierige Erblast übernommen, die Verfassung. Da nach dem Willen des Wiener Kongresses in den Bundesstaaten „landständische Verfassungen stattfinden“ sollten, hatte sich Friedrich herbeigelassen, auch dem neuen, aus Alt- und Neu-Württemberg zusammengezimmerten Königreich eine solche zu gewähren. Aber die Landstände wollten sich nicht einlassen auf sein Werk. Das „alte gute Recht“ sei darin mit Füßen getreten. Darüber war Friedrich gestorben. Wilhelm nahm den Faden wieder auf, ließ einen freundlicheren Entwurf vorlegen, „der, besonders in der verbesserten Gestalt, wie er zuletzt als Ultimatum geboten war, alle billigen Wünsche befriedigen konnte“. Aber auch diesen Entwurf lehnte der Landtag ab.

Für den gutmeinenden und noch ganz im liberalen Fahrwasser sich bewegenden jungen König muß das wie ein brüsker Vertrauensbruch gewirkt haben. Wenn er späterhin nur noch in barschem, wenn nicht zynischem Ton mit dem Landtag verkehrte, dürfte der erste Grund hierfür in dieser unerwarteten landständischen Zurückweisung von damals zu suchen sein; Wilhelm konnte nie vergessen und war nachtragend sein Leben lang. Erst nach zwei Jahren berief er den sofort aufgelösten Landtag wieder ein und legte ihm seinen Verfassungsentwurf von neuem vor, nunmehr einen, aus dem verschiedene liberale Bestimmungen entfernt worden waren. Jetzt stimmte der württembergische Landtag merkwürdigerweise zu. Man mußte handeln und wohl auch durch die Finger sehen, wollten einem nicht die Karlsbader Beschlüsse von den Verfassungsfreiheiten noch weitere streichen oder die Verfassung überhaupt, wie in Preußen und in Österreich, ad calendas Graecas verschieben.

Die Verfassung war da. Aber der Dämpfer für eine bloß gutwillig-liberale Politik des Monarchen auch. Das hatte seine konkreten, politischen Folgen. Keine vier Wochen nach dem Regierungsantritt Wilhelms hatte einer seiner vertrautesten Freunde, der ehemalige Carlsschüler Joseph A. H. von Theobald, der nicht nur ein begabter Offizier, sondern auch publizistisch tätiger Ingenieur und Mathematiker war, ein Gutachten zur Errichtung einer polytechnischen Schule nach dem Vorbild der école polytechnique in Paris vorgelegt. Wäre diese Denkschrift vom 27. November 1816 wie vorgesehen verwirklicht worden, hätte Stuttgart die mit Abstand älteste Technische Hochschule unter den süddeutschen Staaten erhalten. Jetzt, nach dem leidigen und für die scheinbar charakterstarken württembergischen Landstände letztlich peinlichen Verfassungsdebakel, ließ sich Wilhelm Zeit. Erst 1829, mehr als ein Jahrzehnt später, tat sich etwas in der Sache. Am 22. Oktober des Jahres wird in Stuttgart eine „Kunst-, Real- und Gewerbe-Schule“ eröffnet, eine seltsame Mehrzweckanstalt, die dem projektierten Polytechnikum von einst auch nicht mit *einer* ihrer Seiten glich.

Die Techniker, und überhaupt die mit allerlei Literatur liebäugelnden, „realistischen“ Modernisten, waren Wilhelms Sache je länger, desto weniger. Er hielt es mit den Soldaten und all denen, die mit Pferden umgehen und mit Wagen hantieren konnten. Die konservativen Bauern waren ihm lieber als alle die unruhigen „Ingenieurs“ (und vor allem als die Arbeiter, die mit der um 1830 einsetzenden Industrialisierung ihr Geburtsrecht anmeldeten). Statt „der schädlichen Jagdliebe seines Vaters“ habe er, so David Friedrich Strauß, „die nutzbare Neigung zu Viehzucht und Landwirthschaft“ gehabt. König Wilhelm I. ist nie anders als der „König der Landwirthe“, als der Rex agricolarum, gefeiert worden. Das hat schon gleich nach Regierungsantritt bei ihm begonnen, als er in den Hungerjahren 1816 und 1817 die Landwirtschaft nicht nur sanierte, indem er sie rationalisierte, sondern auch prämiierte, indem er im Herbst 1818 das erste „Landwirtschaftliche Hauptfest zu Cannstatt“ feierte, fortan Altwürttembergs, des königlichen Agrarstaats

Wagenrennen auf dem Cannstatter Volksfest. Holzstich nach einer Originalzeichnung von Otto Fikentscher (um 1860).

selbstverständliches Stelldichein. Der Einsetzung des „Landwirtschaftlichen Festes" zu Cannstatt ging die Konstituierung einer „Centralstelle des landwirtschaftlichen Vereins" voraus, die ebenso das persönliche Werk Wilhelms war wie die am 15. Dezember 1817 ins Leben gerufene Landesgestütskommission, die „Königlich Württembergische Beschälordnung" vom 28. Februar 1818 oder überhaupt die — zweifellos „nutzbare" — Bemühung um qualitätsvolle einheimische Pferdezucht in den königlichen Gestüten zu Scharnhausen und Weil bei Esslingen. Auch die am 3. Juli 1818 errichtete und später mit dem Landwirtschaftlichen Institut in Hohenheim verknüpfte Forstschule entsprang einer persönlichen Initiative Wilhelms, auch sicherlich die Forst-Lehranstalt von 1820, der 1847 die zur landwirtschaftlichen Hochschule erhobene Hohenheimer Anstalt angegliedert wurde.

In Wilhelms erster, bis 1830 dauernden Regierungsphase ließe sich leicht, Katharinas Schöpfungen mit einbezogen, von einer „Gründerzeit" reden. In wichtigen Bereichen hatte der König nicht nur für einen vereinfachten und durchsichtigeren Staatsapparat gesorgt, sondern überhaupt für eine behutsame — aber unausweichliche — Modernisierung. Freilich hat er sie einseitig und sozusagen rechtslastig vorangetrieben. Wenn unter „Industrialisierung" eine von progressiven, wie man später gesagt hätte, „linken" Kräften getragene Verbindung maschinellen Arbeitstaktes mit menschlicher Einwilligung und Leistung verstanden werden soll, dann lag darin gewiß nicht die größte Leidenschaft Wilhelms verborgen. „Ich soll immer der Katze die Schelle anhängen", hat er einmal mokant erwidert, als er wieder einmal zur Einweihung einer neuerstellten Mechanischen Spinnerei gebeten wurde. Das spricht nicht gerade für eine vorbehaltlose königliche Identifikation mit den Eigenarten und Zielen des neuen Industrialismus. Unter Wilhelm I. ist freilich auch einer bürokratischen Bevormundung der neuen „Etablissements" gewehrt worden; die Vorgängerin der Steinbeisschen „Centralstelle" als der großen Förderin von Industrie war eine Generation lang ein halbamtlicher Verein. Wir vergessen auch nicht, daß der württembergische Zollvertrag mit Bayern der Vorläufer des preußischen Zollvereins war. Aber man wird sich dann auch daran erinnern, daß der König den ersten Schritten zur Verwirklichung eines Eisenbahnnetzes mit einer tiefen, ja starren Skepsis gegenüberstand, und daß von einer umfassend organisierten Staatsförderung der Industrie in Württemberg bis zur Errichtung der „Centralstelle" im Jahr 1848 nicht die Rede sein konnte.

Anders in seinem eigenen und angestammten, im militärischen Bereich. In seinem „täglichen Leben" sei er „von soldatischer Einfachheit" gewesen, meint David Friedrich Strauß. Er blieb es bis zum Ende seines Lebens. Militär und Soldatentum waren das Element seines Lebens. Bis in seine alten Tage habe er sich „besonders gern als Kriegsherrn gesehen". Ob er nun als Siebziger ernsthaft auf den Posten eines Bundesfeldherrn für den Fall eines neuen Krieges aspirierte oder nicht: Gespräche dieserhalb sind jedenfalls geführt worden. Und Wilhelm hätte schon deshalb ja gesagt, weil er hörte, Moltke habe erklärt, die Mainlinie könne im Ernstfalle ja durch ein preußisches Corps verteidigt werden, auch wenn die „Rheinbündelei" südlich des Mains noch schlimmere Formen annehme.

Daß außenpolitische Fragen, bei denen wir hier angelangt sind, Wilhelm spätestens seit seiner Regierungsübernahme über das durchschnittliche Maß hinaus beschäftigt und gereizt haben, ist offenbar. Seine süddeutsche, und im besonderen seine württembergische Eigenständigkeit zu wahren, war das Motto dabei sein Leben lang. Da und dort ging Wilhelm weiter, wechselte von der Phase des Reagierens in die des Agierens über und wollte ein Exempel gegen die beiden Großmächte Österreich und Preußen statuieren, indem er eine dritte Kraft zu mobilisieren begann, die süddeutschen Staaten Bayern, Württemberg und Baden. Diese „trialistische" Politik hatte zunächst in Karl August Freiherr von Wangenheim ihren beredtesten Vertreter. Wangenheim war zehn Jahre beim Vater in Staatsdiensten, von 1811 bis 1815 als Obertribunalpräsident Tübinger Universitätskurator, mit Regierungsantritt des Sohnes bis 1817 Kultminister und dann über ein halbes Jahrzehnt württembergischer Gesandter beim Bundestag zu Frankfurt. Seine eigenen Bemühungen harmonierten anfänglich mit den Instruktionen Wilhelms durchaus; der gelegentlichen Arroganz des Präsidialgesandten galt es ebenso zu begegnen wie der Vormachtstellung Preußens beim Bund.

Dann, als Wangenheim weitergriff und öffentlich auf ein freies und gemeinsames Vaterland hinzielte, womit er doch heftig mit dem ausbalancierten und antinationalen System Metternichs zusammenstoßen mußte, zog sich Wilhelm zurück. Ideologische Politik war im zuwider, und ideologische Extratouren allemal. Dazu paßte, daß Metternich in der „Epuration des Bundes von liberalen Elementen" doch eine sehr wichtige Aufgabe sah und Wilhelm selbst mehr und mehr von seinen liberalen Anfängen und Wunschvorstellungen abzurücken begann. Die Wirklichkeit sah anders aus. Ein liberales und demokratisches Instrument wie „sein" württembergischer Landtag hatte ihm nicht nur positive, „moderne" Eindrücke serviert. Gewiß blieb er dabei, den süddeutschen Staaten eine eigene politische Aufgabe zuzuteilen. 1820 erschien eine 226 Seiten starke Schrift mit dem Titel „Manuskript aus Süddeutschland". Zwar stammte das Buch, das ungeheures Aufsehen erregte, von einem in Kurland geborenen Publizisten namens Friedrich Ludwig Lindner. Aber der gehörte zur engeren Umgebung Wilhelms und gab gewiß nicht eine Meinung zum besten, die sein Monarch nicht geteilt hätte. Die Schrift plädiert für die süddeutsche Eigenstaatlichkeit. Sie meint einmal, man hätte in der napoleonischen Flurbereinigung statt einem Königreich

Westfalen besser ein „Königreich Alamannien“ vom Elsaß bis zum Lech geschaffen (natürlich unter württembergischer Führung), und sieht in den „mittleren Staaten“ die natürlichen „Wächter des Gleichgewichts“. Natürlich steckt in diesem königlichen Pochen auf die eigene politische Sendung auch ein wenig vom Minderwertigkeitskomplex des Kleineren. Als sich der russische Zar Alexander I. 1820 nach der Veröffentlichung der Karlsbader Beschlüsse auf der Rückreise von Verona mit seinem württembergischen Schwager traf, beklagte sich Wilhelm über die Nichteinladung der „mindermächtigen“ Souveräne zu den entscheidenden Verhandlungen. Wilhelm hat mit derlei Beschwerden bis ins hohe Alter nicht zurückgehalten. Auf der anderen Seite hat Metternich die Zirkularnote Wilhelms, die seine Diplomaten zur weiteren Opposition gegen den Bund ermutigte, als eine „eigenmächtige Kritik des Königs am Bund und dessen Einrichtungen“ bezeichnet. Daß Wilhelm damals allen Ernstes der Meinung war, der Bund übe derzeit den „nämlichen Einfluß aus, den sich Napoleon über Europa angemaßt hat“, darauf ging Metternich gar nicht ein.

Wie immer auch: Wilhelm konnte in Preußen und in — dem ihm innerlich näher stehenden — Österreich nur immer das Übergewicht der Großen sehen. Mehr als einmal soll er der Devise „Lieber mit Frankreich als mit Preußen“ gehuldigt haben. Daß er in der Methode dabei mehr und mehr von den demokratischen — oder auch nur halbwegs demokratischen — Möglichkeiten und Instrumentarien abrückte, hätte man kaum anders erwartet. In der Revolution von 1848 hat er letztlich nur eine lächerliche Insubordination gesehen, er, der General. Und in der Nationalversammlung der Paulskirche sah er nur „aufgeblasene Professoren sitzen“, „träumerische Burschenschaftler und die Hefe des revolutionären Gesindels aus Sachsen, Preußen und so weiter“. Als man ihn aus den — sonsthin verständigen und geordneten — Reihen „seiner“ Minister in Württemberg im Frühjahr 1849 mehr und mehr bedrängte, die in der Paulskirche zustandegekommene Reichsverfassung anzuerkennen, hat er schließlich ja gesagt, widerwillig genug.

Aber gerade in einer derart aufgezwungenen politischen Geste verbarg sich die eigentliche Not seiner Außenpolitik. Er wollte mehr, als er irgend geben konnte. Er allein konnte im europäischen Konzert der Großmächte nicht hörbar mitspielen, auch wenn es ihm gelang, im September 1857 von den „Stuttgarter Kaisertagen“ reden zu machen. Damals sollte die Stuttgarter

„Meuchlerischer Ueberfall einer Versammlung wehrloser Bürger durch Unteroffiziere und Soldaten" in Ulm, im Juni des Revolutionsjahres 1848. Kolorierte Lithographie der Zeit.

Begegnung zwischen dem russischen Zaren Alexander II. und Napoleon III., dem Kaiser der Franzosen, zur völligen Entspannung vor allem der osteuropäischen Lage beitragen. Das Treffen ist zumindest für die „neugierigen, aber nicht unehrerbietigen" Leute aus Stuttgart und Cannstatt eine politische Sensation geworden. Wilhelm hätte für eine eigene, unabhängig süddeutsche Politik *und* eine Reform des Bundes, sprich eine Neuverteilung der Ränge und Sitze, die Unterordnung der süddeutschen Nachbarstaaten und mehr eigene Divisionen haben müssen. Statt dessen mußte er sich aufs Lavieren verlegen, auf eigene und interne Konferenzen zwischen Karlsruhe und Bamberg, die alles brachten oder bringen mochten, was an eigenstaatlichen und föderativen Varianten möglich war, nur nicht jenes „reine Deutschland", von dem in den süddeutschen „Manuskripten" die Rede war.

Im Grunde war es die — gewissermaßen naturgesetzliche, unausweichliche — Ohnmacht und Unstimmigkeit dieser Politik, die derart kritische Beobachter wie David Friedrich Strauß in einer Generalverurteilung des Außenpolitikers Wilhelm I. gegen „diese Assecuranzgesellschaft des kleinstaatlichen Particularismus" so grimmig zu Felde ziehen ließ. Der dynastische Egoismus mit den zähen Wurzeln, die er leider in den Vorurteilen und Abneigungen der Stämme noch immer habe, gehöre zum Schlechtesten, „was wir in Deutschland haben". Für Württemberg könnten möglicherweise Zeiten kommen, wo es den Verstorbenen und sein Regiment zurückwünsche. „Deutschland hingegen hat (es ist ein hartes Wort, muß aber ausgesprochen sein) eben in seiner jetzigen Krisis den Tod König Wilhelms nicht zu beklagen."

Ein neuer Historiker hat aus größerem Abstand gerechter gesehen, wenn er auf das Unzeitgemäße im älteren und alten König Wilhelm den Finger gelegt hat. Als die Wogen der Julirevolution auch nach Württemberg hinübergeschlagen seien, habe Wilhelm bewiesen, daß er „im Grunde dem aufgeklärten Absolutismus des Jahrhunderts seiner Geburt verschrieben war, und als der Einheits- und Freiheitsdrang im deutschen Volk um sich griff, da wandelten sich die deutschen Ideale seiner Frühzeit in einen sonderstaatlichen Realismus um; er wurde ein Verräter seiner Jugendideen genannt". Wie sehr Wilhelm im Rationalismus des 18. Jahrhunderts zu Hause war, zeigt sein Verhältnis zur Religion und zur Kirche. Religion war ihm ein Leitband für die Menge, ein „bequemes und sicheres Regierungswerkzeug", nicht viel mehr. Er kannte das an sich selber nicht, jenes lebhafte und gar pietistisch-religiöse Bedürfnis. Sein nüchterner Verstand konnte nur von rationellen Bedingtheiten der Glaubenslehren wissen. Das hat immerhin den Katholiken, die er, wie Strauß meinte, „mit ängstlicher Schonung behandelte", ein tieferes Heimatrecht im ursprünglich erzprotestantischen Land ermöglicht, zumal als mit ihnen ein — vieldiskutiertes — Staatskonkordat geschlossen war. Und das hat auch den Juden im Königreich eine erfreulich weitgreifende konfessionelle Freiheit gegeben. Verständlich, wenn die, so Strauß in galliger Ironie, „protestantischen Jesuiten" Württembergs von der königlichen Toleranz dann doch profitierten, die 1819 und 1823 gegründeten Herrnhuter-Gemeinden Korntal und Wilhelmsdorf sind heute noch blühende Beispiele dafür.

Ein lebendigeres oder gar originäres Verhältnis Wilhelms zur Wissenschaft und Kunst wird man nach alledem nicht suchen wollen. Die geistigen Strömungen seiner Zeit sind unbekannte Größen für ihn geblieben, kaum daß er einmal vom „blassen Literatentum" der Jungdeutschen daherredet. In einem der Nachrufe des Todesjahres 1864, immerhin in einem in München erscheinenden historisch-politischen Blatt, wird eigens festgehalten, Wilhelm habe „keine Ansprüche auf Genialität" gemacht. Das nun freilich gar nicht. Er war ein Mann von wachem Verstand, von beharrlicher, nie mit dem Brecheisen arbeitender Willenskraft, allemal auf das Solide gerichtet, aber ohne viel Gemüt oder Phantasie. Manchmal mischen sich, zumal im Alter, in seinen wohltuenden — und zu echtem Regieren befähigenden — Pragmatismus misanthropische, mürrische, zynische Züge. Niemand unter uns, der von einem solchen Manne und vor solchem Hintergrund Theaterbegeisterung oder Kunstfanatismus erwarten würde. Wilhelm hat die spätere Technische Hochschule in Stuttgart begünstigt, wenn auch mit Phasen der Phobie. Und als sich die Verlegung der Universität Tübingen nach Stuttgart als utopisch erwies, hat er sich für die Aufwertung der Stuttgarter Anstalt erwärmt. Aber seine Offiziere lagen ihm „näher am Herzen als die Schulmeister, die Pferdezüchtung näher als die Volkserziehung" (David Friedrich Strauß). Gewiß ist das klassizistische Stuttgart während seiner Regierung vollends aufgewachsen und abgeschlossen worden, die Hauptstätter Straße, die Neckarstraße, der Schloßplatz, das Kronprinzenpalais, die Anlagen und natürlich der Rosenstein, die Grabkapelle auf dem Rotenberg, die Wilhelma, wo man zwischen den Anklängen an „stilreinen" Orient das große „W" noch heute hindurchschimmern sieht.

Wenn das Wilhelmatheater, wie der Stufengarten der Wilhelma, von Ludwig Zanth aufgeführt, in seinen klassizistischen Formen ebenso zierlich wie geschmackvoll, heute nach langer Leidenszeit wieder von Grund auf restauriert wird, dann gerät man auf das Stichwort „Denkmalpflege": Kein Zweifel, daß Wilhelm ein — wenn auch aristokratisch-feudal gestimmtes — Gespür für denkmalpflegerische Notwendigkeiten gehabt hat. Als Rottweil sich um Dr. von Durschs einmalige Sammlung spätmittelalterlicher Holz- und Steinplastiken bewarb, und die königliche Kreisregierung des Schwarzwaldkreises nach vielem Bedacht mitzuteilen geneigt war, daß man „von einem solchen weder notwendigen noch nutzbringenden Vorhaben“ Abstand nehmen müsse, drang der Antrag der Stadt auf Umwegen zum König vor. Der entschloß sich, „diese werthvollen Alterthümer und Kunstschätze“ dem „Vaterlande“ zu erhalten, kaufte die Sammlung und schenkte sie der Stadt. Einmal, 1846 bei Oberflacht, hat der König auch Römerschwerter helfen ausgraben. Und drei Jahre zuvor setzte er die Unterschrift unter eine — von Wolfgang Menzel angeregte — Anstellungsurkunde für einen Beamten, „um die sorgfältigere Erhaltung der im Vaterlande befindlichen Denkmale der Kunst und des Altertums zu sichern“. Der Ausbau oder Neubau des Naturalienkabinetts, der Königlichen Landesbibliothek oder die Gründung der konfessionellen Kunstvereine sind auch aus diesem Blickwinkel zu sehen.

Und dennoch, trotz Nymphengruppen und trotz Königsbau, ja, trotz des 1845 errichteten Theaterbaus, hat das Theater keine Impulse von ihm empfangen, ja, hat unter seinem schlechten Geschmack eher zu leiden gehabt. Das München Ludwigs und Maximilians war das musisch-ästhetische Kontrastprogramm zum unbedarften Stuttgart, dessen Landstände zuzeiten bildungsfeindlich bis ins Mark waren. Die Bilder der aus Köln kommenden Brüder Sulpiz und Melchior Boisserée, altdeutsche und altniederländische Stükke, die auf Gottlob Heinrich Rapps Vermittlung hin vom Mai 1819 bis zum Juni 1827 in dem von Thouret gebauten Offizierspavillon, den Räumen der späteren Kunstschule in der Königstraße, ausgestellt wurden, erwarb 1827 König Ludwig I. von Bayern um den für heutige Begriffe lächerlich geringen Preis von 240 000 Gulden: Grundstock für die Alte Pinakothek. Schwer zu entscheiden, ob es Schadenfreude oder Erleichterung war, als der König in einer Hofballpause der erste war, der die sensationelle Nachricht einer Runde, worunter Cotta, weitergab: „Nun, meine Herren, der König von Bayern hat die Boisseréesche Sammlung gekauft, er kauft sie aus seiner Tasche und schenkt sie dem Staat.“

Das war eine Zäsur, eine zutiefst negative, in der Kulturgeschichte der Residenzstadt. „Die Kunst empfand und schätzte König Wilhelm“, sagt Strauß, ein Mann, der es wissen mußte, „wie die meisten Großen nur als Sinnenreiz oder Zeitvertreib, beziehungsweise Decoration.“ Die Welt der Kunst und des Ästhetischen hätte in Wilhelm, hätte er sich als Kombattant der

Künstler und Musiker erweisen wollen, eines aufgeschlossen-musischen Menschen bedurft. Wilhelm hat sich der spontanen Kommunikation überhaupt entzogen, distanziert, kühl, zurückhaltend, einsam, so hat man ihn je länger, desto mehr empfunden. Daß er das spätbarock-blühende Hauswappen seines Vaters auf diese schlicht-klassizistische Form reduzieren ließ, rechts das Wappen Württembergs, links das Wappen Schwabens, Schildhalter waren Hirsch und Löwe, der Wahlspruch hieß „Furchtlos und treu", das ist wie ein Signet auch für seine Persönlichkeit.

Bezeichnend scheint in diesem Zusammenhang auch, daß „keinerlei persönliche Äußerungen des Königs überkommen sind", daß er seine Aufzeichnungen, gewiß auch die Korrespondenz mit Amalie von Stubenrauch, auf eigenen Befehl vor seinem Tod hat vernichten lassen. Er bleibt, wie Paul Gehring einmal sagte, die am meisten problematische Figur unter den Königen, von einer merkwürdigen Kühle, von einer versteckten und verschlossenen Art, die den auf individuelle Pinselstriche bedachten Biographen fast frieren macht. „Die Umgangsformen des Königs", schrieb die Schwiegertochter Olga, die begabte und lebensvolle Zarentochter später, „gemahnten an die des vergangenen Jahrhunderts, der Ton, den er mir gegenüber anschlug, war der eines Weltmanns, mehr galant als herzlich, sein Gespräch liebenswürdig, oft auch fesselnd, aber immer so, als spreche er mit irgendeiner fremden Prinzessin, nie ein Wort, das väterlich oder intim war, nichts über unsere Zukunft. Es war, als vermeide er alles, was eine Atmosphäre offener Herzlichkeit herbeigeführt hätte. Solches Verhalten war mir, die ich an Freiheit und Offenheit von Kind auf gewöhnt war, unerklärlich, und mein Herz war so eingeschnürt, daß es mich schmerzte bei dem Gedanken, mit diesem Manne, dessen Wesen mir unverständlich und fremd war, zusammenleben zu müssen."

Württemberg sei durch ihn, hat man gesagt, „ein politisches Ganzes" geworden. Das liegt nahe beim Anblick eines Herrschers, der ein halbes Jahrhundert lang an der Spitze eines gerade zurechtgemachten Staates stand. Aber zu dem, was man eine „integrierende Persönlichkeit" nennt, gehört der gewinnende Glanz und das Charisma des Volksführers. Auch davon, und gerade davon, hat Wilhelm sich immer zu distanzieren gewußt. Während seines Lebens sei ihm „nichts widerwärtiger" gewesen, „als Ceremonien und Etiketten", heißt es in seiner letztwilligen Verfügung. Die Kälte, die Sprachlosigkeit seines Wesens, hat die Leute nicht gewonnen und hat den Staat, jedenfalls nicht durch *sein* Wesen, nicht zusammengeführt. Die in den Jahren 1831 bis 1833 schwelende Koseritzsche Verschwörung hat erschreckend aufgedeckt, wieviel an latenter Opposition in diesem angeblich zusammengewachsenen Staat vorhanden war. Und im Jahr 1848 sind in Württemberg nicht nur Rufe nach einem „Parlament der Völker" laut geworden, sondern auch haßerfüllte separatistische Parolen, in Mergentheim wollte man sich wieder von Württemberg trennen, die Riedlinger kamen den — eigenwilligen — ehemaligen Reichsstädtern in Reutlingen zu Hilfe, und in der einstigen Reichsstadt Rottweil rief Gottlieb Rau die Republik aus und forderte die Massen zum Marsch nach Cannstatt auf, wo gerade König Wilhelms Volksfest über die Bühne ging.

Gewiß, als er sein 25jähriges Regierungsjubiläum feiern durfte, hat man ihm anderen Vorbildern zufolge einen Festtag ohnegleichen bereitet. Ein Zug der Württemberger und der „Stände" defilierte durch Stuttgart. Mitten auf dem Schloßplatz legte man den Grundstein zur — heute noch zu bewundernden — „Jubiläumssäule". „Liebe Getreue! In dem allgemeinen und begeisternden Antheil, welchen Mein Volk durch Abgeordnete aus allen Ständen und Klassen desselben, aus allen Oberämtern und Gemeinden des Königreichs, an der Feier Meines fünfundzwanzigjährigen Regierungsjubiläums genommen, habe Ich mit freudiger Rührung neue sprechende Beweise seiner Mir stets bewährten Treue, Liebe und Anhänglichkeit erhalten." Aber die größeren Dichter des Landes, die „Stimmen des Volkes", haben geschwiegen. Weder Uhland noch Kerner, weder Schwab noch Strauß haben ein Wort dazu gesagt. Er sei vielleicht beliebt gewesen, meinte Strauß, aber niemals populär. Wilhelm hätte alle Chancen dazu gehabt, *der* populäre Herr Württembergs zu werden. Nicht allein sein biblisch gewordenes Alter stand dafür, auch der politische Weg des jungen Königreichs, dem nun Leben einzuhauchen und ein Wir-Gefühl zu geben war, das an Revolutionen vorbei und in sie hineinging, das den grundstürzenden Umbruch vom Agrarstaat zum Industriestaat anzugehen hatte. In diesen Wandlungen sucht man sich gerne einen, der die Kontinuität und die Dauer verkörpert.

Wilhelm hat sie gelebt, aber nicht im bewußten oder gar gestalteten Sinne, und schon gar nicht als persönlicher Freund der Wissenschaften und Künste wie Maximilian drüben im Bayerischen oder als „Landesvater" wie

Friedrich I. in Baden. Er hat geführt, nicht mehr, aber auch nicht weniger, wie ein Divisionsgeneral oder wie der „Chef des Hauses". Die – moderne, vom Prinzip der Gewaltentrennung inaugurierte – Unterscheidung von Regierung und Krone hat er niemals gelten lassen. Jeden Angriff auf einen seiner Minister hat er als einen Angriff auf sich selbst empfunden und nachgetragen. Hatte er unter den süddeutschen Mittelstaaten schon keine konsequenten Verbündeten, so wollte (und mußte) er wenigstens in *seinem* Staat sich unabdingbar auf das konstitutionelle Prinzip stützen können. Er hat in seinen selbstherrischen Neigungen nie geduldet, „daß dieses Princip auch nur in entfernter Annäherung an ein parlamentarisches Regiment sich verwirkliche" (David Friedrich Strauß). Hier kam er in seiner allmählich gänzlich unbiegsamen Härte ganz auf den Vater heraus: von der ungeschmälerten Souveränität wollte er leben, nach drinnen und nach draußen. Als den schönen Worten des württembergischen Landtags für das Recht der schleswigholsteinischen Herzogtümer Taten folgen sollten – und keine folgten –, ließ er ihm sagen, das seien Sachen, die Privatpersonen nicht verstünden. Er habe keine Lust, sich mit solchen in Erörterungen darüber einzulassen. Er wollte Ordnung haben und „Ruhe im Beritt". Mehr nicht. Mitten im Revolutionsjahr 1848 sollen die Fürsten von Hohenzollern, überliefert der württembergische General Kallee, dem König von Württemberg ihre Länder gegen eine Rente von dreihunderttausend Gulden angetragen haben. Wilhelm soll dem General geantwortet haben: „Ich kann seine Untertanen nicht brauchen; es sind ihrer etwa 60 000, alle katholisch, und jetzt noch dazuhin aufrührerisch."

Die historisch bedeutsamste – und bedenklichste – Auswirkung solcher Haltung lag darin, daß, wie David Friedrich Strauß ganz richtig gesehen hat, „um dem Regieren von oben herunter freie Bahn zu schaffen, die Masse der Staatsbürger gegen den Staat gleichgültig gemacht, das politische Interesse im Volke eingeschläfert oder aufs Materielle abgelenkt, und damit ein Zustand von Erstarrung herbeigeführt wurde, der zuletzt doch dumpfe Unzufriedenheit erregte und die Gemüther für den nächsten Anstoß von außen um so empfänglicher machte". Der Deutsch-Französische Krieg 1870/71 vermochte diesen latenten politischen Mißmut in neue und, wie sich herausstellte, in nationaler Perspektive ungemein leidenschaftliche Bahnen zu lenken, eine Flucht nach vorne, die den Leuten zwar wiederum alles andere als eine politische Eigenverantwortlichkeit brachte, aber doch: Ruhe und Ordnung.

Als den „Nestor unter den deutschen Fürsten" hat man ihn nach 1848 allgemein angesprochen. Strauß deutet an, daß er sich selbst zuzeiten „auch für den Salomo unter denselben hielt". „Aber selbst Salomo ist im Alter schwach geworden, selbst in des großen Friedrichs letzten Jahren hat man sich nach einem Regierungswechsel gesehnt." Schwerhörig und völlig einsam geworden, ist er in der Frühe des 25. Juni 1864 „auf dem Königlichen Landhause Rosenstein sanft verschieden". Zwei Tage vorher hat der hinfällige Monarch noch sein Lieblingsgestüt Weil bei Esslingen besucht. „Vielleicht", sagt sein neuerer Biograph, Karl-Johannes Grauer, „wurde ihm der Abschied von seinen geliebten Tieren schwerer als von den Menschen." Darf man das Wort ernst nehmen? Dann wäre es wohl die bedenklichste Etikette für Wilhelms Persönlichkeit. Die Bestimmungen seines Testaments sind durch den Sohn nur in einem Punkt verändert worden: auf eine „öffentliche Ausstellung" des königlichen Leichnams wollte er nicht verzichten. Mehr als fünfzehntausend Württemberger zogen im Marmorsaal des Stuttgarter Neuen Schlosses in den nächsten zwei Tagen, „schweigend ergriffen, in sonntäglicher Kleidung und in guter Ordnung", an ihrem verstorbenen König vorüber. „Besonders viel Landvolk kam von fern und nah."

König Karl (regierte von 1864 bis 1891)
Vereinstaler 1865
Vs. KARL KOENIG VON WUERTTEMBERG
Kopf nach rechts, am Halsabschnitt C . SCHNITZSPAHN (vertieft)
Randschrift (vertieft): ∗ MÜNZVERTRAG VOM 24 JANUAR 1857
Ebner XXIII, Nr. 3: ∅ 32 mm, 18,3 g
Münzstätte: Stuttgart
Stempelschneider: Christian Schnitzspahn (1829 bis 1877), unter anderem seit 1865 für Württemberg tätig

Rs. EIN VEREINSTHALER • XXX EIN PFUND FEIN
Wappenschild mit Helm und Krone, gehalten von einem gekrönten Löwen und einem Hirsch mit „hängendem" Geweih, beide Wappentiere stehen auf einem Spruchband mit dem Wahlspruch FURCHTLOS – UND – TREW, unten die Jahreszahl 1865

König Karl

Geboren 6. März 1823 Stuttgart, regierte seit 26. Juni 1864, gestorben 6. Oktober 1891 Stuttgart, begraben im Alten Schloß Stuttgart

Im amtlichen Bericht las sich der Tod des Monarchen und die Thronbesteigung seines Sohnes Karl so: „Die officielle Landestrauer wurde gemäß der erwähnten letztwilligen Anordnung auf 3 Monate, das Trauergeläute auf 10 Tage beschränkt. Der Trauergottesdienst fand in Stuttgart am Sonntag den 3. Juli, in den übrigen Gemeinden am Sonntag den 10. Juli statt. An einem späteren Sonntag erfolgte noch die letztwillig verfügte ‚einfache Verlesung der Personalien'. S. Kgl. Hoheit der Kronprinz und Ihre Kaiserl. Hoheit die Frau Kronprinzessin waren von der Nachricht des Hintritts Ihres Königl. Vaters im Bade Kissingen betroffen worden, wohin Sie sich zum Besuch Ihrer Hohen Verwandten, des Kaiserl. Russischen Herrscherpaares begeben hatten, und trafen noch am Abend des 25. Juni auf Ihrer Villa bei Berg ein. In einer Ansprache an Ihr Volk vom 26. Juni gaben S. Majestät König Karl Ihren Gefühlen der Trauer und dankbaren Erinnerung an den Königl. Vater Ausdruck und gelobten Ihr Leben dem Wohl des Landes als dem höchsten Ziel Ihrer Bestrebungen zu widmen. In einem K. Manifest vom gleichen Tag verkündigten S. Majestät den Königl. Beamten und sämmtlichen Unterthanen den in den verfassungsmäßigen Formen erfolgten Antritt Ihrer Regierung. Am 12. Juli eröffneten Höchstdieselben die einberufene Ständeversammlung mit einer Thronrede."

Es habe Glückwünsche und Gedichte geregnet, erzählen die Chronisten, als „dem vielgeliebten König Wilhelm I. am 6. März 1823 in Stuttgart ein Sohn geboren worden" war. Die Freude sei noch durch den Umstand erhöht worden, daß seit 125 Jahren keinem Regenten Württembergs mehr ein Sohn geboren worden sei. Zahlreiche Abordnungen seien nach Stuttgart geeilt, „um dem glücklichen Vater frohen Herzens ihre Aufwartung zu machen". Als die 101 Kanonenschüsse gezählt waren, bemächtigte sich Stuttgarts, noch in den golden twenties als „verschlafen" verschrien, ein Freudentaumel. Die

Leute liefen auf die Straße, beglückwünschten sich einander „unter kräftigem Händeschütteln". Der Geburtstag des Thronfolgers war ein persönlicher Tag für jeden Einwohner der Residenzstadt. Und das Tauffest wenige Tage später war ein Familienfest der Stuttgarter und Württemberger, kein Hoffest mehr, sondern ein Volksfest.

Karls Leben hat dieser fast unschwäbischen Lust an Fest und Farbe allemal entbehrt. Originalität, von der seine Landsleute an seinem Geburtstag auch im ganz wörtlichen Sinne des Wortes angezogen waren, hat er späterhin nie gezeigt. Nicht, daß die Gründerzeit ohne Sinn für „Zeichen" und zumal für Herrschaftszeichen geblieben wäre. Ganz im Gegenteil hat sie von der „Pompositát", wie Fontane das einmal nannte, geradezu gelebt. Sie hat der Fassade, wo immer sie möglich war, den allergrößten Raum gegeben, und nach der Heldenfigur und dem „großen Mann", gleichgültig, ob es sich um Bismarck oder Böcklin, um Lenbach oder Richard Wagner handelte, sehnsüchtig Ausschau gehalten. Man muß einmal vor der „Germania" des Niederwalddenkmals aus dem Jahre 1883 oder vor dem Kolossalgemälde „Die Gründung des Kaiserreichs von 1871" im Goslarer Kaiserhaus aus eben dieser Zeit gestanden haben, in dem Hermann Wislicenus unter den neuen Bundesfürsten auch König Karl ein bescheidenes Plätzlein gab: aus einer Handvoll vergangener Stile war man bereit, einen eigenen neuen, einen kaiserlichen oder wilhelminischen zu machen. Auch die Literatur hat in dieser Teutomanie den großen Einzelnen gefeiert. Und in der Musik hat allein Brahms mit seinem „Triumphlied" von 1872 (und späteren Werken) dieser neuen Hochstimmung gehuldigt.

Aber gerade „Stil" im Sinne einer persönlichen Handschrift mitten im Leben von Land und Leuten, von Verfassung und Parteien, von Industrie und Schulen hat Karl nie gezeigt. Man hat für dieses Fehlen individueller Sprache gerade einer württembergisch-schwäbischen Herrscherpersönlichkeit gerne die Etiketten „bescheiden" und „schwäbisch-sparsame Nüchternheit" zur Hand. Aber nun waren der Vorgänger und der Nachfolger Karls ihrerseits keine „aushäusigen" und unschwäbischen Verschwender. Sie waren im Gegenteil ganz frei von den leicht luxuriösen Gewohnheiten des älteren Karl, auf Schloß Montfort, der „Villa mare" am Bodensee oder irgendwo in Nizza die Tage zu verbringen. Wilhelm I. hatte einen ganz eigenen und unverwechselbaren Stil entwickelt. Es war seine Idee, aus dem prunkvollen und gewissermaßen neureichen Groß-Wappen seines Vaters ein einfaches, klassizistisches Landeswappen zu machen, das nun wie der bildhafte Ausdruck von Wilhelms eigener Persönlichkeit selber wirkt. Wer die heute wieder sichtbaren und mit einem „W“ geschmückten Embleme der „Wilhelma“ dazunimmt, den unter Wilhelm entstandenen klassizistischen Theaterbau oder sein Reiterstandbild im Ehrenhof der Staatsgalerie, der spürt etwas vom originären Stilwillen dieses Mannes. Auch Wilhelm II., der sich eine eigene, wiederum einfache Königsstandarte hat entwerfen lassen, und dem, heute würden wir sagen, Designer wie Karl Sigrist zu einem spezifisch württembergisch-wilhelminischen „Königsstil“ verholfen haben, hatte in diesem Sinne seine „Markenzeichen“. Und er hat sie offensichtlich als *seine* Zeichen auch empfunden und gebraucht.

Karl hatte derlei Zeichen nicht. Lag's nur daran, daß er für eine Übergangsepoche gerade zu stehen hatte, die ihm den Boden unter den Füßen abzog und ihm das nahm, was allen seinen Vorgängern, den Herzögen und den Königen, wenn auch unter mancherlei Kämpfen, verblieb: die Souveränität? Oder war diese persönliche Sprachlosigkeit in ihm selbst begründet, war es, mit einem Wort gesagt, der Ausdruck *seiner* Persönlichkeit? Schon bald nach seinem Tode, das hat Adolf Palm, einer seiner bemühtesten Biographen, vor einem Vierteljahrhundert festgehalten, habe man immer weniger von ihm gesprochen. Und „die Geschichtsschreibung fand nach seinem Tode kaum etwas Wesentliches über ihn zu berichten“.

Dabei waren die Zeiten, in denen er die Regierung des Königreichs übernahm, alles andere als farblos oder träge. 1864, als der Vater starb, war es zum Krieg gegen die Dänen gekommen. Für diesmal waren Preußen und Österreich noch einmal gemeinsam auf die deutsche Bühne getreten. Aber unter den Südstaaten war das Mißtrauen gegen den Übermut Preußens bis zur Siedehitze gestiegen. In Württemberg, wo man im Februar 1864 eine Teilmobilmachung befohlen hatte, war man skeptisch, ob diese latente (und alte) Krise mit Verhandeln und Konzessionen noch zu lösen sei.

„Ob sich Deutschland, ob Württemberg“, schreibt David Friedrich Strauß damals, einer, der das Ohr an den politischen und geistigen Entwicklungen hatte, „zu der Thronbesteigung seines Nachfolgers Glück zu wünschen habe, muß die Zukunft lehren. Sein Vater hat ihm bei Lebzeiten sorgfältig jede Gelegenheit entzogen, sich dem Volke, dem Vaterlande zu bewähren; er hat ihn von jedem Einfluß, jeder öffentlichen Thätigkeit eifersüchtig ferngehalten; selbst zuletzt noch, als er ihm nothgedrungen einen Theil seiner Machtvollkommenheit übertragen mußte, diesen möglichst zu beschränken gesucht. Es ist dies ein Punkt, wo so häufig der persönliche Egoismus der Fürsten nicht nur dem allgemeinen, sondern selbst dem dynastischen Interesse in den Weg tritt. Doch wollen Kundige wissen, und wir wollen es bis auf Weiteres gerne glauben, daß der Kronprinz im Stillen nicht müßig, sondern redlich bemüht gewesen sei, sich für seinen hohen Beruf vorzubereiten, sich über Verhältnisse und Personen ein selbständiges Urteil zu bilden. Möge er den Vater im Guten nachahmen und vor seinen Fehlern sich hüten; oder wenn es je unter den Fürsten so sein muß, daß der Nachfolger niederreißt, was der Vorfahr gebaut, und meidet, was dieser geliebt hat, so wünschen wir vor Allem, König Karl möge sich als Regent des väterlichen Lieblingswahns, allein zu wissen, was seinem Volke frommt, entschlagen, in der deutschen Politik aber es verschmähen, seinem Vater gleich der vierte König in einem schmutzigen Kartenspiele zu sein; er möge die krummen Pfade des selbstsüchtigen und doch so kurzsichtigen Particularismus verlassen, und kühn und hochherzig an seines westlichen Nachbars Seite die gerade Straße einschlagen, die allein Deutschland zu Macht und Größe, seine Fürsten zu sicherem Bestand und unsterblichem Ruhme führen kann."

Es ist das schöne, wenn auch schwierige Amt der Geschichte, Bewegungen nicht nur nach ihren Anfängen zu befragen und nicht immer nur manisch nach den „Ursprüngen" zu suchen, sondern Epochen und Generationen von ihren Entwicklungen und ihren Ergebnissen her zu beurteilen. Sein ganzes Bestreben sei darauf gerichtet, hatte der Vater, König Wilhelm I., früh genug und öffentlich erklärt, „dem Sohn, welchen mir Gott gegeben, diejenige Festigkeit und den Mut einzuflößen, welche notwendig sind, um das Wohl des Vaterlandes als den ersten Zweck seiner Handlungen anzusehen". Da schwingt der Gedanke mit, daß es des harten und erfahrenen Mannes bedürfe, um das Staatsschiff durch die Jahre und die Gezeiten zu geleiten: keine sehr ermutigende Pädagogik für ein Söhnlein, das augenscheinlich zu den weicheren seines Geschlechts gehörte und bei ihnen blieb.

Wie wenig die — sonst nicht sehr überlegte oder gar originelle — Erziehung des Vaters für den Sohn das Richtige war, hat Julius Klaiber dann bei der Trauerfeier für den Verstorbenen in der Aula der Technischen Hochschule

Stuttgart vor aller Ohren gesagt: „Seine Erziehung schien zu den zarten und verschwiegenen Erregungen seines Gemütslebens den Weg nicht zu finden. Die kraftvolle Regierung seines Vaters schien ihn eher zu drücken und zu verschüchtern." Das Schlimmste: daß es deshalb zu handgreiflichen Konflikten und vehementen Entladungen nicht kam, weil sich der Kronprinz mehr und mehr in vorsichtiger Zurückhaltung übte, die „väterliche" Erziehung, weitab von aller Rebellion, über sich ergehen ließ und ängstlich bemüht blieb, „den strengen väterlichen Anforderungen gerecht zu werden. Wollte er doch ein guter König für sein Volk werden" (A. Palm).

Wir erinnern uns, daß der Vater Wilhelm I. als junger Mann selber unter der drakonischen Fuchtel *seines* Vaters zu leiden hatte. Aber Wilhelm hat rebelliert und hat sich bis an die Grenze des Rechtlichen vorgewagt. Er ist in genauem Sinne des Wortes hineingewachsen in die schließlich doch übernommenen Formen des fürstlichen Absolutismus. Karl war nicht von diesem Holz. Daß er musische Neigungen hatte und sie zeitlebens beibehielt, dafür im Grunde seines Herzens von den Soldaten nicht viel hielt und nicht viel halten wollte, war offenbar. Natürlich gab es nach dem „Sechsundsechziger Krieg", dem Feldzug Preußens gegen Österreich und gegen die süddeutschen Staaten, und vollends nach dem Deutsch-Französischen Krieg 1870/71 kein Halten mehr: alles war „Militär". Und die höchste Form des Lebens steckte im Soldatentum. Ein deutscher Bundesfürst konnte gar nichts anderes als General oder Feldmarschall sein. Aber Karl ist nur scheinbar in diesem martialischen und ordensschweren Zug mitmarschiert. In Wirklichkeit muß er das gewesen sein, als was die Umschlagseite von Paul Reinöhls 1889 veröffentlichter Schrift, „Ein Gedenkblatt für Volk und Jugend zur Jubelfeier seiner 25jährigen Regierung", darstellt: ein Zivilist mit Samtrock und Wagnerkrawatte, der ebenso hätte Fabrikant oder Tübinger Universitätsprofessor sein können.

Daß er sich noch als Kronprinz empfindsam und gehemmt und auf alle Fälle unsoldatisch zeigte, hat ihm der Vater, der „König der Landwirte", der seine Befehle gab und seine Pferde musterte, nie verziehen. In seinen dunkelsten Stunden muß er sogar daran gezweifelt haben, ob aus diesem Kronprinzen überhaupt je ein König werden könne. Wir haben jedenfalls Zeugnisse davon, daß Wilhelm nicht einmal vor Fremden mit geringschätzigen Bemerkungen über den Sohn zurückhielt. Gewiß hat er ihn auch deshalb so lange von der Öffentlichkeit ferngehalten und für ihn schließlich dann überhaupt nur ein mageres und durchschnittliches Erziehungsprogramm übrig gehabt. Auch hier vermissen wir ein eigenes, ein erzürntes, ein verwegenes, ein aufbegehrendes Wort des Thronfolgers. Der „Vorbildung“ durch einen Prinzenerzieher folgt von 1839 bis 1840 die Kriegsschule in Ludwigsburg, von 1840 bis 1842 die Universität Tübingen und Berlin mit einem Studium „in den verschiedensten Fächern der Wissenschaften“. Daß man ihn gelegentlich des 25jährigen Regierungsjubiläums Wilhelms I. „an der Seite seines Vaters“ sieht, ist, von den Journalen mit Nachdruck vermerkt, eine eher selbstverständliche und jedenfalls nicht weiter aufregende Sache. Daß der Prinz 1841, als er die Volljährigkeit erreichte, in die Erste Kammer eintrat und nun — hoffentlich — die Rhetorik der ältlichen Standesherren bewundern durfte, war gleichfalls keine Sensation. Und schließlich war auch die Berufung in den Geheimen Rat im Jahre 1844 kein außergewöhnlicher Schritt, eher einer, dem, wollte der König nun wirklich einen Stellvertreter heranziehen, andere in gleicher Richtung hätten folgen sollen.

Aber bis zum Tode seines Vaters, des „Nestors der deutschen Fürsten“, sah man den Kronprinzen, mittlerweile selbst ein Vierziger, nur dann in der Öffentlichkeit, wenn der Monarch kränkelte und einen Vertreter brauchte. Das war die Erledigung einer Gesellschaftspflicht, aber nicht die Einübung in die Nachfolge. Und auch dann sah man einen Mann mit sensiblen und weichen Augen auf der Bühne, einen Menschen, der vor jeder aus dem Augenblick geborenen Entscheidung zurückschreckte und sich längst auf das Zuschauen und Warten eingerichtet hatte. Es sei, meint Adolf Palm, der Inhalt „eines nicht geringen Teils seiner Mannesjahre“ gewesen, „warten zu müssen“. Und offenbar hatte sich auch die Welt an den Mann in der ihm fremden Uniform und im permanenten Wartestand gewöhnt, dem es doch ohne Mühe zu gelingen schien, nicht unmännlich zu wirken. Ja, man hat festgehalten, daß niemand ihm Feigheit habe vorwerfen können. Und man hat dafür ins Feld geführt, daß er am Bett seines Generaladjutanten Freiherrn von Spitzemberg, der lebensgefährlich an Pocken erkrankt war, „manche Stunde“ verbracht habe. Und auch die eigenen Schmerzen habe er nach Auskunft des Grafen Eberhard von Zeppelin „bis zum Ende mit bewundernswerter Kraft und Geduld getragen“.

Hätte eine Frau, hätte seine Frau diesem Leben härteren Boden und schärferes Profil geben können? Karl hat wohl nie, wie sein Vater, diese warme und immer suchende Beziehung zu Frauen gehabt. Seine am 18. Januar 1846 bekanntgegebene Verlobung mit der Großfürstin Olga, der Tochter des Zaren Nikolaus I. von Rußland — Olga weilte damals in Deutschland mit ihrer kaiserlichen Mutter, einer Schwester des nachmaligen Deutschen Kaisers Wilhelms I. —, war nicht der Auftakt einer Liebesheirat, wie sein Vater sie mit Katharina und sein nachfolgender Neffe mit der Prinzessin Marie von Waldeck-Pyrmont geschlossen hatte. Selbst bei seiner Heirat war Karl eine Kreatur des Vaters. Der hatte eine Depesche über Rom nach Palermo geschickt, ob sein Sohn die Großfürstin Olga nicht in Petersburg, Wien oder Palermo aufsuchen dürfe, da er vom Wunsch erfüllt sei, die Fürstin kennenzulernen. Ein paar Wochen später kam ein Brief des Zaren an seine Tochter aus Venedig. Der württembergische Kronprinz habe sich ihm vorgestellt. „Das Edle in seiner Haltung wie in seinem Auftreten gefällt mir. Als ich ihm sagte, die Entscheidung hänge nicht von mir, sondern von Dir allein ab, zog ein hoffnungsfrohes Leuchten über sein Gesicht."

Auch jetzt, in der vielleicht einzig glücklichen Wegstrecke seines ganzen Lebens, zeigt sich Karl nicht als ein Mensch von Ungebundenheit und naiv-zupackender Tat. Nicht nur im Blick auf die intellektuellen Gaben, auch gerade mit dem Maßstab des Tuns und Tunwollens gemessen, dürfte ihm Olga — er habe nur einen Fehler, meinte sie bei der ersten Begegnung mit Karl, „daß er sechs Monate jünger als ich war" — von Anfang an überlegen gewesen sein. Heimat in einem tieferen und geistigen Sinne ist sie ihm wohl kaum geworden. Für eine solche seelische Gemeinsamkeit muß schon ihre geistige Abkunft im Wege gestanden haben. Gewiß hat sie sich, „Olga Nikolajewna" war mittlerweile Braut geworden, noch in Palermo immer von Stuttgart, „von Stadt und Land" erzählen lassen, „die mir zur neuen Heimat werden sollten". Sie ließ sich Bücher „von Uhland, Hauff und Schwab" kommen und „die Gelehrten des Landes" nennen.

Aber es darf bezweifelt werden, ob sie in der schwäbischen Aura je ganz heimisch geworden ist. 1883 hat sie, als sie bei der Niederschrift ihrer Jugenderinnerungen dem Ende sich näherte, vermerkt, daß es „viel Zeit und Arbeit" gekostet habe, die parlamentarische Regierungsform überhaupt nur zu verstehen. Ungeniert hält sie fest, mittlerweile gibt es längst Kreditvereine und Schnellpressen, Sozialdemokraten und die Internationale, daß sie „auch heute“ die Parteien, „mit deren Hilfe der König regiert, nicht als das Ideal einer Staatsverfassung“ ansehe. „Für mich bedeuten sie nichts anderes als die Aufteilung der Verantwortung, die der Herrscher vormals allein tragen mußte, und somit die Erleichterung für ihn.“ Ist sie je etwas anderes gewesen als eine russische Großfürstin, mit sehr viel wacherem und weiterem Horizont als ihre Stuttgarter Umgebung, den König, der sich ihr immer mehr entfremdete, miteingeschlossen? Man sei im Unrecht, so heißt es auf der letzten Seite ihrer Jugenderinnerungen, mit denen sie sich den seelischen und körperlichen Schmerz ihres Alters von der Seele schrieb, man sei im Unrecht in dem Augenblick, da man glaube, geistreicher oder edelmütiger zu sein als die, „in deren Kreis man zu leben berufen ist“. Das klingt nicht nach wohligem Eingebettetsein.

Im übrigen war auch dieser württembergisch-russische Ehebund so etwas wie eine Attraktion fürs Neckarland. Auf Schloß Peterhof bei Petersburg, so las man im „Schwäbischen Merkur“ am 15. Juli 1846, sei die Hochzeit gewesen. Bei der Trauung, die nach griechischer und evangelisch-lutherischer Form vollzogen worden sei, habe der Zar das Brautpaar an den Altar geführt. „Als sich nachher die Neuvermählten auf dem Balkon des Schlosses zeigten, wurden sie von einer zahllosen Menschenmenge mit unendlichem Jubel begrüßt und beglückwünscht. Den ganzen Tag läuteten die Glocken von Peterhof und Petersburg, und die Hauptstadt erstrahlte drei Nächte hintereinander in blendendem Lichtglanze. Eine große Truppenschau — es waren 60 000 Mann Garde und 2000 Kadetten aus allen Waffengattungen und Stämmen um Peterhof zusammengezogen —, ein Seemanöver und eine lange Reihe anderer Festlichkeiten schloß sich an die Feier an. Nach zwei Monaten nahm die Kronprinzessin Abschied vom russischen Boden und folgte ihrem Gemahl in die schwäbische Heimat. Dort hatte sich inzwischen alles zum feierlichen Empfang gerüstet. In allen Orten, welche berührt wurden, waren Ehrenpforten errichtet, die Häuser mit Blumengewinden geschmückt, erschallten freudige Lieder und feierlicher Glockenklang. Am 23. September 1846 erfolgte vom Rosenstein aus, wo die königliche Familie die Ankommenden begrüßt hatte, der Einzug nach Stuttgart, in die in schönstem Festschmuck prangende Hauptstadt. Eine unzählige Menschenmenge hatte sich aus allen Teilen des Landes zusammengefunden und hieß die künftige Köni-

Gefecht zwischen den Preußen und Württembergern vor Tauberbischofsheim am 24. Juli 1866. Zeitgenössische Lithographie nach einer Zeichnung von C. Offterdingen.

gin jubelnd willkommen. Der Stadtvorstand hielt eine Ansprache, worauf die Kronprinzessin in herzlichen Worten dankte und der Kronprinz seine Frau den Bürgern der Stadt Stuttgart empfahl."

Zwei Jahre später fegte der Wind der Revolution — ein Sturm war's nicht — übers Land. Auch am Neckar hörte man jetzt Leute, die von ihrem Königshaus nicht mehr ganz so begeistert waren. Und der alte König war keine zwei Jahre tot, als Karl, wie sein badischer und bayerischer Nachbar auch, seine Treue zum Deutschen Bund und zu Österreich wahrmachen und — marschieren mußte. Von Württemberg aus schickte man eine Division in den Kampf gegen Preußen. Ein Feldzug, den die süddeutschen Staaten zu führen hatten, wiewohl keiner so recht an den Sinn und an den Sieg zu glauben vermochte. Die „württembergische" Souveränität mußte, so gut wie die „badische" und „bayerische", dem Reich geopfert werden, auch wenn die württembergische Volkspartei noch so sehr zeterte, hierzulande werde für die Diktatur eines Bismarck so wenig Platz sein wie für die eines Marx.

Aber wußte man im Landtag, wofür man diese acht Millionen Gulden, die der König für den Feldzug forderte, überhaupt bewilligt hatte? Wußte einer der eingezogenen Landwehrmänner, wofür dieser Krieg geführt wurde? Er nahm ein schnelles und eigentlich unblutiges Ende. In Tauberbischofsheim steht heute ein württembergisches Denkmal, das badische, im gleichen roten Sandstein, aber ein bißchen größer und schwungvoller, steht am Ortsausgang von Werbach, auf dem alle jene württembergischen Offiziere und Soldaten, 60 an der Zahl, in Reih' und Glied aufgeführt sind. Vom „Vaterland" ist nicht die Rede, auch nicht, wie üblich, von der Hoffnung auf eine bessere Zukunft. In lapidarer Kürze heißt es nur: „Den tapfern Wuerttembergischen Kriegern, welche am 24. Juli 1866 den Heldentod fanden. Karl I. Koenig von Wuerttemberg. Ehre ihrem Andenken." Ein Feldzug (und ein Text) der Verlegenheit. Dazu paßt, daß das Monument nicht vom Vaterland, sondern aus der Privatschatulle des Königs Karl bezahlt worden ist.

Ein paar Tage nach dem Tauberbischofsheimer Gefecht haben die württembergischen Unterhändler in ein militärisches Schutz- und Trutzbündnis mit Preußen eingewilligt. Bismarck hat keine große Staatsaktion aus dem Vertrag gemacht. Hauptpunkt: die beiden Partner stehen sich im Kriegsfalle mit ihrer gesamten Militärmacht zur Seite. Als Frankreich am 19. Juli 1870 Preußen den Krieg erklärt und der Vertragsfall also gegeben ist, zögert Karl — so wenig wie der „Vetter" in Bayern und in Baden — keinen Augenblick, mit seinen Regimentern auf dem Plan zu erscheinen. Auf den Schlachtfeldern zwischen Metz und Mars la Tour, zwischen Sedan und Paris haben sich die deutschen Stämme, das war Bismarcks Rechnung, die Einheit des neuen Reiches erkämpft. Natürlich gehörten die Württemberger auch dazu. Ihre Standfestigkeit im Krieg ist mehrfach hervorgehoben worden, am nachdrücklichsten nach dem Ausbruchsversuch der Franzosen vom 2. Dezember 1870. Damals haben die Württemberger vor Champigny nach erbittertem Kampf die französischen Einheiten wieder in das umschlossene Paris zurückgeworfen.

Indessen brachte Württemberg — wie Bayern — seine eigenen Vorstellungen in diesen fürstlichen Bundesstaat mit. Nur ein paar Tage nach Kriegsbeginn, am 30. August 1870, hatte König Karl den Ministerpräsidenten Karl

Freiherr von Varnbühler unerwartet verabschiedet und an seine Stelle den bisherigen Justizminister Hermann Mittnacht berufen. Mittnacht, „Neuwürttemberger", sein Vater kam aus dem Taubergrund, hat das Vorhaben des Königs und noch mehr der Königin Olga, mit Bayern zusammen eine Sonderstellung der süddeutschen Königreiche im neuen Reich zu begründen, voll unterstützt. Mittnacht und Suckow, seit 1870 Kriegsminister und Organisator einer nach preußischem Muster aufgebauten Armee, haben die in Versailles geführten Verhandlungen nach einem Telegramm aus Stuttgart kurz vor dem Abschluß abgebrochen. Württemberg hat erst am 25. November 1870 in Berlin, einen Tag nach der Reichstagseröffnung, als letzter aller deutschen Bundesstaaten unterschrieben. Und noch damals hat der ebenso geschickte wie eigenwillige Mittnacht noch fest damit gerechnet, „einmal wieder aus dem Reich herausschlüpfen zu können".

Wer auch nur die Oberfläche dieser in wenigen Wochen sich vollziehenden Entwicklung mustert, die für das königliche Württemberg dann bis zu seinem Ende im November 1918 den Rahmen festlegte, der erkennt die januskköpfige Unsicherheit für ein Land wie Württemberg ohne weiteres. Karl, gerade hier persönlich gerufen und persönlich zur Verantwortung gezogen, hat auch dieses Dilemma zwischen Neigung und Pflicht, zwischen angestammtem Württemberg und großpreußischem Reich getragen, wie er alle Unebenheiten in seinem Leben getragen und ertragen hat. Er habe das Schutz- und Trutzbündnis mit Preußen, dessen Bekanntwerden hernach im Stuttgarter Landtag einen Sturm der Entrüstung hervorrief, „aus persönlicher Überzeugung geschlossen".

Seine Biographen haben das immer wieder so gesagt. Einer der Offiziere unter ihnen schrieb 1889 von Karl, „unser jetziger gnädiger König" sei „stets deutsch gesinnt" gewesen. „Dies hat er ja 1870 glänzend bewiesen." Schon 1866 habe er sich „als ein großer Mann" erwiesen. „Als er nämlich nachgewiesen bekam, daß Napoleon III. ganz Süddeutschland Preußen überlassen wolle, wenn man ihm dafür das linke Rheinufer bis Mainz gebe, da zögerte er nicht, ebenso wie Bayern und Baden ein Schutz- und Trutzbündnis mit Preußen zu schließen, wodurch für den Kriegsfall alle württembergischen Truppen dem Oberbefehl des Königs von Preußen unterstellt werden." Und Bernhard von Kugler, der Tübinger Geschichtsprofessor, den Karl 1868 mit einer Biographie Herzog Christophs betraut hatte, erklärte am 29. Oktober 1891 in der Tübinger Universitätsaula in seiner Gedächtnisrede auf den verstorbenen König: „So war er von Jugend auf ein guter deutscher Patriot, dem die Unsicherheit der Verhältnisse im einstigen Deutschen Bunde, unter denen er aufgewachsen war, Sorge genug bereitete, der aber dann um so williger und freudiger zur Gründung und Ausbildung des starken neuen Reiches seine treue Hand darbot." Eberhard Graf Zeppelin hat das namens des Vereins für Geschichte des Bodensees im gleichen Jahr in gleicher Weise gesagt: „Ein Fürst von ächt patriotischer Gesinnung, als welchen Er Sich später auch als König stets erwiesen hat."

Es wäre nicht recht, in eine derart verantwortete Auskunft auch nur die Spur von Mißtrauen bringen zu wollen. Aber nun gibt es zwischen Festreden und historischer Wirklichkeit ebenso einen Unterschied wie zwischen der Spontaneität eines zeitgenössischen Urteils und der historisch abwägenden Ruhe ein Jahrhundert darnach. Von den drei größeren süddeutschen Staaten mochte Baden deshalb den engsten Anschluß an Preußen, weil es auch der natürlichste war. Großherzog Friedrich I. hatte die Tochter Kaiser Wilhelms I. zur Frau, und Baden konnte in seiner bedrohten Grenzlage von der preußischen Versicherung, die „Wacht am Rhein" zu halten, nur gewinnen. Anders die binnenterritoriale Geschütztheit Bayerns und Württembergs. Mit der Dreingabe der eigenen Souveränität mußte wenigstens ein Rest eigener Chancen bleiben. Württemberg sah nun eigentlich keinen Grund, mit fliegenden Fahnen in die Arme des großen preußischen Bruders zu eilen. Man glaubte sich beileibe nicht in diesem existentiellen Maße wie Baden auf einen Vorkämpfer Preußen angewiesen, ganz abgesehen davon, daß die Würde und Tradition eines, wie man glaubte, guten württembergischen Staates zu verteidigen war.

Diese letzte Distanz von einer alles einebnenden preußischen Hegemonie hat König Karl zeitlebens nicht von sich abtun können. In diesem Betracht war er kein bedingungsloser „deutscher Patriot". „Denn wir sind Schwaben und wollen Schwaben bleiben." Mittnachts Wort könnte Karls Wort gewesen sein. Noch 1886 hat er seinem Gesandten in Berlin bedeutet, er möge dem neuen Kommandierenden General Respekt vor Württemberg einflößen. Nicht nur einmal hat Karl den ersten Kaiser Wilhelm bei Besuchen, bei Truppenparaden, bei Begegnungen brüskiert: in diesem norddeutschen Perfektionismus war ihm „sein" württembergisches Königreich entwunden worden.

König Wilhelm von Preußen empfängt König Karl von Württemberg im Hauptquartier der verbündeten deutschen Armeen zu Versailles. Zeitgenössische Originalzeichnung von F. Schulz.

Wir sprachen von einem persönlich-politischen Dilemma, in dem sich dieser insgeheim abgesetzte König Karl befinden mußte. Man wird in dieser lang angelegten und schließlich rigoros aufbrechenden Destruktion nicht nur ein Politikum sehen wollen. Sie muß auch der Persönlichkeit dieses Mannes zugesetzt haben, um so mehr, als sie nicht auf einen abgebrühten und fröhlich engagierten homo politicus traf. Oberflächlich gesehen mag er der gewesen sein, als den ihn fast alle seine zeitgenössischen Biographen geschildert haben: als der unerbittliche und redliche Arbeiter, als der Mann der Pflichterfüllung, der „ehrlichen Geradheit" und was dergleichen auswechselbare Versatzstücke mehr sind. Kaum einer der konstitutionellen Monarchen des 19. Jahrhunderts, der nicht, in Ermangelung anderer, „näherer" Epitheta, mit solchen Wörtern bedacht worden wäre. Im „Lebens-Abriß", der nach seinem Tod von den Kanzeln der Kirchen im Lande zu verlesen war, ist von seinem „Rechtssinn" und der „Gerechtigkeit" die Rede, „welche Er auch in gewissenhaftester Einhaltung der Landesverfassung bethätigte, durch Sein Wohlwollen, Seine Güte und Milde, welche in Verbindung mit einem strengen Pflichtgefühl Ihm die Herzen gewannen". Ein „edler Friedensfürst" sei er gewesen, meint Bernhard Kugler, „das Musterbild eines konstitutionellen Königs". Und Adolf Palm fügt an, daß er „echte königliche Würde" ausgestrahlt habe, schlicht, anspruchslos und doch hoheitsvoll.

Sind wir den Konturen seiner Persönlichkeit damit näher gekommen? Was ist gewissermaßen automatische Zutat seines königlichen Amtes, was eigene und was historische Leistung? Max von Planck, der erste Rektor des nach dem König benannten Stuttgarter Karls-Gymnasiums, war baß erstaunt, bei den Einladungen zur königlichen Tafel einen Menschen anzutreffen. „Einfach und offen, warm und selbst herzlich gab sich König Karl." Es paßt dazu, daß die demokratischen Blätter nach der Landtagseröffnung durch den König im Dezember 1868 die taktvolle und bescheidene Haltung des Königs und seinen gewinnenden Ton hervorgehoben haben, womit er die Thronrede verlesen habe.

Aber hinter dem bescheidenen und treusorgenden Monarchen, gewissermaßen dem ersten Buchhalter dieses abgetakelten Staates, steckt noch eine andere Person, der Klavierspieler, der sich diesem Instrument seit seiner Jugendzeit widmet und noch als alter Herr verlegen zu spielen aufhört, wenn sich einer auch nur von weitem seinen Versuchen nähert, der Musikliebhaber, der sich einen Sonderzug von Friedrichshafen nach Biberach zusammenstellen läßt, um dort in der Stadtpfarrkirche den Darbietungen katholischer Kirchenmusik zu lauschen. Hinter solchen sichtlichen Anstrengungen steht mehr als die Geste eines Landesherrn, der keiner mehr ist. Man wird nicht vergessen, daß Karl in seiner Kronprinzenzeit nur *einen* Vertrauten hatte, der weder Offizier noch Adelssprößling war, sondern Literat: Friedrich Wilhelm Hackländer. Er gehört zu den immer Tätigen, die hernach immer vergessen sind. Menzel hat man gefürchtet, Schwab hat man gesucht, Hackländer hat man gebraucht. Den „Hack“ kannten alle, eine gänzlich „zeitgeschichtliche“ Figur, die es vom Rheinland her in die schwäbische Biederkeit verschlug, der Stuttgart durcheinander brachte, ein paar Jahrzehnte lang der vielleicht meistgelesene Erzähler Deutschlands war und mit vierzig Jahren schon es wagen konnte, eine „Erste Gesamtausgabe“ seiner Werke von zwanzig Bänden hinausgehen zu lassen. 1840 kam er nach Stuttgart. Ein Freund meinte, dort gebe es Verlage, Zeitschriften, geistiges Leben, das sei das Richtige für ihn.

Karl muß seinen Privatsekretär geschätzt, ja geliebt haben. Nicht nur, daß der „Hack“ die Welt des Literarisch-Künstlerischen nahebrachte, er hat sie ihm, fast als eine Märchenwelt, zu Füßen gelegt. Am wirklichsten muß sie noch in der „Glocke“ gewesen sein, einem Schriftstellerzirkel, den Hackländer und Dingelstedt in Stuttgart im Oktober 1843 aus der Taufe gehoben haben und in dem der Kronprinz Zeugen zufolge nie gefehlt hat. Es muß eine muntere Runde gewesen sein, vom Kronprinzen in aller Form protegiert, vom Prinzen Hugo von Hohenlohe-Oehringen angeführt, mit Sprechern und Altgesellen, Seil und Schwengel, dem Schatzmeister Klingelbeutel und dem Fußvolk, den „Glockenziehern“. Zweihundertneunundvierzig ansässige Schriftsteller soll Stuttgart 1840 gehabt haben. Alle davon werden nicht in der „Glocke“ gewesen sein. Aber ein Jahr nach ihrem Bestehen konnte sich die edle (und fürstliche) Sodalitas „auf Aktien“ ein eigenes Lokal im Café Marquardt erbauen lassen.

Die Jahre der Vor-Gründerzeit müssen in Stuttgart und im kronprinzlichen Windschatten ganz jene historische und ein bißchen aus den Fugen geratene Kulturseligkeit gezeigt haben, die allenthalben den Geschmack verdorben und die Allerlei-Verfügbarkeit kulturellen Konsums heraufgeführt hat. Das ist nicht mehr gewachsene Bodenkultur vor Ort von geringem Ausmaß, aber feiner Qualität, sondern ausgeliehene, irgendwo hergeholte Attrappe und Fassade. Mörike hinterläßt zwei schmale Bändchen, die Gedichte darin wahre Kleinode, Hackländer hinterläßt eine ganze Bibliothek, er kolportiert die Männer und die Mächte, wie nach ihm Spielhagen oder die Courths-Mahler auch. Das Unechte, das Usurpierte, das Kitschig-Operettenhafte gibt es in Karls geistiger Umgebung auch. Vielleicht hat deshalb die mittlerweile in dieses traumhaft-schöne Junggesellenreich eingedrungene Großfürstin Olga den Hackländer so lange angeschossen, bis ihn Karl — wiederum geduldig und wiederum gehorsam — entlassen hat. Es war gewiß nicht nur die Nebenbuhlerin, die dieser Männerbündelei nicht gewogen sein konnte, es war auch die Prinzessin aus dem Zarenhaus, die ein irgendwie zusammengeleimtes und gemachtes, ein „romantisches" Königtum nicht haben wollte.

Ob sie sich je wohl oder gar zu Hause gefühlt hat in der „Villa Berg", mit deren Plänen der Kronprinz ein Jahr vor ihrer Bekanntschaft und Verlobung begonnen hat? Das Gelungenste noch an der „Wilhelma" dürfte das Zusammenspiel von Säulengängen und Kiosken, von Blumenbeeten und seltenen Baumpflanzungen gewesen sein: die gärtnerische Leistung und Idee. Sie hätte wohl auch in der zwischen 1845 und 1853 erbauten und 1944 ausgebrannten „Villa" bestechen können. Was Leins, der Erbauer, mit dem Bau an Neuem nach Stuttgart brachte, die souveräne Behandlung der italienischen Renaissance, französisch geschult und äußerlich erfreulich gegliedert, glitt im Inneren indessen in wirre und unorganische Ornamentik ab. Das Interieur, das „Herz", wenn der Bau je eines gehabt hat, hat man der „Villa" bei den Leuten draußen (bezeichnenderweise) nie abgenommen, das Fremdartige, das Importierte, eben das „andere", in der frühsozialistischen Atmosphäre der 48erZeit zumal. Ein Garten, der etwas einbrachte und bei allen ästhetischen Beigaben doch in der Hauptsache solide Grundlage für den Essenstisch war, das mochte hingehen. Garten als Luxus indessen ist im Schwäbischen eine Gedankenlosigkeit, schlimmer noch: eine Sünde. So hat man denn auch dem Hausherrn, dem Kronprinzen Karl, ein ganz liebenswürdiges Gedichtlein gewidmet: „Er baut für seine Pflanzen / Dort einen Glaspalast, / Und nackte Kinder tanzen / Umher in Hungerhast."

Autor der Strophe hätte Georg Herwegh sein können, der gebürtige Stuttgarter, der mit seiner Revolutionslyrik damals die halbe Welt bewegt hat (daß er ein Spottgedicht auf Karl verfaßt hat, ist sicher; die Leute haben sich die mittlerweile verbotenen Strophen unter dem Tisch zugeschoben). Den Blumenliebhaber Karl hat das am Ende nicht von „seinem" Weg abgebracht, wie ja auch Lassalle oder Bebel nichts an den Märchenschlössern des bayerischen Königs Ludwig II. — Karls Zeit- und Leidensgenossen — zu ändern vermochten. Karls „Landhaus" bekam seine Orangerie und seine Gewächshäuser. Hackländer, Allesmöglichmacher wie Thouret bei dem Großvater, nur auf eine ganz andere, imitatorische und klischeehafte Art, wurde nach Nervi geschickt, wie der Kronprinz ihm einschärfte, „um die dortigen berühmten Pflanzen junger Orangenstämme anzusehen und das Nöthige zu kaufen". Hackländer, der Dichter. Ein bißchen hat Karl auch die Parvenüs geliebt. Wo sein eigenes Königreich doch über Nacht und wegen der preußischen Pickelhauben in ein Nichts zerronnen war.

Nach seinem Tode wurde man in Stuttgart in seltsam geheimnisvoller Weise darauf aufmerksam gemacht, der verblichene König habe mit mehreren belgischen Künstlern rege Beziehungen unterhalten, so mit dem Maler Louis Galletait, der viele Wochen lang in Stuttgart am königlichen Hofe aufgenommen worden sei. Jetzt erfuhr man auch, daß der damals als Weltstar angehimmelte Pianist August Dupont seine Konzertreise durch Deutschland nur deshalb habe durchführen können, weil er vom König Karl bezahlt worden sei. Und wiederum aus Brüssel verriet man, König Karl habe etwa fünfzehn Jahre lang vor seinem Tode in strengstem Inkognito die großen Genter Blumenausstellungen besucht. Als 1888 nach Schloß Friedrichshafen die Kunde drang, drüben in Konstanz sei einer der hervorragendsten belgischen Blumenzüchter abgestiegen, hat ihn Karl unverzüglich auf sein Schloß eingeladen: die wahrhaft königlichen Liebhaber unter sich.

Hat nicht Karl auch, auf seine Art, sein Neuschwanstein gehabt? Am 2. Juni 1868 hatte Mörike mit großen Augen bei einem seiner Freunde angefragt, was wahr sei „an der Sage, daß der König im Kloster Bebenhausen eine Einrichtung zum jeweiligen Aufenthalt für sich machen lassen" wolle. Nur der Kenner weiß heute, daß die neue „Einrichtung" partienweise einem streng historisierenden Neubau gleichkam. Daß Karl in seinem „Kloster" sehr viel mehr als eine praktische Absteige (etwa für die Jagd, die ihm gar nichts bedeutete) sah, belegt der Bericht Mörikes vom Jahre 1874, der sich seinerseits vom Lehrer in Bebenhausen erzählen ließ, „wie der König sich öfters von ihm auf der Orgel seiner Schule vorspielen lasse, während er in dem Kreuzgang oder auf dem Dorment des Klosters spazieren gehe".

Begegnen wir erst in solchen Augenblicken dem eigentlichen Wesen König Karls, dem eigentlichen Menschen? Kunst im weitesten Sinne des Wortes, das „Künstliche", muß mehr für ihn bedeutet haben, als daß wir's irgendwie belegen könnten. Aber nur für ihn ganz persönlich. Die Aura des Künstlichen, auch der neue gotische Erker im Bebenhäuser „Kloster", ist seine Privatwelt. Kunst im öffentlichen und politischen Sinne, einer der wenigen Bereiche, der ihm als Monarchen noch verblieben war, hat er weder angeregt noch gefördert. Adolf Palm, sonst von geduldigstem Wohlwollen für Karl, meint, die Kunst sei unter ihm in einen Dornröschenschlaf verfallen, er habe das kulturelle Leben seines Landes „nicht richtungsweisend befruchtet und geprägt, wie überhaupt keine wahrhaft schöpferischen Impulse von ihm ausgegangen sind". Er hat sich mehr im gründerzeitlichen Historismus zu Hause gefühlt: auch hier ein Rückzug – und ein merkwürdig unschwäbischer (nachgemachter?) – von der Wirklichkeit, was ihn wiederum in die Nähe Ludwigs II. rückt. Karl ist der erste und einzige württembergische Regent, der in der eigenen Ahnenreihe sein Vorbild sucht und findet: in Herzog Christoph, ausgerechnet in diesem ungemein schöpferischen, politischen und kirchlichen Gestalter. Daß der Tübinger Historiker Bernhard Kugler Christoph eine gewichtige Biographie widmete, ging ja auf Karls Herzenswunsch zurück. Und Kugler hat nach Karls Tod denn auch erklärt, Karl habe in seiner großen Christoph-Liebe „einen Ahnherrn" gefunden, „der ihm in vielen Punkten kongenial war".

Merkwürdig, daß sich die Etikette „Romantiker" bislang in keinem der biographischen Versuche über König Karl eingefunden hat. Wie Ludwig II. drüben im Bayerischen, liebäugelt Karl, nur allemal gedämpft und gebändigt und ohne diese psychophathische Belastung, mit einer Welt des Illusionären, weil ihn die Welt des Wirklichen nur noch dem Namen nach belassen hat. Eine Zeit großer Veränderungen sei seine Regierungszeit gewesen: eine ganz entscheidende Zäsur war es, das Ende eines selbstverantwortlichen Königreichs. Was von ihm abverlangt wurde, kaum daß er den Thron bestiegen hatte, war Spiel. Da er selbst, und vor allem „an der Seite des Vaters", noch die Zeit der Macht erlebt hatte, mußte dieser harte Wechsel zum Stigma eines ganzen Lebens werden. Sein Nachfolger Wilhelm II. war da schon in eine ganz andere Zeit hineingeboren. Er wußte schon als Bub, was ihn erwartete. Und er hat ja auch bezeichnenderweise als junger Mann nüchtern und ganz ohne alle Illusionen erklärt, ihm bleibe lediglich eine Karriere, die des Soldaten.

Karl hat diesen Wandel von der Wirklichkeit zum Schein in aller Bewußtheit erleben müssen. Er hat dafür wohl mehr Kraft aufbringen müssen, als wir ihm im nachhinein je zubilligen können. Sein — in keiner Hinsicht reich ausgestattetes — Kräftereservoir muß sich erschöpft haben in der Verarbeitung dieser, wie wir sagten, Destruktion. Vielleicht kam gerade deshalb von ihm so wenig „Motivation". Und vielleicht hat er gerade deshalb, absorbiert von der Existenzfrage des Monarchen, so wenig entscheidende Initiativen in seiner Regierungszeit gegeben. Er hat gewiß demokratische Kompensationsaufgaben gesehen. Man weiß und hat dankbar festgehalten, daß in seinem ersten Regierungsjahr — also noch vor der Integration Württembergs ins neue Reich — nicht nur die Verordnung „in Betreff des Zuckers aus getrockneten Rüben" erlassen wurde, sondern am 24. Dezember 1864 auch eine „betreffend die Presse und das Vereinswesen". Was Pressefreiheit war und sein sollte, wußte der schwengelschwingende Protektor der „Glocke" sehr wohl. Und man hat ihm hoch angerechnet, daß er in den späten siebziger Jahren immer wieder von der *einen* württembergischen Volkskammer, also einem vollen Volksparlament, zu reden begann. Aber hinter diesem Projekt steckte, wie eigentlich in allen — herzlich wenigen — öffentlichen Plänen Karls, alles andere als zielgerichtete Energie. Adolf Palm, unverdächtig, was das Wohlwollen ihm gegenüber angeht, meint, es habe nie seiner Art entsprochen, „kraftvoll den eigenen Willen durchzusetzen und die Verhältnisse nach eigenen Vorstellungen zu gestalten". Ein König, der nur noch diesen Namen hat, der nach außen hin sich wie ein unverbindlicher Zeitgenosse geriert, als „Mann ohne Eigenschaften", der im Inneren okkupiert ist von allerlei Fluchttendenzen. Im Endergebnis muß derlei zwiespältiges Leben auf ein Einerlei grau in grau hinauslaufen. Varnbüler hat denn auch Karls „tändelndes, von Langeweile durchfressenes Wesen" heftig kritisiert.

Was hier mit „Langeweile" umschrieben ist, war in Wirklichkeit jene Unkraft, die einen Monarchen — äußerlich, und dann auch innerlich — schachmatt gesetzt hat. In den letzten Jahren hätte das beinahe zu einem Ausbruch geführt und Karl tatsächlich in die Nähe Ludwigs II. gerückt. „Nicht nur im Reich", heißt es in der Chronik von Max Miller und Paul Sauer unter dem Jahr 1888, „auch im Land brachte das Jahr schwere Sorge um den Throninhaber. Während eines halbjährigen Aufenthalts in Florenz erkrankte König Karl lebensgefährlich. Erregte schon seine oftmalige und lange Abwesenheit in südlichen Ländern mehr und mehr Unmut, so noch mehr die abseitige Freundschaft mit dem jungen Amerikaner Woodcock, den er im Herbst nach der Rückkehr sogar in den Freiherrnstand erhob. Die Skandalaffäre zwang Mittnacht zu energischem Protest, dem er am 16. Oktober sein Entlassungsgesuch folgen ließ. Auf seiner Seite standen Prinz Wilhelm, der mit der Stellvertretung des wieder in Nizza weilenden Onkels beauftragt war, und weite Teile der Gesellschaft und der Öffentlichkeit, vor allem aber in massiver Weise der Reichskanzler."

Monate später ist König Karl gestorben. Über die letzten Stunden hat Hofprediger Dr. Braun genau berichtet. „Wie viel der König von dem geistlichen Zuspruch vernommen und verstanden hat, war — wie bei allen anderen Leidenden — schwer zu erkennen. Wir hofften, daß manches Wort sein Ohr und Herz noch erquickend berührte. Sanft und ruhig, mit geschlossenen Augen lag er jetzt da — noch etliche Stunden lang. Die Nacht ging vorüber, in die Zimmer drang das Morgenlicht. Ums Schloß sammelten sich schon wieder teilnehmende Gruppen, nachdem die letzten sich erst nach Mitternacht entfernt hatten. Wir warteten in fürbittender Teilnahme auf die Erlösung, die dem Sterbenden zu gönnen war. Schmerzen hatte er seit Stunden kaum mehr zu empfinden, versichern die Ärzte, und der friedliche Ausdruck seines Angesichts bezeugte es. Vom Sterbebette gingen unsere teilnehmenden Blicke auf die Königin, die in wunderbarer Kraft und Selbstverleugnung die ganze Nacht ausharrte, meist zu Füßen des Betts sitzend, nur ein paarmal auf kurze Zeit sich auf ein Ruhebett im Krankenzimmer niederlegend. Es schlug fünf Uhr, sechs Uhr — sollte dem König noch ein Lebenstag, ein Leidenstag beschieden sein? Nein. Die Erlösung von allem Übel kam in einem Augenblick, da wir kaum daran dachten. Der Atem stockte, das Herz hatte ausgeschlagen — morgens dreiviertel auf sieben Uhr."

König Wilhelm II. (regierte von 1891 bis 1918)
3 Mark 1916 (Zum Jubiläum der 25jährigen Regierung)
Vs. WILHELM II – KÖNIG v. WÜRTTEMBERG
Kopf nach rechts, darunter Lorbeerzweig, + 1891 – 1916 + und das Münzstättenzeichen F (= Stuttgart)
Randschrift (vertieft): GOTT MIT UNS, dazwischen Verzierungen
Jaeger Nr. 178 / Arnold-Küthmann-Steinhilber Nr. 147: ⌀ 33 mm, 16,7 g
Münzstätte: Stuttgart
Entwurf der Vs. von Ludwig Habich (1872 bis 1949)

Rs. ★ DEUTSCHES REICH 1916 ★, unten herum DREI MARK
Reichsadler mit kleinem Brustschild (sogenannte Reichsmünzen-Rückseite Nr. 3)

König Wilhelm II.

Geboren 25. Februar 1848 Stuttgart, regierte seit 6. Oktober 1891, verzichtet auf den Thron 30. November 1918, gestorben als „Herzog zu Württemberg" 2. Oktober 1921 Bebenhausen, begraben auf dem Alten Friedhof Ludwigsburg

Nirgends werde so gelogen wie auf Hochzeiten und Leichen, heißt es im Schwäbischen. Die Trauerreden und Nachrufe auf den kirchlichen und akademischen Kanzeln des Landes hatten sich, was die Regierung des Königs Karl anging, der Superlative nicht enthalten. Die Erinnerungsbücher, die im Todesjahr des Königs und kurz darnach erschienen, sprachen von unvergeßlichen Taten und Wohltaten des Verstorbenen. Zwei Jahrzehnte darauf hat keiner mehr gewußt, wer „König Karl" eigentlich war. Und wenn einer wie Wilhelm Hoffmann, durch seinen Vater, den Oberhofprediger, noch unmittelbar und auf persönliche Weise mit dem württembergischen Hof verbunden gewesen, hundert Jahre darnach auf die Regierungszeit König Karls zu sprechen kam, so mied er die verklärenden Begräbnisformeln ganz selbstverständlich und sprach von der „teilweise problematischen Regierung des Königs Karl".

Wenn er gleichzeitig vermerkt, seinem Nachfolger Wilhelm, der am 13. Oktober 1891 den Titel Wilhelm II. annahm, sei „im Volke ein Vertrauensvorschuß sicher gewesen", erinnert er uns an die Situation, als der erste württembergische König dieses Namens den Thron bestieg. Dessen Vater war zum Sinnbild fossiler, verkrusteter Strukturen geworden. Der Sohn trug alle Hoffnung in sich, einer neuen und einer freieren Zeit entgegensehen zu dürfen. Wilhelm war zwar nicht der Sohn Karls, aber sein Neffe und auf alle Fälle der Sprecher der jungen und neuen Generation, auch wenn er mit seinen jetzt dreiundvierzig Jahren nicht mehr gut als „junger Mann" hatte angesprochen werden können. Indessen spürte man an ihm doch ganz die Veränderungen, die sich in diesen zwei Jahrzehnten seit dem 18. Januar 1871 — als man „Kaiser Wilhelm" hochleben ließ — vollzogen hatten. Nicht nur im organisatorischen Sinne war aus Deuschland, genauer gesagt dem Norddeutschen Bund ein Deutsches Reich geworden. Karl, geboren und groß geworden in der Atmosphäre eines souveränen — wenn auch „mindermächtigen“ und zu allerlei Arrangements genötigten — Monarchen, ist mit diesem (und seinem) Deklassement zeitlebens nicht ganz fertig geworden, wenn er auch dem herzhaften und lustvollen Partikularismus der königlich-bayerischen Art nie die Hand lieh. Er stand zwischen den Fronten. Er sah die Notwendigkeit einer höheren Reichseinheit ebenso wie die Lebendigkeit der eigenen, der württembergisch-schwäbischen Tradition. Und entzog sich diesem Dilemma wortwörtlich durch die Flucht ins — bald offiziell gewünschte — Private, in eine mokante Distanz, die ein wenig mit dem romantischen Dekor liebäugelte und dem immer ferner rückte, was den Boden alles Politischen allemal ausmacht: der Wirklichkeit.

Bei Wilhelm II. lagen die Dinge anders. Seine Generation hatte sich nicht nur abgefunden mit diesem von Bismarck gezimmerten Reichskörper, sondern auch mit der dreingegebenen Souveränität. Er war sich nach seinen Tübinger und Göttinger Semestern im klaren darüber, daß ihm, „wie er gelegentlich selber sagte, ‚keine andere Karriere' als die militärische offenstand“. Ein preußischer Divisionär werde aus ihm werden können, nicht mehr und nicht weniger. Und tatsächlich ist das auch aus ihm geworden (er hat es sogar bis zum preußischen Generalfeldmarschall gebracht). Das Gottesgnadentum, aus dem seine Vorfahren auf dem württembergischen Königsthron doch alle geschöpft haben, lag für ihn schon weit zurück. Bürger unter Bürgern wollte er sein, ohne die romantischen Flausen, denen Ludwig II. drüben im Bayerischen nachhing, ohne dieses neuerwachte Sendungsbewußtsein, mit dem der junge Kaiser Wilhelm II. in Berlin leben und regieren wollte. Die Bürgerlichkeit des württembergischen Wilhelm, nicht irgendwie geformt durch die geistige oder politische oder künstlerische Bindung an eine der politisch-ideologischen Bewegungen oder einen der größeren Köpfe der Zeit, war denn auch ohne prononcierten geistigen Zuschnitt oder irgendwie ästhetisierenden Einschlag.

Die zweite Gemahlin Wilhelms, die Königin Charlotte, entsprach ganz den gründerzeitlichen Vorstellungen einer „stattlichen Frau“; sie war eine couragierte Reiterin, spielte Tennis und war im Winter, damals noch die exklusive Domäne der „Herren“, beim Skifahren zu sehen. Sportlich in gewissem Sinne gab sich auch ihr Gemahl, als Reiter und vor allem als Jäger, aber vor der Jahrhundertwende gelegentlich auch in der Knickerbocker-Nonchalance des lässigen, freilich nirgendwo versnobten Herrenreiters. Zur Inszenierung eines ganz besonderen und ganz eigenen „Stiles“ hatte er gar keine Fähigkeiten; „angeben“ konnte er nicht. In den Jahren nach der Jahrhundertwende, als ihm der säbelrasselnde und großspurige Wilhelm II., der einstige Jugendgenosse, entschieden auf die Nerven zu gehen begann, „Bum-Bum“ nannte man den Kaiser damals in einfacher Abkürzung im Schwäbischen, erschien der „Vetter“ aus Württemberg nur noch selten zu kaiserlichen und Bundesfürsten-Anlässen in Berlin. Und wenn, dann konnte sich der Kaiser mit seinem beinahe überschlagenden Schnurrbart nicht enthalten, bei der nächsten besten Gelegenheit über den unmöglichen Aufzug des Herrn aus Stuttgart zu räsonieren, allmählich sei das eine Schande fürs Reich.

Der Herr aus Stuttgart hat sich nicht drausbringen lassen. Das bleibt einer der Hauptzüge seiner Persönlichkeit: er hatte nie eine Autorität, ein Idol, dem er hätte nachlaufen müssen. Er ist immer sich selber geblieben, kein verwegener „intellektueller“ Kopf, keiner, der, wie König Johann von Sachsen als „Philalethes“ die Divina Commedia übersetzte, wie Herzog Ernst II. von Sachsen-Coburg-Gotha Opern und Operetten und Hymnen, „Zayre“, „Alpenrosen“, „Fackeltanz“ und so weiter komponierte, oder wie Großherzog Ernst Ludwig von Hessen noch über seine Absetzung 1918 hinaus der Darmstädter Mathildenhöhe in ihrer europäischen Bedeutung sekundiert hätte. Aber ein Mann, der allemal einen klaren Blick behalten und sich bei den Gesprächen auf einem seiner — bald beliebt gewordenen — Bierabende im Wilhelmpalais nicht gescheut hat, die Größe der sehr Einsichtigen zu teilen und zu gestehen, er verstehe das nicht, irgend ein künstlerisches oder technisches Novum, das ihm da gerade vorgesetzt worden war. Einer von vielen gewissermaßen, im Alter mit einem kleinen Hang zum Behaglich-Philiströsen und hinter den Kulissen mit Einschüssen kleinbürgerlicher Biedermeierart. Im Gedenkbuch an „unseren unvergeßlichen guten König“ von Oskar Gerhardt, die Königinwitwe Charlotte und die Tochter Pauline haben ihm Geleitwort und Einführung mitgegeben, findet sich auch das Doppelporträt der beiden von Majestät über alles geliebten königlichen Spitzer Ali und Rubi, hechelnd bauen die beiden ihr Männchen, dazwischen ein schleifengeschmücktes Blumenkistchen, dahinter ein üppiger Nelkenstrauß in korbgeflochtener Vase: das Bildchen könnte aus der Schatulle des Oberpostinspektors aus der Stuttgarter Seidenstraße stammen. Die deutschen Bundesfürsten haben sich, in dieser zweiten und sehr modernisierenden Phase des Bismarckreiches, verbürgern und sich bis ins Mark hinein — auch in Sachen ihres Lebensstils, auch innerlich — mediatisieren lassen.

„Nu macht euern Dreck alleene“: Der fromme Wunsch des letzten sächsischen Königs zum November 1918 wäre gewiß nicht aus seinem Munde gekommen, dafür war Wilhelm zu ernst und wohl auch zu fromm, auf alle Fälle aber zu pflichtbewußt. „Sein“ Volk, seine Württemberger, die lagen ihm schon am Herzen. Aber er hat aus seiner „Regierung“ vom ersten Tag an keine Weltanschauung und kein Prinzip gemacht. Wenn Ministerpräsident Mittnacht, erst am 9. November 1900 als Fünfundsiebzigjähriger sich verabschiedend, anfangs fürchtete, das werde mit dem neuen Monarchen „eine Selbstregierung bis ins Detail“, so verrechnete sich der sonsthin versierte Diplomat aufs gründlichste. Von Alleinherrscher-Allüren zeigt sich bei Wilhelm auch nicht die geringste Spur. In Preußen, wo man zumal unter Kaiser Wilhelms II. gespreizten Flügeln Regieren auch immer als das laute Gehabe und die grundsätzliche Bereitschaft zu allerlei kaiserlichen „Botschaften“ praktizieren mochte, meinte man denn schon kurz nach dem Regierungsantritt des württembergischen Königs, der mache das allzu leger. 1892 schrieb der Baron Friedrich von Holstein an den Grafen Philipp Eulenburg, der württembergische König behandle wohl auch „das Regieren als Sport“. Und fügte die seherisch klingende Frage an: „Ob er wohl auf dem Thron stirbt? Er ist nicht der Mann, und es ist nicht Zeit, um mit dem Volk wie mit einem Riesenspielzeug umzuspringen.“ Was den schließlich spielerischen Umgang mit den Leuten anging, hätte Graf Eulenburg als des Kaisers intimster Vertrauter wohl so seine Antworten geben können; man soll auch in solchen Dingen, wenn man im Glashaus sitzt, nicht mit Steinen werfen.

Wilhelm von Württemberg konnte gar keine herrscherlichen oder „totalen“ Beziehungen (mehr) zu „seinem“ Volk unterhalten, er, der preußische Regimentskommandeur, der er zu Zeiten doch wohl gerne war, der hernach dann Jahr für Jahr in Stuttgart das „Staatshandbuch“ an erster Stelle anführte, zur Sommerzeit das Stuttgarter Domizil mit der lichten Bodenseeweite in Friedrichshafen tauschte, wo dann auch einmal ein Sonderzug mit Girlanden und Ehrenjungfrauen einfuhr, um einen nachbarlichen Monarchen, etwa den greisen Franz Joseph von Österreich zum Besuch zu bringen, Orden hatte er zu verleihen, den vielstufigen Kronenorden, den Friedrichsorden, von den Leuten als „blauer Fritz“ apostrophiert, seine Herren- und Bierabende zu arrangieren, zu seinem Geburtstag, wo schulfrei war, vor dem „großen“ Essen im Wilhelmspalais dem Festgottesdienst in der Schloßkirche beizuwohnen und dort den Chor der Waisenknaben unter der Leitung des Hofkantors Lemppenau anzuhören (den die Königin, als Gesang, „säuerlich“ empfand).

Viel mehr als Repräsentationspflichten waren das nicht. Im weltpolitischen Getriebe der Vor-Weltkriegszeit blieben sie ebenso dezent und geräuschlos wie die gummibereiften Wagen, welche die Hautevolee zu den Fest- und Dankgottesdiensten heranfuhren. Daß es zu viel mehr nicht reichen konnte und reichen durfte, müßte Wilhelm spätestens der Winter des Jahres 1882 klar gemacht haben, als ihm der Landrichter Schmidlin aus Heilbronn, sein ehemaliger Jugendgenosse und späterer Justizminister, auf einige Monate zur Einführung in das praktische Justiz- und Verwaltungswesen zugeteilt wurde. Schmidlin besorgte sein Privatissimum auf eine recht praktische Weise. Er besuchte mit dem Prinzen nacheinander die diversen staatlichen und städtischen Dienststellen in Ludwigsburg und gab weniger staats- und verwaltungsrechtliche Vorlesungen, das hätte vermutlich gar keinen großen Sinn gehabt, als vielmehr Gemeinschaftskundeunterricht vor Ort. Die Herren Minister meinten darnach, der Prinz sei seiner zukünftigen Aufgabe „durchaus gewachsen“. Fünf Jahre später übertrug ihm der König, ohnehin mehr und mehr vom Prinzen Wilhelm daheim und draußen vertreten, den Vorsitz im Staatsministerium.

Die Behördenrunde in Ludwigsburg hat Wilhelm wohl noch ein paar Neuheiten gezeigt. Seit seinem siebzehnten Lebensjahr war er für Jahre nicht mehr daheim, fast ein „Fremder“ im Vergleich zu den Männern der altwürttembergischen Ehrbarkeit und Beamtenschaft. „Nach fast zehnjähriger Abwesenheit“, schreibt er am 28. November 1876 an einen seiner Jugendfreunde, „habe ich die alte Heimath erst wieder schätzen gelernt und bin nun doppelt froh, meinen häuslichen Herd dauernd im lieben Vaterland zu errichten.“ Das war die Zeit, in denen Wilhelm sich nun ganz der Behaglichkeit im „Vaterlande“ hinzugeben schien, mit einem „mehr in die Breite gehenden, von seitlichem Backenbart umgebenen, nicht allzu ausdrucksvollen Kopf“ (W. Hoffmann). Will man die Sprache als untrügliches Zeichen landsmannschaftlicher Zugehörigkeit nehmen, gibt einem König Wilhelm bezeichnenderweise

Rätsel auf. Man hätte für selbstverständlich gehalten, daß er ein sonores Schwäbisch, bei öffentlichen Anlässen in der „vornehmeren" Version des „Stuttgarter Hochdeutsch" gesprochen hätte. Aber er hatte eher eine hohe, „preußische" Kommandostimme, die bei ihm „in ein ganz reines Deutsch" (K. Hoffmann) gefaßt war. Das Bild vom schwäbelnden Schwabenkönig paßt also nicht ganz. Wilhelm, der letzte württembergische König, muß eher, der Sprache nach, wie ein hannoveranischer oder Potsdamer Kommandeur gewirkt haben, der irgendwann einmal zur rechten Stunde sich des breiten Dialekts von Wendlingen, Oberboihingen oder Heslach zu bedienen wußte. Aber das muß mehr wie Fremdsprache als wie Muttersprache geklungen haben.

Und dabei war er ein echtes „Stuttgarter Früchtle"! Im Prinzenbau am Alten Schloßplatz, dem späteren Justizministerium, ist er am 25. Februar sieben Uhr abends geboren. Sein Vater war der Prinz „Fritz", der seinen Sohn lange begleiten durfte. Am 9. Mai 1870 ist er, kurz vor Ausbruch des Deutsch-Französischen Krieges, auf tragische Weise aus dem Leben geschieden. Auf der Jagd hatte er sich an der Wange verletzt und, noch im Alter ein leidenschaftlicher Jäger, der Wunde nicht die genügende Aufmerksamkeit geschenkt. „Er war mir ein treuer Verwandter und sympathisch in allen Lebensanschauungen", telegraphierte damals König Karl an die nachbarlichen Höfe in Karlsruhe und München. „Vor den Augen derer", sagte Oberhofprediger von Gerok an seinem Grabe, „die ihn näher kannten, stand Prinz Friedrich als eine aufrechte Gestalt von vornehmer Erscheinung und angeborener Würde, gütig, gerecht und wohlwollend gegen jedermann, wahrhaftig in seiner ganzen Weise, zuverlässig und treu, bescheiden und anspruchslos."

Wer Wilhelms Kindheit und Jugend recht verstehen will, wird jedes einzelne Wort dieser Charakterisierung ernst nehmen müssen. Wilhelms beide Vorgänger — Wilhelm I. und Karl — wuchsen in einer Umgebung auf, die an Zwängen und spekulierenden Hoffnungen alles zu bieten hatte, nur eines nicht, menschliche Wärme. Wilhelm muß an der Hand dieses nicht weiter ehrgeizigen und in sich ruhenden, aber auch jeder Regierungsverantwortung sein Leben lang ledigen Vaters eine köstlich behütete Kindheit gehabt haben, zumal die Mutter, die 1821 geborene Prinzessin Katharine, die eine der Töchter Wilhelms I., ein gleichermaßen gütiger und liebender Mensch ge-

König Wilhelm II. von Württemberg im Kreis von Veteranen des Deutsch-Französischen Krieges 1870/71. Lithographie um 1900 nach einer Zeichnung von C. Häberlin.

wesen sein muß; das „Band zwischen Mutter und Sohn" sei „in seltener Weise innig und herzlich, schön und ideal" gewesen, berichtete man später aus König Wilhelms Umgebung.

Die Herzenswärme und Natürlichkeit der Eltern gaben dem kleinen und jungen Wilhelm eine prächtige Kindheit. Als er zehn Jahre alt wurde, holte der Vater ein paar gleichaltrige und besonders begabte Gymnasialschüler ins Haus, wobei die Abkunft gar keine Rolle spielte, Adlige waren darunter, aber noch mehr Bürgerliche. Die zogen durch die Stadt und ihre Wälder, droben am Bopserwald wurden die Köpfe rot vom „Schanzengraben", im Winter schnallte man die Schlittschuhe an oder ging ins Theater, später kam die

Tanzstunde und wohl so etwas wie eine „Schülerkneipe“: Wilhelm ist nicht im feudalen Solitär aufgewachsen und muß einen Kameradenkreis gehabt haben, der diesen Namen verdient hat. Ob die Ungezwungeheit der „Prinzenbuben“ auch dadurch garantiert war, daß man im jungen Wilhelm lange nicht den Thronfolger gesehen und deshalb an irgendwelche pädagogischen Sonderaktionen gar nicht gedacht hatte? Bei Großherzog Friedrich I. drüben im Badischen lag der Fall ja ähnlich. Er war nur der Bruder des Thronfolgers, für den er dann schließlich die Regierung zu übernehmen hatte: Baden hat in ihm einen seiner prächtigsten Regenten bekommen (und das Bismarck-Reich zweifellos den politisch größten unter den Bundesfürsten).

Freilich hat der junge badische Prinz in Heidelberg nicht nur Vorlesungen gehört, sondern ist Ludwig Häussers, des Patrioten unter den deutschen Historikern, gewichtigster Schüler geworden. Häusser behandelte die deutsche Gegenwartsfrage im Sinne der preußischen Hegemonie. Friedrich wandelte sich unter seinem Einfluß zum liberal-nationalen Staatsmann, noch in Heidelberg einem geistig wachen und politisch ungemein verantwortlich denkenden Freundeskreis verbunden, aus dem Franz von Roggenbach, einer der Friedrich am nächsten Stehenden, dann badischer Minister wurde. Anders beim württembergischen Prinzen Wilhelm. Seine Tübinger Studienzeit war auf das Wintersemester 1865/1866 und das folgende Sommersemester beschränkt. Er muß allerlei gehört haben, rechts- und staatswissenschaftliche Vorlesungen, aber auch Geschichte und Geologie, Chemie und Technologie. Und er hat seine Kolleghefte nachweislich „peinlich genau geführt“. Auch zu Musikübungen soll er sich eingestellt haben. „Der Prinz hatte eine schöne Baritonstimme, die er auch später noch ausbilden und im engeren Kreise, auch noch als König, bei Klavierbegleitung durch seine Gemahlin ab und zu hören ließ“ (O. Gerhardt). Dann und wann zog es ihn mit seinem Vetter, dem Herzog Eugen, zu einem Ausritt in den Schönbuch oder ins Ammertal, getreu der Devise der Tübinger Verbindung Normannia: „Das Leben ist ein Jammertal ! Am wenigsten im Ammertal.“

Wilhelm und sein vetterlicher Freund hatten das Recht, im Tübinger „Museum“ für die einzelnen „Touren“ jederzeit und ungehindert die Damen auffordern zu dürfen. Irgendeinem unter den studentischen Mitbewerbern muß das auf dem Ball des 17. Januar 1866 mißfallen haben. Laut und deutlich protestierte er mitten auf dem Parkett gegen das prinzliche Privileg. Worauf die beiden Württemberger ebenso brüsk sich umdrehten und den Ball verließen. Fast eine halbe Woche später hat der Staatskanzler Geßler den „Vorfall" einläßlich dem König berichtet und die Befürchtung angefügt, „daß Ihre Königlichen Hoheiten, welche durch ihr anspruchsloses, freundliches Benehmen die ungeheuchelste Zuneigung gewonnen haben, die Museumsbälle nicht mehr besuchen werden". Indessen hat man die verbürgte Nachricht, daß die beiden weiter tanzten.

Im übrigen hatte Bismarck, nicht in persönlicher Absicht, versteht sich, einer etwa aufkeimenden Liebesidylle jäh ein Ende gesetzt. Mit Dekret vom 21. Juni 1866 wurde Wilhelm ohne alle vorherige militärische Ausbildung zum Leutnant im 3. Reiterregiment ernannt und dem Hauptquartier der württembergischen Felddivision zugeteilt. Preußen hatte den Krieg erklärt, die Württemberger hatten zusammen mit einer Handvoll lustloser badischer Einheiten und mit den Bayern gegen die aus dem Norden anrückenden preußischen Regimenter zu marschieren. Es wurde ein Feldzug der Verlegenheit daraus. Daß die Württemberger sich mit besonderem Ruhm bedeckt hätten, kann man kaum sagen. Da war mancherlei neu zu organisieren und zu modernisieren: dies die eine Lehre.

Die andere war von sehr persönlicher Natur. Am 24. Juli 1866, am Morgen des einzigen größeren Gefechtes, das sich die Württemberger mit den Preußen bei Tauberbischofsheim lieferten, stand die kleine Suite der württembergischen Generalität zu Pferd auf einer Anhöhe, als unmittelbar neben dem Prinzen ein Generalstabsoffizier, einer seiner Jugendfreunde, tödlich getroffen vom Pferde sank. Für Wilhelm, der sein Gemüt und sein sensibles, weiches Herz auch späterhin nie ganz verbergen konnte, muß das ein Schock gewesen sein. Und so etwas wie eine Feuertaufe für den Achtzehnjährigen. Er war als Truppenkommandeur und Mann in den besten Jahren nie einer von diesen schneidigen Garnisonslöwen mit dem bekannten preußischen Kasinoton. Er wußte, was Krieg bedeutet. Und er wußte auch, was Soldatenleben ist.

Schon am 5. September 1866, Preußens Krieg mit den süddeutschen Staaten blieb ein Intermezzo, konnte Wilhelm wieder „zur Fortsetzung seines Studium" des aktiven Heeresdienstes enthoben werden. Er bezog die Universität Göttingen, blieb dort für vier Semester, im zweiten trat er dem Korps „Bremensia" bei, wie er dann in Tübingen, wo er noch einmal im Wintersemester 1869/70 aufzog, „Sueve“ wurde. Den Göttingern und den Tübingern ist er zeitlebens verbunden geblieben. Im Kneipsaal des Tübinger Korpsuevia, das Haus ist nicht einmal im Zweiten Weltkrieg zerstört worden, hing für Jahrzehnte das lebensgroße, vom König gestiftete Bild des einstigen Korpsbruders. Wilhelm war noch Prinz, als er im Tübinger Jubiläumsjahr 1877 mit der Würde eines „Dr. jur. h. c.“ geehrt wurde. Viele Jahre später, zu seinem 25jährigen Regierungsjubiläum im Jahre 1916, erhielt er auch noch den „Dr. theol.“ und den „Dr. Ing.“ der Technischen Hochschule Stuttgart. Sie avancierte unter ihm zur universitätsgleichen Anstalt mit Senat, Promotionsrecht, „Magnifizenz“ und der Amtskette des Rektors vom 21. Juli 1912 mit Wilhelms Porträt. Sie hätte so recht den Namen „Wilhelmina“ verdient.

Wilhelm hatte sich, wie wir wissen, auf eine Soldatenkarriere eingestellt. Eine andere Möglichkeit sah er gar nicht für sich. Am 24. Februar 1869 wird er zu seinem 21. Geburtstag zum württembergischen Oberleutnant befördert und nach Potsdam beordert, um beim Garderegiment zu Fuß Dienst zu tun. Als militärischen Begleiter hatte König Karl ihm seinen eigenen Adjutanten, den damaligen Hauptmann Graf Ferdinand von Zeppelin mitgegeben. Vielleicht hat der junge, weltgewandte und geschickte Zeppelin mitgeholfen, den anfangs arg zurückhaltenden württembergischen Prinzen in der Potsdamer Garnison heimisch zu machen. Auch die Offiziere des Regiments halten freilich mit. Einer unter ihnen meinte später jedenfalls: „Wir empfingen den Prinzen mit offenen Armen und er kam uns, das fühlten wir bald, mit dem besten Willen entgegen. Zunächst wurde es ihm schwer, sich in die so ganz verschiedenen urpreußischen Verhältnisse zu finden. Anfangs schüchtern, taute er bald auf, wenigstens den ungefähr gleichaltrigen Offizieren gegenüber, und gewann deren Herzen durch sein freundliches, bescheidenes, so gar nicht den Prinzen heraushängendes Wesen.“ Dem Grafen Zeppelin, dem Luftschiffbauer, hat Wilhelm übrigens immer die Treue gehalten. Daß „der Zeppelin“ so etwas wie ein württembergisches Produkt wurde, war wesentlich sein Mitverdienst. „Es darf überzeugungsvoll behauptet werden“, vermerkte Zeppelin 1916, „daß König Wilhelm II. in vorderster Linie derjenigen steht, denen man die Verwirklichung meiner Erfindung zu verdanken hat.“

Die Karriere schien sich vorschriftsmäßig weiterentwickeln zu wollen. Am 1. April 1870 wird der württembergische Prinz in das mit Abstand vornehmste preußische Regiment versetzt, das Garde-Husaren-Regiment, nachdem er kurz zuvor zum württembergischen Rittmeister befördert worden war. König Karl bedankte sich am 1. Juni beim preußischen König, der damals in Ems zur Kur war, mit einem Telegramm für alles Wohlwollen, das er seinem Neffen erwiesen habe. Von Wilhelm ist da die Rede, „welchen ich wie meinen eigenen Sohn liebe"; eine der frühesten gewissermaßen amtlichen Hinweise darauf, daß in Württemberg Wilhelm als Kronprinz gelten durfte. Ein paar Wochen später ging aus Ems ein Telegramm hinaus, die berühmt gewordene „Emser Depesche", die das französische Prestigebedürfnis vollends entzündete und den Anlaß zum Deutsch-Französischen Krieg gab.

Wilhelm wollte aktiv an der Front stehen. Aber König Karl wollte seinen Thronfolger behalten. Und so verschlug es den Prinzen ins Hauptquartier, wo die Bundesfürsten mit Ausnahme des württembergischen und bayerischen sich gegenseitig auf die Füße traten und einen der preußischen Generale zu der brummigen Bemerkung veranlaßten, die Fürsten seien weder zu Haus noch an der Front, erst jetzt merke man, daß sie hier wie dort fehlten und eigentlich ganz entbehrlich seien. Es spricht für Wilhelms Seriosität, daß ihm dieser Wartestand sehr bald unbehaglich geworden ist. Er habe „das Gebummel im Hauptquartier gründlich satt", läßt er seinen Onkel wissen. Und ein andermal, zehn Tage nach der Kaiserproklamation 1871, an seine Mutter: „Bei den eben stattfindenen Waffenstillstandsverhandlungen ereignete sich eine merkwürdige Geschichte. Der französische General, der Jules Favre begleitete, war gestern so schwer betrunken, daß nicht verhandelt werden konnte. Dem Parlamentär-Offizier, welcher die Herren brachte, fiel es schon auf, daß der General nicht allein gehen konnte und von zwei Leuten geführt wurde. Bei Bismarck angekommen, wurde ihm ein Frühstück angeboten, wobei der General sofort ein Wasserglas mit Kognak austrank. So komisch die Begebenheit klingt, so traurig und unverantwortlich ist sie, wenn man bedenkt, daß vielleicht heute Tausende von Menschen noch ihr Leben lassen müssen wegen der Verzögerung durch diesen unerhörten Zwischenfall."

Wir greifen nicht zu weit, wenn wir annehmen, auch der verantwortlich denkende Truppenoffizier in Wilhelm habe sich hier zu regen begonnen. Wenig später ging es wieder in die Garnison zurück und in das Einerlei des Kasernen- und Gamaschendienstes. Nicht, daß die Karriere irgendwo in Torgau oder Posen versandet wäre. Wilhelm wird Eskadronchef, dann Major, auf Grund eines von Kaiser Wilhelm dem württembergischen König selbst mitgeteilten „günstigen Qualifikationsberichts" Oberstleutnant und Regimentskommandeur. Aber plötzlich, im Frühjahr 1875, bittet er um seine Entlassung aus dem preußischen Militärdienst. Am 23. Mai kehrt er nach Stuttgart zurück. Tags darauf verleiht ihm der württembergische König den Charakter eines Obersten.

Wilhelm winkt ab. Er muß damals in einer sehr viel tieferen Lebenskrise gestanden haben, als wir das noch rekonstruieren können. Die mehrmonatige Erholungs- und Studienreise nach Italien war wohl nur das äußere Zeichen für eine Zäsur. Die Heirat fiel in diese Zeit. Am 15. Februar 1877 hatte in Arolsen die Hochzeit Wilhelms und der Prinzessin Marie von Waldeck-Pyrmont stattgefunden, einer zwanzigjährigen jungen Frau, die der Prinz, bisher allen Heiratsvorschlägen abhold, auf den ersten Blick liebgewonnen hatte. „Mit den herrlichsten Eigenschaften des Körpers, des Geistes und des Gemüts ausgestattet, voll unwiderstehlicher Anmut, empfänglich für das Gute und Schöne, rein, wahr und edel im Denken, Wollen und Tun": mehr konnte dem bald dreißigjährigen Prinzen nicht beschert werden. Als schließlich aus dem Stuttgarter Kronprinzenpalais am 19. Dezember 1877 die Geburt einer Tochter Pauline gemeldet wurde, einer „wohlgestalteten lebenden Prinzessin", die von den Leuten später einfach als das „Königs-Päule" geführt wurde, schien das Glück vollkommen zu sein.

Jetzt war Wilhelm, seit 14. Oktober württembergischer Brigadekommandeur, auch wieder Soldat. Am 22. Mai 1878, am Vorabend des Geburtstages seiner geliebten Frau, bezog er unter festlicher Teilnahme der Ludwigsburger seinen neuen Wohnsitz „Marienwahl" an der Straße nach Eglosheim. „Die Prinzessin trug ihr Kind hochbeglückt selbst auf dem Arm über die Schwelle des Hauses und von da ab konnte man sie häufig den Kinderwagen in der Eglosheimer Allee spazierenfahren sehen." Am 28. Juli 1880, nachmittags vier Uhr, ging ein neuerliches Telegramm an den König in Friedrichshafen: „Marie eben glücklich von einem kräftigen Sohne entbunden; empfehle mein Kind deinem liebevollen Wohlwollen". Aber das Söhnlein, Garant der protestantischen Thronfolge im Lande, starb nach sechs Monaten. „Mit meinem kleinen Ulrich habe ich ein Stück des eigenen Herzens zu Grabe getragen und nur wer einen solchen Leidenskelch leeren mußte, vermag zu ermessen, welche Wunde dem Vaterherzen durch den Tod eines teuren Kindes geschlagen wird." Als am 27. April 1882 die Mutter nach qualvollen Stunden von einem toten Mädchen entbunden wird, erkannten die Ärzte bald, daß auch die ohnehin geschwächte Mutter nicht zu retten war. Am Sonntag, den 30. April, morgens sechs Uhr verschied sie, nachdem sie bei klarem Bewußtsein von dem Gatten und dem Töchterchen Abschied genommen hatte, dies in der Mahnung „Sei immer lieb gegen deinen Papa".

Erst zwei Monate nachher hat Prinz Wilhelm die Sprache wiedergefunden. Am 5. Juli 1882 unterbreitet er dem König die Bitte um Enthebung von seinem Posten und überhaupt um Entlassung aus allen militärischen Diensten, da „seine Lebenskraft gebrochen" sei. Als der Generaladjutant als erster vom König um seine Meinung gefragt wird, schreibt der zurück: „Ich kann nur von ganzer Seele bedauern, daß der Prinz nun doch den schon länger in ihm gärenden Entschluß, aus dem Militärdienst zu treten, gegen Ew. Majestät ausgesprochen hat – ein Entschluß, gegen den schon seine verewigte Gattin vergebens ankämpfte." „Rat- und Mutlosigkeit", meinte der Freiherr von Spitzemberg, habe sich des Thronfolgers bemächtigt. Sollte diese persönliche Krise in eine Staatskrise übergreifen? „Lieber Wilhelm", schreibt ihm der König zurück, in der Hoffnung, der Prinz ziehe sein Gesuch wieder zurück, „Du mußt vor allen Dingen trachten, Deine Gesundheit, welche erschüttert zu sein scheint, wieder herzustellen. Dir ist die ernste Pflicht vorgezeichnet, Dich für Deine zukünftige Bestimmung vorzubereiten in Deinem Interesse und für das Wohl unserer Heimat, des schönen Landes Württemberg."

Wilhelm bleibt bei seinem Ansinnen. Er ist kein Seelenkünstler, und schon gar nicht der heroische Übermensch, den Nitzsches Trabanten zu formen vorgeben und die Wagnerianer in orgelnden Tiefen besingen. Auch hier ist er ganz der Normalbürger, der den Tod einer hingebend geliebten Frau und eines gemeinsamen Bübleins nur als ein „schweres Schicksal" empfinden kann. „Durch ernste geistige Arbeit glaube ich am leichtesten über den Druck hinwegzukommen, unter dem ich bei meinem schweren Schicksal stehe." So im

Antwortbrief an den König; wir spüren, wie rührend sich der Briefschreiber selber wieder Mut machen will. „Ein still zurückgezogenes Leben entspricht auch mehr meiner persönlichen Neigung, seitdem ich durch harte Schläge und bittere Erfahrungen stets von neuem heimgesucht worden bin und die frische Lebenslust, die ich einst hatte, längst erloschen ist."

Der Rest ist ein in Würde, aber auch in leise resignierender Distanz getragenes, ertragenes Regentenleben. Ein gekrönter Monarch, gestreift wenigstens vom Schatten der Macht, der ein schlichter Mann geworden war, dem die Tränen in die Augen kamen, als er im großen Hof der Rotebühlkaserne an der Seite seiner Gattin Charlotte am 6. August 1914 die württembergischen Regimenter zu verabschieden hatte. Die Sträußchen stechen aus den Gewehrläufen, droben an den offenen Fenstern des Offizierskasinos wippen die Straußenfedern auf den Hüten der Gattinen, die Herren der Generalität falten grimmigen Blicks ihre Hände über dem Degenknauf. Wilhelm sieht durch das ordensglitzernde Spalier und die Fahnenreihen hindurch. Er weiß, daß Kriege im Dreck und im Stöhnen von Todgeweihten enden. Und vielleicht sieht er hinter den abgezirkelt aufgereihten Infanteristen, den gottergebenen, schon jene verlotterten Landser heraufziehen, die ihn nach dem 9. November 1918 auf einem Spaziergang bei Bebenhausen anpöbeln. Ein König muß weinen können.

Ein paar Tage später hat das Württembergische Rote Kreuz einen „Wakkeren Schwaben" in Auftrag gegeben, ein mächtiges Holzmonument, das benagelt werden darf, für nur fünf Goldmark ist jeder dabei (bis zum Geburtstag des Königs 1917 werden es 70 000 Nägel sein). In der Loggia des Kunstgebäudes zu Stuttgart hat der König die Schöpfung Joseph Zeitlers, das Geld geht an die Verwundeten und Invaliden, zum Sedanstag 1915 (2. September) zu enthüllen und den ersten Nagel einzuschlagen. Der muskulöse Eichenholzmann hinter dem Hirschstangenschild steht zur Abwehr da, ein überraschend niveauvolles Werk in Barlach-Nähe und ein gutes Zeugnis für die Kunststadt Stuttgart. Der König steigt nach vollzogenem Akt wieder das Trepplein hinunter. Vorsichtig und langsam, wie es einem alten Herrn anstehen darf. Er denkt an seine beiden weißen Spitzer, an Rubi und Ali, mit denen er heute Nachmittag wieder die Weinsteige hinaufgehen wird. Und an die Schulkinder droben auf dem Härtsfeld, die zwischen den Holzbänken ihr „Der wack're Schwabe forcht sich nit" herunterleiern. Und an die Grenadiere draußen, er war schon 1866 mit dabei, die heute den Schlamm aus dem Schützengraben schöpfen und morgen nach dem Sanitäter schreien. Und er weiß, daß das alles keinen Sinn mehr hat. Könige müssen lächeln können.

War er, nach Eberhard im Bart, nach Christoph, nach den beiden Friedrichen und vielleicht noch seinem Großonkel, dem ersten Wilhelm, der bedeutendste unter den württembergischen Regenten? Daß er nicht einmal mehr als ein „halber" Monarch regierte, wird man ihm eher als Bonus anrechnen. Daß nicht er es war (und sein konnte), der die Sozialisten in die Ecke der Vaterlandsverräter wies und dann allesamt, die „Verräter" miteingeschlossen, in die aufgebrochene Erde der Somme und Verduns schickte, kam seiner Popularität nur entgegen. So jemanden lieben die Leute leichter.

Und sie haben ihn geliebt. Es war durchaus ernst gemeint, was Prälat Dr. Hoffmann am 5. Oktober 1921 in der Stuttgarter Liederhalle zur Trauerfeier des Verstorbenen anfügte: dieser Mann sei mehr gewesen als ein König. Die Trauer sei keine „vom Herkommen befohlene, von irgendwelcher Stelle angeordnete, eine irgendwie gemachte", sondern „die Trauer des Herzens, aus ursprünglichem Gefühl entsprungen, wie man trauert um den Vater und um den Freund". Die Tausende, die zu dieser Stunde innerhalb und außerhalb der Liederhalle standen, dürften in der Tat dieser Version mit Tränen in den Augen zugestimmt haben. Man hat ihn geliebt. „Es gab kein Werk christlicher Liebe in unserem Lande, bei dem er nicht an erster Stelle mitwirkte, kein Unternehmen humanitärer Art und keine Pflege idealer Güter, für die er nicht eine offene Hand hatte. Wollte er doch Württemberg zu einem seiner Eigenart entsprechenden Mittelpunkt aller idealen Bestrebungen machen." Ein „liebreicher Vater seines Volkes" sei er gewesen, „innerlich gleich groß im Kleinen wie im Großen". Gewiß ein frommer Mann, der seine evangelische Kirche liebte, ohne dabei rigoros eine andere Glaubensart auszustreichen. „Religion war ihm nicht ein Mittel der Staatserhaltung, sondern Herzensanliegen und heilige Gotteskraft." Und wie in einer Quersumme: „Der letzte Atemzug ist geschehen. Aber diese Liebe, die von ihm ausgegangen, lebt in uns auf und fort, so oft wir seiner gedenken."

Die Tochter Pauline, die Fürstin zu Wied, hatte gewiß recht, wenn sie ein Jahrzehnt nach seinem Tode feststellte, wenn Wilhelm II. „heute noch in seinem Volke" lebe, so sei „der Nährboden nicht der, daß er Württembergs König war, sondern weil er ein Mensch war". Er hatte kein Talent zu irgendwelchen intellektuellen oder ästhetischen Verabsolutierungen. Und er hatte kein Gespür für prinzipielle soziologische Unterscheidungen und Auftrennungen in Schichten und „Klassen". Seine Vorstellung von Staat und Gesellschaft muß er aus seinen Erfahrungen der soldatischen Kameradschaft und Gemeinschaft hergeleitet haben: ein Schicksalsbund, in dem jeder seinen Posten hat und jeder Posten gleich wert und gleich wichtig ist. Die vielen netten Geschichten, die man sich von dem jungen Potsdamer Kommandeur erzählt, weisen alle auf ihn als den treusorgenden, jovial denkenden Vorgesetzten, bis hin zu jenem Soldaten, der es mächtig eilig hatte, noch vor Torschluß in seine Kaserne zu kommen, und den Herrn in Zivil auf seinem Zweispänner anhält und fragt, ob er nicht aufsitzen dürfe. Wilhelm nimmt ihn bereitwillig mit und hört sich auch ernsthaft die treuherzigen Mitteilungen seines Musketiers an, über das Soldatenleben im allgemeinen und im besonderen, immer wieder unterbrochen durch die Bitte, ihn doch rechtzeitig noch vor der Kaserne abzusetzen. Und dann ertönt das „Rrraus" der Wache. Und dem Soldaten dämmert, daß ihn kein anderer als sein Brigadekommandeur zum Aufsitzen eingeladen hatte.

Nirgendwo war Stolz oder „schichtenspezifische" Überheblichkeit bei ihm. Die Leute waren ihm alle gleich. Weil er die gleichen Schmerzen und die gleichen Freuden wie sie alle hatte, bis hin zu jenem Herzenswunsch, heute würden wir sagen, aussteigen zu dürfen. Wilhelm mag sich damals noch jenes Satzes erinnert haben, den ihm sein achtzigjähriger Großvater einmal zugeschickt hatte: Der Fürst sei um des Volkes willen da, nicht das Volk um des Fürsten. Daß bei königlich-staatlichen Festveranstaltungen auch Sozialdemokraten eingeladen wurden, geht auf seinen persönlichen Wunsch zurück. Sie saßen, die „Sozi", dann allemal in der unmittelbaren Nähe des Königs. Auf einem dieser Banketts — das die Arbeitersprecher nie geschnitten haben — hat Wilhelm II. dem sozialdemokratischen Landtagsabgeordneten und Redakteur der „Tagwacht" zugeraunt, er lese sein Blatt jeden Morgen. Dieser Redakteur war kein anderer als Wilhelm Keil, fast zwei Generationen lang Haupt und Sprecher der württembergischen Sozialdemokratie. 1916 schrieb er in seiner „Tagwacht": „Wenn morgen in Württemberg an die Stelle der Monarchie die Republik treten würde, kein zweiter würde, wenn alle Bürger und Bürgerinnen zu entscheiden hätten, mehr Aussicht haben, an die Spitze des Staates gestellt zu werden, als der jetzige König."

„Die letzte Stunde des Königreichs Württemberg“: Arbeitergruppen dringen am 9. November 1918 mit roten Fahnen ins Wilhelmspalais ein. Lithographie von Otto Schwerdtner.

Mensch war er in erster Linie. Nicht Parteimann, nicht Ausgeburt einer „Bewegung“, nicht Aushängeschild einer als nützlich entdeckten Ideologie. Das hat ihm auch die Linken nahegebracht, die doch sonstwo vom heiligen Zorn gegen die Feudalen und Aristokraten ergriffen waren. Selbst hier konnte Wilhelm II. ein Stück staatspolitischer Identifikation hergeben, selbst für die württembergischen „Sozis“: sie waren's, die ihm die Ehrenwache stellten, als er am Spätnachmittag des 9. November durch die immer noch aufgebrachten Straßen und Gassen nach Bebenhausen fuhr. Als er gerade den

Thron bestiegen hatte, da hätte es vielleicht für einen Augenblick kritisch werden können. Die Katholiken im Lande begannen sich im „Zentrum" zu einer politisch kämpfenden – und wirksamen – Gruppe zu formieren. War Württemberg evangelisch oder katholisch? Sollte es weiterhin von einem König regiert werden, der zugleich das Amt des evangelischen Landesbischofs innehatte? Als Prinz Wilhelm am 20. Oktober 1889 mit der 13jährigen Prinzeß Pauline gerade die Marienwahl verließ und zur Kirche fahren wollte, wurden vom Vorgarten auf ihn mehrere Schüsse abgefeuert. Der von den beiden militärischen Posten und dem Kammerdiener sogleich festgenommene Attentäter war ein junger Gerber aus dem Kirchheimer Bezirk. Er gab vor, Katholik zu sein. Er habe durch das Attentat eine andere Thronfolge in Württemberg erreichen wollen. Es hagelte an diesem Tag nur so von Telegrammen und Glückwünschen. Bismarck telegraphierte: „Ew. K. Hoheit bitte ich, meinen herzlichsten und ehrerbietigsten Glückwunsch und Ausdruck meiner Freude über Gottes Schutz gegen Mörderhand in Gnaden entgegenzunehmen." Wilhelm hat noch am Abend den Attentäter im Untersuchungsgefängnis besucht. Langsam stellte sich heraus, daß der Attentäter geisteskrank sei. Drei Monate später mußte er in die Heilanstalt Zwiefalten eingewiesen werden, wo er später gestorben ist.

Unausweichlich, daß diese „bloß" im Menschsein (und in der Menschlichkeit) gegründete Persönlichkeit einer auf weltanschauliche Entscheidung gegründeten politischen Apparatur nicht (mehr) genügen konnte. Allein durch seine modernem politischem Anspruch nicht mehr gerecht werdende „allgemeine Humanität" ist Wilhelm II. in seiner – doch öffentlichen, politischen – Funktion ins Abseits des „Kulturellen" gedrängt worden. Wie sich die deutschen Bundesfürsten des Zweiten Reiches durch die Preisgabe ihrer vollen Souveränität auf die Wahrnehmung zweit- oder drittklassiger Öffentlichkeitsaufgaben verwiesen sahen, so sah sich Wilhelm in doppelter Weise auf das Altenteil der bloßen Repräsentation gerückt. Er hat diese merkwürdige (und ungute) Situation einer Halb-Souveränität deshalb bis zur bitteren Neige auskosten müssen, weil ihn seine Verständnislosigkeit gegenüber allen modernen, von der Konfrontation der Extreme belebten Massendemokratien, aber auch seine schließlich bewußte Darstellung nur menschlicher Verbundenheit zwischen Monarch und Volk in eine Lage hineinführten, in welcher derlei patriarchalische Verschnürung wie ein Seidenfädchen reißen mußte: im Augenblick des Gegenschlags und der Revolution, in dem Politik nicht als Moral, sondern als Ideologie sich etablieren wollte.

Es ist bezeichnend für die Arglosigkeit seines Bildes von Staat und Gesellschaft, daß er diesen Moment vielleicht, ja sogar sicher hat kommen sehen, aber nie als den für ihn geltenden potentiellen Ernstfall hat wahrhaben wollen. Er war zunehmend des Glaubens, und das hatte gewiß aus seiner Perspektive auch seine Richtigkeit, die Württemberger liebten ihren König und bei den Württembergern gebe es keine Revolution. Daß es dann schließlich doch eine gab, nicht nur eine schwäbisch-gedämpfte, sondern auch eine von scharfen und ideologischen Schüben getragene, wurde gewiß, sieht man einmal von der schweren persönlich-familiären Krise des Sommers 1882 ab, zur elementaren Enttäuschung seines Lebens. Auch in politischer Hinsicht war er wohl immer der Meinung des alten Goethe, daß das Leben, „wie es auch sei, gut" sei. Wilhelm muß in diesem Betracht zu *den* Menschen gehört haben, die von der Gewißheit leben, daß sich die Dinge schon fügen werden, lasse man ihnen nur auch ihre Zeit.

Ein gewisser fatalistischer und jedenfalls zögernd-abwartender Unterton kann freilich in solcher Lebensanschauung nicht überhört werden. Wilhelm hat sich dieser resignativen Gedankenwelt, vor allem nach diesen, wie er meinte, irreparablen Verlusten von Weib und Kind, wohl mehr und mehr hingegeben, insgeheim und ganz im Privaten. Vor der Öffentlichkeit empfand man einen derart denkenden Menschen, zumal wenn er als Monarch aufzutreten und zu fungieren hatte, als einen Mann der Gelassenheit. Die seit dem 1. August 1914 gerade von ihm so herzlich gezeigte Verneigung vor der „württembergischen" Fahne (und Ehre, und Verteidigung, und Tradition), die er auf allen Frontreisen ganz ungeniert unterstützte, könnte von diesem leisen Rückzug Zeugnis ablegen. Als die Aversion gegen die militanten und aggressiven Aufschneidereien des gleichnamigen, aber nicht gleichartigen Berliner Vetters Wilhelm II. ihrem Höhepunkt zutrieb, ein paar Jahre nach der Jahrhundertwende, war es Wilhelm II. von Württemberg, der bei der Juristischen Fakultät der Universität Heidelberg nachfragen ließ, ob er denn als Bundesfürst die Bundesverfassung — die Reichsverfassung — auch kündigen könne. Antwort: im Theoretischen wohl. Ob das indessen politisch praktikabel sei, liege im Ermessen des Fragestellers.

Wilhelm hat gewiß nie, wie ihm sein einstiger Oberhofprediger beim Trauergottesdienst bescheinigte, „in Bitterkeit" vom Reich gesprochen. Dazu war er viel zu sehr von dessen Notwendigkeit überzeugt. Aber er hat auch nie großspurig-nationalistische Töne angeschlagen. Dafür war er viel zu sehr Schwabe im Sinne einer allemal ausgleichenden Schau des Lebens, im Sinne einer Distanz von aller Verabsolutierung und Totalisierung. Gerade hier ist nur das in ihm lebendig, was — nach seiner Auffassung — gewachsen ist, was echt ist, was machbar ist, was sich geschichtlich bewährt hat. Daß er schließlich vor diesen „nationalen Lebensfragen", auch vor ihnen, nichts als ein Mensch war, will heißen, ein reif denkender und gestandener Mann, darin hat die Tochter Pauline also recht. Ganz unrecht indessen hat sie, wenn sie in ihrem 1933 geschriebenen und mit „Heil Hitler" unterzeichneten Geleitwort ihrem Vater posthum so etwas wie einen Hitler-Verehrer anhängen wollte. „Wenn es ihm auch nicht vergönnt war", schreibt sie da, zwölf Jahre nach seinem Tode, „die nationale Erhebung seines geliebten deutschen Vaterlandes unter unserem Führer Adolf Hitler zu erleben, so sehe ich ihn im Geiste doch in den vordersten Reihen der Bewegung, die vom Einzelnen alles fordert für Volk und Vaterland."

Gerade darum, um den Verschleiß der Menschen zugunsten einer Idee, kann es ihm nie gegangen sein. Hatte ihm nicht der Großvater gleichsam testamentarisch vermacht, das Volk sei nicht um des Fürsten willen da, sondern umgekehrt? In dieser altüberlieferten — und wie gesagt antiquierten — Lebenswelt hat er sich immer bewegt, wie ein treusorgender Kompaniechef, wie ein ehrlicher Gutsherr. Der geschwinden und sozusagen elektrisierten Modernisierung, wie sie der junge Kaiser in Berlin haben wollte, muß er immer skeptisch gegenübergestanden haben. „Besonnenen Fortschritt" wolle er; dies Wort aus seiner Thronrede ist im Lande (und darüber hinaus) berühmt geworden. Die Politik der drei Ministerien unter ihm — von Mittnacht, von Breitling, von Weizsäcker — konnte sich mit dieser Devise gut vertragen; sie hat nie etwas von jener Atmosphäre verspüren lassen, deren man in Berlin gewahr wurde und die von hektischem Imperialismus ebenso durchsetzt war wie von nervösem Industrialismus. Als die Verfassungsreform 1905 die „reine Volkskammer" brachte, war damit ein Prozeß zu Ende gebracht, der seit Jahrzehnten im Lande diskutiert und freilich immer dringender gewünscht wurde. Auch die Schulnovelle, die Steuerreform, die Bauordnung oder das Gesetz über die Religionsreversalien waren alles andere als Experimente: überlegte, man wird das Wort nehmen dürfen, ausgereifte Anpassungen an eine veränderte Zeit.

Denn nur Bewahren und nur die Hand darüber halten war seine Sache nun auch nicht. Man wird sich immer fragen, ob denn nicht Gewichtiges im Bereich der Landesgesetzgebung nicht auch ohne ihn geschehen wäre, ob tatsächlich er es war, der den Anstoß zur Gründung des Schillervereins (und damit zum Schiller-Nationalmuseum) gegeben hat. Für Stuttgart *hatte* er ein Programm: die Stadt sollte „auf allen Gebieten der Kunst zu einem kulturellen Zentrum werden“, und einer seiner Biographen überliefert, es sei „sein ausgesprochener Wunsch und Plan“ gewesen, „in Württemberg ‚eine Art Kulturzentrum' zu schaffen auf dem ganzen Gebiet der Kunst und Wissenschaft“. Keine Frage, daß in der bewundernswert freien und schöpferischen Kunstentwicklung Stuttgarts um die Jahrhundertwende seine persönliche Handschrift zu erkennen ist, die Namen von Kalckreuth und von Linden, Theodor Fischer oder Pazaurek sind nur Andeutungen in diesem Zusammenhang. Das Stuttgarter Theater, die einzige noch ganz ihm verbliebene Domäne, ist unter ihm zu einem der ersten Bühnen- und Opernhäuser Deutschlands avanciert, ein Institut, das zuvor in diesem ganzen 19. Jahrhundert kaum mehr als bessere Provinz war. 1893 hat Wilhelm den damals 31jährigen badischen Leutnant Joachim von Putlitz gegen die Konkurrenz ganz alter Hasen zum Theaterintendanten gemacht, unter Putlitz ist die Hofmannsthal-Straußsche „Ariadne“ zum ersten Mal in Deutschland aufgeführt worden. Als in der Nacht vom 19. auf 20. Januar 1902 der König vor den rauchenden Trümmern seines Hoftheaters stand, wurde alsbald im Theaterpersonal die Sorge laut, ob nun alle Verträge aufgelöst werden. Auch hier schlägt Wilhelms Auffassung von der Gesellschaft im Staate als einer treulichen Gemeinschaft durch. Er hat spontan die Damen und Herren der Ensembles wissen lassen, daß selbstverständlich niemand seines Vertrags verlustig gehe. „Wie von einem Alp erlöst“, notierte später der Hofschauspieler Egmont Richter, „waren die Gemüter der schwer betroffenen Mitglieder, und einige Tage später bewegte sich ein langer Zug sämtlicher am Theater Beschäftigten zum Wilhelmspalast, um dort dem Königspaar eine Huldigung darzubringen. Der große Saal war dicht von diesen freudig und dankbar bewegten Menschen erfüllt, und als der König mit seiner Gemahlin den Saal betrat, erklang in machtvollen Tönen das ‚Wacht auf' aus den Meistersingern, jenem herrlichen Werk, das zuletzt von der Bühne des dahingesunkenen Kunsttempels erklungen war. Mit Tränen in den Augen stand tieferschüttert der geliebte Herrscher im Kreise seiner dankerfüllten Künstler und dankte bewegt."

Am 20. Dezember 1918 schickte Wilhelm an die „von ihm besonders geschätzte Hofschauspielerin Fräulein Rossi" einen Brief aus Bebenhausen, in dem er vermerkt, er habe beim Abschied aus seiner Vaterstadt noch einen letzten Blick auf die beiden Häuser geworfen, „in denen ich so viele Stunden edlen Kunstgenusses oder der Erheiterung nach gethaner Arbeit verlebte. Ich glaube, Sie wissen oder müssen es gefühlt haben, daß ich die Theater wie ihre Künstlerschar auf warmem Herzen trug". Keiner unter den Künstlern, der nicht Mitglied geworden wäre „ohne meine persönliche Beurteilung". Mithin: Hier hatte der König nicht für repräsentative Schnörkel zu sorgen, hier war er Chef in vollstem Sinne des Wortes. Sämtliches Personal der beiden Häuser war der oberen Leitung und Aufsicht des Vorstands der kgl. Hoftheaterintendanz unterstellt, der selbst unmittelbar unter dem König stand, bei diesem persönlichen Vortrag hatte und ihm allein für seine Amtsführung verantwortlich sein sollte. Die Mitwirkung der Hofkammer beschränkte sich auf finanzielle Fragen. Indessen war der König oberste Aufsichtsinstanz. „Die finanziellen Opfer", schrieb Rudolf Krauss 1916, „die der König für sein Hoftheater bringt, sind sehr beträchtlich." In dieser sehr gründlichen und erfahrenen Arbeit des schwäbischen Kulturhistorikers erfährt man denn auch, in welch hohem Maße das Stuttgarter Theater (und Theaterwesen) mit Wilhelm II. einen Aufstieg erlebt hat, nachdem es unter seinem Vorgänger mehr und mehr verfiel. Karl hat dem Theater in Stuttgart „nur zeitweise" seine Aufmerksamkeit geschenkt und die Königin Olga stand „der Theaterkunst überhaupt völlig fremd gegenüber".

Es gab einen Tag, der in das Leben Wilhelms – und in die Geschichte Württembergs, Deutschlands, Europas – jäh eindrang wie ein Messerschnitt. Das war der 9. November 1918. In der beginnenden Nacht zuvor saßen die Herren Minister, der Stuttgarter Oberbürgermeister und der Polizeidirektor zusammen, um zu wissen, was getan werden solle. Daß für den nächsten Tag eine Großdemonstration der Arbeiterschaft, der Gewerkschaften, der SPD und USPD geplant sei, wußte man. Es werde die Republik ausgerufen werden. Die Beamten des Innenministeriums verlangen Waffengewalt. Der Stellvertretende Kommandierende General Exzellenz von Schäfer erklärt, daß mit den Truppen, wenn die Versammlung auf dem Schloßplatz zugelassen werde, weiteres nicht verhindert werden könne. Er glaube nicht, daß die Truppe, sollte es notwendig werden, schieße. Vom König kommt der Bescheid, „um seinetwillen" solle kein Blut vergossen werden. Ministerpräsident Liesching spricht das Schlußwort: Das Militär erkläre seine Ohnmacht. Also müsse man die Dinge geschehen lassen.

Als der Morgen des 9. November anbrach, wurde dem Diensthabenden Offizier im Wilhelmpalais klar, daß zwar in allen den Tagen zuvor morgendliche Befehle eintrafen, diesmal aber nicht, weder vom General der 51. Ersatzbrigade, von Ebbinghaus, noch vom Gouverneur der Stadt Stuttgart, Generalleutnant von Scharpff. Gegen Ende der Massenkundgebung auf dem Schloßplatz drang ein „aufrührerischer Haufen" in den Hof des Waisenhauses ein, wo eine Kompanie Soldaten bei zusammengesetzten Gewehren weggetreten war. Sie ließ sich widerstandslos entwaffnen. Einer an der Spitze der „eindringenden Matrosen" soll gerufen haben: „Den Willhelm wollen wir haben!". Die Gruppe drängte sich dem Wilhelmspalais entlang zum Neuen Schloß (den Posten am Wilhelmspalais riefen sie zu: „Jetzt geht's zur Schloßwache, dann kommt Ihr dran!") und von dort zur Wohnung Wilhelms, der bezeichnenderweise „zu Hause" geblieben und nicht, wie der Badener Großherzog, geflohen war. Dann wandte sich die Gruppe „unter Aufmunterung einiger Krakeeler" zum Wilhelmspalais. Die Posten dort blieben vor ihren Schilderhäuschen stehen, bis „ein unter den Demonstranten befindlicher Unteroffizier erst dem einen, dann dem anderen das Gewehr entlud". Die Schar drang indessen noch nicht ein. Ein Wortführer vielmehr, mit roter Armbinde, forderte den heraustretenden Wachoffizier, den Leutnant Karl Botsch auf, zu kapitulieren: „Herr Leutnant, lassen Sie Ihre Leute heraustreten, oder das Palais wird gestürmt." Nach anderen Versionen soll die Aufforderung gelautet haben: „Herr Leutnant, geben Sie die Waffen ab oder das Palais wird gestürmt!"

Wie immer auch, der Leutnant, der den Wunsch seines Königs, kein Blut zu vergießen, kannte, erklärte seinen Musketieren: „Wenn ihr die Waffen niederlegen wollt, ich übernehme für euch die Verantwortung; ich selbst aber werde meinen Degen unter keinen Umständen abgeben." Die achtzehn Soldaten leisteten ihrer Entwaffnung keinen Widerstand. Dreimal noch wurde der Leutnant Botsch, aus einer alten schwäbisch-fränkischen Lehrerfamilie stammend, zur Abgabe seines Degens aufgefordert. Seine Antwort lautete dreimal: „Nein, niemals werde ich meinem König den Treueschwur brechen und am wenigsten in seinem Hause!" Was dann geschah, hat Leutnant Botsch, hernach Pfarrer in Stuttgart-Luginsland und an der Mißhandlung durch die Spitze seines Paradehelms zeitlebens leidend, selbst erzählt: „Sie führen mich ab, hinein in die Menge. Ein Faustschlag ins Gesicht zeigt mir, was auf mich wartet. Rufe werden laut: Schlagt ihn tot, den Bluthund! Die Menge tobt, alles, was kann, haut auf mich ein, die Achselstücke werden heruntergerissen, der Degen abgerissen, der Helm herunter von dem Kopf. Da – ein Schuß: Man ist der Meinung, ich habe geschossen; ich sehe Gewehrkolben, die mein Haupt suchen. Da – ein Schlag mit der Spitze meines Helms auf den Kopf, das Blut strömt über mein Gesicht und der Waffenrock ist voll Blut. Die wilde Menge sieht Blut und ein gut Stück ihrer Wut ist nun gestillt. Nachdem mir die Besinnung wiederkehrte, erhielt ich in der benachbarten Akademie einen Verband, eine Tasse Tee und für den Heimweg meinen inzwischen herbeigeschafften Zivilanzug."

Unterdessen zog die Meute, als „landfremde Matrosen und sonstige Genossen einer verkommenen Soldateska" hat die württembergische Geschichtsschreibung sie hernach apostrophiert, hinauf in das Vestibül vor den Gemächern des Königs und verlangte in wildester Erregung, daß die von ihnen mitgebrachte rote Fahne auf dem Gebäude – wo sonst die Hausflagge des Königs, das gelbe Tuch mit den drei schwarzen Hirschstangen wehte – aufgezogen werde. Der Kammerdiener überbrachte diese Forderung dem König, der gerade das neue Kabinett unter der Führung des Sozialdemokraten Theodor Liesching vereidigt hatte und von seinen neuen Ministern, Adjutanten und obersten Hofbeamten umgeben war. Ruhig und fest antwortete der König, das sei Hausfriedensbruch. Man könne von ihm verlangen, daß er seine Hausflagge einziehe. Aber daß er auf seinem Privathaus die rote Flagge aufziehe, das könne man ihm nicht abverlangen, aber, vergeblich sah er sich in seiner Umgebung nach Hilfe um, er weiche der rohen Gewalt.

In diesem „Akt", tatsächlich wehte die rote Fahne kurze Zeit darnach auf dem Wilhelmspalais, mag das eigentliche Ende König Wilhelms und der Geschichte des herzoglich-königlichen Württemberg gesehen werden. Der

Radaumacher, der „Revolutionäre“, ist Wilhelm an diesem Tag in seinem Haus nie ansichtig geworden. Er ist auch, wie man hernach zu berichten wußte, persönlich nicht belästigt worden. Die Hauptschreier sind im Vorraum vor allem durch den Leibarzt des Königs, den beherzten Obermedizinalrat Dr. von Gußmann, so gut es ging im Zaum gehalten worden. Selbst im Moment des turbulenten Eindringens hatte niemand Lust gezeigt, Möbelstücke oder Zimmereinrichtungen zu demolieren. Für den Nachmittag will ein „Techniker“ namens Gustav Esterle, so die linke Presse Tage darnach, die Eindringlinge — Musik habe eingesetzt, Zehntausende hätten gejubelt — wieder abgedrängt und den König vor allen möglichen Zugriffen bewahrt haben.

Theodor Liesching, an diesem Tag noch Ministerpräsident, eine von den zahllosen Stimmen, die den Stuttgarter 9. November berichtet und kommentiert haben, schrieb später: „Von den ‚greulichen Szenen' im Wilhelmspalast, die heute noch immer aufgefrischt oder neu erdichtet werden, bleibt sonach ungefähr soviel wie nichts übrig. Die Erzählung des Herrn Esterle, der am 9. November nachmittags eine historische Rolle im Wilhelmspalast gespielt haben will, scheint mir sehr anfechtbar.“ Gewiß hatte die Rolle Esterles für den, sagen wir einmal, altwürttembergisch-bürgerlichen Beobachter etwas ebenso Abenteuerliches an sich wie ein Beruf als „Techniker“ und als Erfinder, der hernach den König in Bebenhausen um Zuschüsse für sein in wenigen Tagen fertiges Patent anpumpte. Aber auch das wissen wir: daß derlei extraordinäre Situationen auch der extraordinären Köpfe bedürfen. Man kann die Augenblicke kollektiver Leidenschaften und Emotionen hernach schlecht — und kühlen Blutes — in all ihren Details rekonstruieren.

Aber das ist wohl auch gar nicht entscheidend. Ganz offenbar und zweifellos ist, daß an diesem Vormittag, als der König sich beugen sollte, vor der Macht, vielleicht dürfen wir auch sagen, vor der Ideologie (wiewohl die Schreier wenig genug davon in ihrem geistigen Gepäck mitgebracht haben dürften), wenn wir einmal vom „Königsleutnant“ Botsch absehen wollen, keiner seiner Landsleute zur Stelle war. Politisch und gar parteipolitisch ausgedrückt: die bürgerliche Rechte hat sich zurückgehalten, und die Linke hat geglaubt, ihr Gewissen wieder entlasten, sich der Extremisten in ihren Reihen wieder entledigen und dem König schließlich noch am gleichen Tag die Bewachung auf der Fahrt nach Bebenhausen stellen zu müssen. Betrachten wir den 9. November in Stuttgart rein militärisch, so müßte immerhin festgehalten werden, daß selbst der heißeste Monarchist unter den späteren Kommentatoren bemerkte, es sei im Hinblick auf die auch für diesen Tag verantwortlichen Militärs nicht zu umgehen, „daß nach damals einhelligem Empfinden der gesamten Bevölkerung von ihnen nicht alles geschah, was Rang und Verantwortlichkeit forderten".

Mehr noch: die bürgerliche Rechte, was immer im einzelnen darunter zu zählen war, hat sich jeglicher Teilnahme und jeglicher Entscheidung versagt. Sie hat den König buchstäblich alleine dastehen lassen. Diese bittere Erkenntnis wird auch dadurch nicht beschönigt oder gar umgewendet, daß die bürgerliche Geschichtsschreibung Württembergs hernach mit den kniffligsten und pedantischsten Methoden versucht hat, wenigstens den Ruhm der Linken (und Herrn Esterles oder wessen immer auch) zu schmälern oder anzukratzen.

Wilhelm, dem alten Herrn, der die Eindringlinge schon deshalb enttäuscht hat, weil die auf sagenhaften Luxus sich eingestellt hatten und dann feststellen mußten, daß der „König" sich sein Essen allemal in Henkelmännchen vom Alten Schloß herüberkommen ließ: Wilhelm muß sich dieser Tage wie ein Blick in Abgründe aufgetan haben. Schon Monate vorher, an seinem 70. Geburtstag am 25. Februar, dem letzten, den er in Stuttgart gefeiert hat, muß ihn ein Vorfall tief getroffen haben. Auf seinem sonntäglichen Gang zur Schloßkirche hatte sich ihm ein Weib in erregtestem Zustand entgegengestellt und von ihm laut schreiend gefordert, er solle „jetzt endlich Frieden schließen". Dem König gelang es nur schwer, den Zugriffen der Frau sich zu entwinden und sie zu beruhigen.

Die Fahrt nach Bebenhausen, wo Monate später die Württemberger zu Scharen anrückten, „ihren" König zu sehen, wenigstens einen Augenblick, die reinsten Wallfahrten wurden das: Die Fahrt nach Bebenhausen war ein Weg ins Ende, der zugleich zu den Anfängen zurückführte. „Ich war am Grabe meiner Frau", schreibt er am 14. März 1920, anderthalb Jahre vor seinem Tod am Sonntag, dem 2. Oktober 1921, an den früheren Feldpropst Blum, „Ich war am Grabe meiner Frau und meines Kindes und da habe ich, ganz allein an den Gräbern stehend, Gott gedankt, daß er meinen Sohn das heutige Elend hat nicht erleben lassen und seiner Mutter das große, das viele Leid erspart hat. Ich bin in einem großen Bogen um Stuttgart herumgefahren, nicht aus Bitterkeit, sondern weil ich das Gefühl habe, daß ich dort nicht mehr hingehöre. Nie möchte ich Stuttgart mehr betreten, selbst nicht bei meiner Überführung zur letzten Ruhestätte in Ludwigsburg."

Als Bub schon habe ich Wilhelms „Scheidegruß" wieder und wieder gelesen. Vielleicht weil er mir unbewußt als eines der knappsten und zugleich eindrucksvollsten Dokumente dafür erschien, daß Mensch und Geschichte sich einmal, für den Flügelschlag eines Augenblicks, gegenseitig verabschieden können, in Würde. In Würde hat Wilhelm, der den einzelnen Menschen allemal ganz respektiert hat, als einzelner Mensch Valet gesagt. Das kann kein Zufall gewesen sein. Am 30. November 1918 brachte der „Staatsanzeiger" diese Kundgebung des Königs: „Mit dem heutigen Tage lege ich die Krone nieder. Allen, die mir in 27 Jahren treu gedient oder mir sonst Gutes erwiesen haben, danke ich aus Herzensgrund. Ich spreche hierbei zugleich im Namen meiner Gemahlin, die nun schweren Herzens ihre Arbeit zum Wohle der Armen und Kranken im bisherigen Umfange niederlegt. Gott segne, behüte und beschütze unser geliebtes Württemberg in alle Zukunft. Dies ist mein Scheidegruß!"

Abriß der württembergischen Münzgeschichte

Ulrich Klein und Albert Raff

Die Münzgeschichte von Württemberg begann am 17. Januar 1374, als Graf Eberhard II., der Greiner (regierte von 1344 bis 1392), von Kaiser Karl IV. das Recht erteilt bekam, Hellermünzen schlagen zu lassen. Es sind die uns wohlbekannten Heller mit Hand und Kreuz, so wie sie seit dem Ende des 12. Jahrhunderts in millionenfacher Auflage in der königlichen Münzstätte Schwäbisch Hall geprägt wurden. Allerdings tragen sie zur Kennzeichnung ihrer Herkunft als Beizeichen zusätzlich eine liegende Hirschstange sowie teilweise auch den Anfangsbuchstaben des Namens des Grafen, ein gotisches E (Abbildung a auf Seite 361). Obwohl uns bis heute lediglich sieben Exemplare dieser ersten württembergischen Münzen bekannt geworden sind, muß die Ausprägung bedeutend gewesen sein. Denn alle sieben Stükke wurden mit verschiedenen Stempeln geschlagen.

Die ersten fünfzig Jahre der württembergischen Münzgeschichte sind durch Münzverträge bestimmt, die von den württembergischen Grafen mit den benachbarten Herrschaften und den Reichsstädten in Oberschwaben und am Bodensee geschlossen wurden. In diesen Abmachungen wurden nicht nur die zu prägenden Nominale, sondern auch ihr Aussehen und ihr Feingehalt genau festgelegt. Letzteren mußte man übrigens von Vertrag zu Vertrag ständig reduzieren, um so die steigenden Silberpreise auszugleichen.

Der Kirchheimer Vertrag von 1396 sah für Württemberg neben der Ausgabe von Hellern, die jetzt statt der Hand zwei beziehungsweise drei Hirschstangen zeigen, zum erstenmal Schillinge im Wert von zwölf Hellern vor. Diese Prägungen, die ungefähr zwei Gramm wiegen, tragen auf der Vorderseite das Wappen und den Namen des Landesherrn, auf der Rückseite ein Blumenkreuz und den Namen der Münzstätte Stuttgart (Abbildung b auf Seite 361).

Schon acht Jahre später änderte sich das Aussehen der Münzen erneut. Während die dem Münzvertrag von 1404 entsprechenden Schillinge mit Wappen, Helm und seiner Zier noch nicht nachgewiesen werden konnten, begegnen uns die Heller häufig in Heimatfunden. So waren zum Beispiel unter den Fundmünzen der archäologischen Grabung in der Stadtkirche von Esslingen, die in den Jahren 1960 bis 1963 durchgeführt wurde, allein zehn dieser Heller enthalten. Sie zeigen auf der Vorderseite das Jagdhorn als württembergische Helmzier, das von nun an für Jahrhunderte das Kennzeichen nicht nur der Heller, sondern auch der Pfennige darstellen sollte. Der berühmte Riedlinger Vertrag von 1423 brachte zum erstenmal die Ausprägung derartiger „Jagdhornpfennige“, die einseitig waren und in ihrem Wert zwei Hellern entsprachen (Abbildung c auf Seite 361). Dieser Vertrag, der zunächst auf zehn Jahre abgeschlossen war, blieb über fünfzig Jahre in Kraft und bestimmte damit das Münz- und Währungswesen des schwäbischen Raums entscheidend.

Im letzten Viertel des 15. Jahrhunderts änderte sich die württembergische Währungspolitik. Nachdem die Teilnehmer des Riedlinger Vertrags nun doch auseinandergingen, da die ehemaligen Vereinbarungen nicht mehr den tatsächlichen Verhältnissen entsprachen, wurde die benachbarte Markgrafschaft Baden neuer Vertragspartner Württembergs. Neben wirtschaftlichen Gründen waren es vor allem politische Überlegungen, die zu diesem Zusammenschluß führten. Das Expansionsstreben Österreichs kollidierte zusehends mit den territorialen Ambitionen Württembergs in der Grafschaft Hohenberg und den Interessen Badens bezüglich der Pfalz.

Der Leonberger Münzvertrag vom 2. Juli 1475 zwischen den Grafen Ulrich V. und Eberhard V. von Württemberg und den Markgrafen Christoph und Albrecht von Baden sah zunächst noch keine Ausprägung von Münzen vor, sondern er regelte nur die Tarifierung des Guldens sowie einzelner Münzsorten und legte zudem fest, welchem Geld der Umlauf in den beiden Ländern verwehrt werden sollte. Um den durch diese Bestimmungen eingetretenen spürbaren Mangel an Kleingeld zu beheben, kam man 1478 und 1479 überein, gemeinsam in der wenige Jahre zuvor von Graf Eberhard V. im Bart neu errichteten Münzstätte in Tübingen Heller, Pfennige und Schillinge zu schlagen. Während die Heller und Pfennige entweder das württembergische oder badische Wappen in der jetzt erstmals verwendeten vierfeldigen Form jeweils für sich zeigen, tragen die Schillinge die Wappen und die Namen der drei Münzherren zugleich (Abbildung d auf Seite 361). Sie stellen damit ein eindrucksvolles geldgeschichtliches Dokument dar und bilden den Auftakt zu einer sich über vier Jahrhunderte erstreckenden währungspolitischen Zusammenarbeit der beiden Länder. Da die Schlußabrechnung des markgräflichen Rates Nicolaus Amelung erhalten geblieben ist, wissen wir die genaue Auflagezahl dieser gemeinschaftlich geprägten Münzen. Es wurden 127 366 Schillinge, 3 347 308 Pfennige und 408 768 Heller hergestellt.

Im Jahre 1493/1494 kam es erneut zu einer Ausprägung in Tübingen, die jetzt aber für Württemberg unter Eberhard im Bart allein erfolgte. Während sich die Pfennige und Heller in ihrem Aussehen von ihren Vorgängern nicht unterscheiden, zeigen die überaus seltenen und erstmals datierten Schillinge auf der Rückseite einen Palmbaum zwischen der Jahreszahl 14 — 94 und als Umschrift Eberhards persönliche Devise „Attempto" (Ich wag's [Abbildung auf Seite 19/20). In demselben Jahr feierte Eberhard im Bart auch das Jubiläum seiner zwanzigjährigen Ehe mit Barbara Gonzaga von Mantua. Zu diesem Ereignis dürfte eine Klippe angefertigt worden sein, deren eine Seite die gleiche Palmbaum-Darstellung wie die Schillinge zeigt. Auf der anderen Seite erscheint der Gonzaga-Adler mit einer Abkürzungsumschrift, die wohl zu N(uptias) O(b) S(uas) V(ota) V(icennalia) D(eo) O(ptimo) M(aximo) aufzulösen ist = Gelübde und Dank an den Allmächtigen anläßlich der zwanzigjährigen Wiederkehr seines/ihres Hochzeitstags (Abbildung e auf Seite 361).

Mit der Verleihung der Herzogswürde an Eberhard im Bart im Jahre 1495 war auch die Berechtigung zur Ausgabe von Goldmünzen verbunden. Da Eberhard aber bald danach am 24. Februar 1496 starb, kam es zu keiner derartigen Prägung mehr. Auf den Tod des ersten württembergischen Herzogs nimmt im übrigen eine einseitige gegossene Medaille Bezug, die erst vor wenigen Jahren in der Münzsammlung des Archivs der Stadt Stuttgart entdeckt und 1983 von Elisabeth Nau grundlegend gewürdigt wurde. Die Medaille zeigt ein Brustbild Eberhards in Dreiviertelansicht nach links mit mächtigem Bart, langen Haaren und einem einfachen Hut. Die Umschrift nennt den Dargestellten, und eine Inschrift im Feld erwähnt sein Todesjahr. Ihrer Machart nach ist diese Medaille vielleicht noch im 15. Jahrhundert entstanden. Wenn dieser zeitliche Ansatz stimmt, handelt es sich um die erste deutsche Medaille überhaupt. Aufgrund ihrer Datierung muß der Beginn der deutschen Medaillenkunst, der bisher nicht vor dem ersten Jahrzehnt des 16. Jahrhunderts angesetzt wurde, um etwa fünfzehn Jahre vorverlegt werden (Abbildung f auf Seite 361).

Erst Herzog Ulrich (regierte von 1498/1503 bis 1519 und von 1534 bis 1550) nahm das Recht zur Ausprägung sämtlicher silberner und goldener Münzen wahr. Entsprechend seiner in zwei Abschnitte zerfallenden Regierungszeit lassen sich auch zwei deutlich voneinander abgegrenzte Prägeperioden unterscheiden. Die erste reicht von 1501 bis 1519 und bietet ein weitaus interessanteres Bild als die sich nur über zwei Jahre von 1537 bis 1538 erstreckende zweite Prägeperiode. Während unter Eberhard im Bart als Münzdarstellung noch das Wappen dominiert, nimmt nun auf den neuen Großprägungen in Gestalt von Talern sowie entsprechenden Halb-, Drittel-, Viertel- und Achtelstücken in Anlehnung an italienische Vorbilder das Herrscherporträt diesen Platz ein. Wie sonst sind diese Porträtdarstellungen gerade auch beim jugendlichen Herzog Ulrich wichtige Bildquellen, da wir von ihm sonst keine qualitätvollen authentischen Darstellungen besitzen. Das wohl beste Jugendporträt trägt der nur in wenigen Exemplaren bekannte undatierte Achteltaler, der jedoch dank der badischen Parallelprägungen, die durchweg Jahreszahlen tragen, ins Jahr 1501 zu legen ist (Abbildung g auf Seite 361). Die Vorderseite der Münze zeigt den vierzehnjährigen Knaben mit leicht aufgedunsenem Gesicht, das trotz des jugendlichen Alters schon Züge aufweist, die seinen späteren hinterlistigen, mißtrauischen und gewalttätigen Charakter erahnen lassen.

Im Gegensatz zu diesen Achteltalern müssen die ersten Goldgulden, die wohl ab 1503 in Württemberg ausgegeben wurden, in einer sehr großen Stückzahl geprägt worden sein, da nicht weniger als 56 verschiedene Stempelkombinationen bekannt sind. Die Goldgulden zeigen auf der Vorderseite den stehenden gepanzerten Herzog mit erhobenem Schwert und auf der Rückseite das quadrierte württembergische Wappen. Noch häufiger als die Goldgulden sind die jetzt ebenfalls erstmals geprägten Halbschillinge im Wert von drei Pfennigen, von denen wir 85 Stempel kennen. Bei diesen „Dreiern“ lassen sich zwei verschiedene Typen unterscheiden. Während der erste lediglich die drei Hirschstangen und die Fische von Mömpelgard zeigt

(Abbildung h auf Seite 361), trägt der zweite das vollständige württembergische Wappen. Auf der Vorderseite erscheinen die Hirschstangen und die Rauten von Teck, auf der Rückseite die Reichssturmfahne und die Fische (Abbildung i auf Seite 361). Bisher wurden beide Typen der ersten Regierungsperiode Ulrichs zugeordnet. Aufgrund ihres Fundvorkommens, ihrer Häufigkeit und entsprechender Feingehaltsanalysen kann man jedoch vermuten, daß die Dreier mit dem vollständigen Wappen der zweiten, 1534 einsetzenden Regierungsperiode angehören. So weisen sie einen deutlich geringeren Feingehalt auf (44,7 Prozent gegenüber 51,9 Prozent), kommen wesentlich häufiger in Funden vor und zeigen eine größere Stempelvielfalt. Eine der schönsten Münzen aus der Zeit von Herzog Ulrich ist zweifellos der sogenannte Reitertaler des Jahres 1507, der auf der einen Seite den nach links galoppierenden Herzog und auf der anderen das reich verzierte, zweifach behelmte Wappen zeigt. Der feine Lünettenrahmen der Vorderseite verleiht dem Gepräge einen festlichen Charakter, und so ist dieses Stück auch weniger als Zahlungsmittel, sondern eher als ein Schaustück im Talergewicht einzustufen, das vielleicht zum zwanzigsten Geburtstag des Herzogs ausgegeben wurde (Abbildung auf Seite 53/54).

Vom Reitertaler sind auch Goldabschläge im Gewicht von zwölf und zehn Dukaten (ein Dukaten = 3,49 Gramm) bekannt, die jedoch ebensowenig wie ein nur in einem Exemplar bekannter Goldabschlag des Vierteltalers von 1514 als zeitgenössisch anzusehen sind, da Dukaten in Württemberg nicht vor 1537 geprägt wurden. Die genannten Goldabschläge sind vermutlich unter Herzog Ludwig (regierte von 1568 bis 1593) entstanden, der seinen Großvater nicht zuletzt deshalb verehrte, weil er in Württemberg die Reformation eingeführt hatte. Daß Ulrich trotz seines zwiespältigen Charakters auch bei der Bevölkerung beliebt gewesen sein muß, zeigen zahlreiche vergoldete und gehenkelte Porträtmünzen, die offensichtlich als Erinnerungsstücke getragen wurden.

Nach der Vertreibung des Herzogs im Jahre 1519 fiel das Land für mehr als ein Jahrzehnt an Österreich. Die in dieser Zeit der Fremdherrschaft im Namen von Kaiser Karl V. und Erzherzog Ferdinand in der Stuttgarter Münzstätte geprägten Münzen tragen dementsprechend neben dem württembergischen auch das österreichische Wappen. Die repräsentativsten Stücke dieser Periode sind die im Jahre 1520 geschlagenen Goldgulden mit dem

Brustbild Kaiser Karls V. Sie sind sicher in einer größeren Stückzahl aufgelegt worden, da bisher sechs verschiedene Stempel bekannt sind. Wenn diese Prägungen heute zu den großen Seltenheiten gehören, so erklärt sich das wohl daraus, daß sie nach der Rückkehr Ulrichs eingezogen und eingeschmolzen wurden.

In die Zeit der österreichischen Besetzung fällt auch die erste allgemeine Reichsmünzordnung, die 1524 von Kaiser Karl V. auf dem Reichstag von Esslingen erlassen wurde. In ihr wurde die kölnische Mark mit 233,856 Gramm als Grundgewicht festgelegt und der Silbergulden (Güldener, Guldiner oder auch Reichsguldiner) als Äquivalent zum Goldgulden zur Reichsmünze erklärt. Ein zu hohes Feingewicht gegenüber den weitverbreiteten Talern der sächsischen Herzöge und der Grafen von Schlick in Joachimstal, ein zu hoher Feingehalt der entsprechenden Teilstücke wie Halbguldiner, Viertelguldiner, Groschen und Halbgroschen sowie mangelnde Vorschriften für die Prägung von Kleingeld verhinderten jedoch von vornherein einen Erfolg dieser Münzordnung. Selbst der Bruder des Kaisers, Erzherzog Ferdinand, der seit 1522 in den Erblanden und seit 1526 auch in Böhmen und Ungarn regierte, lehnte die Reichsmünzordnung für seine Länder ab.

Die Münzprägung in der zweiten Regierungsperiode von Herzog Ulrich ist, wie bereits erwähnt wurde, weniger reichhaltig als in der ersten. Neben den schon angesprochenen Dreiern ohne Jahresangabe kennen wir lediglich die in den Jahren 1537 und 1538 aufgelegten Taler, Halbtaler und Vierteltaler, die später vielfach auf der Rückseite mit einem kaiserlichen Doppeladler gegengestempelt wurden, sowie die ersten württembergischen Dukaten, die ebenfalls die Jahreszahl 1537 tragen und wohl nur zu Repräsentationszwekken dienten.

Während der Regierungszeit des Herzogs Christoph (regierte von 1550 bis 1568) wurde die Münzprägung gleich durch drei verschiedene, von den Kaisern in relativ kurzen Abständen erlassene Reichsmünzordnungen bestimmt. Der Augsburger Reichstag von 1551 erklärte die inzwischen in Süddeutschland weit verbreiteten österreichischen Kreuzer zum Reichsgeld und setzte den Wert des nach wie vor als Guldiner bezeichneten Talers auf 72 Kreuzer fest. Das Aussehen der reichsgesetzlichen Münzen wurde verbindlich festgelegt. An die Stelle des fürstlichen Porträts trat das Landeswappen, und als Zeichen der Reichskontrolle erschien der doppelköpfige Reichsadler. Er war mit einem Reichsapfel belegt, der die Wertzahl in Kreuzern trug. Von diesen Vorschriften waren lediglich die Kleinmünzen ausgenommen, die als „Landmünzen“ ausschließlich für den Umlauf innerhalb der Landesgrenzen gedacht waren. Ähnlich wie die Esslinger, setzte sich auch diese erste Augsburger Münzordnung nicht durch. Der Grund lag vor allem darin, daß die Bewertung der alten, sich noch im Umlauf befindenden Taler mit 68 Kreuzern zu gering angesetzt war, daß die Rechnung in Kreuzern nördlich des Mains noch weitgehend unbekannt war und daß das silberreiche Sachsen an seiner bisherigen Münzordnung festhielt. Die zweite Augsburger Reichsmünzordnung von 1559 ging deshalb ganz vom Taler ab und führte den silbernen Reichsgulden zu 60 Kreuzern ein, der jetzt dem inzwischen auf 75 Kreuzer gestiegenen Goldgulden nicht mehr gleichwertig war. Da die Bevölkerung jedoch weiterhin die gewohnten Taler bevorzugte und das neue Nominal beziehungsweise seine Teilstücke nur in Österreich in größerem Umfang geprägt wurden, ließ Kaiser Maximilian II. im Augsburger Münzgesetz von 1566 wieder die Ausprägung eines leichten Talers zu, der einen Wert von 68 Kreuzern hatte. Dieser Taler blieb für fast 200 Jahre mit gleichbleibendem Gewicht und Feingehalt die Hauptmünzsorte im deutschen Reich, bis er zumindest im süddeutschen Raum um die Mitte des 18. Jahrhunderts vom Konventionstaler abgelöst wurde.

Herzog Christoph hielt sich während seiner gesamten Regierungszeit streng an die Bestimmungen der Reichsmünzordnungen, und wir kennen daher keine Münzen, die sein Bild tragen. Das markanteste Stück in der eher bescheidenen und insgesamt recht uniform wirkenden Münzreihe des Herzogs ist der nur in neun Exemplaren bekannte Taler des Jahres 1554. Seine geldgeschichtliche Bedeutung liegt darin, daß er zu den wenigen „Guldinern“ gehört, die gemäß den Bestimmungen von 1551 ausgeprägt wurden (Abbildung auf Seite 77/78).

Auf Herzog Christoph folgte sein gerade fünfzehn Jahre alter zweiter Sohn Ludwig (regierte von 1568 bis 1593), da der Erbprinz Eberhard ein halbes Jahr vor seinem Vater plötzlich verstorben war. Gemäß einer testamentarischen Verfügung von Herzog Christoph, der die Volljährigkeit Ludwigs auf das vollendete 24. Lebensjahr festlegte, wurde eine Vormundschaftsregierung eingesetzt, die bis 1578 amtierte. Obwohl auch Herzog Ludwig an der Ausprägung reichsgesetzlicher Nominale festhielt, nimmt die Münzprägung in seiner Regierungszeit wieder ein farbigeres und abwechslungsreicheres Bild an.

Noch während der Vormundschaft wurden 1573 neben den üblichen ganzen und halben Guldentalern im Wert von 60 und 30 Kreuzern die ersten entsprechenden Christophs-Gepräge geschlagen. Sie zeigen auf der Vorderseite das Bild des heiligen Christophorus und weisen damit auf das zumindest teilweise in ihnen enthaltene Schwarzwaldsilber aus dem nach Ludwigs Vater benannten Christophstal hin. Interessanterweise finden sich unter den Guldentalern Ludwigs immer wieder Exemplare, bei denen man die Wertzahl 60 nachträglich entfernt hat, um so einen höher bewerteten Taler von 68 Kreuzern vorzutäuschen. Diese und entsprechend manipulierte Stücke anderer Münzherren sind ein eindrucksvoller Beleg dafür, wie das Nebeneinander von Talern und Guldentalern zum Betrug reizte.

1585 kam es zu einer zahlenmäßig geringen Ausprägung von Reichstalern, die jedoch in ihrem Äußeren nicht der Reichsvorschrift entsprachen. Sie zeigen auf der Vorderseite das Hüftbild des Herzogs sowie auf der Rückseite das reich verzierte und zweifach behelmte württembergische Wappen. Vermutlich sind sie als Fest- und Gedenkprägungen anzusehen, die anläßlich der zweiten Vermählung des Herzogs mit der erst dreizehnjährigen Ursula von Pfalz-Veldenz am 10. Mai 1585 ausgegeben wurden (Abbildung auf Seite 91/92). Der Stempelschneider dieser ansprechenden und repräsentativen Münze war der Stuttgarter Goldschmied Kaspar Distler, der nach der erhalten gebliebenen Landschreibereirechnung für die Stempelherstellung 15 Gulden erhielt („15 G. Kaspar Distlern Goldschmieden von Stock und Eisin zu Dahlern mit m.g.F.u.H. [= m(eines) g(nädigen) F(ürsten) u(nd) H(errn)] Brustbild in Stahl zu schneiden"). Im übrigen begegnet die Rückseite dieser Repräsentativprägung noch auf einer weiteren Gedenkmünze, die anläßlich des hundertsten Geburtstags von Herzog Ulrich, den man 1587 feierte, aufgelegt wurde. Für die Vorderseite verwendete man den alten Stempel vom Reitertaler des Jahres 1507, der noch heute in der Staatlichen Münze Stuttgart aufbewahrt wird.

Neben einer Politik der Bewahrung und Festigung der überkommenen Verhältnisse ist die Regierungszeit von Herzog Ludwig auch durch die Hinwendung zu höfischer Repräsentation bestimmt. Sie äußerte sich nicht zuletzt in seiner Bautätigkeit, deren bemerkenswertestes Unternehmen die Errichtung des Großen Lusthauses in Stuttgart — eines der schönsten und zugleich auch größten Renaissancegebäude Deutschlands — war. Dieses Bauwerk, das später mehrfach umgebaut und verunstaltet wurde, an der Stelle des heutigen Kunstgebäudes stand und 1902 als Hoftheater abbrannte, ist insofern auch numismatisch bedeutsam, als der am 8. März 1911 geöffnete Grundstein neben einer Bronzeplatte mit dem eingravierten Erinnerungstext und einer Weinflasche auch eine nahezu komplette Münzreihe von Herzog Ludwig enthielt, die heute im Württembergischen Landesmuseum aufbewahrt wird. Im einzelnen handelte es sich um einen Goldgulden des Jahres 1575, einen Guldentaler von 1572, einen halben Guldentaler aus dem Jahre 1573, zehn Kreuzer von 1572 (das dritte bis heute bekannt gewordene Exemplar), je einen Schilling der Jahre 1573 und 1578, einen Groschen mit unleserlicher Jahreszahl, ein Gröschlein (vermutlich von 1577) und einen undatierten Jagdhornpfennig. Es fehlen als Münztypen somit lediglich das Zwei-Kreuzer-Stück und der Heller, von dessen Existenz man erst weiß, seit 1961 bei der Grabung in der Esslinger Stadtkirche ein Exemplar entdeckt wurde.

Mit dem unerwarteten Tod des kinderlos gebliebenen, erst 39 Jahre alten Herzogs am 8. August 1593 erlosch die württembergische Hauptlinie, und Graf Friedrich von der Mömpelgarder Nebenlinie trat die Nachfolge im Stammland an (regierte von 1593 bis 1608). Dieser gebildete, weitgereiste und prachtliebende Herrscher brachte nicht nur seine Mömpelgarder Leibgarde, sondern auch französische Künstler nach Stuttgart mit. So traten nun auswärtige Stempelschneider an die Stelle der einheimischen Graveure und Goldschmiede. Zu nennen ist neben Josse du Boisson und Jean Cassignot, der wahrscheinlich die Stempel der schönen Goldprägungen von 1597 und 1603 mit dem Hüftbild des Herzogs angefertigt hat, vor allem François Briot, der bis 1610 wohl die meisten Münzstempel schnitt und Medaillen entwarf, ehe er von François Guichard abgelöst wurde.

Die vorrangigen Ziele des Herzogs lagen in der Vergrößerung Württembergs und in der Hebung der Wirtschaftskraft, wodurch die zerrütteten Finanzen des Landes wieder in Ordnung gebracht werden sollten. Entsprechend den Grundsätzen des Merkantilismus versuchte er, die Erzeugung der Produkte des eigenen Landes zu fördern und durch Zölle gegen auswärtige Waren zu schützen. Zu diesen Maßnahmen gehörte auch die Förderung des Bergbaus, der ihm besonders am Herzen lag. In diesem Zusammenhang gründete Friedrich 1599 oberhalb des Christophstals, in dem schon unter seinen Vorgängern mehr oder weniger erfolgreich nach dem begehrten Silber geschürft worden war, nach Plänen seines Baumeisters Heinrich Schickhardt eine Stadt, die 1601 infolge ihrer erfreulichen Entwicklung den Namen Freudenstadt erhielt. In ihr fanden vor allem Bergleute, die ihres protestantischen Glaubens wegen aus Salzburg, Kärnten, Krain und der Steiermark vertrieben worden waren, eine neue Heimat.

Um das im Christophstal gewonnene Silber nicht erst zur Ausmünzung nach Stuttgart transportieren zu müssen, hat man hier vielleicht im Jahre 1603 ein Münz- und Streckwerk angelegt. Allerdings ist diese Annahme, die 1973/1974 Gegenstand einer Kontroverse zwischen Elisabeth Nau und Franz Kirchheimer war, nicht eindeutig zu beweisen. So muß es vorläufig offen bleiben, ob die zwischen 1605 und 1611 – also auch unter Friedrichs Nachfolger Johann Friedrich – geschlagenen Gepräge mit der schönen Christophorus-Darstellung, bei denen es sich meist um Taler und Doppeltaler handelte (Abbildung auf Seite 99/100), tatsächlich im Schwarzwald entstanden sind. Außerdem ist es unklar, wieviel Christophstaler Silber diese Prägungen wirklich enthielten, da die Ausbeute des Bergbaus, der immer ein Zuschußbetrieb blieb, hierfür nicht ausreichte.

Neben den vorschriftsmäßig ausgebrachten Dukaten, Goldgulden und Talergeprägen wurden unter Herzog Friedrich vor allem Groschen mit der Wertzahl 3 (Wertangabe also in Kreuzern), Halbbatzen und Pfennige aufgelegt. Im Gegensatz zu den Großmünzen wurden diese kleinen Nominale, die das eigentliche Umlaufsgeld darstellten, in riesigen Mengen und auch noch unterwertig geprägt, so daß von vielen Seiten Klage geführt und der Umlauf außerhalb des Landes verboten wurde. Hierin zeichneten sich die Anfänge einer inflatorischen Entwicklung ab, die mit der Kipperzeit der Jahre 1622/1623 ihren absoluten Höhepunkt erreichen sollte.

Die bedeutendste Epoche der württembergischen Münzgeschichte, zumindest hinsichtlich des Umfangs der Ausprägung, fällt in die Zeit von Herzog Johann Friedrich (regierte von 1608 bis 1628). Mit seiner umfangreichen Münzprägung verfolgte er zwei Ziele. Zum einen ließ er hochwertige Taler und dicke Talervielfache bis zum sechsfachen Wert (etwa 175 Gramm schwer und 11 Millimeter dick) ausprägen. Sie waren nicht für den Umlauf, sondern als herzogliche Geldreserve gedacht und fanden später im Dreißigjährigen Krieg als Kontributionsgelder Verwendung. Diese Groß-Silbermünzen waren alle gemäß den Reichsvorschriften ausgeprägt, obwohl sie seit 1612 wieder das Bild des Herzogs und das Landeswappen zeigten und nicht mehr, wie vorgeschrieben, den Namen des Kaisers und den Doppeladler (Abbildung auf Seite 109/110).

Daneben wurde für den allgemeinen Gebrauch unterwertiges Kleingeld ausgeprägt, dessen Herstellung während der sogenannten Kipper- und Wipperzeit der Jahre 1622 und 1623 in eine regelrechte Massenfabrikation ausartete. Die Bezeichnung dieser Inflationszeit geht auf das Wippen und Kippen der Waage zurück, auf der man das gute alte Geld mit neuem schlechtem Kleingeld aufwog. Für den Prägeherrn war das Umprägen guthaltiger Münzen in minderwertige natürlich ein lohnendes Geschäft, während die Landschaft und die Bevölkerung die eigentlichen Leidtragenden dieser Geldpolitik waren. Als im August 1623 das Inflationsgeld eingezogen und auf seinen tatsächlichen Wert abgeschätzt wurde, war der Schaden für die, die dieses Geld in der Kasse oder im Geldstrumpf hatten, ungeheuer. Bei den in Württemberg geprägten Kippermünzen handelte es sich vor allem um die berühmt-berüchtigten ganzen und halben Hirschgulden, die auf der Rückseite einen liegenden Hirsch zeigen, der mit dem Vorderlauf eine Kartusche mit der Wertangabe 60 beziehungsweise 30 (Kreuzer) hält. Die Umschrift „Landmünze" weist auch hier darauf hin, daß dieses Geld nur zum Gebrauch innerhalb der Landesgrenzen vorgesehen war. Da es teilweise nur noch 10 Prozent Silber enthielt, mußte ihm durch Weißsieden wenigstens für einige wenige Tage des Umlaufs ein oberflächlicher Silberglanz verliehen werden.

Weil die kleine und zudem völlig veraltete Stuttgarter Münze in der alten Münzgasse, der heutigen Turmstraße 2, für die in Angriff genommene Massenproduktion nicht ausreichte, wurde 1622 auch in Christophstal bei Freudenstadt eine Münzstätte in Betrieb genommen, die bis 1628 bestand, und in

Tübingen, wo zuletzt unter Graf Eberhard im Bart geprägt worden war, ließ man vom herzoglichen Architekten Heinrich Schickhardt in der dortigen Schleifmühle eine neue Münze und ein Streckwerk einrichten. Darüber hinaus wurde – ebenfalls nach Plänen von Schickhardt – auch noch in Berg bei Stuttgart eine leistungsfähige Münze erbaut, nach deren Fertigstellung der Münzbetrieb in Stuttgart für einige Zeit ruhte. Somit waren in den Jahren 1622/1623 im Herzogtum Württemberg zeitweise vier Münzstätten in Betrieb, nämlich Stuttgart, Christophstal, Tübingen und Berg.

Auch Julius Friedrich, ein jüngerer Bruder des regierenden Herzogs, der in Weiltingen und Brenz residierte, nützte die Gelegenheit, sich am gewinnbringenden Münzgeschäft der Kipperzeit zu beteiligen. Obwohl er kein Münzrecht besaß, richtete er in Brenz eine sogenannte Heckenmünzstätte ein, in der in den Jahren 1622/1623 ebenfalls in erster Linie ganze und halbe Hirschgulden, daneben aber auch „Meerfräulein", das heißt halbe Gulden mit dem Bild der Mömpelgarder Helmzier, und – wie in Tübingen – Doppelgulden mit zwei einander gegenübersitzenden Hirschen geprägt wurden. Das erhalten gebliebene Abrechnungsbuch des Brenzer Münzwardeins Johann Georg Kroll aus Gundelfingen unterrichtet uns über den Umfang dieser Münztätigkeit. In nur acht Monaten wurde Geld im Nennwert von nicht weniger als 1 094 034 Gulden hergestellt. Welche Mengen müssen dann erst von den wesentlich leistungsfähigeren Münzstätten der württembergischen Hauptlinie ausgegangen sein?

Beim Tod des Herzogs Johann Friedrich am 18. Juli 1628 war sein Sohn Eberhard erst dreizehneinhalb Jahre alt. So mußten an seiner Stelle die beiden jüngeren Brüder des verstorbenen Herzogs, und zwar zunächst Ludwig Friedrich (regierte von 1628 bis 1631) sowie nach dessen Tod Julius Friedrich (regierte von 1631 bis 1633) die Regentschaft übernehmen. Beide Administratoren, denen im fürstbrüderlichen Vergleich von 1617 Mömpelgard beziehungsweise Weiltingen und Brenz zugewiesen worden war, verwalteten ein Land, das nicht zuletzt durch die aufwendige und verschwenderische Hofhaltung Johann Friedrichs ungeheuer verschuldet war. Dazu kam, daß der Dreißigjährige Krieg, der das Land lange Zeit verschont hatte, nun auch von Württemberg seinen Tribut forderte. Einquartierungen und Plünderungen durch kaiserliche Truppen waren seit Anfang 1628 an der Tagesordnung. Außerdem war der Bestand des Landes durch das sogenannte Restitutionsedikt bedroht, demgemäß die in der Reformation aufgehobenen und eingezogenen Klöster wieder herausgegeben werden mußten. So verwundert es nicht, daß sich die Münzprägung in diesen Jahren auf einige wenige Repräsentationsausgaben und Kleingeldwerte beschränkte. Während sich dabei die 1628 und 1629 geschlagenen Taler von Ludwig Friedrich in der Art des Porträts abgesehen von der Form des Kragens ganz an die Gepräge von Johann Friedrich anschlossen (Abbildung auf Seite 117/118), zeigte das entsprechende Nominal von Julius Friedrich, das nur mit der Jahreszahl 1631 vorkommt, ein geharnischtes Hüftbild mit Kommandostab, das in gewisser Weise an die militärische Vergangenheit des Administrators erinnerte (Abbildung auf Seite 125/126). Als Wertstufe bemerkenswert sind außerdem die 1632 unter Julius Friedrich erstmals aufgelegten 15-Kreuzer-Stücke, die die früheren Sechsteltaler ersetzen sollten und ihren merklich verringerten Feingehalt, auf den auch die Bezeichnung „Landmvntz“ hinweist, hinter ihrem ansprechenden Äußeren nicht so ganz verbergen konnten.

Als Eberhard III. (regierte von 1633 bis 1674) auf Drängen seiner Mutter und auf Betreiben der Landschaft früher als geplant an die Regierung kam, hatte sich die wirtschaftliche Lage weiter verschlechtert, auch wenn nun schwedische statt der kaiserlichen Truppen im Lande standen. Gerade der Anschluß an Schweden wurde für Württemberg zum Verhängnis, da das Land nach der Schlacht bei Nördlingen, in der die Schweden und ihre Verbündeten am 27. August 1634 von den Kaiserlichen vernichtend geschlagen wurden, zu einem der Hauptzerstörungsgebiete des Krieges wurde. Der Herzog, der bereits am Tag nach der Schlacht nach Straßburg geflüchtet war, konnte erst am 20. Oktober 1638 wieder in sein völlig verwüstetes und ausgeplündertes Land zurückkehren.

Die Auswirkungen dieser Kriegsereignisse auf die Münzprägung waren, daß während des Straßburger Exils des Herzogs der Münzbetrieb in Stuttgart vollständig ruhte und daß nach seiner Rückkehr infolge der großen Verarmung des Landes der Münzausstoß nur sehr gering war. Für die Wiederaufnahme der Prägetätigkeit im Jahre 1639 mußte die alte Stuttgarter Münzstätte, die 1622 nach der Inbetriebnahme der neuen Anlagen in Berg geschlossen worden war, wieder neu eingerichtet werden. Neben wenigen

Talern und Dukaten, die alle das entweder von der Seite oder von vorne gesehene Brustbild des Herzogs mit langen, bis auf die Schultern herabfallenden Haaren tragen (Abbildung auf Seite 133/134), bestand die Münzproduktion vor allem aus 15-Kreuzer-Stücken, Halbbatzen und Kreuzern, die freilich nicht ausreichten, den tatsächlichen Bedarf an Scheidemünzen zu befriedigen. Wie sparsam es in der Stuttgarter Münzstätte zuging, zeigt auch die Tatsache, daß man ältere Münzstempel wieder verwendet und dabei die Jahreszahl umgeschnitten hat.

Unter Eberhard III. wurde auch der Silberbergbau im Christophstal neu aktiviert. Ende der sechziger Jahre war eine Ausbeute von 585 Mark, das heißt etwa 137 Kilogramm Feinsilber zu verzeichnen, die zumindest teilweise für eine Talerprägung des Jahres 1669 verwendet worden sein dürfte, auf der wieder einmal eine Christophorus-Darstellung erscheint.

Nachfolger Herzog Eberhards III. wurde sein siebenundzwanzigjähriger Sohn Wilhelm Ludwig (regierte von 1674 bis 1677), der von seiner Anlage und Ausbildung her alle Voraussetzungen mitbrachte, das Land trotz der nun von Frankreich ausgehenden kriegerischen Bedrohung erfolgreich zu regieren. Aber ein Schlaganfall, dem der Herzog nach einer nur dreijährigen Regierung erlag, machte alle Hoffnungen und Pläne zunichte.

Entsprechend der kurzen Regierungszeit blieb die Münzprägung von Wilhelm Ludwig äußerst bescheiden. Sie beschränkte sich auf nur zwei Nominale, und zwar die üblichen Jagdhornpfennige mit den Initialen des Herzogs sowie die seltenen, im Jahre 1677 geschlagenen Taler, die ein Brustbild im Harnisch mit langgelockten Haaren, Feldbinde und Spitzenjabot zeigen (Abbildung auf Seite 143/144). Sie schließen sich mit dieser Darstellung sowie der Verwendung des Fürstenhuts auf der Wappenseite an die letzten Prägungen Eberhards III. an und sind wie diese eine Arbeit des Stempelschneiders Johann Christoph Müller. Die etwas häufigeren Sterbetaler, die auf der Rückseite statt des Wappens eine elfzeilige Inschrift mit den Lebensdaten von Wilhelm Ludwig tragen, wurden erst 1680 unter seinem Bruder und Nachfolger Friedrich Karl geprägt.

Da beim überraschenden Tod von Herzog Wilhelm Ludwig dessen einziger Sohn Eberhard Ludwig noch kein Jahr alt war, wurde Friedrich Karl, der Onkel des minderjährigen Erbprinzen und Begründer der Nebenlinie von Württemberg-Winnental, zum Vormund und Administrator bestellt. Die lange Regentschaft Friedrich Karls (regierte von 1677 bis 1693) war wie schon die Regierungszeit seines Bruders von der Auseinandersetzung zwischen Frankreich und dem Reich um die Rheingrenze bestimmt. Nachdem es 1688 zum offenen Krieg gekommen war, geriet Friedrich Karl, der sich stets um eine Stärkung der militärischen Schlagkraft Württembergs bemüht hatte, in einer besonderen Ironie des Schicksals sogar in französische Gefangenschaft.

Diese und die weiteren kriegerischen Verwicklungen im letzten Viertel des 17. Jahrhunderts hatten zu einem erhöhten Geldbedarf geführt, der viele Münzstände zur Ausgabe von nicht den Reichsvorschriften entsprechenden, geringhaltigen Münzsorten veranlaßte. In Süddeutschland beteiligten sich an ihrer Produktion, die man auch als die sogenannte zweite Kipperzeit bezeichnet, unter anderem die Grafen von Montfort, Öttingen und Sulz. Friedrich Karl hielt sich dagegen wie seine Vorgänger Eberhard III. und Wilhelm Ludwig strikt an die alten Reichsgesetze, nach denen zu prägen angesichts der allgemeinen Entwicklung ein immer größeres Verlustgeschäft wurde. So blieb auch seine Münzprägung auf die Herstellung einiger weniger goldener und silberner Repräsentativausgaben sowie verschiedener Kreuzerjahrgänge und noch kleinerer Nominale beschränkt. Die einzigen Taler, die sich in ihrer Darstellung wieder eng an die seines Vorgängers anschlossen und wie diese von Johann Christoph Müller signiert sind, wurden bereits im Jahre 1680 geprägt (Abbildung auf Seite 151/152).

Sozusagen zwischen den Münzen und Medaillen stehen als besonderes numismatisches Denkmal von Friedrich Karl die Gedenkprägungen, die 1685 anläßlich der bildungspolitisch bedeutsamen Grundsteinlegung des „Gymnasium Illustre“ mit mehreren Stempeln in zwei verschiedenen Größen hergestellt wurden. Sie zeigen auf der Vorderseite eine Darstellung des projektierten Gebäudes und auf der Rückseite einen neunzeiligen Text, der über den Prägeanlaß Auskunft gibt. Zwei dieser Gepräge wurden in den Grundstein eingemauert, während die übrigen an die Festgäste und die Schuljugend verteilt wurden, wobei die der Würdigkeit der Empfänger entsprechende Abstufung von Goldstücken im Gewicht von 17,5 Gramm bis zu knapp drei Gramm schweren Silberabschlägen reichte.

In einem Eilverfahren, das sich auch gegen den noch nicht aus Frankreich zurückgekehrten Administrator richtete, wurde Eberhard Ludwig am 20. Januar 1693 im Alter von 16 Jahren für volljährig erklärt. Während seiner von 1693 bis 1733 reichenden Regierungszeit, die unter anderem von seiner glanzvollen militärischen Karriere oder der Affäre mit der Landhofmeisterin Wilhelmine von Grävenitz bestimmt war, zeigte die Münzprägung wieder ein etwas nuancenreicheres Bild. Zunächst lag der Schwerpunkt – den allgemeinen Währungsverhältnissen entsprechend – auf der Produktion von Kleingeld, neben der die Ausprägung von größeren Sorten, die in erster Linie zu Geschenkzwecken dienten, recht bescheiden blieb. Immerhin gab man diesen dem Hochbarock huldigenden Repräsentativgeprägen eine ansprechende Form, indem man die Stempelherstellung einem der besten damaligen Medailleure, dem Augsburger Philipp Heinrich Müller, übertrug, nachdem man anfangs den einheimischen Stempelschneider Johann David Daniel beschäftigt hatte. Beim letzten Jahrgang der in den Jahren 1706, 1707 und 1728 mit demselben Vorderseitenstempel geprägten Taler handelt es sich um „Ausbeute"-Münzen, für die man Silber aus der Grube Drei-König-Stern in Reinerzau bei Alpirsbach verwendete (Abbildung auf Seite 163/164). Die Auflage belief sich lediglich auf 1260 Stück, wobei neben Geprägen im vorgeschriebenen Reichstalergehalt auch eine Version in Feinsilber hergestellt wurde, die man auf der Rückseite mit der Punzierung F(ein)-S(ilber) kennzeichnete. Die Wappendarstellung dieser Taler entspricht im übrigen der von Eberhard Ludwig im Jahre 1705 eingeführten, seit 1707 auch auf den Münzen begegnenden fünffeldigen Form, bei der der Heide von Heidenheim als neuer Bestandteil hinzugekommen ist.

Ganz die einträgliche Seite des Münzgeschäfts stand dann wieder einmal in den letzten Regierungsjahren von Eberhard Ludwig im Vordergrund, als man 1731 die Gelegenheit nicht ausließ, sich an die von Bayern und der Pfalz ausgegangene Prägung von goldenen Karolinen in ganzen, halben und Viertelstücken sowie von silbernen 30-Kreuzer-Stücken anzuschließen. Diese Nominale, die den Vorschriften der alten Reichsgesetze nicht entsprachen, hatten sich als übertarifierte Handelsmünzen rasch verbreitet und konnten so zumindest vorläufig gewinnbringend hergestellt und abgesetzt werden. Daß damals offensichtlich alles verfügbare Gold zur Karolinenprägung verwendet wurde, zeigt sich darin, daß die gleichzeitigen Dukaten Eberhard Ludwigs äußerst selten sind.

Unter Eberhard Ludwigs Vetter und Nachfolger Karl Alexander (regierte von 1733 bis 1737), der als kaiserlicher Feldherr im Jahre 1712 zum katholischen Glauben übergetreten war und der deshalb den Landständen vor seinem Regierungsantritt verschiedene Zusicherungen hatte geben müssen, wurde die Ausprägung der Karolin- und 30-Kreuzer-Stücke in größtem Umfang fortgesetzt. Sie war ein regelrechter Bestandteil seiner zielstrebigen absolutistischen Regierung und sollte deren großen Geldbedarf bestreiten helfen. Leiter der finanzpolitischen Unternehmungen und so auch der Münzprägung Karl Alexanders war der gleichsam zum Finanzminister aufgestiegene Jud Süß Oppenheimer, an dem das Volk nach dem plötzlichen Tod des Herzogs am 12. März 1737 seinen ganzen Zorn ausließ. Wie sehr die Münzprägung zur Zeit Karl Alexanders auf die Herstellung gewinnbringender Sorten fixiert war, wird auch daraus deutlich, daß er der einzige württembergische Herrscher des 16. bis 19. Jahrhunderts ist, von dem es keinen Taler gibt. Als „gesetzliche" Nominale wurden lediglich einige wenige halbe und ganze Dukaten aufgelegt. Wie sie ragt aus der Reihe der Massenprägungen auch ein singuläres 30-Kreuzer-Stück des Jahres 1734 hervor, bei dem es sich wohl um eine medaillenartige Probe- oder Geschenkprägung handelt. Die auf der Vorderseite von dem aus Genf gebürtigen, später in Augsburg ansässigen Stempelschneider Jonas Thiébaud signierte Münze unterscheidet sich in Stil, Art und Sorgfalt der Prägung sowie Gewicht und vielleicht auch Feingehalt merklich vom gewöhnlichen Kurantgeld (Abbildung auf Seite 175/176).

Zu den Münzen von Karl Alexander gehören im weiteren Sinne auch die einseitigen Notprägungen, die er im Jahre 1713 als Kommandant der von den Franzosen belagerten Reichsfestung Landau wegen Geldmangels aus seinem goldenen und silbernen Tafelgeschirr in sechs verschiedenen Wertstufen herstellen ließ. Die aus dem eingeschmolzenen und ausgewalzten Edelmetall ausgeschnittenen klippenförmigen Stücke wurden jeweils siebenmal durch den Einschlag mehrerer punzenartiger Stempel, die sich in fünf verschiedene Typen einteilen lassen, gekennzeichnet. Während man von den goldenen Nominalen nur etwa 20 Exemplare kennt, sind die silbernen relativ häufig – nicht zuletzt deshalb, weil sie offensichtlich als Erinnerungsstücke aufbewahrt wurden.

Während der insgesamt sieben Jahre dauernden Regentschaft der Administratoren Karl Rudolf von Württemberg-Neuenstadt (regierte von 1737 bis 1738) und Karl Friedrich von Württemberg-Oels (regierte von 1738 bis 1744), die die Zeit bis zur Volljährigkeit von Karl Alexanders ältestem Sohn Carl Eugen „überbrücken" mußten, kehrte man noch einmal zu einer den Reichsvorschriften entsprechenden, wegen der damit verbundenen Zubuße aber wenig umfangreichen Münzprägung zurück. Und damit ja kein Zweifel an dieser „Gesetzmäßigkeit" aufkommen konnte, vermerkte man sie auch ausdrücklich auf der Rückseite dieser Repräsentativgepräge. Ihre gewohnte Palette, die vor allem aus Dukaten und Talern sowie den entsprechenden Halbstücken bestand, wurde bei beiden Regenten um den neu eingeführten Vierteldukaten bereichert. Die nur vom Münzmeister Johann Friedrich Breuer, nicht aber vom Stempelschneider signierten Gepräge von Karl Rudolf dürften noch von dem bereits für Karl Alexander tätigen C. Schmeltz entworfen worden sein (Abbildung auf Seite 185/186). Auf den „normalen" Talergeprägen von Karl Friedrich mit der Jahreszahl 1739, zu denen auch ein Doppelstück gehört (Abbildung auf Seite 197/198), erscheint die Initiale des Augsburger Stempelschneiders Conrad Börer. Dagegen sind die ein Jahr später entstandenen Prägungen, zu denen nochmals ein Ertrag von Christophstaler Silber verwendet werden konnte und bei denen es sich um die letzten württembergischen Münzen mit einer Christophorus-Darstellung handelt, Arbeiten des schon unter Karl Alexander genannten Jonas Thiébaud.

In die fast fünfzigjährige, von 1744 bis 1793 reichende Regierungszeit von Herzog Carl Eugen, des aufgeklärt-absolutistischen „Landesvaters", fiel das für Süddeutschland und Österreich wichtigste münzpolitische Ereignis des 18. Jahrhunderts, die Einführung und Annahme des sogenannten Konventionsfußes. Nachdem zunächst noch bis 1750 verschiedene, den alten Reichsgesetzen mehr oder weniger entsprechende Nominale aufgelegt worden waren – darunter sozusagen zum Regierungsantritt auch Dukaten, Doppeltaler, Taler und Talerteilstücke mit der Jahreszahl 1744 (Abbildung auf Seite 207/208) – und nachdem im Anschluß an eine achtjährige Prägepause die Herstellung der Sechsteltaler des Jahres 1758 die Möglichkeit geboten hatte, die durch den Siebenjährigen Krieg verursachten Münzwirren spekulativ auszunutzen, trat Württemberg dann 1761 nach längeren Verhandlungen der genannten „Konvention" bei, einer Übereinkunft, die der Münzprägung einen neuen, leichteren Münzfuß zugrundelegte und auch die kleineren Nominale bis hinab zu den 3-Kreuzer-Stücken miteinbezog. Das Kennzeichen dieser Konventionssorten, mit deren Prägung man versuchsweise bereits 1758 begonnen hatte (die ersten Konventionstaler erschienen 1759), ist, daß sie in der Regel eine Aufschrift tragen, die angibt, wieviel Stück der betreffenden Sorte eine Gewichtsmark Feinsilber darstellen. Da der ständig steigende Silberpreis bereits in den Anfangsjahren der „Konvention" die Rentabilität der Münzprägung in Frage stellte, kam man, um nicht schon wieder vom vereinbarten Münzfuß abgehen zu müssen, überein, die Konventionssorten im Umlauf mit einem zwanzigprozentigen Aufgeld zu verrechnen. Doch auch in dieser Tarifierung erwies sich der Konventionstaler bald gegenüber den im Zahlungsverkehr weit verbreiteten, überbewerteten französischen Laub- und brabantisch-österreichischen Kronentalern als zu „teuer". So wurde er in Württemberg, nachdem er von 1759 bis 1766 jedes Jahr sowie zwischen 1769 und 1784 immerhin in sieben Jahrgängen ausgeprägt worden war, erst wieder unter den Nachfolgern von Carl Eugen, und zwar kaum mehr für den Umlauf, sondern nur noch zu besonderen Repräsentations- und Gedenkzwecken aufgelegt.

Dies war zunächst bei Carl Eugens jüngeren Brüdern Ludwig Eugen (regierte von 1793 bis 1795) und Friedrich Eugen (regierte von 1795 bis 1797) der Fall. Während der 1794 geschlagene Konventionstaler Ludwig Eugens, von dem es auch Dukaten, 3-Kreuzer-, 1-Kreuzer- und Halbkreuzer-Stücke mit derselben Jahreszahl gibt, eher zur Gruppe der Repräsentationsausgaben zu zählen ist (Abbildung auf Seite 221/222), feiert die entsprechende, 1795 entstandene Prägung von Friedrich Eugen, zu dessen Münzreihe außerdem 20-Kreuzer-, 3-Kreuzer- und 1-Kreuzer-Stücke des Jahres 1796 gehören, das 300jährige Bestehen des Herzogtums Württemberg (Abbildung auf Seite 233/234). Das gemeinsame Kennzeichen der größeren Nominale beider Herrscher, die zum Teil von dem in Stuttgart geborenen Stempelschneider Johann Gottfried Betulius signiert sind, ist eine neue, siebenfeldige Wappendarstellung, in der neben den bisherigen fünf Bestandteilen auch die Wappen der bereits von Carl Eugen erworbenen Herrschaften Limpurg und Justingen erscheinen.

Die Stationen, die Württemberg unter Friedrich Eugens Sohn Friedrich (regierte von 1797 bis 1816) auf dem Weg zum territorial durch die „neuwürttembergischen" Gebietsteile beträchtlich erweiterten, straff organisierten Königreich durchlief, lassen sich anhand seiner ungefähr acht Haupttypen umfassenden Talerreihe eindrucksvoll belegen. Während die Entwicklung der Porträtdarstellung sozusagen in augenfälliger Weise die Zeit, in der die Zöpfe fielen, veranschaulicht, geben die Umschriften und die Wappenformen exakt über den jeweiligen „Stand" des Staates Auskunft. Die Prägungen des Jahres 1798, zu denen auch verschiedene in London entstandene Probestücke gehören, zeigen ein noch ganz der alten Zeit verpflichtetes Brustbild im Panzer sowie die siebenfeldige, auch schon auf den Münzen des Onkels und Vaters verwendete Form des Wappens. Die Erhebung Württembergs zum Kurfürstentum und Königreich spiegelte sich dann bei einem stilistisch unveränderten Porträt in den Umschriften und der Wiedergabe des Wappens auf den Konventionstalern der Jahre 1803, 1806 und 1809 wider. Auch als man 1810 im Zuge der notwendigen Anpassung an die allgemeinen Geldverhältnisse zur Ausprägung von Kronentalern überging, wurde zunächst die bisherige Porträtbüste weiterverwendet. Dagegen erhielt das erstmals auf den 6-Kreuzer-Stücken des Jahres 1806 begegnende Wappen mit den drei Hirschstangen und den drei Löwen nun einen Löwen und einen Hirsch als Schildhalter, während die neue Nominalbezeichnung als Randschrift angebracht wurde (Abbildung auf Seite 243/244). Auch ein verändertes Porträt, nämlich einen Kopf mit langen Haaren, bei dem man verschiedene Größen regelrecht ausprobiert zu haben scheint, brachten darauf weitere Kronentaler der Jahre 1810 und 1811. Vollends erreicht wurde der Anschluß an den klassizistischen Stil schließlich auf dem gleichen Nominal des Jahres 1812 durch einen realistischen Kopf mit kurzen Haaren, der erstmals auf einer Goldprägung von 1810 erschienen war und der bemerkenswerterweise noch einmal mit einer lateinischen Umschrift versehen wurde.

Diese typenmäßige Vielfalt der Talergepräge, zu denen als weitere größere Nominale einige wenige Goldstücke hinzukamen, darf nicht darüber hinwegtäuschen, daß ihre Ausprägung und die Herstellung von Konventionsmünzen meist zu zwanzig und zehn Kreuzern ihrem Wert nach nur etwa zwölf Prozent der gesamten Münzproduktion in den Jahren 1798 bis 1816 ausmachten. Der Löwenanteil von fast 88 Prozent entfiel auf geringerwertig ausgebrachte Scheidemünzen in Form von Sechsern, Groschen (das heißt 3-Kreuzer-Stücken), Kreuzern und Halbkreuzern. Wie sehr gerade diese auch anderenorts in großer Menge geprägten Sorten das eigentliche Umlaufsgeld verkörperten, geht zum Beispiel daraus hervor, daß sie in Kirchenfunden vorkommen und daß es davon zeitgenössische Fälschungen gibt. Als münzgeschichtliche Episode aus der Zeit König Friedrichs ist außerdem noch anzuführen, daß man in den Jahren 1812/1813 in der Stuttgarter Münzstätte Dukaten nach holländischem Vorbild geprägt hat, die im Rußlandfeldzug zur Besoldung verwendet wurden.

Die fast fünfzigjährige Regierungszeit König Wilhelms I., des „Landwirts" auf dem württembergischen Thron (regierte von 1816 bis 1864), ist in münzgeschichtlicher Hinsicht durch die Teilnahme an mehreren Vereinbarungen der deutschen Einzelstaaten bestimmt, die wesentliche Schritte auf dem Weg zum angestrebten einheitlichen Münzsystem darstellen. Zunächst bewegte sich die Münzprägung jedoch in herkömmlichen Bahnen, da in den Jahren 1817 und 1818 sozusagen als Repräsentativgepräge zum Regierungsantritt Konventionstaler (übrigens die letzten in Württemberg!), Kronentaler und Dukaten sowie die gewohnten Kleingeldnominale aufgelegt wurden. Nachdem der in den Jahren 1823 bis 1825 durchgeführte, aber erfolglos gebliebene Versuch, aus eigener Kraft mit der Ausprägung von Gulden eine Vereinheitlichung von Präge- und Rechnungssystem zu erreichen, die Grenzen des eigenstaatlichen Vorgehens auf diesem Gebiet erwiesen hatte und man wieder zur Kronentalerprägung zurückgekehrt war, bestimmte dann die im Jahre 1837 auf der Grundlage des deutschen Zollvereins von 1833 zustandegekommene süddeutsche Münzkonvention, der sogenannte Münchner Vertrag, doch den Gulden zur verbindlichen süddeutschen Münzeinheit. Eine darüber hinausgehende Abstimmung zwischen dem nach Gulden rechnenden süddeutschen und dem nach Talern rechnenden norddeutschen Währungsgebiet brachte bereits ein Jahr später der Dresdner Münzvertrag von 1838. Als gemeinsame, im gesamten Vereinsgebiet gültige „Vereinsmünze“ wurde eine einheitlich gestaltete Prägung eingeführt, die die Werte von zwei Talern und dreieinhalb Gulden in sich vereinigte. In Württemberg wurde dieses Nominal erstmals im Jahre 1840 aufgelegt (Abbildung auf Seite 259/260). Ihm zur Seite trat im süddeutschen Bereich als höchster Guldenwert seit 1845 der Doppelgulden, der die bis 1837 geprägten, noch im Umlauf befindlichen und von nun an eingezogenen Kronentaler ersetzte.

Als Stempelschneider wurde bis 1837 fast ausschließlich der schon unter König Friedrich tätige Stuttgarter Medailleur Johann Ludwig Wagner herangezogen. Seine Nachfolger waren nebeneinander der aus dem Remstal gebürtige Gottlob August Dietelbach und der in München ansässige Carl Friedrich Voigt, dessen Signatur vor allem auf den Porträtseiten begegnet. In die Zeit des Übergangs zur Guldenwährung fällt auch eine wichtige technische Neuerung. Im Zuge der Verwendung der neuen leistungsfähigen Kniehebel-Prägemaschinen wurden die Münzstempel nicht mehr durch das Einschlagen einzelner Punzen, sondern durch das Absenken vollständiger Patrizen hergestellt. Die Folge davon war eine im Vergleich zu früher stärkere Gleich- und Einförmigkeit der Münzen.

Eine noch weiterreichende, sozusagen großdeutsche Regelung stellte schließlich der Wiener Münzvertrag des Jahres 1857 dar, an dem sich die Zollvereinsstaaten und Österreich mit Liechtenstein beteiligten. Er führte als Bezugsgewicht in der Münzprägung statt der bisher noch immer verwendeten Kölner Mark das Zollpfund zu 500 Gramm ein und brachte als neues Nominal den sogenannten Vereinstaler, den Halbwert der Vereinsmünze von 1838. Es handelte sich dabei nicht um eine gemeinsame Währungseinheit, sondern um eine in allen Vertragsstaaten ausgeprägte Zahlgröße, die sich einigermaßen problemlos in die verschiedenen weiterhin bestehenden Rechnungssysteme in Österreich, Süd- und Norddeutschland einfügte. Im süddeutschen Guldengebiet entsprach der Vereinstaler somit eindreiviertel Gulden.

Das einschneidende münzgeschichtliche Ereignis während der Regierung von Wilhelms I. Sohn und Nachfolger Karl (regierte von 1864 bis 1891), das zugleich das Ende einer eigenständigen württembergischen Münzprägung bedeutete, war die im Anschluß an die Gründung des Deutschen Reiches vorgenommene Einführung der Markwährung. So sind unter diesem König zwei völlig verschiedene Prägeperioden zu unterscheiden. In der ersten wurde die seit 1857 laufende Ausprägung der Vereinstaler und der kleineren Nominale der Guldenwährung fortgesetzt. Die neuen Porträtseiten und die gegenüber den letzten Münztypen Wilhelms I. im historisierenden Zeitstil etwas stärker verzierte Wappendarstellung (Abbildung auf Seite 285/286) sind Arbeiten des auch sonst für Württemberg tätigen Darmstädter Hofmedailleurs Christian Schnitzspahn. Der letzte württembergische Taler war eine Siegesprägung des Jahres 1871, während die 1869 und 1871 entstandenen Ulmer „Münster-Doppeltaler" nicht als Münzen, sondern eher als Medaillen mit einem Materialwert von zwei Talern einzustufen sind, die bei der vom Münsterbaukomitee veranstalteten Münsterbaulotterie als Gewinne verwendet wurden.

Die Einheit der neuen, nicht mehr auf dem Silber, sondern dem Gold basierenden Reichswährung war die in 100 Pfennige eingeteilte Mark, die wertmäßig genau einem Drittel des bisherigen Vereinstalers entsprach. Das Kennzeichen des württembergischen Anteils an der Reichsprägung, der ungefähr zehn Prozent der gesamten Prägeaufträge umfaßte, war, daß alle in Stuttgart entstandenen Münzen, deren Produktion im Jahre 1872 einsetzte, mit dem Münzzeichen F versehen wurden. Während die kleineren Münzwerte zwischen dem Pfennig und der Mark in allen Münzstätten des Reichs – ihre Zahl belief sich zunächst auf neun und dann später auf sechs – mit den gleichen Bildern geprägt wurden, trugen die Nominale im Wert von zwei Mark an aufwärts neben der reichseinheitlichen Adlerseite ein Porträt des jeweiligen Landesherren beziehungsweise das Wappen der betreffenden Stadt. Das Bildnis König Karls von Württemberg erschien so auf den silbernen 2- und 5-Mark-Stücken sowie auf den goldenen 5-, 10- und 20-Mark-Stücken.

Beim letzten württembergischen König, Wilhelm II. (regierte von 1891 bis 1918), sind abgesehen vom goldenen 5-Mark-Stück, das wegen seiner geringen Größe nur in den Jahren 1877 und 1878 geprägt sowie zum 1. Oktober 1900 außer Kurs gesetzt wurde, zunächst dieselben Nominale zu registrieren. Wie schon im Fall des goldenen 5- und silbernen 2-Mark-Stücks von König Karl wurden die Porträtseiten der Prägungen Wilhelms II. vom Stuttgarter Hofmedailleur Karl Schwenzer entworfen und graviert, der zwischen etwa 1875 und 1904 für alle an der Stuttgarter Münzstätte anfallenden offiziellen Aufträge zuständig war. Als dann 1908 als weiterer Münzwert das silberne 3-Mark-Stück eingeführt wurde, das die bisher noch umlaufenden alten Vereinstaler ersetzte, verwendete man auch hierfür den vorliegenden Schwenzerschen Porträtentwurf. Dagegen wurden die Bildseiten der beiden württembergischen Gedenk-3-Mark-Stücke, die 1911 anläßlich der Silberhochzeit des Königspaars und 1916 zum Jubiläum der fünfundzwanzigjährigen Regierung des Königs ausgegeben wurden, von dem an der Stuttgarter Kunstakademie tätigen Bildhauer Ludwig Habich gestaltet. Während die Gedenkprägung zur Silberhochzeit, die die beiden Köpfe des Königspaars trägt, in zwei Varianten in der beachtlichen Auflage von insgesamt 500 000 Stück hergestellt wurde, gehört das Erinnerungsstück des Jahres 1916 — die letzte Münze mit dem Porträt eines württembergischen Herrschers — neben dem sächsischen 3-Mark-Stück des Jahres 1917 auf das Reformationsjubiläum und dem Münchner 3-Mark-Stück des Jahres 1918 auf die goldene Hochzeit des bayerischen Königspaars zu den seltensten Silbermünzen des deutschen Kaiserreichs (Abbildung auf Seite 307/308). Allerdings ist die Angabe eines einschlägigen Katalogs, daß von den ursprünglich ausgeprägten 1000 Exemplaren nur noch 350 existieren sollen, zu bezweifeln, wenn man das Vorkommen dieser Münze im Handel verfolgt und wenn man weiß, daß von der Staatlichen Münze Stuttgart noch nach dem Zweiten Weltkrieg ein Restposten von wenigstens 100 Stück nach und nach an Münzsammler und Münzhändler abgegeben wurde.

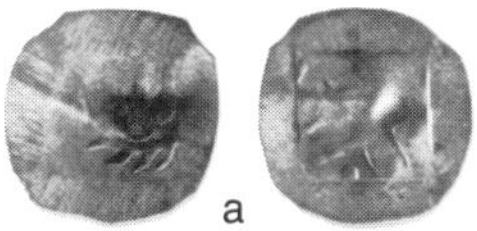

a

b

c

d

e

h

f

i

g

g (2:1)

g

Literaturhinweise

Württemberg und seine Herren

Im folgenden ist lediglich die Auswahl solcher Literatur angeführt, die sich speziell mit der Biographie eines der württembergischen Regenten befaßt oder ihr nach ihrem Schwerpunkt zugehört. Schon aus Raumgründen mußte auf die Angabe der vielen und mannigfaltigen Bücher verzichtet werden, die in Gestalt von Briefsammlungen, Lebenserinnerungen, Chroniken und ähnlichem für die einzelne Fürsten-Biographie Wertvolles abwerfen, auch auf die für die Wirkungsgeschichte wichtigen Gesamtdarstellungen württembergischer Geschichte namentlich der älteren Generationen *(Chn. Fr. Sattler, L. Th. Spittler, K. Pfaff, Ch. F. und P. Fr. Stälin, E. Schneider, K. Weller)* sowie auf die, was *Walter Grubes* Landtagsgeschichte anlangt, unerläßlichen Darstellungen einzelner Epochen und Sonderfragen *(K. S. Bader, W. Fleischhauer, E. Hölzle, M. Miller, R. Uhland* und andere).

Eberhard im Bart

K. Fr. Le Bret, Über den ersten Herzog von Württemberg. In: Schwäbisches Taschenbuch 1820, S. 159 bis 210 – *Fr. Gutscher,* Eberhard der Erste, Herzog von Württemberg, in seinen wichtigsten Lebensverhältnissen besonders als Regent, Gesetzgeber und Vater seines Volks (1822) – *J. Chn. Pfister,* Eberhard im Bart, erster Herzog zu Wirtemberg, aus ächten grossentheils handschriftlichen, Geschichtsquellen (1822) – *Fr. W. Schmidt,* Das Leben Eberhards im Bart, ersten Herzogs von Württemberg (1840) – *G. Bossert,* Eberhard im Bart (Württembergisches Neujahrsbll. 1, 1884) – *E. Nestle,* Der reichste Fürst. In: Litt.-Beilage Staats-Anzeiger Württemberg 1895, S. 161 bis 163 – *J. Hartmann,* Die Erhebung Württembergs zum Herzogtum, 21. Juli 1495. In: Litt.-Beilage Staats-Anzeiger Württemberg 1895, S. 33 bis 35 – *J. Hartmann,* Eberhard im Bart in der Dichtung seiner Zeit. In: ebda. 1896, S. 33 bis 37 – Woher stammt der Spruch auf Herzog Eberhard des älteren Tod und wer war der Verfasser? In: ebda. 1898, S. 230 bis 232 – *J. K. Brechenmacher/E. Nestle,* Der reichste Fürst. In: ebda. 1904, S. 125 bis 127 und 256 – *W. Ohr,* Die Entstehung der württembergischen Herzogswürde. In: ebda. 1905, S. 113 bis 122 – *M. Buchner,* Zur Biographie des ersten Herzogs von Württemberg Eberhard im Bart usw. In: Württembergische Vierteljahrshefte für Landesgeschichte 18 (1909), S. 173 bis 179 – *E. Nestle,* Einiges über Eberhard im Bart. In: Litt.-Beilage Staats-Anzeiger Württemberg 1910, S. 96 – *K. Löffler,* Zwei Handschriften aus dem Besitz Eberhards im Bart und ihre Irrfahrten. In: ebda. 1910, S. 121 bis 124 – *G. Bossert,* Der reichste Fürst. In: ebda. 1916, S. 11 bis 14 – *E. Stolz,* Von der goldenen Rose und ihrer Verleihung an Graf Eberhard im Bart 1482. Ein Beitrag zur schwäbischen Ablaßgeschichte. In: Rottenburger Monatsschrift für praktische Theologie 5 (1921/22), S. 13 bis 18 – *O. Hohnerlein,* Die goldene Rose des Grafen Eberhard im Bart. In: Bes. Beilage Staats-Anzeiger Württemberg 1927, S. 102 bis 104 – *A. Mettler,* Des Grafen Eberhard im Bart Hochzeit zu Urach im Jahre 1474. In: Zeitschrift Württemberg 1931, S. 76 bis 82 und Nachtrag 288 – *F. Ernst,* Eberhard im Bart. Die Politik eines deutschen Landsherrn am Ende des Mittelalters (1933) – Graf Eberhard im Bart von Württemberg im geistigen und kulturellen Geschehen seiner Zeit. Zur Stuttgarter Bibliophilentagung verfaßt von Bibliothekaren der Württembergischen Landesbibliothek (1938) – *J. Forderer,* Graf Eberhard. In: ders., Sie prägten das Antlitz ihrer Stadt. Tübinger Staatsmänner und Entdecker aus acht Jahrhunderten (1950), S. 47 bis 78 – *H. Kiefner,* Mechthild, das Fräulein von Österreich. In: Schwäbische Heimat 4 (1953), S. 172 bis 175 – *G. Richter,* Die württembergischen Reichstagsstimmen von der Erhebung zum Herzogtum bis zum Ende des alten Reiches. Ein Beitrag zur Frage der Reichsstandschaft von Württemberg, Mömpelgard und Teck. In: Zeitschrift für württembergische Landesgeschichte 23 (1964), S. 345 bis 373 – *V. Hell,* Das Grabmal der Mechthild von Württemberg. In: Zeitschrift Baden-Württemberg 15 (1968), S. 18 bis 19 – *W. Irtenkauf,* Graf Eberhard und seine Beziehungen zum Frühhumanismus. In: Beiträge zur Landeskunde 1969, Nr. 4, S. 1 bis 6 – *W. Fleischhauer,* Der Silberschatz des Grafen Eberhard im Bart von Württemberg. In: Zeitschrift für württembergische Landesgeschichte 29 (1970), S. 15 bis 52 – *U. Müller,* Die politischen Beziehungen zwischen der Kurpfalz und der Grafschaft Wirtemberg im 15. Jahrhundert (Bibliothek der südwestdeutschen Geschichte, Reihe B, Band 1, 1970) – *E. Müller,* Zur Politik des Grafen Eberhard im Bart. In: Tübinger Blatt 58 (1971), S. 17 bis 19 – *V. Himmelein,* Eberhard, der mit dem Barte. Bilder und Stationen aus seinem Leben (1977) – *W. Jens,* Eine deutsche Universität. 500 Jahre Tübinger Gelehrtenrepublik ([2]1977) – *P. Amelung,* Wann starb Herzog Eberhard im Bart?, in: Zeitschrift für württembergische Landesgeschichte 45 (1986), S. 319 bis 326

Eberhard II.

Ch. Fr. v. Stälin, Beitrag zur Lebensgeschichte des Herzogs Eberhard II. von Württemberg. In: Württembergische Jahrbücher 1870, S. 535 bis 536 – Herzog Eberhards II. Verzicht durch den Horber Vertrag vom 11. Juni 1498. In: Schwäbischer Merkur 1898, S. 1249 – *W. Ohr,* Die Absetzung Herzog Eberhards II. von Württemberg. Ein Beitrag zur Rechtsgeschichte des Ständestaats. In: Württembergische Vierteljahrshefte für Landesgeschichte 15 (1906), S. 337 bis 367

Herzog Ulrich

J. Fr. Eisenbach, Geschichte und Thaten Ulrichs, Herzogen zu Württemberg und Teck etc. (1754) – *L. Fr. Heyd,* Ulrich, Herzog zu Württemberg. Ein Beitrag zur Geschichte Württembergs und des deutschen Reichs im Zeitalter der Reformation. Band 1 und 2 (1841) und 3 (1844) – *B. Kugler,* Ulrich Herzog zu Wirtemberg (1865) – *E. Schneider,* Herzog Ulrich von Württemberg. In: Zeitschrift für allgemeine Geschichte, Kultur-, Litt.- und Kunstgeschichte 2 (1885), S. 906 bis 926 – *R. Krauß,* Württembergische Fürsten in Sage und Dichtung. In: Württembergischer Altertumsverein. Rechenschafts-Bericht für die Jahre 1891 bis 1893 (1894), S. 70 bis 95 – *G. Bossert,* Aus der Zeit der Fremdherrschaft 1519 bis 1534. In: Württembergische Jahrbücher 1911, S. 49 bis 78 – *A. Keller,* Die Wiedereinsetzung des Herzogs Ulrich von Württemberg durch den Landgrafen Philipp von Hessen 1533/34 (Marburger Disspens? 1912) – *H. Öhler,* Der Aufstand des

Armen Konrad im Jahre 1514. In: Württembergische Vierteljahrshefte für Landesgeschichte 38 (1932), S. 401 bis 486 – *J. Haller,* 1519 im Deutschen Reich und Württemberg. In: ders. Reden und Aufsätze zur Geschichte und Politik (1934), S. 100 bis 128 – *H. Haering,* Herzog Ulrich von Württemberg (1487 bis 1550). In: Zeitschrift Schwaben 13 (1941), S. 179 bis 193 – *H. Decker-Hauff,* Herzog Ulrich von Württemberg – Zum Gedächtnis seines 400. Todestags. Vortrag am 16. Dezember 1950. In: Württembergischer Geschichts- und Altertumsverein. Berichte über die Vorträge im Winter 1950/51, S. 8 bis 9 – *F. Sauter,* Herzogin Sabine von Württemberg. In: Zeitschrift für württembergische Landesgeschichte 8 (1944 bis 1948), S. 298 bis 355 – *W. Krogmann,* Ulrich von Württemberg. In: Die deutsche Litt. des Mittelalters 4 (1953), S. 614 bis 621 – *J. Sydow,* Neue Überlegungen zum Tübinger Vertrag vom 8. Juli 1514. In: Tübinger Bll. 57 (1970) S. 3 bis 10 – *G. Kittelberger,* Herzog Ulrichs Angriffspläne auf die Reichsstadt Esslingen. In: Jahrbuch für die Geschichte der oberdeutschen Reichsstädte 17 (1971), S. 116 bis 119 – *P. Schwarz,* Herzog Ulrich als literarische Gestalt. Die geschichtliche Wahrheit in Wilhelm Hauffs Roman „Lichtenstein". In: Beiträge zur Landeskunde 5 (1972), S. 8 bis 12

Herzog Christoph

L. Th. Spittler, Regierungsgeschichte des Herzogs Christoph zu Wirtemberg (1818) – *B. Kugler,* Christoph, Herzog zu Wirtemberg. 2 Bände (1868 und 1872) – *Strack von Weissenbach,* Herzog Christoph von Württemberg mit besonderer Berücksichtigung seiner Bedeutung für das württembergische Kriegswesen (1889) – *V. Ernst,* Die württembergische Politik von 1550 bis 1552 (1898) – *V. Ernst* (Hrsg.), Briefwechsel des Herzogs Christoph von Wirtemberg. Band 1 (1899), Band 2 (1900), Band 3 (1902) und Band 4 (1907) – *H. Petri,* Herzog Christoph von Württemberg und die Reformation in Frankreich. Ein Beitrag zu seiner Lebensgeschichte. In: Bll. für württembergische Kirchengeschichte 55 (1955), S. 5 bis 64 – *H. M. Maurer,* Herzog Christoph als Landesherr. In: Bll. für württembergische Kirchengeschichte 68/9 (1968/69), S. 112 bis 138 – *H. Ehmer,* Bildungsideale des 16. Jahrhunderts und die Bildungspolitilk von Herzog Christoph in Württemberg. In: ebda. 77 (1977), S. 5 bis 24 – *W. Baumann,* Die Religionspolitik Herzog Christophs von Württemberg und Kurfürst Friedrichs III. von der Pfalz in den Jahren 1559/1560. In: Zeitschrift für württembergische Landesgeschichte 42 (1983), S. 190 bis 216

Herzog Ludwig

Th. Schott, Herzog Ludwig von Württemberg und die französischen Protestanten in den Jahren 1568 bis 1570. In: Festschrift zur vierten Säcular-Feier der Eberhard-Karls-Universität zu Tübingen (1877) – *G. Bossert,* Aus der Zeit Herzog Ludwigs. In: Litt.-Beilage Staats-Anzeiger Württemberg 1892, S. 209 bis 214

Herzog Friedrich I.

Herzog Friedrich I. und seine Hof-Alchymisten. In: Württembergische Jahrbücher 1 (1829), S. 216 bis 233 und 2, S. 292 bis 310 – *H. Gmelin,* Über Herzog Friedrich und seine Landstände. Dissertation 1885 – *ders.* Briefwechsel des Hans Friedrich vom Mersburg mit Herzog Friedrich I.

über den Fürstenkrieg im Jahre 1595. In: Württembergische Viertelsjahrshefte für Landesgeschichte (1899), S. 422 bis 424 – Herzog Friedrich I. von Württemberg als Förderer der Gewerbe. In: Die Württembergische Industrie 1 (1907), S. 22 bis 24 – *J. Bihl,* Württemberg und England im Zeitalter der Königin Elisabeth (1558 bis 1603). In: Württembergische Vierteljahrshefte für Landesgeschichte 42 (1936), S. 107 bis 158 – *A. Roth,* Die politischen Beweggründe für die Goldmacherei Herzog Friedrichs I. von Württemberg. In: Geislinger Zeitung, Heimatbeilage (1956), Nr. 7 bis 9 – *W. Braun,* Britannia abundans. Deutsch-englische Musikbeziehungen zur Shakespearezeit (1977)

Herzog Johann Friedrich

J. Krebs, Der Unionstag von Heilbronn (1819/1891) – *A. E. Adam,* Die Taufe des Herzogs Johann Friedrich von Württemberg im Jahre 1582. In: Litt.-Beilage Staats-Anzeiger Württemberg 1904, S. 134 bis 137 – *H. Gmelin,* Über die ersten Zeiten der Regierung des Herzogs Johann Friedrich von Württemberg. In: Württembergische Vierteljahrshefte für Landesgeschichte 4 (1895), S. 90 bis 97 – *M. Bach,* Hochzeit des Herzogs Johann Friedrich von Württemberg mit Barbara Sophia, Markgräfin zu Brandenburg, 5. bis 13. November 1609. In: Litt.-Beilage Staats-Anzeiger Württemberg 1894, S. 179 bis 184 – *I. Hanack,* Die Tagebücher des Herzogs Johann Friedrich von Württemberg aus den Jahren 1615 bis 1617. Edition, Kommentar, Versuch einer Studie (= Göppinger Akademische Beiträge 49, 1972)

Herzog Ludwig Friedrich

J. Bolte, Eine Reise zweier württembergischer Prinzen nach Berlin im Jahre 1613. In: Märkische Forschungen 20 (1887), S. 13 bis 29 – *H. Kaiser,* Herzog Ludwig Friedrich von Württemberg-Mömpelgard und Hans Jakob Wurmser von Vendenheim. In: Zeitschrift für die Geschichtes des Oberrheins 34 (1919), S. 182 bis 190 – *O. Grieb,* Der Kirschenkrieg, das Vorspiel zur Nördlinger Schlacht. In: Schwäbischer Merkur 1931, Nr. 160

Herzog Julius Friedrich

Allgemeine Deutsche Biographie 14, S. 684 f. (*P. Stälin*)

Herzog Eberhard III.

Zur Erinnerung an Herzog Eberhard III. von Württemberg. In: Schwäbischer Merkur 1874, S. 1681 – Erlaß des Herzogs Eberhard III. wegen Loskaufung gefangener Württemberger in Bayern. In: Württembergische Jahrbücher 1831, S. 231 bis 236 – *G. Mehring,* Schädigungen durch den Dreißigjährigen Krieg in Alt-Württemberg. In: Württembergische Vierteljahrshefte für Landesgeschichte 19 (1910), S. 447 bis 452 und 538 – *ders.,* Wirtschaftliche Schäden durch den Dreißigjährigen Krieg im Herzogtum Württemberg. ebda. 30 (1921), S. 58 bis 89

Herzog Wilhelm Ludwig

Sechs christliche Leichenpredigten über dem Ableben Wilhelm Ludwigs, Herzog von Württemberg (1677) – *J. Krafft,* Himmlischer Beruf der Herzogin Magdalene Sibylle zu Württemberg (1674)

Herzog Friedrich Karl

B. Wunder, Der Administrator Herzog Friedrich Karl von Württemberg (1652 bis 1698). In: Zeitschrift für württembergische Landesgeschichte 30 (1971), S. 117 bis 163

Herzog Eberhard Ludwig

Promemoria der Gemahlin Herzog Eberhard Ludwigs von Württemberg in Ehesachen, übergeben zu Wien 1723. In: Göttingisches historisches Magazin 7 (1790), S. 664 bis 677 – Das Beileidsschreiben des Herzogs Eberhard Ludwig von Württemberg. In: Schwäbischer Merkur 1933, Nr. 24, Beilage – *H. Decker-Hauff,* Eberhard Ludwig und die Damen. In: Mitteilung des Vereins der ehemaligen Schüler des Eberhard-Ludwig-Gymnasiums 19/20 (1964), S. 1 bis 15 – *G. Richter,* Die Becher Eberhard Ludwigs. In: Attempto 13 (1964) S. 66 – *B. Wunder,* Die französisch-württembergischen Geheimverhandlungen 1711. In: Zeitschrift für württembergische Landesgeschichte 28 (1969), S. 363 bis 390 – *R. Oehme,* Ein zeitgenössischer Bericht zum Tod des Herzogs Eberhard Ludwig von Württemberg. ebda. 30 (1971), S. 241 bis 243 – Eberhard Ludwig, Herzog von Württemberg (1676 bis 1733), Gründer von Schloß und Stadt Ludwigsburg. Ausstellung zur 300. Wiederkehr seines Geburtstages (Katalog, 1976) – *W. Grube,* Herzog Eberhard Ludwig. Betrachtungen zum 300. Geburtstag des Stadtgründers. In: Hie gut Württemberg (Ludwigsburger Kreiszeitung) 27 (1976), S. 33 bis 35 – *ders.,* Württembergs erster Barockfürst. Im Zeichen des Absolutismus. Politische Aspekte der Regierung Eberhard Ludwigs. In: Beiträge zur Landeskunde Nr. 6, Dezember 1976, S. 1 bis 4

Herzog Karl Alexander

I. M. P. Hoch, Württembergische Denkwürdigkeiten unter den Herzogen Carl Alexander und Carl Eugen usw. In: Sophronizon 6, H. 5 (1824), S. 16 bis 62 – *K. F. Dizinger,* Beiträge zur Geschichte Württembergs und seines Regentenhauses zur Zeit der Regierung Herzog Karl Alexanders usw. 2 Hefte (1834) – *P. Stark,* Zur Geschichte des Herzogs Karl Alexander von Württemberg und der Streitigkeiten nach seinem Tode. In: Württembergische Vierteljahrshefte für Landesgeschichte 1888, S. 1 bis 28 – *J. Schall,* Zur kirchlichen Lage unter Herzog Karl Alexander. In: Bll. für württembergische Kirchengeschichte 4, S. 123 bis 143 – *E. Schneider,* Der Tod des Herzogs Karl Alexander von Württemberg. In: Litt.-Beilage Staats-Anzeiger Württemberg 1900, S. 65 bis 66 – Briefe Herzog Karl Alexanders von Württemberg an den Tübinger Professor, späteren Geheimen Rat Georg Bernhard Bilfinger, mitgeteilt von *A. E. Adam.* In: ebda. 1906, S. 141 bis 144 – *K. O. Müller,* Die Finanzwirtschaft in Württemberg unter Herzog Karl Alexander (1733 bis 1737). In: Württembergische Vierteljahrshefte für Landesgeschichte 38 (1932),

S. 276 bis 317 – *H. Tüchle,* Die Kirchenpolitik des Herzogs Karl Alexander von Württemberg usw. (1937) – *R. Uhland,* Johann Anton von Herbort und das württembergische Oberbauamt. Ein Beitrag zur Regierung Karl Alexanders. In: Neue Beiträge zur südwestdeutschen Landesgeschichte (1962), S. 237 bis 264 – *M. Braubach,* Ein schwäbischer Paladin des Prinzen Eugen: Karl Alexander als kaiserlicher General. In: Soldatentum und Kultur (1967), S. 103 bis 132

Herzog Karl Rudolf

Allgemeine Deutsche Biographie 15 (1882), S. 372 bis 376 (*A. v. Pfister*) – *A. v. Schloßberger,* Der Kriegsheld Karl Rudolf Herzog von Württemberg-Neuenstadt. In: Litt.-Beilage Staats-Anzeiger Württemberg 1887, Nr. 11, S. 161 bis 166 – *K. Göz,* Herzog Karl Rudolf von Württemberg. Ein Feldherr und ein Held an der Wende des 17. Jahrhunderts. In: Württembergische Vierteljahrshefte für Landesgeschichte 21 (1912), S. 338 bis 348 – *E. Lempp,* Weissensees Sturz. Nachtrag zur Biographie Ph. H. Weissensees. In: Bll. für württembergische Kirchengeschichte 32 (1928), S. 234 bis 253

Herzog Karl Friedrich

L. Wiesner, Zur Geschichte der Herzöge von Oels, Württembergische Linie, namentlich Carl Friedrichs von Oels und Carls von Bernstadt. In: Zeitschrift des Vereins für Geschichte und Altertum Schlesiens 4 (1862), S. 170 bis 178

Herzog Carl Eugen

E. Vely, Herzog Karl von Württemberg und Franziska von Hohenheim (1876) – *R. Weltrich,* Herzog Karl von Württemberg und seine pädagogischen Schöpfungen. In: Zeitschrift für allgemeine Geschichte, Kultur-, Litteratur- und Kunstgeschichte 2 (1885), S. 45 bis 65 und 124 bis 146 – Herzog Karl Eugen von Württemberg und seine Zeit. Herausgegeben vom Württembergischen Geschichts- und Altertumsverein, 2 Bände (1907 und 1909) – *H. Abert,* Herzog Karl von Württemberg und die Musik. In: Süddeutsche Monatshefte 5 (1908), S. 548 bis 554 – *E. v. Ziegesar* (Hrsg.), von Buwinghausen-Wallmerode, Tagebuch über die „Landreisen" des Herzogs Karl Eugen von Württemberg 1767 bis 1773 (1911) – *K. Löffler,* Baron Hüpsch und Herzog Karl Eugen von Württemberg. In: Zeitschriften des deutschen Vereins für Buchwesen und Schrifttum 1920, S. 48 bis 51 – *R. Uhland,* Geschichte der Hohen Karlsschule in Stuttgart (= Darstellungen aus der württembergischen Geschichte 37, 1950) – *E. Müller,* Der Herzog und das Genie. Schillers Jugendjahre (1955) – *R. Uhland* (Hrsg.), Tagbücher seiner Rayßen, von Herzog Carl Eugen selbsten geschrieben und seiner liebsten Freundin und Gemahlin Franziska von Hohenheim gewidmet. 1783 bis 1791 (1968) – *R. Uhland,* Die Reisetagebücher Herzog Carl Eugens. In: Zeitschrift für württembergische Landesgeschichte 28 (1969), S. 192 bis 212 – *P. A. Weißenberger,* Herzog Karl Eugen von Württemberg als Büchersammler. Notizen aus seinem Tagebuch. In: Gutenberg-Jahrbuch 1974, Seite 361 bis 370 – *G. Storz,* Karl Eugen. Der Fürst und das „alte gute Recht" (1981) – *R. Uhland,* Gerhard Storz über Karl Eugen. In: Zeitschrift für württembergische Landesgeschichte 42 (1983), S. 328 bis 335

Herzog Ludwig Eugen

J. Chr. Schwab, Vertheidigung des verstorbenen Herrn Herzogs Ludwig Eugen zu Württemberg gegen den Genius der Zeit (1798) – *O. Schanzenbach,* Ein Rousseaujünger im Hause Württemberg. In: Festgabe des Eberhard-Ludwigs-Gymnasiums in Stuttgart zu der Jubelfeier der 25jährigen Regierung Sr. Majestät des Königs Karl usw. (1889) – *A. Pfister,* Aus den Tagen des Herzogs Ludwig Eugen von Württemberg. In: Württembergische Vierteljahrshefte für Landesgeschichte 3 (1894), S. 94 bis 192 – *K. Obser,* 2 Denkschriften eines französischen Agenten über Württemberg aus dem Sommer 1794. In: ebda. 9 (1907), S. 117 bis 128 – *O. Paret,* Herzog Ludwig Eugen von Württemberg (1793 bis 1795). In: Hie gut Württemberg (Ludwigsburger Kreiszeitung) 11 (1960), S. 17 f.

Herzog Friedrich Eugen

J. G. Schott, Ehrendenkmal des durchl. Herzog Friedrich Eugen (1798) – Friedrich Eugen, Herzog von Württemberg (1895, o. Vf.) – *K. Obser,* Friedrich Eugen von Württemberg und Klinger. In: Vierteljahrsschrift für Litt.-Geschichte 4 (1891), S. 595 f. – *Gg. Cucuel,* La vie parisienne des princes de Wurtemberg-Montbéliard, au XVIIIe siècle. In: Mémoires de la société d'émulation de Montbéliard 41 (1912), S. 243 bis 285

König Friedrich

A. Pfister, König Friedrich von Württemberg und seine Zeit (1888) – *G. Rümelin,* König Friedrich von Württemberg und seine Beziehungen zur Landes-Universität. In: Litt.-Beilage Staats-Anzeiger Württemberg 1883, S. 17 bis 33 – *A. Schlossberger,* König Friedrichs einfache Erziehung und spätere Prachtliebe. In: ebda. 1891, S. 241 bis 251 – *Fr. Kern,* Zur Charakteristik König Friedrichs von Württemberg. In: Archiv für Kulturgeschichte 10 (1912), S. 40 bis 48 – *H. Grunsky,* Unter König Friedrich. In: Litt.-Beilage Staats-Anzeiger Württemberg 1913, S. 53 bis 61 – *E. Hölzle,* König Friedrich von Württemberg. In: Württembergische Vierteljahrshefte für Landesgeschichte 36 (1930), S. 269 bis 298 – *M. Miller,* Die Organisation und Verwaltung von Neuwürttemberg unter Herzog und Kurfürst Friedrich (1934) – *D. Scholz,* Friedrich, König von Württemberg. In: Lebensbilder aus Schwaben und Franken 10 (1966), S. 184 bis 214 – Erinnerung an die Huldigungs-Feier am 22. Juli 1803 zu Ellwangen Von einem Augenzeugen. In: Ellwanger Jahrbuch 26 (1975/76), S. 84 bis 89 – *P. Sauer,* Der schwäbische Zar. Friedrich, Württembergs erster König (1984)

König Wilhelm I.

Feyer der glücklichen Wiederkehr Sr. kgl Hoheit des Kronprinzen Friedr. Wilh. von Württemberg am 17. Juli 1814 (1814) – *Chr. R. Köstlin,* Wilhelm der erste, König von Wirtemberg und die Entwicklung der wirtembergischen Verfassung vor und unter seiner Regierung (1839) – Das Jubiläum des Königs Wilhelm. In: Württembergische Jahrbücher 1841, 1, S. 264 bis 272 – Der Festzug der Württemberger zur Feier der 25jährigen Regierung Sr. Majestät des Königs Wilhelm (1841) – König Wilhelm als Feldherr. In: Allgemeiner deutscher und schweizerischer Soldatenkalender auf das Jahr 1847 – *Th. Griesinger,* Wilhelm I. König von Württemberg. Sein Leben und Wirken. Ein Gedenkbüchlein für das schwäbische Volk (1864) – *Fr. Nick,* Wilhelm I. König von Württemberg und seine Regierung. Ein vaterländisches Geschichtsbild (1864) – *K. Vierordt,* Zum Andenken an König Wilhelm von Württemberg usw. (1864) – *D. Fr. Strauß,* König Wilhelm von Württemberg. In: Ges. Schrr. Band 1 (1876), S. 219 bis 235 – *P. Stälin,* Zum Gedächtnis König Wilhelms. In: Litt.-Beilage Staats-Anzeiger Württemberg 1881, S. 337 bis 350 – *E. Schneider,* Wilhelm I. Friedrich Karl, König von Württemberg. In: Allgemeine Deutsche Biographie 43, S. 209 bis 213 – *ders.,* Ein Brief J. F. Cottas über König Wilhelm I. von Württemberg. In: Litt.-Beilage Staats-Anzeiger Württemberg 1897, S. 96 – König Wilhelm von Württemberg als Verfasser von Zeitungsartikeln. In: Neues Tagblatt 1902, Nr. 158, S. 1 – *H. Poschinger,* Aus der politischen Korrespondenz des Königs Wilhelm I. von Württemberg. In: Deutsche Revue 31 (1906), 1, S. 70 bis 79 und 132 bis 142 – *P. Matter,* Wilhelm I. von Württemberg als Soldat. In: Schwabenspiegel 7 (1913/14), S. 297 bis 299 – *E. Schneider,* Württemberg beim Regierungsantritt Wilhelms I. In: *ders.*, Aus der württembergischen Geschichte – Vorträge und Abhandlungen (1926), S. 104 bis 119 – *M. Schefold,* Ein Bildnis König Wilhelms I. In: Litt.-Beilage Staats-Anzeiger Württemberg 1934, S. 6 bis 10 – *P. Gehring,* Das Wirtschaftsleben in Württemberg unter König Wilhelm I. (1816 bis 1864). In: Zeitschrift für württembergische Landesgeschichte 9 (1949/50), S. 196 bis 257 – *A. Rapp,* König Wilhelm I. von Württemberg und seine Zeit. Vortrag Württembergischer Geschichts- und Altertumsverein. Bericht über die Vorträge 1947/48 und 1948/49, S. 3 bis 5 – *Th. Heuß,* Württemberg und die Württemberger unter König Wilhelm I. ebda., S. 5 bis 7 – *H. Dekker-Hauff,* König Wilhelm, seine Vorfahren, seine Familie und seine Nachkommen. In: Südwestdeutsche Bll. für Familien- und Wappenkunde 11 (1959/65), S. 391 bis 393 – *K.-J. Grauer,* König Wilhelm I. und die europäischen Dynastien. In: Zeitschrift für württembergische Landesgeschichte 15 (1956), S. 253 bis 278 – *ders.,* Wilhelm I. König von Württemberg. Ein Bild seines Lebens und seiner Zeit (1960) – *W. Weber,* König Wilhelm I. von Württemberg. Zur Wiederkehr seines 100. Todestages. In: Hie gut Württemberg (Ludwigsburger Kreiszeitung) 15 (1964), S. 20 bis 21 – *P. Hoffmann,* Zum 100. Todestag Wilhelms I. von Württemberg. In: Staatsanzeiger 13 (1964), S. 53 bis 56 – *G. Herdt,* Der württembergische Hof im 19. Jahrhundert. Studien über das Verhältnis zwischen Königtum und Adel in der absoluten und konstitutionellen Monarchie. Göttinger Dissertation 1973 – *F. Mögle-Hofacker,* Zur Entwicklung des Parlamentarismus in Württemberg. Der „Parlamentarismus der Krohne" unter König Wilhelm I. (= Veröffentlichungen der Kommission für geschichtliche Landeskunde in Baden-Württemberg 97, 1981)

König Karl

K. Tanera, König Karl von Württemberg. Ein Fürstenbild. Dem XIII. (Kgl. Württembergischen) Armeekorps in treuer Anhänglichkeit gewidmet (1889) – *v. Herzog,* Rede zum 25jährigen Regierungsjubiläum Seiner Majestät des Königs. In: Bes. Beilage Staats-Anzeiger Württemberg 1889, S. 160 bis 170 – *G. Ch. H. Beckh,* Unser König. Zum Gedächtnis der Feier des fünfundzwanzigjährigen Regierungs-Jubiläums des Königs Karl von Württemberg. Dem württembergischen Volk und seiner Jugend usw. (1889) – *P. Reinöhl,* König Karl I. von Württemberg. Ein Gedenkblatt für Volk und Jugend zur Jubelfeier seiner 25jährigen Regierung (1889) – Lebens-Abriß des verewigten Königs Karl von Württemberg. Zur Verlesung in den Kirchen des Landes am

Sonntag den 1. November 1891 (1891) – *B. v. Kugler,* Gedächtnisrede auf König Karl von Württemberg (1891) – *G. Raible* (Hrsg.), Der Jugend zur Erinnerung an den unvergeßlichen König Karl I.von Württemberg 1823 bis 1891 (o. J.) – *E. Graf Zeppelin,* Karl I. König von Württemberg. Ein Gedenkblatt im Auftrage des Ausschusses des Vereins für Geschichte des Bodensees und seiner Umgebung verfaßt und Ihrer Majestät der Königin Olga von Württemberg in tiefster Ehrfurcht gewidmet (1892) – *S. D. Gräfin Podewils* (Hrsg.), Traum der Jugend goldner Stern. Aus den Aufzeichnungen der Königin Olga von Württemberg (1955) – *A. Palm,* König Karl von Württemberg in seinem Wesen und Wollen. In: Schwäbische Heimat 11 (1960), S. 57 bis 63

König Wilhelm II.

K. Biesendahl, König Wilhelm II. von Württemberg. Ein Fürstenbild. Dem deutschen Volke und Heere zugeeignet (Soldatenbibliothek 4, 1893) – *G. Egelhaaf,* Württemberg in den 25 Jahren 1891 bis 1916. In: Württembergische Vierteljahrshefte für Landesgeschichte 25 (1916), S. 606 bis 615 – *V. Bruns* (Hrsg.), Württemberg unter der Regierung König Wilhelms II. (1916) – *Chr. Belschner,* Württembergs geliebter Herr. Festschrift zur Feier der 25jährigen Regierungstätigkeit König Wilhelm II. von Württemberg (1916) – *E. Schneider,* Leben und Regierung König Wilhelm II. In: Festnummer zur Thron-Jubelfeier König Wilhelms II., Bes. Beilage Staats-Anzeiger Württemberg 1916, S. 12 bis 33 – *H. Mosapp,* König Wilhelm II. von Württemberg. Sein Leben und seine Regierung, zur 25jährigen Jubelfeier derselben, 6. Oktober 1916, für Württembergs Volk und Jugend dargestellt (1916) – *H. Haug,* Ein Vierteljahrhundert der Wohlfahrt und des Friedens. In: Festnummer zur Thron-Jubelfeier König Wilhelm II., Bes. Beilage Staats-Anzeiger Württemberg 1916, S. 3 bis 11 – *C. Fr. Frhr. v. Weizsäcker,* Württembergische Erinnerungen. In: Deutsche Revue 44 (1919), Band 3, S. 97 bis 102, 201 bis 211 und Band 4, S. 1 bis 6 und 97 bis 109 – Worte an der Bahre und am Grabe des verewigten Herzogs Wilhelm zu Württemberg, bis 30. November 1918 König von Württemberg. Gedächtnisrede in der Liederhalle und Gedächtnispredigt in der Schloßkirche gesprochen zu Stuttgart, Bebenhausen und Ludwigsburg von Prälat Dr. Hoffmann, früherer Oberhofprediger, Pfarrer Dr. Lempp, früherer Hofprediger, Divisionspfarrer Paul Stadelmann (1921) – Wilhelm II. Württembergs geliebter Herr. Herausgegeben zur Erinnerung an seinen 80. Geburtstag (1928) – *O. Gerhardt,* Unser unvergeßlicher guter König! Ernste und heitere Erinnerungen aus dem Leben Wilhelm II. von Württemberg (^{2}1933) – *W. Hoffmann,* Erinnerungen an und um König Wilhelm II. von Württemberg anläßlich seines 60. Todestages am 2. Oktober 1981. In: Zeitschrift für württembergische Landesgeschichte 42 (1983), S. 304 bis 321 – *P. Sauer,* Ein beliebter und hochgeachteter Monarch, in: Beiträge zur Landeskunde. Regelmäßige Beilage zum Staatsanzeiger für Baden-Württemberg, Nr. 5, Oktober 1987, S. 8 bis 15

Abriß der württembergischen Münzgeschichte

Arnold, Paul – Küthmann, Harald – Steinhilber, Dirk, Deutsche Münzen. Katalog von 1800 bis 1985. 8. Auflage. München 1985 – *Binder, Christian,* Württembergische Münz- und Medaillen-Kunde. Stuttgart 1846 – *Buchheit, Hans,* Beiträge zu Hans Schwarz, Christoph Weiditz und den Medailleuren am Hofe des Herzogs Ludwig von Württemberg. In: Beiträge zur süddeutschen Münzgeschichte. Stuttgart 1927, S. 107 bis 120 – *Ebner, Julius,* Württembergische Münz- und Medaillen-Kunde, 2 Bände. Stuttgart 1905/10 und 1912/15 – *Jaeger, Kurt,* Die Münzprägungen der deutschen Staaten vor Einführung der Reichswährung (1806 bis 1873). 1. Heft: Königreich Württemberg, Fürstentümer Hohenzollern. 2. Auflage. Basel 1966 (unveränderter Nachdruck 1978) – *Jaeger, Kurt,* Die deutschen Münzen seit 1871. 13. Auflage, herausgegeben von Günter Pusback. Basel 1982 – *Kahl, Hans-Dietrich,* Hauptlinien der deutschen Münzgeschichte vom Ende des 18. Jahrhunderts bis 1878. Frankfurt/Main 1972 – *Kirchheimer, Franz,* Die Bergbau-Gepräge aus Baden-Württemberg. Freiburg im Breisgau 1967 – *Kirchheimer, Franz,* Bemerkungen zu den württembergischen Christophorus-Geprägen. In: Der Münzen- und Medaillensammler. Berichte aus allen Gebieten der Geld-, Münzen- und Medaillenkunde. Jahrgang 13, Heft 76, 1973, S. 1731 bis 1735 – *Klein, Ulrich,* Die Münzen und Medaillen des Hauses Württemberg. In: 900 Jahre Haus Württemberg. Stuttgart 1984, S. 663 bis 677 – *Nau, Elisabeth,* Zur Münzen- und Medaillenprägung Herzog Ulrichs von Württemberg. In: Neue Beiträge zur Archäologie und Kunstgeschichte Schwabens. Stuttgart 1952, S. 155 bis 163 – *Nau, Elisabeth,* Zur württembergischen Geldgeschichte im ersten Drittel des 16. Jahrhunderts. Der Weinsberger Fund. In: Neue Beiträge zur süddeutschen Münzgeschichte. Stuttgart 1953, S. 69 bis 102 – *Nau, Elisabeth,* Gold und Silber geprägt für Württemberg. Schätze aus dem Münzkabinett des Württembergischen Landesmuseums Stuttgart. Stuttgart 1959 – *Nau, Elisabeth,* 400 Jahre baden-württembergische Münzprägung und Währungspolitik. In: Baden-Würtemberg, Januar 1960, S. 2 bis 6 – *Nau, Elisabeth,* Die württembergische Münzstätte Christophstal. In: Der Münzen- und Medaillensammler. Berichte aus allen Gebieten der Geld-, Münzen- und Medaillenkunde. Jahrgang 13, Heft 75, 1973, S. 1703 bis 1707 – *Nau, Elisabeth,* Die Münzstätte Christophstal im ersten Jahrzehnt des 17. Jahrhunderts. In: Schweizer Münzblätter. Jahrgang 24, Heft 94, 1974, S. 66 bis 69 – *Nau, Elisabeth,* Neues von Eberhard im Bart. In: Jahrbuch der Staatlichen Kunstsammlungen in Baden-Württemberg, Band 20, 1983, S. 7 bis 18 – *Raff, Albert,* Die Münzen der Grafschaft Württemberg (1374 bis 1493/94). Versuch einer Neuordnung. In: Der Münzen- und Medaillensammler. Berichte aus allen Gebieten der Geld-, Münzen- und Medaillenkunde. Jahrgang 23, Heft 135, 1983, S. 1783 bis 1798 – *Raff, Albert,* Die Münzstätte Stuttgart-Berg während der Kipperzeit (1621 bis 1623). In: Der Münzen- und Medaillensammler. Berichte aus allen Gebieten der Geld-, Münzen- und Medaillenkunde. Jahrgang 24, Heft 139, 1984, S. 1923 bis 1943 – *Raff, Albert,* Bemerkungen zu den unter Karl Alexander von Württemberg geprägten Landauer Belagerungsklippen. In: Der Münzen- und Medaillensammler. Berichte aus allen Gebieten der Geld-, Münzen- und Medaillenkunde. Jahrgang 24, Heft 141, 1984, S. 1997 bis 2007 – *Wielandt, Friedrich,* Badische Münz- und Geldgeschichte. 3. Auflage. Karlsruhe 1979

Abbildungsnachweis

Für die Auswahl und Bereitstellung des Bildmaterials (mit Ausnahme der abgebildeten Münzen) haben wir Herrn Gerhard Schmidt, wissenschaftlicher Mitarbeiter am Forschungsprojekt „Geschichte Baden-Württembergs" der Abteilung Landesgeschichte des Historischen Instituts der Universität Stuttgart sehr zu danken. Soweit diese Abbildungen Originalvorlagen entnommen sind, stammen sie aus den Beständen der Graphischen Sammlungen der Württembergischen Landesbibliothek Stuttgart (S. 37, 73, 149, 179, 181, 191, 213, 251, 269, 273, 277, 295, 315, 325), der Landesbildstelle Württemberg (S. 171, 189) und des Stadtarchivs Stuttgart (S. 107). Den Leitern und Betreuern dieser Institute sei auch an dieser Stelle für ihr Entgegenkommen freundlichst gedankt.

Die Münzabbildungen geben außer im Fall der beiden ältesten Münzen, die in einer Privatsammlung aufbewahrt werden (Abbildung a und b auf Seite 361), und der Medaille auf Eberhard im Bart, die sich im Stadtarchiv Stuttgart befindet (Abbildung f auf Seite 361), Originale in der Sammlung der Kreissparkasse Esslingen-Nürtingen und im Münzkabinett des Württembergischen Landesmuseums Stuttgart wieder. Die Aufnahmen wurden von Peter Frankenstein und Ulrich Klein angefertigt.

2,50